Helmut Wiesenthal

Gesellschaftssteuerung und
gesellschaftliche Selbststeuerung

Hagener Studientexte zur Soziologie

Herausgeber:
Heinz Abels, Werner Fuchs-Heinritz
Wieland Jäger, Uwe Schimank

Die Reihe „Hagener Studientexte zur Soziologie" will eine größere Öffentlichkeit für Themen, Theorien und Perspektiven der Soziologie interessieren. Die Reihe ist dem Anspruch und der langen Erfahrung der Soziologie an der FernUniversität Hagen verpflichtet. Der Anspruch ist, sowohl in soziologische Fragestellungen einzuführen als auch differenzierte Diskussionen zusammenzufassen. In jedem Fall soll dabei die Breite des Spektrums der soziologischen Diskussion in Deutschland und darüber hinaus repräsentiert werden. Die meisten Studientexte sind über viele Jahre in der Lehre erprobt. Alle Studientexte sind so konzipiert, dass sie mit einer verständlichen Sprache und mit einer unaufdringlichen, aber lenkenden Didaktik zum eigenen Studium anregen und für eine wissenschaftliche Weiterbildung auch außerhalb einer Hochschule motivieren.

Helmut Wiesenthal

Gesellschafts-steuerung und gesellschaftliche Selbststeuerung

Eine Einführung

VS VERLAG FÜR SOZIALWISSENSCHAFTEN

Bibliografische Information Der Deutschen Bibliothek
Die Deutsche Bibliothek verzeichnet diese Publikation in der Deutschen Nationalbibliografie;
detaillierte bibliografische Daten sind im Internet über <http://dnb.ddb.de> abrufbar.

1. Auflage Juni 2006

Alle Rechte vorbehalten
© VS Verlag für Sozialwissenschaften/GWV Fachverlage GmbH, Wiesbaden 2006

Lektorat: Frank Engelhardt

Der VS Verlag für Sozialwissenschaften ist ein Unternehmen von Springer Science+Business Media.
www.vs-verlag.de

Umschlaggestaltung: KünkelLopka Medienentwicklung, Heidelberg
Druck und buchbinderische Verarbeitung: Krips b.v., Meppel
Gedruckt auf säurefreiem und chlorfrei gebleichtem Papier

ISBN-10 3-531-14952-0
ISBN-13 978-3-531-14952-3

Inhaltsverzeichnis

Abbildungsverzeichnis

1. Einleitung

Wer die Lösung ‚gesellschaftlicher Probleme' fordert, eine ‚bessere Gesellschaft' anstrebt oder nach Möglichkeiten der ‚gesellschaftlichen Steuerung' Ausschau hält, setzt dabei zweierlei voraus: erstens, dass das, was der Begriff ‚Gesellschaft' bezeichnet, ein geeignetes Objekt menschlichen Handelns ist, und zweitens, dass es Mittel und Wege einer kalkulierbaren Einwirkung auf diesen eigentümlichen Gegenstand des Handelns gibt. Das sind keine selbstverständlichen Voraussetzungen. Zwar geht das Aufkommen des Begriffs ‚Gesellschaft' mit dem Ende der Vorstellung von einer gottgegebenen oder ‚natürlichen' Herrschaftsordnung einher, d.h. mit wachsendem Bewusstsein von der Kontingenz der gesellschaftlichen Verhältnisse.[1] Immerhin ist die Vorstellung von einer gestaltbaren gesellschaftlichen Ordnung ein Kind der europäischen Aufklärung. Doch kamen schon bald nach der Entdeckung der Diesseitigkeit und Wandelbarkeit der gesellschaftlichen Ordnung solide Zweifel an der Möglichkeit auf, die Ergebnisse des Wandels zu kontrollieren. Bereits die Französische Revolution bewirkte ein gerüttelt Maß an Ernüchterung unter den Anhängern der Idee, dass mit der Überwindung überlieferter Herrschaftsverhältnisse schon die entscheidende Voraussetzung zur zielsicheren Neugestaltung der Gesellschaft gegeben sei.

Die Idee der Gesellschaftssteuerung hat in der Zeit vom Ende des 18. Jahrhunderts bis heute ein sehr wechselhaftes Rezeptionsschicksal erfahren. Sie durchzieht die Geschichte sozialer Bewegungen – von der Arbeiterbewegung des 19. und 20. Jahrhunderts bis zu den ‚neuen' sozialen Bewegungen der 1970-1980er Jahre; sie inspirierte Diktatoren und Schöpfer totalitärer Herrschaftssysteme ebenso wie die Befreiungsbewegungen der Dritten Welt im Kampf gegen die

---

1   Der Begriff Kontingenz bezeichnet von Unsicherheit geprägte Sachverhalte, deren Besonderheiten erst nach ihrem Eintritt erkennbar werden und die, wie auch immer sie ausfallen, als bedeutsam erachtete Folgewirkungen haben. Weil sich kontingente Ereignisse nicht zuverlässig prognostizieren lassen, erkennt man oft erst im Nachhinein, was den Möglichkeitsraum der Wirklichkeit ausmachte.

Kolonialmächte; und sie kehrte in den Zielen wieder, die die neuen
Eliten der postkommunistischen Reformländer verfolgten. Einen
gesellschaftlichen Steuerungsanspruch und gelegentlich auch Steuerungserfolge dokumentieren indes selbst die bescheideneren Vorhaben von Regierungen, die Reformen der Wirtschaft und des Sozialstaats zum Inhalt haben und auf die Wiedergewinnung wirtschaftlicher Prosperität zielen. Die dabei verfolgten Ziele mögen zwar auf
den ersten Blick vergleichsweise begrenzt anmuten. Betrachtet man
sie jedoch als Teil des ambitionierten Projekts, ,die Gesellschaft' an
die sich rapide wandelnde Umwelt der Weltwirtschaft, der Wissens-
produktion, aber auch der sozialen Ansprüche und Kompetenzen
anzupassen, so scheint der Begriff Gesellschaftssteuerung durchaus
am Platz zu sein.

Gleichwohl sind die erwähnten Bedenken und Zweifel nicht nur
weit verbreitet, sondern auch gut begründet. Jede ernsthafte Beschäftigung mit den Möglichkeiten und Grenzen einer absichtsvollen
Einwirkung der Gesellschaft auf sich selbst sieht sich nicht nur mit
einem Bündel beunruhigender historischer Erfahrungen, sondern
auch mit wissenschaftlichen Argumenten konfrontiert, welche Gesellschaftssteuerung als eine ausgesprochen ambivalente Idee ausweisen. Wenn die Idee, wie es hier geschieht, zum Thema sozialwissenschaftlicher Reflexion gemacht wird, bedarf es deshalb zuallererst
einer nüchternen Bestandsaufnahme ihrer historischen Bezüge und
ihrer sozial- und erkenntnistheoretischen Implikationen. Andernfalls
bestünde die Gefahr, dass Autor und Leser unbeabsichtigt auf einen
Pfad der ,politischen', d.h. von den Ideen politischer Akteure geprägten (und damit notwendig ideologischen) Begriffsverwendung gerie-
ten. Das wäre nicht nur dann der Fall, wenn Gesellschaftssteuerung
als prinzipiell ,machbar' unterstellt würde, sondern auch, wenn man
der gegenteiligen Ansicht huldigte und von ihrer prinzipiellen Unmöglichkeit ausginge.

Nun gibt es durchaus Belege für die Annahme, dass soziale Ge-
meinwesen sich selbst – in gewissen Grenzen – zu gestalten vermögen. Fraglich bleibt allerdings, ob die Gestaltungskompetenz auf
Ausnahmesituationen beschränkt bleibt. Und des Weiteren ist zu
fragen, und auf welcher Ebene, in welchen Formen und mit welchen
Ergebnissen Prozesse der gesellschaftlichen Selbststeuerung ablaufen
mögen. Nur wenn sich diese Fragen hinreichend präzise beantworten

lassen, werden wir einer Antwort auf die Frage nach ‚besseren‘, z.B. risikoärmeren, Mitteln der Gesellschaftssteuerung näher kommen können.

Bevor wir uns auf diese *tour d'horizon* begeben, ist noch ein Wort zu dem zweiten Begriff im Titel des Lehrbriefs zu sagen. Immerhin hat sich das Konzept der Selbstorganisation und Selbststeuerung im 20. Jahrhundert als eine Art Kontrastbegriff zur Idee der Gesellschaftssteuerung entwickelt. Soziale Gruppen und einzelne Bereiche der Gesellschaft zeigen sich in unterschiedlichem Maße fähig, die Bedingungen ihrer Reproduktion sowie der internen und externen Kommunikation ‚selbst‘ zu kontrollieren. Dabei scheinen sie auf den ersten Blick gar nicht oder nur in begrenztem Maße von den Steuerungsleistungen höherer Hierarchieebenen abhängig. Doch schon auf den zweiten Blick wirkt der Begriff Selbststeuerung mehr als Pendant denn als Gegenpol des Begriffs Gesellschaftssteuerung.

Denn wenn ‚die‘ Gesellschaft als ein sich selbst steuerndes soziales Gebilde verstanden wird (wer sonst als sie selbst sollte sie steuern können?), macht es auch Sinn, nach dem Selbststeuerungspotenzial ihrer Teile bzw. Subsysteme zu fragen. Selbststeuerung meint folglich kein anderes Prinzip und keinen Sachverhalt von anderer Logik als der der Gesellschaftssteuerung. Bezug genommen wird lediglich auf ganz *bestimmte* Subjekte und Objekte sozialer Steuerung, nämlich solche, die in der Hierarchie sozialtheoretischer Abstraktionen ‚unterhalb‘ des Gesellschaftsbegriffs eingeordnet sind, also soziale Gruppen und Bewegungen, Organisationen (z.B. Parteien und Unternehmen), Wirtschaftssektoren oder Funktionssysteme wie z.B. das Wirtschafts- oder das Bildungssystem.

Der restliche Teil dieser Einleitung wird sich v.a. zwei Themen zuwenden: zum einen den Gründen für die historische Anrüchigkeit eines emphatischen Begriffs der Gesellschaftssteuerung und zum zweiten einigen logischen und sachlichen Implikationen des Steuerungsbegriffs und der Steuerungssemantik. Am Ende der Einleitung werden der zu erwartende Erkenntnisgewinn und die Gliederung des Lehrbriefs vorgestellt werden.

1.1 Leidvolle Erfahrungen

Aus gutem Grund wird das 20. Jahrhundert als „das Zeitalter des Totalitarismus" bezeichnet (Jesse 1999: 9). Es ist nicht nur durch mehrere Wellen der Demokratisierung gekennzeichnet, sondern – neben dem Fortbestand einer Reihe von autoritären Regimes – auch durch die Entstehung und den Niedergang von Herrschaftsordnungen, die einen totalitären Macht- und Gestaltungsanspruch der jeweiligen Regierung gegenüber der Gesellschaft reklamierten. Das gilt für den sowjetischen Kommunismus und den deutschen Nationalsozialismus, aber auch für die faschistischen Regime in Italien, Portugal und Spanien sowie die Militärdiktaturen in Argentinien, Chile, Griechenland, Pakistan, der Türkei und vielen ehemaligen Kolonien.

Das nationalsozialistische Regime Adolf Hitlers, aber auch das von Lenin, Trotzki und Stalin in der Sowjetunion errichtete Herrschaftssystem sind nicht nur durch eine Blutspur von vielen Millionen Opfern charakterisiert, sondern auch durch die erklärte Absicht der Führer, die Gesellschaft gemäß einer bestimmten „politischen Religion"[2] umzubauen und damit einen ‚neuen Menschen(typ)' zu schaffen.[3] Als dezidierte Projekte des zielstrebigen Gesellschaftsumbaus unterschieden sie sich von solchen Autokratien, deren Herrschern es ‚nur' um die Bewahrung einer tradierten und für sie vorteilhaften Ordnung ging.

Was die auf brutale Gewaltanwendung und politische Gleichschaltung gegründeten Regime zu aufschlussreichen Extrembeispielen absichtsvoller Gesellschaftssteuerung macht, ist nicht allein das verheerende Ausmaß der Staatsverbrechen, sondern auch dieser eigentümliche Sachverhalt: Obwohl es den Herrschern in aller Regel gelang, jegliche Oppositionsbewegung in der Bevölkerung oder innerhalb der Führungscliquen schon im Keim zu ersticken, waren sie doch offenkundig außerstande, ihr Ziel einer nachhaltigen Umgestaltung der Gesellschaft zu verwirklichen. Sie verstanden es wohl, die gesellschaftlichen Verkehrsformen zu kontrollieren und Verfassungen wie Institutionen gemäß ihren Vorstellungen zu manipulieren,

---

2   Warum der Begriff ‚politische Religion' für die in totalitären Regimes kultivierten
      Weltanschauungen angebracht ist, erläutert Maier (2003).
3   Einen informativen Überblick über die Formen und Folgen des Hitlerregimes bietet
      die „Geschichte des Dritten Reiches" von Wolfgang Benz (2000).

doch gelang es ihnen nicht, eine Gesellschaft zu begründen, die *ohne* die auf Dauer viel zu kostspieligen Gewaltmittel auskommen konnte. Bestand und Entwicklung der ‚konstruierten' und autoritär gesteuerten Gesellschaften blieben stets problematisch, d.h. unsicher und vom Einsatz aufwändiger Kontrollinstrumente abhängig. So scheiterte die nationalsozialistische Diktatur nicht etwa am Widerstand ihrer Opfer, sondern an der Hybris und dem extremen Wirklichkeitsverlust der von ihrem Machtmonopol berauschten Führung. Und die immerhin 70 Jahre währende Herrschaft der sowjetischen Staatspartei fand ihr Ende im Immobilismus einer Gesellschaft, in welcher die ökonomischen Potenzen des Landes fruchtlos verschwendet wurden, während die intellektuellen und moralischen ‚Ressourcen' der Menschen ungenutzt blieben oder gar als unerwünscht unterdrückt wurden.

Die Quintessenz der schmerzhaften Erfahrungen mit den totalitären Regimes im Europa des 20. Jahrhunderts findet einen überzeugenden Ausdruck in der Kritik der diversen Spielarten von Fortschrittsideologie und Geschichtsteleologie, die Karl Popper (1974) formulierte. Historische und erkenntnistheoretische Einsichten verweisen auf die systematische Unzulänglichkeit menschlichen Wissens und die untragbaren Nebenfolgen aller Versuche, das Wissensdefizit durch konzentrierten Einsatz von Machtmitteln zu kompensieren. Paradoxerweise folgt aus der Maximierung von Steuerungsmacht und Kontrollmitteln nicht etwa eine gesteigerte Chance, die Gesellschaft wirksam zu steuern, sondern eine drastische Verringerung der ohnehin begrenzten Möglichkeiten zur zielsicheren und nachhaltigen Einflussnahme.

Dreierlei folgt aus dieser Beobachtung. Zum einen ist es offensichtlich irreführend, sich ‚Gesellschaft' als ein Objekt des Handelns und damit auch der politischen Steuerung vorzustellen, über dessen Eigenschaften und Entwicklung die Steuernden beliebig verfügen könnten. Schon der Versuch einer vollständigen Kontrolle mag das Kontrollobjekt auf unberechenbare und den Steuerungsabsichten zuwider laufende Weise verändern. Das gilt, zum zweiten, insbesondere für Bemühungen, die auf die Verringerung oder Unterdrückung sozialer und politischer Differenzen zielen. Mit der internen Differenziertheit der Gesellschaft und der relativen Autonomie der Individuen, Gruppen und Organisationen verringert sich unweigerlich auch das Innovations- und Reproduktionspotenzial der Gesellschaft einschließlich ihrer Fähigkeit, sich wandelnden Umweltbedingungen (und Steuerungszielen!) anzupassen.

Damit ist schließlich, und zum dritten, ein wichtiger Fingerzeig für das Verständnis von Steuerungshindernissen in der modernen, pluralen und hochdifferenzierten Gesellschaft gewonnen. Da ihre Leistungsfähigkeit auf der Differenziertheit und eigenlogischen Dynamik ihrer Teile beruht, ist es wenig sinnvoll, genau diese Eigenschaften für vermeintliche Steuerungsprobleme verantwortlich zu machen. Denn das hieße, zugespitzt formuliert, nichts anderes als die differenzierte Gesellschaft im Interesse ihrer besseren Steuerbarkeit abzuschaffen.

Die Frage nach den notwendigen Voraussetzungen und möglichen Formen von Gesellschaftssteuerung erfordert eine differenziertere Antwort als sie mit dem Verweis auf Steuerungshindernisse und -probleme gegeben werden kann. Sie erfordert es, den kontingenten Sachverhalt ‚Gesellschaftssteuerung‘ als die Summe einer Vielzahl von Formen der Selbststeuerung zu konzipieren und dabei unterschiedlichsten Bedingungen und Eigentümlichkeiten Beachtung zu schenken. Angesichts der nur beschränkt effektiven Möglichkeit einer umfassenden (‚globalen‘) Selbststeuerung der Gesellschaft, z.B. im Medium der politischen Entscheidungsproduktion, kommt den vielfältigen Formen der funktional spezifischen und im Wirkungsbereich eher kleinräumigen (‚lokalen‘) Selbststeuerung erhebliche Bedeutung zu.

1.2 Sachliche Aspekte des Steuerungsbegriffs

Zum Bedeutungsfeld des Begriffs Steuerung zählt nicht nur die Unterscheidung von Steuerungssubjekt und Steuerungsobjekt, also einem steuernden Akteur und dem gesteuerten Objekt oder Zustand, sondern auch ein der Aufgabe angemessenes Verständnis der Situation und der erwartbaren Wirkungen (Mayntz 1987). Der ‚Steuermann‘ (bzw. die ‚Steuerfrau‘) muss zunächst wissen, *was* bzw. *wohin* er (bzw. sie) will. Vorausgesetzt ist außerdem das Wissen von Mitteln und Wegen, die zur Erreichung des Ziels infrage kommen. Und wer steuern will, sollte auch befähigt und in der Lage (also nicht etwa durch unpassende Umstände gehindert) sein, einen *für ihn* selbst gangbaren Weg zu wählen. Damit sind zwar noch nicht alle für den Erfolg wichtigen Bedingungen genannt (es mögen z.b. ‚unterwegs' Risiken auftauchen, die Umwege oder gar eine Zielveränderung nötig machen), aber ohne Zweifel solche, die zu den notwendigen (Erfolgs-) Voraussetzungen zählen.

Steuerung impliziert also ein bestimmtes Akteurkonzept (*agency*), zu dem besondere Wahrnehmungs- und Entscheidungskompetenzen (*rational choice*), die Fähigkeit zum zielgerichteten Handeln (Transitivität) und die Kenntnis von geeigneten Mitteln und Wegen (Instruktivität) gehören. Kurz und bündig: Der Steuerungsbegriff unterstellt ein hohes Maß an Rationalität auf Seiten des Steuerungssubjekts, d.h. einen rationalen Akteur.

Die vorgenannten Bedingungen sind allerdings nur Mindestbedingungen. Sie gelten, genau besehen, nicht nur für Fälle des Steuerns, sondern für jegliche Variante eines rationalen, d.h. zielgerichteten und mittelabwägenden Handelns. In dieser einfachen Form taugt der Steuerungs- bzw. Handlungsbegriff nur zur Beschreibung sehr einfacher Handlungssituationen, nämlich solcher, die als ‚game against nature" bezeichnet werden. Betrachten wir ein entsprechend triviales Beispiel: Nehmen wir an, wir gingen durch einen Park und ärgerten uns über das miserable Spiel unserer Lieblingsmannschaft. Um unserem Ärger Luft zu machen, treten wir sogar einmal heftig gegen den nächststehenden Baumstamm. Wie wird der Baum wohl darauf reagieren? Einer verbreiteten Annahme zufolge brauchen wir nicht mit Gegenreaktionen zu rechnen. Wenn es sich nicht zufällig um einen morsch gewordenen oder angesägten Stamm handelt, wird der Baum nicht ‚zurückschlagen'. Etwas anderes wäre allerdings zu erwarten, wenn wir einem eventuellen Begleiter – aus dem selben nachvollziehbaren Motiv   einen Tritt verpassen. Das könnte nicht nur eine heftige Gegenreaktion auslösen, sondern womöglich das Ende der Bekanntschaft sein.

Soziales Handeln und folglich auch jeder Versuch der ‚sozialen' Steuerung unterliegt also einer zusätzlichen (Erfolgs-) Bedingung, nämlich der angemessenen Berücksichtigung möglicher Reaktionen des Interaktionspartners, weil dieser ja nicht als bloßes Objekt des Handelns, sondern ebenfalls als Handlungs*subjekt* zu veranschlagen ist. Weil die Berücksichtigung der möglichen Reaktionen subjekthafter Objekte wechselseitige Beobachtungen voraussetzt, wobei nicht nur die unmittelbaren Beobachtungen zählen, sondern auch Annahmen, Erwartungen und damit das ganze Spektrum der möglichen (kontingenten) Reaktionen (und Aktionen! und Absichten!), wirkt schon die einfache (dyadische) Interaktionssituation von EGO und ALTER einigermaßen komplex. Wir haben es mit einer Situation der ,doppelten Kontingenz' zu tun.[4]

Somit setzen erfolgversprechende Steuerungsbemühungen unter Bedingungen hoher sozialer Komplexität, wie sie bereits in Situationen der ,doppelten Kontingenz' bestehen, mehr als *agency, rational choice*, Transitivität (des Handelns) und Instruktivität (der Mittel) voraus, nämlich eine Theorie der Kausalbeziehungen zwischen Handlungen und Handlungsfolgen. (Eine ,Kausaltheorie' existiert auch für ,games against nature'. Sie lautet: Das Objekt reagiert nicht.) Kausaltheorien für irreale (z.B. zukünftige) soziale Sachverhalte sind jedoch entweder hochkomplex oder unmöglich. Das liegt zum einen an der komplexen Bedingtheit sozialer Sachverhalte. Sie erfordert es, eine Vielzahl von alternativen Möglichkeiten, nichtintendierten Nebenfolgen und potenziell folgenreichen Wirkungsketten in Rechnung zu stellen. Zum anderen sind alle Voraussagen mit dem Problem der unzureichenden Vorhersehbarkeit zukünftiger Ereignisse konfrontiert.

Komplex bedingte Sachverhalte sind prinzipiell kontingent; sie können, aber müssen nicht eintreten; und falls sie eintreten, können sie ,so' oder ,anders' ausfallen. Da alle künftigen Ereignisse aber auch als potenzielle Ursachen anderer künftiger Ereignisse infrage kommen, ist die Zukunft genuin unsicher. Verlässliche Kausaltheorien irrealer (zukünftiger) Sachverhalte sind folglich nicht möglich.[5] Deshalb können Bemühungen um ,soziale Steuerung' nur auf unsichere Annahmen und Wirkungshypothesen gegründet sein. Sie entbehren der Erfolgsgewissheit. Mit Steuerungsabsichten befrachtete Handlungen können folglich nur als *Versuche* der sozialen Steuerung verstanden werden. Es sind gewissermaßen Tests auf die Richtigkeit der

---

4   Vgl. Schimank (2000) ausführlicher zum Begriff der ,doppelten Kontingenz'.
5   Es ist allerdings nicht ausgeschlossen, zwischen mehr und weniger wahrscheinlichen Ereignissen zu unterscheiden. Das ermöglicht und betreibt u.a. eine Spielart der systematischen Geschichtsbetrachtung anhand von Theorien irrealer Sachverhalte, sog. counterfactuals, und „möglicher Welten" (vgl. Tetlock/Belkin 1996; Ferguson 1999).

ihnen zugrunde liegenden Annahmen und Sozialtheorien, seien diese expliziter oder impliziter Natur.

1.3 Historische Aspekte des Steuerungsbegriffs

Der Steuerungsbegriff erscheint auf den ersten Blick dem des demokratischen Regierens verwandt. Wo die Bürger im Ergebnis demokratischer Wahlen der Regierung eine befristete Handlungsvollmacht erteilen, dürfen sie wohl erwarten, dass diese die Gesellschaft in einer den Bürgern genehme Weise zu steuern versucht. Lässt sich doch der Legitimationsvorsprung der Demokratie gegenüber allen Varianten autokratischer Regimes in zwei Hinsichten spezifizieren: Die Demokratie bietet (auf der *Input*seite) eine Palette differenzierter Formen der politischen Beteiligung, durch welche den Entscheidungen (auf der *Output*seite) eine größere Chance der Interessenberücksichtigung und Akzeptanz zukommt. Was liegt näher als das komplizierte Geschäft der demokratischen Willensbildung und des Umgangs mit der für Demokratien typischen Menge von Staatsaufgaben als Steuerungshandeln zu begreifen?

Auf den zweiten Blick erscheint der Steuerungsbegriff jedoch ebenso als Korrelat von Herrschaft wie von demokratischer Repräsentation. Er ist gewissermaßen *input*neutral, da er sich allein auf die Ziele und Wirkungen von Politik, also die *Output*seite des Entscheidens bezieht. Steuern und Regieren sind nicht nur etymologisch verwandt. Sondern wo immer die Lenkung eines sozialen Gebildes angesprochen ist, das den Einzugsbereich der Familie oder des Freundeskreises überschreitet, weisen die Semantiken der Begriffe Herrschaft und Lenkung/Steuerung eine breite Überschneidungszone auf. Doch auch im Selbstverständnis autokratischer Eliten, wie z.B. der des deutschen Kaiserreichs, ging die Regierungsfunktion nicht im Begriff der Herrschaft auf. Der Reichskanzler Otto von Bismarck wurde (auch) als Steuermann bzw. Lotse des 'Staatsschiffs' wahrgenommen, woran die bekannte Karikatur (aus *Punch* 1890, auf der folgenden Seite) erinnert. Unter dem historischen Blickwinkel ist politische Steuerung also fast gleichbedeutend mit Regieren. Und Regieren ist immer beides zugleich: Herrschaft und Steuerung.

Unterschiedliche Staatsverfas-
sungen und Gesellschaftsuto-
pien sind mit je besonderen
Vorstellungen von politischer
Steuerung verquickt. So gehen
die national unterschiedlichen
Resultate der Staatenbildung im
Europa der Neuzeit auf unterschiedlich ausgeprägte Kombinationen von Steuerungsbedar-
fen und Steuerungspotenzialen
zurück (Ertman 1997). In den
Mittelmeerländern Lateineuropas dominierte einst der patrimoniale Absolutismus. Er verdankt sich einerseits der frühzeitig (vor 1450) erfolgten Bildung zentraler Machtstrukturen

als Antwort auf geopolitische Herausforderungen und andererseits
einem staatlichen Unterbau auf der lokalen Ebene, wo die jeweiligen
Machthaber durch keinerlei Repräsentanz der verschiedenen Stände
‚belästigt' wurden.

Von diesen Ländern unterscheiden sich die etwas später in
Nordeuropa gegründeten Staaten, wie Britannien und Preußen, nicht
nur durch ihre konstitutionelle bzw. absolutistische Verfasstheit (die
auf die differenzierte Struktur der lokalen Mächte zurückgeführt
wird), sondern auch durch den fortgeschrittenen Stand der Verwal-
tungstechnologie: Sie konnten von vornherein eine bürokratische,
d.h. der weiteren Staats- und Gesellschaftsentwicklung förderliche
Organisationsstruktur ausbilden. Dank der ‚rationaleren' Grundstruk-
tur erlangten sie in der Neuzeit eine deutlich höhere Steuerungskompetenz. Wie Ertman (1997) zeigt, waren es erstens der von militärischen und wirtschaftlichen Staatsfunktionen bestimmte Finanzbe-
darf, zweitens die Struktur der lokalen Mächte (die entweder autoritä-
re Zentralregierungen möglich oder Kooperation und Machtteilung
nötig machten) und drittens der Entwicklungsstand der administrativen Infrastruktur und des Steuerungswissens, welche zur Entstehung

unterschiedlicher Staatstypen mit einem je besonderen Verhältnis der Steuerungs- und Herrschaftsfunktion führten.[6]

Die Steuerungsfunktion ist also dem Regierungshandeln imma-nent. Aber erst in der zweiten Hälfte des 20. Jahrhunderts setzt sich der Begriff der Steuerung als Ausdruck generalisierter Erwartungen an den gesellschaftlichen Sinn des Staatshandelns durch. Die Hoch-konjunktur seines wissenschaftlichen Gebrauchs fällt mit der Thema-tisierung von Steuerungs*problemen* zusammen (Mayntz 1987). Wirk-same Steuerung im Sinne von Problembearbeitung und Zukunftspla-nung erhält exakt zu dem Zeitpunkt die Bedeutung eines normativen Gebots, als sie alles andere als selbstverständlich zu sein erscheint.

Das Verständnis von Politik als rationale Einwirkung der Gesell-schaft auf sich selbst ist älteren Datums. Es hat seinen Ausgangs-punkt in den Ideen der Aufklärung und wird v.a. mit Blick auf eine heute kaum mehr relevante Gegenposition verständlich: die Vorstel-lung von einer ‚natürlichen' bzw. gottgegebenen Ordnung. Der Gel-tungsbereich dieser Vorstellung war nicht auf das beschränkt, was wir heute als Staat und Politik kennen. Er betraf die ganze Gesellschaft – mit dem feinen, aber folgenreichen Unterschied, dass die Idee der Gesellschaft als ein soziale Stände und Klassen übergreifender Zu-sammenhang, also als maximal inklusive Kollektivität, noch weitge-hend ‚undenkbar' war. Die Menschen lebten und handelten in den sozialen Zusammenhängen, in die sie durch Geburt oder biographi-schen Zufall gestellt waren, und erfuhren das, was ihnen von außer-halb ihrer engen Lebenswelt zugemutet wurde, nicht anders als ein Naturereignis. Es bedurfte erst allgemein verbindlicher Bürgerrechte, um sich als Teil von gesellschaftlichen Verhältnissen jenseits der ei-genen Gemeinschaft verstehen zu können. Hatte sich dieses ‚moder-ne' Gesellschaftsverständnis erst einmal durchgesetzt, so konnte auch die Idee der Einwirkung auf die Struktur und den Wandel der Gesell-schaft um sich greifen. Die Lebensverhältnisse der Menschen, ihre soziale und ökonomische Umgebung erschienen nun nicht mehr als unveränderlich, sondern als kontingent. Die Gesellschaft und ihre Herrschaftsordnung galten mit einem Male als gestaltbar, zumindest

---

6   Anhand dieses Erklärungsschemas lassen sich vier neuzeitliche Staatstypen unterschei-den: (1) der patrimoniale Absolutismus Lateineuropas, (2) der bürokratische Konstitu-tionalismus Britanniens, (3) der bürokratische Absolutismus der deutschen Staaten und (4) der patrimoniale Konstitutionalismus Polens und Ungarns (Ertman 1997: 34).

in diesem eingeschränkten Sinne: Die Menschen machen ihre Geschichte selbst, aber sie machen sie nicht aus freien Stücken (Karl Marx).[7]

Verschiedene Utopien hatten die Idee der Gestaltbarkeit von Gesellschaft bereits vorweggenommen (Saage 1999). Einige, insbesondere die des politischen Anarchismus, fanden Aufnahme in den Ideenkatalog der Arbeiterbewegung und inspirierten u.a. Karl Marx zu der Idee, dass die auf Marktfreiheit und Privatunternehmertum beruhende ‚bürgerliche' Gesellschaft nur ein Durchgangsstadium auf dem Weg zu einer normativ überlegenen Ordnung sei. Andere Elemente des utopischen Denkens waren statischen Ordnungsvorstellungen verhaftet und fanden ihren politischen Ausdruck in faschistischen Bewegungen. Trotz erheblicher Unterschiede in den Zielvorstellungen teilten kommunistische und faschistische Sozialutopien eine strikte Ablehnung aller Formen von ‚ungesteuerter' demokratischer Repräsentation. Da sie sehr bestimmten Entwicklungs- und Ordnungsvorstellungen verhaftet waren, betrachteten und behandelten sie Interessenäußerungen der Bürger und deren Mitwirkung an politischen Entscheidungen als Störung. Führerprinzip und Ideologiemanagement waren an die Stelle der Norm demokratischer Repräsentation getreten. Die Prominenz des Führerbegriffs macht dabei deutlich, welche herausgehobene Rolle politische Steuerungsansprüche spielten. Dem Steuerungsoptimismus autoritärer Systeme korrespondierte aber regelmäßig entschiedene Abneigung, dem Selbststeuerungspotenzial der Gesellschaft Raum zu lassen oder gar seine Entwicklung zu fördern.[8]

Die Auffassung, dass es sich bei der Förderung und Lenkung des Wirtschaftslebens um eine vorrangige Staatsaufgabe handelt, ist seit den Zeiten der Frühindustrialisierung Gemeingut. Tatsächlich ist seit dem 19. Jahrhundert in den Industriestaaten Europas und Nordamerikas ein stetiges Wachstum der staatlichen ‚Aufgabenregimes' zu

---

7   „Die Fähigkeit einer Gesellschaft, auf sich selbst einzuwirken, ist (...) im Verlauf dieses
      [des 20., H.W.] Jahrhunderts enorm gestiegen" (Touraine 1976: 11). Am Inhalt dieser
      Feststellung hat auch die in den vergangenen Jahrzehnten erfolgte Zunahme globaler
      Interdependenzen nichts verändert. Vielmehr zeugen die verschiedenen Erscheinungs-
      formen der ‚Globalisierung' von den Wirkungen einer Serie bewusst gewählter politi-
      scher Maßnahmen (Mayntz/Scharpf 2005).

8   Nicht zuletzt deswegen wurde die Soziologie, verstanden als Gesellschaftswissenschaft,
      so häufig von der Führungsclique autoritärer Regime abgelehnt oder unterdrückt
      (Touraine 1976: 11).

beobachten (Abelshauser 1994).[9] Es fand Niederschlag in dem von
Adolph Wagner (1893) formulierten „allgemeinen Gesetz der Ausdehnung der Staatstätigkeiten". Das Wachstum der Staatsfunktionen
manifestierte sich sowohl im Umfang der dem Staat zugeschriebenen
Aufgaben als auch im Anteil der Staatsausgaben am Sozialprodukt.
Bei den regulativen Staatsaufgaben verlagerte sich der Schwerpunkt
von der Ordnungswahrung zur Ordnungsgestaltung. Legitimation
erfuhr der erweiterte Aufgaben- und Ausgabenkatalog in Begriffen
des ‚Marktversagens' und des ‚nationalen Interesses'. ‚Sozialgestal-
tung', Konfliktprävention und ‚Sicherheit' markierten positive Leit-
konzepte. Langfristig war die Ausdehnung des Staatssektors von einer Vervielfachung der Beziehungsstränge zwischen Staat und Gesellschaft begleitet. Das war einerseits dem Aufkommen neuer politischer Akteure – v.a. in Gestalt von Partei- und Verbandsführungen –
zu verdanken, andererseits der Ausdifferenzierung von Wirtschafts-
und Infrastruktursektoren. Eine weitere Tendenz betraf die Ergänzung und tendenzielle Ablösung direktiver Steuerungsinstrumente
durch staatliche Anreizprogramme und „nicht-imperative Steue-
rungsmittel" (Grimm 1994).

Der moderne Steuerungsbegriff, der in der deutschsprachigen
Politikwissenschaft der 1980er Jahre die Konjunktur des Planungs-
begriffs ablöste, bezieht seinen Sinngehalt aus zwei Sphären. Die
Identifikation sozioökonomischer Probleme, insbesondere in punkto
Massenarbeitslosigkeit und erschöpfte Staatsfinanzen, als Probleme
der politischen Steuerung wurde bereits erwähnt. Hier speist sich die
Steuerungssemantik aus einem doppelten handlungstheoretischen
Sinnbezug: der Zuschreibung gesellschaftlicher Funktionen wie Be-
standssicherung und Gemeinwohlverwirklichung an die staatliche
Politik und einem politischen Akteurkonzept, das Politiker als Auto-
ren von verbindlichen Entscheidungen unterstellt. Gleichzeitig bezieht sich der Steuerungsbegriff auf aktuelle Entwicklungen in der
Sphäre gesellschaftstheoretischer Reflexion. Hier ist es die verstärkte
Hinwendung zu einem Systemverständnis von Gesellschaft und Politik, die dem Begriff der Steuerung (i.S. des englischen *control*) mit Bezugnahme auf besondere Steuerungsmedien wie Recht, Geld und

---

9   Über das Wachstum der Staatstätigkeit in Westeuropa nach dem Zweiten Weltkrieg
und die Entwicklung staatlicher Wirtschaftsplanung informiert die Studie von Andrew
Shonfield (1969).

Macht Sinn verleiht (Mayntz 1987). Da die Systemtheorie kein Akteurkonzept kennt, geriet dieser Steuerungsbegriff in den Sinnzusammenhang von Selbstorganisation und Selbstregulation. Dabei
geht es um die Art und Weise, in der Systeme ihren inneren Funkti-
onszusammenhang und ihr Verhältnis zur Umwelt regeln. Handelnde
Politiker bzw. kommunikative Handlungen geraten allenfalls im Falle
einer Kollision mit der Logik einzelner Steuerungsmedien ins Zentrum der Aufmerksamkeit.

Beim Rückblick auf die jüngere Konjunktur des Steuerungsbegriffs sollte die wechselhafte Karriere eines anderen Konzepts von
Regierungstätigkeit nicht vergessen werden: des Begriffs der politischen Planung. Er entwickelte sich als Korrelat des interventionistischen Staatsverständnisses, das bereits den Prozess der Frühindustrialisierung begleitete. Spielte der Aspekt des geplanten, also dezidiert
auf in der Zukunft liegende Wirkungen gerichteten Regierungshan-
delns zunächst keine dominante Rolle,[10] so wurde Planung unter dem
Eindruck der Weltwirtschaftskrise fast zum Synonym für ‚vernünfti-
ge' Politik.

Nach dem Zweiten Weltkrieg, der für die kriegführenden Staaten
einen starken Anreiz zur kooperativen Planung von staatlichen und
wirtschaftlichen Aktivitäten bedeutete, ist „in allen westlichen Industrieländern ein Trend zu gesamtgesellschaftlicher Planung‟ (Lau
1975: 32) zu beobachten. Als Ursachen wurden die beschleunigte
Konzentration des Produktionskapitals sowie die wachsende Zahl
und Bedeutung langfristiger Forschungs- und Investitionsvorhaben
ausgemacht. Gemäß dem damals verbreiteten Funktionsverständnis
fiel dem Staat v.a. die Aufgabe zu, für ein gleichmäßiges Wachstum
der volkswirtschaftlichen Nachfrage zu sorgen. Im Konzept der ‚key-
nesianischen' Nachfragesteuerung manifestierte sich die Auffassung,
dass die kapitalistische Wirtschaft vorausschauender Planung und
kontinuierlicher staatlicher Eingriffe bedürfe.

Der „Trend von punktuellen staatlichen Interventionen zu einer
umfassenden staatlichen Wirtschafts- und Sozialplanung‟ (ebd.: 33)
schien unumkehrbar. Er schlug sich – nach der leichten Wirtschafts-
rezession von 1966/67 – in der Einrichtung eines Sachverständigen-

---

10   Nicht selten hatte die ausgedehnte Staatstätigkeit im Bereich der Wirtschaft ihren
     Ausgangspunkt im Koordinationsversagen privater Akteure, so z.B. auf dem Gebiet
     des frühen Eisenbahnwesens.

rats zur Beurteilung der Wirtschaftslage, der Einführung der ‚mittel-
fristigen Finanzplanung', dem sog. Stabilitätsgesetz von 1967 und
einem Ausbau der Planungskapazität mehrerer Regierungsressorts
nieder. Doch wurden die Grenzen einer um Zukunftswirksamkeit
bemühten Planung schon bald offenkundig (Scharpf 1972; Ronge/
Schmieg 1973). Sie liegen im verlässlichen Zugriff auf Finanzressour-
cen, in der Qualität der zukunftsrelevanten Informationen und in den
legitimatorischen ‚Kosten' von langfristig bindenden Beschlüssen.[11]
     Die Ineffektivität einer langfristigen Planung, die wegen der sich
stetig verändernden Erfolgsbedingungen laufend korrigiert werden
musste, regte die politischen Akteure an, nach alternativen Möglichkeiten Ausschau zu halten. Diese fanden sich in Gestalt von Arrangements der Selbststeuerung durch kollektive Regulierungsorgane mit
oder ohne Beteiligung des Staates. So konnte Volker Ronge bereits
1980 konstatieren, dass „die heutige Phase des organisierten Kapitalismus nicht zugleich eine des staatlich organisierten Kapitalismus ist
und zu sein braucht" (Ronge 1980: 18). Die als ‚Vergesellschaftung'
titulierte Abstimmung zwischen privaten Interessen und gesellschaftlichen Funktionen ließe sich prinzipiell auch außerhalb der staatlichen
Sphäre vornehmen, ja sie könne sogar der „Eigenregie von Unternehmen" (ebd.: 22) überlassen werden. Als Beispiele dienen diverse
Spielarten der mit staatlichen Akteuren abgestimmten Selbstorganisation in den Bereichen Energiepolitik, berufliche Bildung und Steuerung des Gesundheitswesens.[12]
     Da auch die ‚neo-korporatistische' Spielart der teilweise bewusst
als Selbststeuerung konzipierten Regulierung von Politikbereichen
erhebliche Schwächen, insbesondere im Umgang mit Verteilungskon-
flikten, zeigte, verflog die Begeisterung für ‚Konzertierte Aktionen'
und ‚Runde Tische' schon bald. In Grenzen bewährt hat sich lediglich die Praxis, in akuten Krisenfällen Unternehmerverbände, Gewerkschaften und (kommunal-) politische Akteure zusammen zu
rufen und an der Ausarbeitung von wechselseitig verpflichtenden
Aktionsprogrammen zu beteiligen. Doch die Hoffnung auf ein generelles Problemlösungspotenzial der ‚makrokorporatistischen' Steue-

---

11   So geriet der Sozialdemokratie ihre zu Zeiten der sozialliberalen Koalition getroffene
     Festlegung auf einen Ausbau der Kernenergie insofern zum langfristigen Nachteil, als
     sie sich dadurch den Aufstieg der Grünen als Konkurrent um annähernd dasselbe
     Wählerpotenzial einhandelte.
12   Auf die Steuerung des Gesundheitswesens kommen wir weiter unten (4.2.3) zurück.

rung ist restlos verflogen. Bezeichnend ist, dass das ‚Bündnis für Arbeit, Ausbildung und Wettbewerbsfähigkeit' Anfang des Jahres 2003, also ausgerechnet zu Beginn umfangreicher Sozialreformen, sein Ende gefunden hat.[13] Dabei hat die Bereitschaft des Staates, mit privatwirtschaftlichen Akteuren bzw. ihren Interessenverbänden zu kooperieren und ihnen auch Steuerungsaufgaben zu übertragen, keineswegs nachgelassen. Allerdings betreffen die erfolgreicheren Kooperationsprojekte relativ eng definierte Aufgaben, die sich für vertragsförmige Vereinbarungen eignen bzw. besonderen Regulierungsinstanzen, wie z.B. im Telekommunikationsbereich, überlassen werden können.[14]

Das zeitgenössische Steuerungsverständnis hat sich vom Planungsoptimismus der 1970er Jahre verabschiedet und zeichnet sich durch einen pragmatischen Zugriff auf unterschiedliche Politikinstrumente aus, wobei eine gewisse Priorität für ‚kooperative' Abmachungen zwischen (quasi-) staatlichen Regulatoren und den Regulierungsadressaten besteht. Von einem dominierenden Formprinzip politischer Steuerung ist nicht mehr die Rede. Allerdings hat die Frage nach der Effektivität staatlichen Handelns im Sinne seiner Eignung, gesellschaftliche Problemlagen zu meistern, keinen Deut an Relevanz verloren. Deshalb stehen die Bedingungen der Möglichkeit und die alternativen Formen gesellschaftlicher (Selbst-) Steuerung im Mittelpunkt dieses Textes.

1.4 Gegenstände und Perspektiven

Die in den folgenden Kapiteln behandelten Themen liegen im Spannungsfeld zwischen der akteurtheoretischen und der systemtheoretischen Steuerungsdiskussion, wie sie seit den 1980er Jahren geführt wird. Wir werden uns dabei v.a. auf Sachverhalte beziehen, in welche die höher aggregierten Einheiten, d.h. Gesellschaft und Staat sowie einzelne Teilsysteme bzw. Politikbereiche, involviert sind. Zu unseren Gegenständen gehört insbesondere die Steuerung komplexer Prozesse des Institutionenwandels oder umgangssprachlich: der institutionellen Reform. Ausgeklammert bleibt dagegen die in jüngerer

---

13   Zu den Aufgaben des Bündnisses für Arbeit vgl. Arlt/Nehls (1999), zu seinen Funktionsproblemen Wiesenthal/Clasen (2003).
14   Vgl. dazu Lahusen (2003) und Hoffmann-Riem (2001).

Zeit intensiv geführte Governance-Diskussion. Zwar weist sie in ihren grundlagentheoretischen Annahmen einen großen Überschneidungsbereich mit dem Themenkomplex Gesellschaftssteuerung/ Selbststeuerung auf. Und ihre theoretischen Ansätze dürfen durchaus – zumindest in gesellschaftsdiagnostischer Perspektive – als Fortentwicklung der Steuerungstheorie gelten (Mayntz 2004; Mayntz/ Scharpf 2005). Doch verfügen Governancetheorien mit ihrem Fokus auf Organisations- und Unternehmenssteuerung (*corporate governance*) sowie die Regulation von Wirtschaftssektoren über einen recht differenzierten Katalog eigener Analysegegenstände, für deren Erörterung hier kein Raum bleibt.[15]

Der Autor ist vielmehr bemüht, in der Nachzeichnung theoretischer Debatten und der Wiedergabe empirischer Befunde soweit wie möglich am ursprünglichen Verständnis von Gesellschaftssteuerung – als intendierter Einflussnahme der Gesellschaft auf ihre Entwicklung – festzuhalten. Das geschieht nicht etwa aus Nostalgie oder weil kurzschlüssig von der Wünschbarkeit auf die Möglichkeit von Gesellschaftssteuerung geschlossen würde. Sinn und Zweck dieser Perspektivenwahl ist vielmehr, einen Beitrag zur Aufklärung über den Möglichkeitsraum gesellschaftlicher Selbststeuerung zu leisten. Die den Gedankengang orientierenden Leitfragen lauten deshalb: Ist Gesellschaftssteuerung prinzipiell möglich oder bezeichnet der Begriff einen irrealen Sachverhalt? Und falls die Möglichkeit von Gesellschaftssteuerung prinzipiell gegeben ist, welchen Voraussetzungen und Beschränkungen unterliegt sie? In welchen Formen und in welchem Umfang ist sie erwartbar?

Die Begriffe Gesellschaftssteuerung und Selbststeuerung implizieren, dass wir es mit einem *reflexiven* Modus der Einflussnahme auf soziale Sachverhalte zu tun haben. Die Gesellschaft selbst bzw. die sich steuernde Einheit (die Gruppe, die Organisation oder das gesellschaftliche Teilsystem) fungieren sowohl als Subjekt als auch als Objekt von Steuerung. Die Wirkungsrichtung der Steuerung ist folglich zirkulär. Dagegen suggeriert die Semantik des nautischen Steuerungsbegriffs einen Modus der *transitiven* Einflussnahme. Subjekt und Objekt sind als verschiedene soziale Entitäten unterstellt, die Wirkungsrichtung des Handelns ist linear: Die eine Seite steuert, die andere reagiert.

---

15 Zur Governance-Diskussion vgl. Benz (2004) und Czada et al. (2003).

Die Unterscheidung zwischen transitiver und reflexiver Steuerung ermöglicht uns, die bisher benutzen Begriffe – Gesellschaftssteuerung, Selbststeuerung, Regieren und Governance – so zu ordnen, dass ihre tendenziell unterschiedlichen Verwendungskontexte deutlicher werden (Schema 1). Zu diesem Zweck führen wir neben der Unterscheidung zwischen dem transitiven und dem reflexiven Steuerungsmodus eine weitere Unterscheidung auf Seiten der unterstellten Steuerungsakteure ein, nämlich die Differenz zwischen ‚einfachen' und ‚komplexen' Akteuren. Als vergleichsweise ‚einfach' werden, was nicht unbedingt naheliegend ist, Individuen verstanden, aber auch Gruppen und Organisationen, die ihre Identität bzw. ihr Verhältnis zur Umwelt selbst zu bestimmen verstehen. Als ‚komplex' gelten dagegen jene auf mehreren Ebenen strukturierten und intern hochdifferenzierten sozialen Gebilde, die wir meinen, wenn von der Gesellschaft, dem Staat oder z.B. der Wirtschaft als sozialen Systemen die Rede ist.[16]

Schema 1: Steuerungsbegriffe

		Wirkungsmodus	
		transitiv	reflexiv
Akteurtypus	simpel	Regieren[a]	*Selbststeuerung*[c]
	komplex	Governance[b]	*Gesellschaftssteuerung*[c]

[a] Zur Einführung empfohlen: von Beyme (1997) und Scharpf (1999).
[b] Zur Einführung empfohlen: Czada et al. (2003) und Benz (2004).
[c] Das sind Themen dieses Bands.

---

16 Die Charakterisierung von Governance als transitivem Modus beruht auf der Annahme, dass im Geltungsbereich von Governance-Strukturen sowohl aktiv steuerungsbeteiligte Akteure als auch passive Steuerungsadressaten vorkommen.

Der Inhalt des Lehrbriefs ist wie folgt gegliedert. Wir werden zunächst (im Kapitel 2) die in der deutschen Politikwissenschaft geführte Steuerungsdebatte wieder aufnehmen und die gegensätzlichen Positionen anhand prägnanter Beiträge von Niklas Luhmann und Fritz
W. Scharpf rekonstruieren. Im selben Kapitel werden sodann die
theoretisch anspruchvollen Argumente des soziologischen System-
begriffs herausgearbeitet. Das beträchtliche Gewicht des systemtheoretischen Zweifels an der Möglichkeit von Gesellschaftssteuerung
wird in einem Exkurs zur Kategorie ,Unsicherheit' und ihrem Stellenwert in sozialwissenschaftlichen Theorien ausgelotet. Schließlich
werden wir die von der Systemtheorie inspirierten Vorschläge von
Helmut Willke inspirieren, in denen die Möglichkeit einer indirekten
Gesellschaftssteuerung – als staatliche ,Supervision' gesellschaftlicher
Prozesse – unterstellt ist.

Im Kapitel 3 verlassen wir die Makroebene der Gesellschaft bzw.
der staatlichen Politik und wenden uns Mechanismen und Prozessen
der Selbststeuerung von Akteuren und Organisationen zu. Wir betrachten zunächst die typisierten Handlungszusammenhänge des
Marktes, der Gemeinschaft und der Organisation, deren handlungs-
steuerende Prinzipien in komplexen, empirischen Koordinationsweisen zusammenfinden. Wir werden des Weiteren prüfen, welchen
Koordinationstyp Netzwerke darstellen und wie ein dem Markt- und
Staatsversagen analoger Begriff des Netzwerkversagens zu formulieren ist. In den Einzugsbereich der mikrosoziologischen Perspektive
dieses Kapitels fallen auch der Machtbegriff und die Logik macht-
vermittelter Interaktion. Sie werden anhand des relationalen Machtkonzepts entschlüsselt. Das Kapitel wird von Bemerkungen zum
Verhandlungsbegriff und einem Überblick über wichtige Kategorien
der Verhandlungsanalyse sowie der Aspekte ,kooperativer' Verfahren
beschlossen.

Im Kapitel 4 nehmen wir die politikwissenschaftliche Perspektive wieder auf und wenden uns einigen, nach empirischen Gesichtspunkten ausgewählten Problemen gesellschaftlicher Steuerung zu.
Anhand der mit *bounded rationality*, Planungsillusion und Kollektivgut-
dilemma bezeichneten Rationalitätshindernisse wird das ,Unmöglich-
keitstheorem rationaler Politik' rekonstruiert. Die anschließend re-
sümierten Befunde zur Lernfähigkeit kollektiver Akteure, zur Responsivität demokratischer Parteien und Regierungen sowie zur Steue-

rung einzelner Politikfelder liefern ein uneindeutiges Bild. Es macht den residualen Möglichkeitsraum für erfolgreiche Steuerungsbemühungen erkennbar. Dieser ist (u.a.) durch zwei allgegenwärtige, aber prinzipiell kontrollierbare Steuerungsprobleme begrenzt: die Hindernisse kollektiver Handlungsfähigkeit und die unterschiedlichen Zeithorizonte von Handlungssphären. Als Quintessenz ergibt sich: Erfolgreiche Steuerung in komplexen Handlungszusammenhängen ist ausgesprochen voraussetzungsvoll, aber nicht unmöglich. Ihre Bedingungen sind kontingent, sie lassen sich nicht ex ante erschöpfend definieren.

Die im Kapitel 5 präsentierten Fallberichte über erfolgreiche Projekte der Reformsteuerung illustrieren die im Kapitel 4 gewonnenen Erkenntnisse. Statt uns auf die fruchtlose Suche nach allen notwendigen Erfolgsvoraussetzungen zu begeben, werden wir einige ausgewählte Politikprojekte betrachten, die zu unstrittigen Erfolgen gelangt sind. Wenngleich es nahezu unmöglich ist, die Komplexität aller maßgeblichen Umstände befriedigend zu rekonstruieren, existieren doch Anhaltspunkte für einige der erfolgsentscheidenden Faktoren. Sie ermöglichen es, ein komplexeres, wenngleich immer noch unvollständiges Bild der Erfolgsbedingungen gesellschaftlicher Steuerungsbemühungen zu zeichnen.

Die Fallberichte erhärten den Befund, dass zwar reichlich Grund zur Skepsis, aber keine Veranlassung zu einer ausschließlich resignativen Betrachtung der Selbststeuerungsfähigkeit moderner Gesellschaften besteht. Es ist allerdings notwendig, das erhebliche Komplexitätsgefälle zwischen den Bedingungen politischer Praxis und allgemeinen Gesellschaftstheorien zur Kenntnis zu nehmen. Das verbreitete Verlangen, sich die komplexe Wirklichkeit mittels eines übersichtlichen Begriffskatalogs zu erschließen, begünstigt zwei Arten von Fehlschlüssen: zum einen die Überschätzung der Hindernisse gesellschaftlicher Selbstgestaltung und zum anderen die Unterschätzung der komplexen Voraussetzungen, die erfüllt sein müssen, damit nutzbare Optionen erkannt und die Kontingenz gesellschaftlicher Prozesse auf adäquate Weise entschlüsselt werden können.

Damit ist auch das Argumentationsziel der Abhandlung markiert. Sie soll der Leserin und dem Leser einen theoretisch reflektierten und empirisch informierten Einblick in die zwar bescheidenen, aber keineswegs illusionären Möglichkeiten gesellschaftlicher Selbststeuerung vermitteln. Da der Text als Einstiegsleiter und Orientierungshilfe für Studierende konzipiert ist, wurde darauf verzichtet, einen vollständigen, in chronologischer und systematischer Hinsicht optimierten Literaturbericht zu präsentieren, geschweige denn alle zu dieser Thematik in Wissenschaft und Politik geführten Diskussionen auf neue Höhepunkte zu bringen. Das heißt, dass theoretische Fragen nicht in erster Linie um ihrer selbst willen diskutiert werden, sondern im Hinblick auf eine adäquate Erkenntnis der Hindernisse, Möglichkeiten und Ausprägungen von Gesellschaftssteuerung. Dass bei diesem Vorhaben die Maßstäbe wissenschaftlicher Argumentation zu beachten sind, ist selbstverständlich. Doch geht es nicht darum, eine komplette Gesellschafts- oder Sozialtheorie zu skizzieren, sondern im Gegenteil, Abkürzungen durch das Dickicht dichter Theoriediskurse zu finden, auf denen sich empirische und theoretische Evidenzen zwanglos zusammenfügen.

Die überwiegend theorieorientierten Ausflüge konzentrieren sich auf zwei Kapitel (2 und 3), wovon eines der Makro- und eines der Mikro- und Mesoperspektive huldigt. Die dann folgenden Kapitel (4 und 5) haben einen erfahrungswissenschaftlichen Fokus, indem sie sich unmittelbar mit Phänomenen und Prozessen beschäftigen, die im Zentrum der Bemühungen um die intentionale Einwirkung der Gesellschaft auf sich selbst stehen.

2. Gesellschaftssteuerung und Systemtheorie

Wissenschaftliche Kongresse warten nur selten mit Sensationen oder historischen Ereignissen auf, welche dann die fachwissenschaftliche Diskussion über viele Jahre prägen. Doch es gibt Ausnahmen. Eine dieser in den Sozialwissenschaften höchst seltenen Ausnahmen ereignete sich am 12. September 1988 in der Technischen Universität Darmstadt. Die Veranstalter des 17. Kongresses der Deutschen Vereinigung für Politische Wissenschaft (DVPW) hatten Niklas Luhmann und Fritz W. Scharpf eingeladen, den Kongress mit einem Streitgespräch zum Thema Politische Steuerung zu eröffnen. Obwohl die meisten der Zuhörer der recht knappen Vorträge meinen mochten, nicht viel Neues erfahren zu haben, erlangte das Scharmützel zwischen dem Vertreter einer ambitionierten Gesellschaftstheorie und dem bestangesehenen Politikwissenschaftler deutscher Zunge nach einigen Jahren so etwas wie Kultstatus. Hatten sich doch nicht nur zwei prominente Fachwissenschaftler, sondern die kompetentesten Vertreter von zwei konkurrierenden Theorieprogrammen getroffen und ihre gegensätzlichen Auffassungen über einen hinreichend präzise benannten Gegenstand voreinander ausgebreitet. Deshalb ist das Streitgespräch zwischen Luhmann und Scharpf gut geeignet, um in die Theoriekontroverse über die Möglichkeit gesellschaftlicher Steuerung einzusteigen.

2.1 Das Streitgespräch Luhmann – Scharpf

Bevor wir uns den von Luhmann und Scharpf vorgetragenen Argumenten zuwenden, sollten wir einen Blick auf den institutionellen und fachwissenschaftlichen Kontext des Streitgesprächs werfen. Niklas Luhmann, seit 1968 Professor für Soziologie an der Universität Bielefeld[17] und Schöpfer einer von allen Subjektbegriffen gereinigten

---

17 Niklas Luhmann (geb. 1927) wurde 1993 emeritiert und starb am 6. November 1998.

soziologischen Systemtheorie, hatte vier Jahre zuvor sein Werk „Soziale Systeme – Grundriss einer allgemeinen Theorie" (Luhmann 1984) publiziert. Neben einer Vielzahl weiterer Schriften waren 1986 der Band „Ökologische Kommunikation" und 1988 die Studie „Die Wirtschaft der Gesellschaft" erschienen. Im Zentrum sowohl seiner allgemeinen Theorie als auch der zwei zuletzt genannten Arbeiten stehen die Konsequenzen, die sich aus der zentralen Theorieprämisse der operativen Geschlossenheit und Selbstbezüglichkeit der (funktional differenzierten) gesellschaftlichen Teilsysteme ergeben. Eine Außensteuerung der Teilsysteme ist danach ebenso ausgeschlossen wie eine irgendwie geartete Gestaltung des Gesamtsystems. Für Luhmann ist Gesellschaftssteuerung buchstäblich ein Unding.

Der Politikwissenschaftler Fritz W. Scharpf (geb. 1935) war bis 1986 am Berliner Wissenschaftszentrum für Sozialforschung tätig, wo er das Internationale Institut für Management und Verwaltung leitete. Ab 1986 (bis zu seiner Emeritierung 2003) war er Direktor am Kölner Max-Planck-Institut für Gesellschaftsforschung (MPIfG). Scharpf hatte in den 1970er Jahren die Einführung von Instrumenten der politischen Planung in die Regierungspraxis der sozialliberalen Koalition mit einer Reihe von wissenschaftlichen Analysen begleitet und in den 1980er Jahren gezielt die Hindernisse und Steuerungsprobleme von Reformpolitik untersucht. Sein Interesse galt u.a. den politischen Optionen für den Umgang mit der in Deutschland und anderen westeuropäischen Ländern zunehmenden Massenarbeitslosigkeit. 1987 erschien die vergleichende Studie „Sozialdemokratische Krisenpolitik in Europa" (Scharpf 1987a). In vielbeachteten Aufsätzen hat Scharpf die „Grenzen der institutionellen Reform" (Scharpf 1987b) sowie „Verhandlungssysteme, Verteilungskonflikte und Pathologien der politischen Steuerung" (Scharpf 1988) analysiert. Darin zeigte er die von Politikern gern geleugneten Schwierigkeiten institutioneller Reformen auf, ohne jedoch deren prinzipielle Realisierbarkeit und die Möglichkeit politischer Steuerung zu bestreiten.

Die Veranstalter des DVPW-Kongresses von 1988 gewährten Luhmann das (vermutlich alphabetisch legitimierte) Privileg, das Streitgespräch zu eröffnen. Da es an dieser Stelle nicht um eine Nacherzählung des lediglich fünf Seiten umfassenden Diskussionsbeitrags geht, werden hier die systematischen Argumente rekonstruiert, die Luhmann an verschiedenen Stellen seines Vortrags (und teilweise in anderer Reihenfolge) vorstellt.

(1) Die systematischen Wurzeln des Steuerungsbegriffs verortet Luhmann in der *Kybernetik*, der Lehre von der Struktur und Selbstregelung komplexer Systeme. Gemäß den Prämissen der Kybernetik bezieht sich jede Vorstellung von Steuerung (oder englisch *control*) auf system*interne* Verhältnisse, in denen allerdings keine einfachen (linearen) Kausalbeziehungen herrschen. Als Beispiel dient der Raumthermostat zur Regelung der Heizungsleistung. Erreicht die Raumtemperatur den eingestellten Wert, vermindert der Thermostat den Zustrom heißen Wassers in den Heizkörper. Ist die Raumtemperatur unter den eingestellten Wert abgesunken, wird der Heizkreislauf wieder geöffnet. Was Luhmann an diesem simplen Beispiel demonstriert ist Folgendes: Mit genauso viel Berechtigung, wie wir den Thermostaten als ‚Kontrolleur' der Heizleistung betrachten, können wir die Raumtemperatur, also genau genommen: die Heizleistung, als Kontrolleur des Thermostaten ansehen. Denn in der Perspektive des Beobachters handelt es sich um ein „zirkulär geschlossenes System" (Luhmann 1989: 5). Das in beiden Betrachtungsperspektiven erkennbare Prinzip ist dasselbe: die „Verringerung eines Unterschieds", d.h. „Differenzminderung" (ebd.) bezogen auf den Unterschied von Ist- und Sollwert.

(2) Ein zentrales Problem erfolgreicher Systemsteuerung in der Sphäre sozialer Systeme erschließt sich bei der Betrachtung der *Zeit*dimension. Hier besteht ein logischer Widerspruch zwischen dem Ziel, das System in einen bestimmten, in der Zukunft liegenden Zustand zu überführen, und dem Umstand, dass die dafür infrage kommenden Schritte nur anhand eines vergangenen oder des gegenwärtigen Verhältnisses von System und Umwelt bestimmbar sind. Dieses Verhältnis unterliegt stetigem Wandel. Es wird also in der angesteuerten Zukunft ein anderes sein als zum Zeitpunkt des Steuerungsversuchs. Da die eigenlogisch operierenden Systeme füreinander Umwelt sind und „alle Systeme mit ihrer Umwelt gleichzeitig existieren und gleichzeitig operieren" (ebd.: 6), lassen sich zukünftige Zustände nicht zuverlässig ansteuern; sie sind *moving targets*, deren Bewegungen nicht ausschließlich durch frühere Zustände determiniert sind.

Aufgrund dieses Sachverhalts scheitern Steuerungsversuche typischerweise an zwei Problemen. Problem Nr. 1: „Während man steuert (...), passiert gleichzeitig milliardenfach schon etwas anderes, das man, weil gleichzeitig, weder kennen noch kausal beeinflussen kann" (ebd.: 7). Problem Nr. 2: In jedem Steuerungsversuch hat das System sich selbst und seine Umwelt „als zukünftig different zu denken" (ebd.: 7). Weil aber verlässliche Daten zur Bestimmung der zukünftigen System- und Umwelteigenschaften fehlen, kann nur in eine ,offene' Zukunft hinein gesteuert werden. Was das bedeutet, liegt auf der Hand, weshalb Luhmann verzichtet, näher darauf einzugehen. Wir sollten es jedoch tun.

Wenn Steuerungsversuche nicht auf solide Hypothesen über ihre zukünftigen Wirkungen gestützt werden können, sind die Folgen von Steuerungsversuchen notwendig unvorhersehbar, d.h. genuin unsicher. Infolgedessen sind etwaige Beobachter, z.B. die die Umwelt bildenden Systeme, nicht in der Lage, ihre Steuerungsprozesse an realistischen Prognosen über Umweltveränderungen auszurichten. Auch sie zielen folglich ,ins Blaue'. Ergo: Unter Systembedingungen ist Steuerung unmöglich.

(3) Gegenüber der Zeitproblematik, die ein unüberwindliches Informationsdefizit markiert, muss jede Variante von Handlungstheorie scheitern. Handlungstheorien haben keine Antwort auf die Rekursivität des Zusammenhangs von Handlung und Folgen bzw. Subjekt und Objekt; sie können die komplexen Kausalverhältnisse systemischer Interdependenz nicht konzeptionell einholen. Ebenso wenig bieten sie eine Lösung für die nicht-zeitbedingten Informationsprobleme. Das genügt, um „der Handlungstheorie schlicht vollständiges Versagen vorzuwerfen (...); sie ist (...) angesichts der Komplexität der Kausalverhältnisse hilflos und muß hier auf die Notlüge der unvorhergesehenen Effekte zurückgreifen" (ebd.: 7). Die Frage nach der Steuerbarkeit der Gesellschaft, des politischen Systems oder anderer komplexer sozialer Sachverhalte ist demnach von Vornherein falsch gestellt. Sie spielt lediglich auf eine sprachlich zulässige Beziehung – nach dem Muster Subjekt-Prädikat-Objekt – an, aber auf keinen in der Wirklichkeit vorkommenden Sachverhalt.

(4) Wie muss man es sich dann erklären, dass der Steuerungsbegriff – trotz seiner unglücklichen Beziehung zur Wirklichkeit – Verbreitung in der Welt der Politik gefunden hat? Luhmann beantwortet diese Frage mit dem interessanten Hinweis auf „eine verschwommene Kombination von Staatstheorie und Handlungstheorie,

von Herrschaftskonzept und Kausalkonzept" (ebd.: 5). Und er verweist auf unzulängliche Gepflogenheiten des Denkens, insbesondere die Unterstellung simpler Subjekt-Objekt-Beziehungen.

Wie riskant solche Vorstellungsroutinen sind, wird aus einer Bemerkung am Schluss des Vortrags deutlich. Hier macht Luhmann auf die Erfahrungstatsache aufmerksam, dass bereits der Gebrauch von Steuerungsmitteln – unabhängig von den beabsichtigten Zwecken – ein das System (und womöglich seine Umwelt) veränderndes Ereignis darstellt. Dieses vermag die Ausgangssituation in unvorhersehbarer Weise zu modifizieren. Und dort, wo die Wirkungen dieses Ereignisses schneller eintreten als die der Steuerung zugedachten Effekte, „macht die Steuerung die Steuerung selbst oft obsolet" (ebd.: 8). Dann reduziert sich Steuerungspolitik nur noch darauf, „Signale zu setzen und Signale zu revidieren" (ebd.).

Hinzu kommt noch ein spezifischer Missklang, den der Steuerungsbegriff auslöst, wenn man ihn bedenkenlos auf alle möglichen Gestaltungsversuche der Politik anwendet. Gemäß der kybernetischen Logik auf Differenzminderung angelegt, muss er gegenüber solchen Problemen versagen, in denen die moderne Gesellschaft „auf der Erhaltung, ja Verstärkung von Differenzen beruht und insofern ex definitione nicht gesteuert werden kann" (ebd.: 5). Was ist damit gemeint? Ganz einfach: Es wird beispielsweise als sinnvoll angesehen, (ökonomische und andere) Unterschiede zwischen Mann und Frau oder zwischen Entwicklungs- und Industrieländern zu verringern, aber nicht zwischen Recht und Unrecht oder zwischen Regierungen und Zentralbanken.[18]

So viel zu Luhmanns Position in Sachen politische Steuerung. Welche Argumente ließen sich wohl dagegen vorbringen? (Eine unmittelbar auf Luhmanns Vortrag bezogene Antwort dürfen wir von Fritz Scharpf nicht erwarten, weil auch er ein vorbereitetes Vortragsmanuskript mit nach Darmstadt brachte.) Es wird uns nicht verwundern, dass Scharpf darin eigene Themenaspekte und Problemgesichtspunkte in den Vordergrund rückt. In dem mit neun Seiten etwas umfangreicheren Manuskript beschäftigt sich Scharpf zunächst mit einer Charakterisierung von Luhmanns Systemtheorie und

---

18 Weil die Unabhängigkeit der Zentralbank zu einer Funktionsprämisse des Geldkreislaufs in modernen Volkswirtschaften geworden ist, wäre letzteres mit ungünstigen ökonomischen Folgen verbunden.

folgert als deren Quintessenz, dass von den drei Dimensionen politikwissenschaftlicher Analyse – *polity, policy* und *politics* – bei Luhmann
nur noch die Machtspiele des politischen Systems (*politics*) vorkommen würden. Weil die Systemtheorie die Dimensionen *polity* und *policy*
vernachlässigt, entgehe ihr, „daß in funktional differenzierten Gesellschaften doch so vieles einigermaßen befriedigend funktioniert – und
zwar nicht nur innerhalb der einzelnen Funktionssysteme, sondern
auch im Verhältnis zwischen diesen und der staatlich verfaßten Politik" (Scharpf 1989: 12). Nun zu Scharpfs Argumenten im Einzelnen.

(1) Scharpf zögert nicht, die konzeptionellen Schwächen der
Handlungstheorie, von denen Luhmann spricht, zu bestätigen. Allerdings hält er sie für prinzipiell heilbar. Ein lohnendes Objekt zur
Demonstration handlungstheoretischer Fortschritte sei die Identität
des Akteurs. Sie dürfe nicht als unproblematisch vorausgesetzt werden, sondern ist als abhängige Variable komplexer Ursachen zu betrachten. Auch täte die Systemtheorie gut daran, nicht umstandslos
von sozialen Systemen zu sprechen, sondern, wie von Uwe Schimank
vorgeschlagen, mit der „Unterscheidung zwischen handlungsfähigen
personalen und sozialen Systemen – d.h. Akteuren – auf der einen
und handlungsprägenden sozialen Systemen – u.a. gesellschaftlichen
Teilsystemen – auf der anderen Seite" (Schimank 1988: 21) zu arbeiten. Aber die Systemtheorie verzichte darauf, den Akteur ebenfalls als
System, nämlich als personales System, zu behandeln. Aus ihrem
Desinteresse am „Konstrukt handlungsfähiger Akteure" (ebd.: 14)
resultiere ein Gutteil der prononcierten Steuerungsskepsis.

(2) Was allerdings die Analyse sozialer Prozesse und deren Wirkungen angeht, so hält Scharpf ebenso wie Luhmann die Handlungstheorie für außerstande, erfolgssichere Bedingungen auszuweisen, die
eine Theorie politischer Steuerung zu fundieren erlauben. Nach
Scharpf ist politische Steuerung eine mögliche Wirkung der Interaktion *mehrerer* Akteure mit *ungleichen* Interessen und Situationsdeutungen. Der Weg zu einer Steuerungstheorie verlaufe deshalb über eine
„Theorie interdependenter Entscheidungen", die sich analog der mathematischen Spieltheorie auf unterschiedliche Akteurskonstellationen anwenden ließe und (auf der Seite der abhängigen Variablen)
eine begrenzte Menge möglicher Interaktionsresultate ausweise. So
sei zwar keine positive Steuerungstheorie verfügbar, aber hinreichend

Grund gegeben, um die Effekte des Steuerungshandelns nicht notwendig für „ungesteuert und unsteuerbar" (ebd.: 15) zu halten.

(3) Die Gleichgültigkeit der Systemtheorie gegenüber der „Handlungsfähigkeit personaler und sozialer Systeme" (ebd.: 13) und deren unterschiedlichen Interaktionslogiken hat ein Pendant, so Scharpf, in der „Überschätzung der wechselseitigen Intransparenz der Teilsysteme" (ebd.). Wenn man unter die Ebene der Teilsysteme gehe, um die Handlungslogik von Organisationen und Individuen zu analysieren, so werde erkennbar, dass diese „gleichzeitig mehreren Funktionssystemen" (ebd.: 15) angehören und nicht selten über „multilinguale Kommunikationskompetenz" (ebd.: 13) verfügen; ohne diese könnten sie schwerlich ihren Bestand gewährleisten. Weil die Systemtheorie „dieses Koordinations- oder Integrationspotenzial von Individuen und Organisationen" (ebd.: 16) ignoriere, würden die Schwierigkeiten politischer Steuerung (z.B. mittels der Medien Recht und Geld) überschätzt. Dringend untersuchungsbedürftig seien folglich die „Steuerungsfähigkeit der Politik" und die „Interaktionsstruktur zwischen den Akteuren" (ebd.).

(4) Die Steuerungsfähigkeit der Politik mag durch vielerlei Ursachen eingeschränkt sein. Scharpf erwähnt, dass die Politik nicht in der Lage ist, auf Selbstregulationsprozesse (z.B. der Wirtschaft) wirksam Einfluss zu nehmen. Es fällt ihr auch immer wieder schwer, die teilsystemspezifischen Interaktionslogiken zu begreifen und zu berücksichtigen. Der unaufhebbare Mangel an vollständiger Information mache es unmöglich, „die wahrscheinliche Reaktionsweise des zu steuernden Funktionssystems zutreffend (zu) antizipieren" (ebd.: 17). Da die kollektive Handlungsfähigkeit der politischen Akteure nicht per se gegeben, sondern „von institutionellen Voraussetzungen abhängig" (ebd.: 18) und deshalb nicht selten „prekär" sei, empfehle sich ein gradualistisches Verständnis von Steuerungsfähigkeit.

(5) Schließlich kritisiert Scharpf ausdrücklich Luhmanns Politikbegriff. Weil dieser allein auf die Leitdifferenz (bzw. den Code) Regierung/Opposition Bezug nehme, werde Politik ausschließlich als ‚Nullsummenspiel' (um Machtchancen) wahrgenommen. Das träfe jedoch nur auf eine Teilmenge politischer Prozesse zu (z.B. auf Wahlkämpfe und die Besetzung begehrter Ämter). Wo kein Verteilungskonflikt vorliegt, wo Koalitionsregierungen bestehen und Föderalverfassungen gelten sowie bei einer Vielzahl von alltäglichen Ent-

scheidungsthemen (*policies*) handele es sich aber um *Nicht*nullsummenspiele, die in einigungsförderlichen „Mixed-Motive-Konstellationen" (ebd.) ausgetragen werden. Auch dann sei noch mit erheblichen Schwierigkeiten und dem Fehlschlagen von Steuerungsbemühungen zu rechnen. Aber alles in allem gäbe es „keinen theoretischen Grund, die Möglichkeit einer absichtsvollen und (...) erfolgreichen Intervention der Politik (...) von Vornherein auszuschließen" (ebd.).

Nachdem wir die Positionen der Vertreter zweier so unterschiedlicher Theorieprogramme besichtigt haben, ist es an der Zeit, ein Zwischenresümee zu riskieren.[19] Dabei ist es gewiss nicht übertrieben, eine scharfe Konkurrenz zwischen Systemtheorie und Handlungstheorie zu konstatieren. Doch worum konkurrieren sie eigentlich? Um die bestmögliche Erklärung politischer Steuerung? Wohl kaum. Es ist nicht zu übersehen, dass Luhmann unter Steuerung etwas anderes versteht als Scharpf. Luhmanns Steuerungsbegriff entstammt einem kybernetischen Systemverständnis und ist ausgesprochen anspruchsvoll. Als Steuerung mag er nur solche Fälle eines – systemintern gesteuerten! – Systemwandels ansehen, in denen die Steuerungsabsicht stets zuverlässig und vollständig realisiert wird. Zuverlässigkeit und Eingriffstiefe der Steuerung sind dabei ganz offensichtlich als erheblich veranschlagt. Dagegen verwendet Scharpf den Steuerungsbegriff in einer Weise und mit einem Bedeutungsumfang, wie es auch im Alltagsleben und in der Politik üblich ist. In diesem Sinne bezeichnet Steuern ungefähr dasselbe wie ‚zielbewusst wirken', d.h. ein Handeln, das sich seiner Absicht, aber nicht seines Resultats sicher ist. Aufgrund dieser Differenz gelingt es den beiden Theoretikern kaum, sich in der schmalen Überschneidungszone ihrer unterschiedlichen Steuerungssemantiken zu treffen, die sich mit dem (politischen) Begriff ‚Reform' kennzeichnen lässt.[20]

Von effektiver Steuerung im Sinne der Systemtheorie ist offenbar nur dann auszugehen, wenn eine Modifikation oder wenigstens Relativierung des systeminternen Codes eintritt. Das ist tendenziell unwahrscheinlich, aber nicht unmöglich. Immerhin gibt es Belege für Steuerungsversuche der Politik gegenüber der Wirtschaft, als deren

---

19   Dabei sehen wir von polemischen Zuspitzungen ab, wie sie z.B. Luhmann mit seinem
     Hinweis auf die milliardenfachen Ereignisse des Handelns aller Erdenbewohner demonstriert. Handlungstheorien vermögen ebenso wie Systemtheorien Phänomene zu
     typisieren und sie sodann als Aggregate bzw. Komposita zu analysieren.
20   Für diesen Hinweis danke ich Felix Wassermann.

angestrebte Wirkung die Unternehmen ihre Gewinnerwartungen zugunsten einer höheren Ausbildungs- oder Beschäftigungsquote reduzieren sollen. Es gab auch schon Versuche, Organisationen des Wissenschaftssystems anzuhalten, dem Beschäftigungsvolumen oder politisch genehmen Fragestellungen (etwa nach der Sozialverträglichkeit neuer Technologien) Vorrang vor den von Wissenschaftlern bevorzugten Gegenständen der Wahrheitssuche einzuräumen. Solche Versuche hatten typischerweise Wirkungen, in denen sich erwünschte und ungewollte Effekte vermischen.[21]

Während Scharpf solche Fälle zum Anlass nimmt, nach den Hindernissen und Erfolgsbedingungen von politischer Steuerung zu fragen, sind sie für Luhmann hinreichende Belege für die Abwesenheit, ja die Unmöglichkeit einer positiven (und man darf wohl sagen: deterministischen) Steuerungstheorie.

Mit ihrer Ablehnung eines kontingenten, womöglich probabilistischen Steuerungsverständnisses begeht die Systemtheorie allerdings einen *faux pas*. Dass sie auf eine eigene Handlungs- bzw. Akteurtheorie verzichtet, mag ihrem ureigenen Katalog von theorierelevanten Themen geschuldet sein. Dass sie von konkurrierenden Theorien jedoch unbedingte Prognosefähigkeit verlangt, wirkt wie ein Verstoß gegen die ‚guten Sitten'. Denn dieser Forderung vermag die Systemtheorie selbst nicht nachzukommen. Ihre eigenen Unterscheidungskategorien und Feststellungen sind alles andere als empirisch präzise, sondern haben, wenn sie nicht bloß definitorischer Natur sind, den Charakter von Tendenzaussagen. Das ist nicht zu monieren, gilt doch das Wissen von der komplexen Bedingtheit sozialer Phänomene als sozialwissenschaftlicher Gemeinplatz. Tendenzaussagen – z.B. der Art ‚Mit zunehmender Interessenkonvergenz wächst die Einigungschance der politischen Akteure' –, die im übrigen einer strengen Prüfung im Sinne des Falsifikationsansatzes zugänglich sind, liefern gleichfalls die von Scharpf erwähnten Interaktionstheorien.

Was Interaktionstheorien aber nicht können, ist eine vollständige Liste der Bedingungen anzugeben, unter denen ein bestimmter Steuerungsakt gelingt. Ebenso wenig vermag die Systemtheorie exakt zu spezifizieren, unter welchen Bedingungen ein bestimmtes Sozialsystem auf Umweltereignisse mit ‚Resonanz' (i.S. von Luhmann 1986) antworten bzw. sich weiter ausdifferenzieren wird. So, wie sie sich

---

21   Für eine präzise Analyse der Effekte politischer Markteingriffe vgl. Wegner (1996).

1988 präsentierten, operieren beide Theorieansätze in konkreten Verwendungszusammenhängen gemäß den Prinzipien der *fuzzy logic*. Das heißt, sie vermögen Erwartungen über die mutmaßliche Wirkung einer Veränderung von Variablenwerten zu formulieren (etwa nach dem Schema ‚Je stärker die Eigennutzkalküle der Akteure, desto wahrscheinlicher das Auftreten eines *collective action*-Dilemmas.'). Diese Leistungsbeschränkung von (nahezu allen) Sozialtheorien ist Luhmann durchaus vertraut. Er trägt ihr an mehreren Stellen seines Werkes Rechnung, indem er für die Anwendung einer dreiwertigen Logik (wahr – unwahr – möglich) plädiert.[22] Aber von der Handlungstheorie verlangt er Aussagen entsprechend der zweiwertigen Logik. Dabei steht außer Frage, dass handlungstheoretische Ansätze kaum Probleme mit der Formulierung von Aussagen gemäß einer dreiwertigen Logik – nach dem Muster ‚möglich, aber nicht notwendig' – haben (Wiesenthal 2003a).

Ein gradualistisches Verständnis von Wissen und Unsicherheit ist auch gegenüber der von Luhmann analysierten Zeit- bzw. Informationsproblematik angebracht. Nicht alle zukünftigen Zustände sind gleichermaßen unsicher. Unsicherheit kann von unterschiedlichem Grad sein. Wer mit genügend Zeit und Geld in der Tasche zum Einkaufen geht, darf relativ sicher sein, dass sein Kühlschrank am Ende besser bestückt sein wird als zuvor. Auch die Wiederwahlchancen einer Regierung lassen sich gelegentlich zuverlässig einschätzen. Das bedeutet: Nicht alle Steuerungsbemühungen haben dieselbe (geringe) Erfolgschance; einige haben bessere, andere schlechtere Erfolgsaussichten – je nach Art der Situation und der Intervention. Dessen ungeachtet ist mit Luhmann anzunehmen, dass die Zukunft in der Regel unsicher ist und Steuerungserfolge prinzipiell ungewiss sind. Mit zufälligen Effekten lässt sich gewiss keine positive Steuerungstheorie begründen.[23] Allerdings existieren genügend empirische Anhaltspunkte, um eine Steuerungstheorie zu konzipieren, die sich mit differenten Ereigniswahrscheinlichkeiten begnügt.

Dürfen wir also die steuerungstheoretische Skepsis der Systemtheorie als unbegründet zurückweisen? Nein. Im Zusammenhang mit

---

22 Vgl. z.B. Luhmann (1984: 285; 1988a: 88, 225).
23 Allerdings neigen wir gelegentlich dazu, auch Zufallsereignissen Sinn zuzuschreiben (vgl. Klein 2004). Das mag zur Überschätzung der Möglichkeit einer instruktiven Steuerungstheorie beitragen.

seinem anspruchsvollen Steuerungsbegriff ist Luhmann ausführlich auf die Zeit- bzw. Informationsprobleme eingegangen, denen das Wissen über künftige Systemzustände unterliegt. Auch hat er auf den unkalkulierbaren Ereigniseffekt von Steuerungsakten verwiesen: Allein schon die Tatsache, dass zu steuern versucht wird, mag die Ausgangsprognose von Steuerungswirkungen ad absurdum führen.

Es ist auffallend – und belegt den wenig diskursiven Charakter des Streitgesprächs –, dass diese Bedenken von Scharpf nicht kommentiert werden. Die Überlegungen Luhmanns lassen sich schwerlich als unzutreffend oder irrelevant abtun. Sie unterstreichen, was wir schon festgestellt haben: Die Zukunft ist unsicher und jedes Ereignis – einschließlich seiner Folgen – einmalig.[24] Genuine Unsicherheit, auf die wir noch genauer zu sprechen kommen werden (vgl. 2.2), erschüttert die Begründungsbasis aller sozialtheoretisch fundierten Aussagen. Dass Unsicherheit ein erhebliches Konstruktionshindernis gerade für Steuerungstheorien bedeutet, liegt auf der Hand. Sie mögen zwar mit Wahrscheinlichkeitsannahmen operieren, aber müssen der Möglichkeit Raum lassen, das ebenso gut alles anders kommen kann. Statt des erstrebten Steuerungseffekts mag die gegenteilige Wirkung eintreten. Aus diesem Grund lässt sich in der Tat die Möglichkeit einer instruktiven, d.h. den Akteur über alle Bedingungen des Handlungserfolgs informierenden Steuerungstheorie bestreiten.

Wenn wir uns an dieser Stelle nicht vorschnell auf die eine oder andere Seite schlagen, was unvernünftig wäre, müssen wir ein Patt konstatieren. Wie geht es weiter? Im folgenden Abschnitt (2.2) werden wir zunächst den mehrfach angesprochenen Begriff der Unsicherheit und seinen Status im sozialwissenschaftlichen Theorienfundus genauer betrachten. Denn hinsichtlich der Berücksichtigung von Unsicherheit unterscheiden sich nicht nur die Vertreter von Handlungs- und Systemtheorie, sondern auch Handelnde und Theoretiker sowie Soziologen und Ökonomen. Sodann (2.3) kommen wir noch einmal auf den Konflikt von Steuerungsbegriff und Systemtheorie zurück, indem wir uns mit Vorschlägen auseinandersetzen, die ihre prinzipielle Vereinbarkeit unterstellen. Der von Fritz Scharpf repräsentierte Theorieansatz und die von ihm inspirierten Forschungen

---

24 Abgesehen davon, dass wiederholte Ereignisse niemals exakt dieselben Randbedingungen aufweisen, zeichnen sie sich dadurch aus, dass es sich um die zweite, dritte oder n-te Wiederholung handelt.

spielen in den restlichen Teilen dieses Kapitels keine Rolle. Wir werden auf sie aber im Kapitel 4 zurückkommen.

2.2 Unsicherheit in Wirklichkeit und Theorie

Die Beschäftigung mit Grundproblemen des Handelns unterliegt einer besonderen Schwierigkeit: Man kommt nicht umhin, die Konzepte und Einsichten der Handlungstheorie mit dem umfangreichen Fundus des Alltagswissens abzustimmen. Denn letzteres ist für die Formulierung theoretischer Annahmen weder belanglos noch existiert es unabhängig vom sozialwissenschaftlichen Wissen. Das mit der Vielfalt von Wirklichkeit vertraute Alltagswissen ist nicht nur eine Quelle wertvoller Informationen, sondern liefert der wissenschaftlichen Analyse auch unersetzliche Konsistenzstandards. Nachteilig an dieser Zulieferbeziehung ist jedoch, dass alles das, was wegen der Selektivität wissenschaftlicher Aufmerksamkeit ausgeblendet bleibt, Gefahr läuft, mit dem alltäglich Gewussten verwechselt zu werden. Dieser Sachverhalt belastet auch die Beschäftigung mit Phänomenen, die gemeinhin zwei unterschiedlichen Handlungssorten zugerechnet werden: *rationalen sozialen Handlungen* und *Unsicherheit*.

Die Annahme, dass Handlungskontexte immer, wenngleich in unterschiedlichem Maße von Unsicherheit geprägt sind, widerspricht jenem Akteurmodell, das als Konzept des *homo oeconomicus* die Theorien des rationalen, d.h. absichtsvollen und konsequenzenbedachten, Handelns inspiriert. Der rationale Akteur wird bei Vorliegen von Unsicherheit mit Problemen konfrontiert, die seine Grundausstattung als unzulänglich ausweisen. Er muss sich mangels ‚sicheren' Wissens von seiner Handlungswelt nicht nur mit der Bewertung von qualitativ fragwürdigen Informationen plagen und nach Anhaltspunkten zur Abschätzung der alternativ realisierbaren Nutzen suchen. Sondern er sieht sich auch der irritierenden Aufgabe gegenüber, in Unkenntnis seines künftigen Selbst entscheiden zu müssen. Das ist immer dann der Fall, wenn ihm bewusst wird, dass seine künftigen Präferenzen stärker von den in der Zukunft als von den in der Gegenwart herrschenden Umständen abhängen werden. Wahrgenommene Unsicherheit, die eine wesentlich unspezifischere Art von Unkenntnis impliziert als das Wissen von Wahrscheinlichkeitsquotienten,[25] schlägt folglich bis auf die Entscheidungskriterien des Akteurs durch. Unsicherheit verändert die Grundlagen des Verständnisses von Intentionalität.

2.2.1 Genuine Unsicherheit

Obwohl Unsicherheit eine Grundprämisse der institutionellen Ökonomie und darüber hinaus im Begriff ist, als konstitutiver Erklärungsfaktor für Handlungsphänomene anerkannt zu werden,[26] sind einschlägige Studien immer noch von Partial- und Ad-hoc-Definitionen beherrscht. Es besteht zwar weitgehend Einigkeit über den Gegenstands-(oder: Wirkungs-)bereich von Unsicherheit, kaum jedoch über die Kausalität von Unsicherheitsdifferenzen. Das macht sich vor allem bei der Spezifikation von Unsicherheit bemerkbar. Präzisierungsversuche leiden darunter, dass eine positive Bestimmung der verschiedenen Dimensionen genuiner Unsicherheit nur möglich ist, wenn gewisse ‚Sicherheiten' unterstellt werden: Man muss eine Ahnung von dem haben, was entbehrt wird. Denn für die Identifikation von Unsicherheit stehen allein negatorische Formulierungen zur Verfügung, etwa als Benennung von Wissensdefiziten. Versuche der Zurückdrängung von Unsicherheit münden rasch in die Paradoxie, sich den unaufhebbaren ‚Rest' an Unsicherheit nur noch deutlicher zu vergegenwärtigen.

Das gilt für alle drei Bereiche dessen, was für ein erkennendes und handelndes System wissenswert ist: erstens die ‚äußere' Umwelt im Hinblick auf Elemente und Relationen, Kausalitäten und Feedbacks, Kontinuität und Dynamik (Lawrence/Lorsch 1967); zweitens die ‚innere' Umwelt der Akteure in Bezug auf Kompetenzen, Identität und Handlungsdispositionen (Duncan 1972); und drittens die zur intentionalen Einwirkung auf die Umwelt offenstehenden Hand-

---

25 Es genügt der Hinweis, dass Wahrscheinlichkeitswerte keine Daten der realen Welt, sondern eine ihrer möglichen (vergangenheitsbezogenen!) Interpretationen sind (Christensen 1979). Ihr Informationsgehalt hängt von der Spezifikation eines Ereignisraums und der Erfüllung weiterer Anforderungen an das zugrunde liegende Datenmaterial ab (vgl. Knight 1921). Zu Grundprinzipien des Wahrscheinlichkeitsbegriffs siehe Dawes (1988).

26 Das gilt auch für die Organisationstheorie: „Unsicherheit und immer wieder Unsicherheit! (...) Organisationen und Individuen sind permanent dabei, die Unsicherheit, in der sie sich befinden, zu verringern. (...) Zu beider Seiten Glück gelingt ihnen dies niemals vollständig. Unsicherheit überflutet die errichteten Dämme, neue Vielfalt und neue Herausforderungen mit sich bringend." (Scott 1986: 403)

lungsalternativen.[27] Schlägt man den dritten zum ersten Unsicher-
heitsbereich, so lässt sich die Rede über Unsicherheit auf Ursache-
Wirkungs-Beziehungen einerseits und Akteurpräferenzen andererseits konzentrieren (March 1978).

Im Unterschied zu Möglichkeits- und Wahrscheinlichkeitsannahmen wird genuine Unsicherheit als *qualitativer* Informationsmangel
gewertet. Unbekannt ist, *was* man entbehrt. Das Nichtwissen schließt
auch Unsicherheit in der Identifikation (und folglich Prognose) von
Prozessmustern als sinnhaft chronologisch geordneten Ereignisket-
ten ein. Unsicher ist u.a. die für Kausalanalysen benötigte Interpunk-
tion der Zeitskala in Ursachen- und Folgeereignisse. Das impliziert
auch Unwissen darüber, welche künftigen Ereignisse bereits kausal
eingeleitet, aber noch nicht realisiert sind. In dynamischen Umwelten
fehlen dem erfahrungsgestützten Lernen also nicht nur ein verständ-
liches Lehrbuch, sondern auch Lehrer und Curriculum: Was ler-
nenswerte Regel, was Ausnahme und was ‚neu' ist, lässt sich nicht
vorhersagen (March/Olsen 1975; Sabatier 1987).

Genuine Unsicherheit bedeutet, dass die Unmöglichkeit sicheren
Wissens zunächst in der Struktur der Umweltereignisse selbst, genau
genommen: in der nur losen Kopplung der ‚Welt',[28] zu suchen ist.
Damit ist die ‚objektive' Kompliziertheit des Zusammenhangs aller
möglichen Ereignisbedingungen gemeint, die einen gegebenen Zustand umschreiben. Unsicherheit drückt sich aber auch in der unsicheren Wahrnehmung dieses Sachverhalts aus und beeinflusst als
‚gefühlte' Unsicherheit die Handlungswahl. Dabei betrifft das Unsicherheitserleben gleichermaßen die Ziele wie die Mittel des Handelns
(La Porte 1975a: 346). Als Erlebenskategorie ist Unsicherheit ein
komparatives Konzept, das in Ermangelung eines empirischen Sub-
strats von ‚Sicherheit' lediglich die Lücke zwischen unsicheren Vermutungen und vermeintlich Gewussten bezeichnet. Als wie groß der
Akteur diese Lücke empfindet, hängt von dem Anspruchsniveau ab,

---

27   Am Beispiel eines Unternehmens spezifiziert Duncan (1972: 315) als Unsicherheitsfak-
      toren der Umwelt u.a. die Kunden und Anwender der Produkte, verschiedene Zuliefe-
      rergruppen, die Arbeitskräfte, Wettbewerber, Akteure der politischen Regulation, Inte-
      ressenverbände (u.a. Gewerkschaften) sowie technische Innovationen. Wie z.B. die
      technologische Entwicklung für Zulieferer, Wettbewerber und Kunden zum Anlass
      werden mag, ihr Marktverhalten zu modifizieren, kann ebenfalls nur vermutet, aber
      niemals ‚gewusst' werden.
28   Vgl. La Porte (1975b) und Simon (1983).

das er mit der Wahl eines mehr oder weniger komplexen Handlungsprogramms errichtet hat. Ist es kognitiv voraussetzungsvoll, so fällt bei korrekter Selbstevaluation auch das Niveau der wahrgenommenen Unsicherheit hoch aus. Bei niedrigem Anspruchsniveau mag zwar die Wissenslücke groß sein, doch das Unsicherheitserleben erstreckt sich nur auf einzelne Ausschnitte. Die kognitive Komplexität des Akteurs und der Wissensanspruch bestimmen also sein Unsicherheitserleben: je komplexer und anspruchsvoller, desto unsicherer.

Unsicherheitsbewusstes Handeln ist damit doppelt bestimmt: durch ‚objektive' bzw. allgemeine und durch ‚subjektive' bzw. erlebte Unsicherheit (Beyth-Marom/Dekel 1985). Da Unsicherheit unabhängig von ihrer Zuschreibung auf ‚innere' oder ‚äußere' Quellen eine Kategorie der Akteurerfahrung ist, scheint es sinnvoll, für ihre ‚äußere' bzw. ‚objektive' Seite einen anderen Begriff, und zwar den der Komplexität,[29] zu wählen. Für die Unsicherheitserfahrung macht es keinen Unterschied, ob sie aus unverstehbarer oder unverstandener Umweltkomplexität folgt (Aldrich/Mindlin 1978). Anders dagegen bei Bemühungen um die rationale Wahl von Handlungen. Hier erscheint eine präzisere Fassung der *Diskrepanz* zwischen Erzeugungs- und Bewältigungspotenzialen von Unsicherheit als nützlich. Die Kluft zwischen der Kompetenz (i.S. der kognitiven Komplexität) des Akteurs und der ‚objektiven' Schwierigkeit, die bestgeeignete Handlungsalternative ausfindig zu machen, ist für Ronald A. Heiner (1983) das zentrale Handlungsproblem unter Unsicherheit. Die Lücke zwischen ‚competence' und ‚difficulty' ist Quelle von Handlungsfehlern und Wirkungsüberraschungen (Heiner 1983: 562). Je größer die „difficulty-competence gap" ist, desto geringer die Chance, durch Abweichung von Standardregeln (also Innovation) befriedigende (bzw. situationsangemessene) Handlungsresultate zu erhalten.

Unsicherheit in der Interpretation der Umwelt verstärkt die Unsicherheit über Gründe und Ziele des eigenen Wollens, weil die Präferenzen des Akteurs regelmäßig von der Deutung seiner Umwelt und deren Gelegenheitsstruktur abhängen. Ein als unsicher identifizierter Handlungskontext erlaubt dem Akteur nur qua Selbsttäuschung, einen ‚selbstsicheren' Willen auszubilden. Immerhin muss er die Chance, erfolgreich zu handeln, als abhängig von unbekannten

---

29 Zu den Erscheinungsformen sozialer Komplexität vgl. Simon (1969b) und La Porte (1975b).

Faktoren, wenn nicht gar ‚zufälligen' Ereignissen, betrachten.[30] Korrekte Wahrnehmungen der unsicheren und dynamischen Welt provozieren dagegen Dauerzweifel und regen zur reflexiven Präferenzbewertung, zu erhöhter Lernbereitschaft und zu experimentellen Handlungen an. Wo sich dagegen ein ‚subjektives' Sicherheitsgefühl den Anhaltspunkten für ‚objektive' Unsicherheit zu entziehen versucht, ist jederzeit ein abrupter Anstieg der wahrgenommenen Unsicherheit möglich, ohne dass es dafür einen äußeren Anlass geben muss. Eine weitere Quelle des Unsicherheitserlebens ist die Entdeckung von Inkonsistenz in den eigenen Überzeugungen.

2.2.2 Strategische Unsicherheit

In politischen Handlungszusammenhängen und insbesondere den „micropolitics" (Cioffi-Revilla 1998) dominiert ‚strategische' bzw. Interaktionsunsicherheit. Sie ist eine Variante der im Einleitungskapitel erwähnten ‚doppelten Kontingenz' und gründet im Bestreben des Akteurs, sich vor den Folgen der Handlungswahl eines potenziell arglistigen Interaktionspartners zu schützen. Wer damit rechnet, dass ihm sein Gegenüber – womöglich unter Inkaufnahme eines Regelverstoßes – Schaden zufügen wird, hat einen starken Anreiz, dem Anderen zuvorzukommen. Zwar hat strategische Unsicherheit ebenfalls eine ‚subjektive' und eine ‚objektive' Seite, doch ist sie schwerlich durch ‚mehr' Information überwindbar.

Die Suche nach mehr und besseren Informationen, welche zu ‚anderen' Handlungsselektionen inspirieren mögen, ist in der Logik strategischen Handelns gleichbedeutend mit der Erzeugung neuer und vermehrter Unsicherheit (Goldner lt. Scott 1986: 403). Das trifft insbesondere auf kleine Gruppen und oligopolistische Märkte zu (Pennings 1981). Es gilt auch für das Verhältnis von Wirtschaftspolitik und Marktakteuren. Weil erstere bei der Auswahl einer Eingriffsoption lediglich die aktuell realisierten Handlungsmöglichkeiten der Unternehmen, „nicht aber de(n) Set aller verfügbaren Substitute" (Wegner 1996: 383) zu berücksichtigen vermag, ist sie systematisch gehindert, die exakten Folgen ihrer Eingriffe zu kalkulieren. Wenn gleichzeitig davon auszugehen ist, dass auch die Politikadressaten

---

30 Zufall als wahrgenommene Eigenschaft der Welt kann jedoch vom Akteur bei der Handlungswahl in Rechnung gestellt werden; er schließt keineswegs die Möglichkeit intendiert rationaler Entscheidungen aus (Krausz 2004).

keine Kenntnis von den „Eigenschaften der erst noch zu findenden neuen Handlungsmöglichkeiten" (ebd.: 384) haben, wird deutlich, dass selbst ‚vertrauensvolle' Kommunikation die Unsicherheit nicht aufzuheben vermag.

Die theoretische Konzeptualisierung von Unsicherheit ist alles andere als simpel oder selbstevident. Das betrifft insbesondere den Status von Unsicherheit im Zusammenhang intentionalen Handelns, und zwar nicht nur hinsichtlich seiner Wirkungen, sondern auch der Ausgangs- und Rahmenbedingungen. Da jede Interpretation von Umweltzuständen und -prozessen notwendig unsicher bleibt (Child 1972; Duncan 1972), ist auch der interpretative Akt selbst eine Quelle von Unsicherheit. Unsicherheit wird folglich „nicht nur als exogen gegeben vorgefunden, sondern auch *endogen* reproduziert" (Baecker 1988: 34). Das ist hinreichend Grund, um die Feststellung zu riskieren, dass unter Bedingungen von Unsicherheit in keinem logisch konsistenten Sinne von einer ‚objektiven' Realität die Rede sein kann, die unabhängig von ihrer Interpretation Bestand hätte. Dasselbe gilt von ‚realen' Alternativen, ‚sicheren' Konsequenzen und insbesondere jeglicher Aussage über zukünftige Resultate des die Wirklichkeit *deutenden* Handelns (vgl. March/Simon 1976: 130).

Unter Unsicherheit ist also die Wahl unter alternativen Erwartungswerten nicht minder unsicher wie der Gebrauch von Daumenregeln, auch wenn die eine Praxis mal eine höhere Erfolgsquote als die andere aufweist.[31] Das hat zur Folge, dass in einer von entscheidungsunsicheren Akteuren bevölkerten Handlungswelt alle stattfindenden Reaktionen auf Unsicherheit diese zu reproduzieren geeignet sind. Die Ideen und Situationsdeutungen der Akteure sind dann nicht mehr nur Daten für die Interpretation von Ereignissen, sondern strukturieren den Möglichkeitsraum der *künftigen* Ereignisse. Je stärker Unsicherheit erlebt und als Aspekt der Handlungswahl berücksichtigt wird, desto größere Partien der Wirklichkeit werden zum Produkt ihrer Interpreten. Strategien der Bewältigung kognitiver Unsicherheit durch Rekurs auf Normen und Ideen sind nun nicht mehr nur Indikator für komplexe Verhältnisse, sondern gleichzeitig ein Mechanismus ihrer Reproduktion. Es ist folglich nicht sinnvoll, diese

---

31   Zu den unzulänglichen Leistungen der Theorie rationaler Erwartungen, unsicherheitstaugliche Entscheidungskalküle zu begründen, vgl. Shackle (1968) und Hirshleifer/ Riley (1979).

Instrumente der Unsicherheitsbewältigung unter generellen „Idealismusverdacht" zu stellen (Grundmann 2000: 156).

Im unsicherheitsgeprägten Handlungsraum versagt das Modell des *homo oeconomicus*. Und zwar nicht nur, weil es unerfüllbare Informationsansprüche und eine unmögliche Kontextstabilität postuliert, sondern weil es die *Unabhängigkeit* der Interpretationen und Handlungsprogramme von den verfügbaren Informationen voraussetzt. Solche Unabhängigkeit ist nicht gegeben. Denn Unsicherheit über die Stabilitätsbedingungen der eigenen Präferenzen und die Fähigkeit (nicht unbedingt: die Bereitschaft), sich auf Lernprozesse mit ungewissem Ausgang einzulassen, verleihen den Akteurintentionen einen Freiheitsgrad, der mehr Varianz ermöglicht als es ihrer Funktion entspricht, den Set der infrage kommenden Handlungsalternativen einzugrenzen.[32] EGO und ALTER wissen voneinander, dass jeder für sich über endogene, von der Umwelt zwar angeregte, aber niemals determinierte Handlungsdispositionen verfügt: Jeder kann jederzeit auf jedes Ereignis mit Deutungs- und Präferenzinnovation, d.h. *unvorhersehbar* reagieren.

Unerwartete Situationen mögen konservativ, vertraute Konstellationen innovativ beantwortet werden. Oder die eine Reaktionsweise wird zur Verschleierung einer anderen vorgetäuscht. Dieses ahnend wird EGO mit gesteigerter Sensibilität für etwaige Überraschungen durch ALTER reagieren. Ein jeder Akteur muss den/die anderen sowie die gemeinsame Umwelt sorgfältig beobachten und nach Anlässen für Deutungs- und Strategieinnovationen Ausschau halten. Auf der Grundlage der so gewonnenen Informationen entsteht ein mehr oder weniger zutreffendes Bild des künftigen Ereignisraums, das die Wahl der Handlungsabsichten informiert. So kehrt sich das Informationsmodell des *homo oeconomicus* in sein Gegenteil um: Unter strategischer Unsicherheit wird die Informationsbeschaffung nicht von den als unabhängig gedachten Präferenzen gesteuert, sondern die – wie und warum auch immer verfügbar gewordenen und kontingent gedeuteten – Informationen werden zur Grundlage der Präferenzbildung. Die Konsequenz für eine konsistente Begrifflichkeit lautet deshalb: Unsicherheit ist nicht als Erschwernis, sondern als

---

32   In diesem Sinne fungieren explizite Ziele als constraints der Alternativenwahl (Simon 1964).

konstitutive Voraussetzung der Intentionsbildung zu verstehen (Krelle 1957; Galtung 1979).

Der handlungstheoretische Mainstream hat es versäumt, dieser Implikation eines auf Wahlfähigkeit gegründeten Akteurkonzepts Rechnung zu tragen. Bestenfalls wird Intentionalität als gegeben und unproblematisch behandelt, während Unsicherheit als marginal oder vernachlässigbar gilt. Nicht selten wird eine *Pathologie der Unsicherheit* suggeriert. Handelnde, Handlungen und Situationen erscheinen in dem Maße defizient, wie sie von Unsicherheit betroffen sind. Dagegen scheint der Bedeutungsgehalt vieler theoretischer Begriffe in einer fiktiven Welt des ‚sicheren' Umwelt- und Handlungswissens verankert zu sein. In den seltenen Fällen, in denen diese Diskrepanz auffällt und Bemühungen zu ihrer Überwindung stimuliert, wird nicht die Konstruktion geeigneterer Begriffe, sondern eine Korrektur der als unzulänglich wahrgenommenen Wirklichkeit empfohlen.[33] Das ist zu einfach gedacht.

Eine um Konsistenz bemühte Konzeptualisierung von genuiner Unsicherheit muss zur Kenntnis nehmen, dass sich ihr Gegenstand nicht schrittweise erobern lässt. Diesseits der Utopie eines vollständigen Wissens sind Wissensgewinne nicht notwendig Beiträge zur Unsicherheitsabsorption. Einerseits stehen in der nur ‚lose' verkoppelten Welt (Simon 1983: 106) nicht alle neuen Erkenntnisse in einem entweder bestätigenden oder falsifizierenden Verhältnis zum schon vorhandenen Wissen. So mag man zwar etwas über die Wahrscheinlichkeit *eines möglichen* Ereignisses erfahren, doch bleibt im Dunkeln, welches der alternativ möglichen Ereignisse eintritt, wenn die Erwartung enttäuscht wird.

Andererseits mag Wissenszuwachs vorhandene ‚Sicherheiten' destruieren und, weil davon niemals alle Akteure zur selben Zeit auf dieselbe Weise betroffen sind, die Struktur der Ungleichverteilung von Informationen verändern (vgl. Hirshleifer/Riley 1979). Damit ist der strategische Wert von Information angesprochen. Über ‚beschränkte' Informationen zu verfügen, bezeichnet nicht bloß einen quantitativen Mangel, sondern verweist vor allem auf eine in be-

---

33 In diesen Fehler verfällt z.B. Charles Perrow, wenn er sich signifikante Rationalitätsgewinne „through knowledge of cause-effect relationships, better information and searching techniques, better communication devices, and greater clarity about our goals" verspricht (Perrow 1986: 122f).

stimmter Weise differenzierte Verteilungsstruktur. ‚Mehr' oder ‚weniger' zu wissen, bedeutet eine andere *Qualität* von Wissen, da der Wert der ‚privaten' Information in reziprokem Verhältnis zur Unsicherheit bzw. der Unkenntnis Dritter besteht.

2.2.3 Schwache Einwände

Wie dargelegt wurde, ist es ausgesprochen sinnvoll, genuine Unsicherheit als *raison d'être*, ja gewissermaßen als unverzichtbare Atemluft intentionaler Akteure zu betrachten. Das bedeutet auch, die die Handlungswelt charakterisierende Unsicherheit als *Produkt* des intentionalen und nicht selten unsicherheitsbewussten Handelns zu erkennen. Allerdings treffen diese Feststellungen auf eine Reihe von Einwänden, die es in knapper Form zu diskutieren gilt.

(1) Der Vorstellung von ubiquitärer Unsicherheit wird gern entgegen gehalten, Unsicherheit sei lediglich eine lokale Anomalie in einer ansonsten ‚sicheren' Handlungswelt. Diese These wird u.a. durch die Evidenz von historisierenden Ex-Post-Erklärungen unterstützt, die dank der Beschränkung auf reale Ereignisse und realisierte Optionen den Rekurs auf Unsicherheit entbehren können. Ein etwas stärkeres Argument besagt, dass die aus Unsicherheit resultierenden Orientierungsprobleme durch das Geflecht der diversen sozialen und politisch-administrativen sowie judikativen Institutionen[34] bis auf einen zu vernachlässigenden Rest entschärft seien. Um diese Einwände zu entkräften, sollte es genügen, auf die äußerst geringe Kompetenz gängiger Sozialtheorien zu verweisen, über die Dimensionen des vermeintlich so deutlich umzäunten Möglichkeitsraums sozialen Handelns und gesellschaftlicher Entwicklung aufzuklären. Wird die Realität genuiner Unsicherheit nicht zuletzt durch die Semantik vieler Begriffe wie Entdeckung, Enttäuschung, Erfindung, Gelegenheit, Innovation, Irrtum, Krise, Lernen, Überraschung und Vergessen signalisiert, so fällt doch die theoretische ‚Bewältigung' der kontingenten Realität regelmäßig einer der typischen Simplifizierungen zum Opfer: funktionalistischen und/oder strukturalistischen Diagnosen, historischen Ex-Post-Erklärungen bzw. Szenarien mit mehr oder weniger Pfadvarianten.

---

34 Wie und aufgrund welcher Voraussetzungen Institutionen zur Reduktion von Unsicherheit beitragen, ist Thema der anthropologischen und der politischen Institutionentheorie. Vgl. Gehlen (1964) und Göhler (1987).

(2) Für die zunehmende Aktualität unsicherheitsbewusster Theorien könnte ein Niveauanstieg der erlebten Unsicherheit verantwortlich sein, wie er in Befunden über die Temposteigerung des sozialen Wandels und die Zunahme systemischer Interdependenzen durchscheint (vgl. Esser 1989; Hörning 1989). Das würde einschlägige teleologische und geschichtsphilosophische Orientierungen in Mitleidenschaft ziehen. Die Analogie zur Entwicklung der modernen Physik liegt auf der Hand: Solange die den Luftwiderstand ignorierenden Fallgesetze keine Beachtung außerhalb der Wissenschaft fanden, ließ sich an falschen Kausalgesetzen fast folgenlos festhalten. Dagegen zählt der ,Luftwiderstand' von Unsicherheit heute zum Allgemeinwissen. Ihre Thematisierung ist nicht mehr auf die Profanzonen der kommerziellen Produktvermarktung und der militärischen Strategiebildung beschränkt.[35] Damit verlieren aber auch Sozialtheorien die Freiheit, ihre Probleme und Prämissen autonom zu wählen – ähnlich wie einst die Physik nach Newton. Noch findet die explizite Berücksichtigung von Unsicherheit häufiger am Rande als im Mainstream der Sozialwissenschaften statt (vgl. Bonatti 1984; Tietzel 1985). Doch lässt sich das Theoriedefizit kaum mehr ignorieren, wenn der ausgeklammerte Sachverhalt dem praktischen Handeln zum Problem wird. Längst tragen Strategierezepte und angewandte Theorien des *coping* und *absorbing* dazu bei, den Zirkel der Wahrnehmung, Bearbeitung und Reproduktion von Unsicherheit in Gang zu halten.[36]

(3) Vertiefte Unsicherheitserfahrungen resultieren auch aus der Obsoleszenz von Wahrscheinlichkeitsaussagen. Letztere mögen wohl dazu taugen, ein statistisches Risiko anhand von Vergangenheitsdaten oder Ereignismodellen zu beziffern,[37] aber die Umstände, unter de-

---

35 Das zeigt schon ein flüchtiger Blick in die Regale einer (hier: der Bielefelder) Universitätsbibliothek. Genuine Unsicherheit wird u.a. in der Wahrnehmungs- und Entscheidungspsychologie (z.B. Bell 1979), in Theorien der Sozialarbeit (z.B. Heraud 1981) und der Bildung (z.B. King 1979), in Informationstheorien (z.B. Kanal/Lemmer 1986), v.a. aber in ökonomischen Theorien (z.B. Knight 1921; Shackle 1968; Hey/Lambert 1987; Laffont 1980) in Rechnung gestellt. Natürlich eignet sie sich auch als Leitbegriff für sozialwissenschaftliche Zeitdiagnosen (z.B. Cohen 1964; Galbraith 1977).

36 Vgl. z.B. Peters (1989). Zum Status unsicherer Wahrnehmungen in politischen Krisen vgl. McCalla (1992).

37 Der Unterschied zwischen ,risk' und ,uncertainty' ist unzureichend verstanden, wenn beide als Gegenstand von Wahrscheinlichkeitsaussagen behandelt werden (z.B. Lerner 1980 sowie die Beiträge in Bell 1979). Die hier verwendete Differenz geht auf Knight (1921) zurück. Zu den Modellen der quantitativen Risikoanalyse vgl. Morgan/Henrion (1992).

nen statistisches Wissen entscheidungsrelevant ist, scheinen sich unter dem Eindruck technologischer, ökonomischer und ökologischer Unsicherheiten zu verflüchtigen. In einer dynamischen Umwelt kommt Aussagen, die die raum-zeitlichen Parameter ihrer Gültigkeit nicht benennen können, nur begrenzter Orientierungswert zu. Für den Umgang mit der Möglichkeit von Reaktorkatastrophen des Typs Tschernobyl ist es unwesentlich, ob das Risiko in der Größenordnung von 1:10.000 oder 1:100.000 liegt – solange das Schadensereignis jederzeit, also noch heute eintreten kann.

(4) Der Erlebensaspekt der Unsicherheitswahrnehmung suggeriert die Möglichkeit, den Wirkungsraum von Unsicherheit durch ‚mehr Vertrauen' einzuschränken (z.B. Montagna 1980: 21). Dabei zählt Unsicherheit ausschließlich mit ihrer ‚subjektiven' Seite und wird als Platzhalter eines abwesenden Vertrauensverhältnisses interpretiert. Aber Vertrauen kommt mit Sicherheit ‚zu spät', wenn Unsicherheit schon Platz gegriffen hat. Denn beider Verhältnis ist asymmetrisch. Wo unzureichendes Wissen keine sichere Erwartung zulässt, wo aus Einsicht in Kontingenz mit Enttäuschung gerechnet wird, dort ist auch die Grundlage für eine Komplexitätsreduktion qua Sozialvertrauen (von einer anderen Vertrauensvariante kann nicht sinnvoll die Rede sein) entschwunden. Wenn politische Eliten und andere Entscheider dennoch zur Gewährung pauschalen Vertrauens aufrufen, signalisiert das vielmehr zwingenden Grund für Zweifel. Gelingt es dennoch, ‚mehr' Vertrauen per Suggestion zu mobilisieren, so haben wir es lediglich mit einer „Steigerung tragbarer Unsicherheit auf Kosten von Sicherheit" (Luhmann 1973a: 88) zu tun. Es ist dann keineswegs paradox, wenn die ‚vertrauenden' Akteure umso fester mit Überraschungen ‚rechnen' (Shackle 1968: 56ff.).

2.2.4 Coping-Optionen

Schließlich seien in aller Kürze die wichtigsten Optionen erwähnt, welche den Akteuren für die Anpassung an genuin unsichere Handlungssituationen zur Verfügung stehen. Sie betreffen das Handlungswissen, den maßgebenden Zeithorizont und die sozialen Bezüge des Akteurs.

Wissen

Wahrgenommene Unsicherheit verschiebt die Aufmerksamkeit der Akteure ‚wie von selbst' auf entscheidungsvorbereitende Aufgaben, d.h. auf Fragen der Beschaffung und Bewertung von Informationen.[38] Grundproblem ist die Erfahrung einer Diskrepanz zwischen dem Informationsbedarf, der mit bestimmten Handlungsplänen bzw. -problemen assoziiert wird, und den beschränkten Fähigkeiten des Akteurs, zuverlässige Informationen (rechtzeitig!) zu erlangen und (rasch genug!) zu verarbeiten.[39] Für den Umgang mit diesem Standardproblem stehen zwei unterschiedliche, aber durchaus verwandte und komplementär anwendbare Methoden zur Verfügung: die Routinisierung und die ‚Lokalisierung' des Handelns.

Routinisierung, oder genauer: Institutionalisierung, ist jene Technik der Adaption an Unsicherheit, auf deren komparativen Vorteil die Diskrepanztheorie der Unsicherheit (Heiner 1983) Bezug nimmt. Je größer die Lücke zwischen Handlungskompetenzen und Situationskomplexität ausfällt, desto niedriger ist die Trefferquote von innovativen bzw. explorativen Handlungen. Das belegt auch die im Durchschnitt befriedigende Erfolgsquote eines restringierten (‚konservativen') Handlungsrepertoires. Demzufolge laufen Bemühungen, das Risiko von Unsicherheit zu minimieren, auf eine Richtungsentscheidung zugunsten von *Institutionen* hinaus – ungeachtet des Umstands, dass es einer rationalen Institutionenplanung an vollständiger Information mangelt. Und umgekehrt erweisen sich alle Bemühungen, einem unsicheren Handlungskontext innovativ und strategisch zu begegnen, als institutionell riskant bzw. ‚gegen' bestehende Institutionen gerichtet. Aus der Unmöglichkeit, zugleich innovativ *und* unsicherheitsadäquat zu handeln, folgt „die Vorhersehbarkeit [situativ, H.W.] bestimmter Entscheidungen" (Baecker 1988: 36) in vorhersehbar schwierigen Situationen. Der aus der Anthropologie Arnold

---

38　„With uncertainty present, doing things, the actual execution of activity, becomes in a real sense a secondary part of life; the primary problem or function is deciding what to do and how to do it" (Knight 1921: 268).

39　An dieser Stelle ist eine weitere Unsicherheitsreferenz zu erwähnen, die den Umgang mit Unsicherheit i.S. ‚objektiver' Ereigniskontingenz und Unsicherheit i.S. ‚subjektiver' Informationsdefizite erschwert: jene Unsicherheit, die komplexen Kommunikationen inhärent ist. Sie wird z.B. in der sprach- und literaturwissenschaftlichen Untersuchung von Vagheit und Ambiguität thematisiert (vgl. u.a. Bowen 1972; Empson 1973; Rimmon 1977).

Gehlens wie aus der Theorie sozialer Systeme bekannte Entlastungs-
effekt von Institutionen fungiert hier als Mechanismus der Typisierung und damit „Simplifizierung situativer Akteurkonstellationen"
(Schimank 1988: 625). Routinisierung bedeutet also: Das Wissens-
problem wird rückschauend und ‚konservativ' bearbeitet.

Die zweite Alternative, hier ‚*Lokalisierung*' genannt, besteht in der
Ersetzung von Kriterien der Zieloptimierung durch Techniken der
Suche nach ‚befriedigenden' Resultaten, sei es der Informationsbeschaffung, sei es des zweckbezogenen Handelns selbst (Simon
1957a). Nun ist es nicht mehr die Nutzenfunktion, die das Handeln
durch Orientierung an einem fernen (‚globalen') Maximum der Präfe-
renzbefriedigung steuert, sondern es sind die Merkmale der gegebenen Lokalität, d.h. situative Gelegenheiten, die aktuellen Fähigkeiten
des Akteurs und die unmittelbare Chance einer Befriedigung seiner
Wünsche. Die Suche nach besserem Wissen wird abgebrochen, wenn
der Wissensstand im Hinblick auf die infrage kommenden Handlungen als ausreichend evident erscheint (Elster 1987a).

Die Überlegenheit dieses Verfahren verdankt sich dem Problem
der rationalen Allokation knapper Aufmerksamkeit im Angesicht von
komplexen Absichten, multiplen Orientierungsbezügen und unstill-
barem Wissensbedarf. Die Orientierung an lokalen Gewinnen statt
an unsicheren (globalen) Maxima[40] entlastet in erster Linie den Prozess der Informationsverarbeitung (Simon 1978). Sie bedeutet auch
die *Endogenisierung* der angewendeten Maßstäbe, die sich nun nicht
mehr auf ‚objektive' Gegebenheiten beziehen, sondern von den
Kompetenzen, Dispositionen und Stimmungen des Akteurs abhängen. Das unterstreicht die zirkuläre Beziehung zwischen Präferenzen
und Kognitionen. Der Akteur ‚will' nur noch das, was er unter den
gegebenen Umständen auch ‚sicher' zu erreichen glaubt (Elster
1987a: Kap. IV). Da andererseits die Gefahr des ‚wishful thinking'
droht, hängt die Handlungskompetenz des Akteurs von seiner Fähigkeit ab, eine Balance zwischen ‚lokalen' Attraktionen und ‚globalen'
Risiken zu halten (Elster 1987a: 226ff.). Dieses Spannungsverhältnis
bleibt in den Theorien des Neo-Institutionalismus (March/Olsen
1989; Hasse/Krücken 2005) leider unbeachtet; doch liefern sie tref-
fende Beschreibungen der Bedingungen und Konsequenzen des

---

40   Zur Unterscheidung von ‚lokalen' und ‚globalen' Maxima vgl. Elster (1987a: Kap. I)
      und die folgende Fußnote.

Handelns gemäß der situativ-kulturalistischen ‚Logik der Angemessenheit'.

Zeithorizonte

Nur ausnahmsweise geht rationales Handeln in einem einzigen (punktuellen) Akt auf. In der Regel gilt es, kontinuierlich oder mit einer Serie von Einzelhandlungen zu agieren und dabei Absichten, Orientierungen und Zielparameter im Blick zu behalten, um sie anhand neuer Erkenntnisse zu aktualisieren oder vor unbemerkter Revision zu schützen. Unter Unsicherheit wird jedoch die Orientierung in einem weiten Zeithorizont rasch problematisch. Während das anspruchsvolle Handlungsprogramm im Interesse des angestrebten Ziels nicht beliebig modifizierbar erscheint, vielmehr eine feste Bindung an langfristige Pläne erfordert, verändern sich seine Realisationsbedingungen in unvorhersehbarer Weise. Mit der Länge des Planungszeitraums nimmt die Planungsadäquatheit exponentiell ab. Dagegen verzichtet eine strikt situativ und umweltoffen angelegte Vorgehensweise von Vornherein auf den möglichen Ertrag strategischer Akteurkompetenz: Handeln gemäß den situativen Präferenzen simuliert lediglich den Prozess der natürlichen Evolution. Daran erinnert uns Jon Elster (1987a: Kap. I) mit der Unterscheidung von lokaler und globaler Maximierung.[41] Dennoch ist die Orientierung an lokalen Maxima nicht gleichbedeutend mit exzessivem Opportunismus, drückt sie doch die Bereitschaft zur aufmerksamen Umweltbeobachtung und sensiblen Adaption aus. Es geht also weniger um eine Grundsatzentscheidung zwischen den (weniger unsicheren) lokalen und den (extrem unsicheren) globalen Orientierungen, als um die Fähigkeit, zwischen beiden Alternativen intentional wechseln zu können. Wie viel Selbstkontrolle bedarf es für eine Wiederausweitung der Zeitperspektive? Oder: Wie findet man mit Hilfe der Nahbrille die fürs Suchen besser geeignete Fernbrille?

Entscheidungen über den relevanten Zeitrahmen bergen deshalb in jeder Richtung Risiken. Um für längerfristige Programme das not-

---

41 Das globale Maximum wird als der beste aller erreichbaren Zustände verstanden. Ihn erlangt der Akteur nur durch Tätigung einer geeigneten Investition, die zunächst die Inkaufnahme von Kosten und sodann (tätige) Geduld erfordert. Dagegen sind lokale Maxima jene unmittelbar günstigeren Zustände (Nischen), die kurzfristig und quasi ‚kostenlos' zu erreichen sind. Sie können sich aber als Sackgassen herausstellen, wenn von ihnen aus keine weiteren Verbesserungen mehr möglich sind.

wendige Mindestmaß an Konsistenz zwischen Entscheidungen, Handlungen und Folgehandlungen zu gewährleisten, empfehlen sich Techniken der Selbstbindung an einmal gefasste Beschlüsse und – ganz im Sinne der Odysseuslegende – die präventive Selbstentmündigung für den Fall der (erwarteten) Willensschwäche. Selbstauferlegte Restriktionen sind rational für Akteure, die ihre Kurzsichtigkeit kennen und den Nachteilen eines ex ante ungewollten Präferenzwandels entgehen möchten. Das Verfahren ist jedoch nicht risikolos: Zum einen kann sich die Bindung an ein wohldefiniertes Handlungsprogramm selbst noch im Lichte der ursprünglichen Präferenzen als unrichtig herausstellen, nämlich dann, wenn sich die Umstände unvorhersehbar gewandelt haben. Zum anderen ist vorausgesetzt, dass der Akteur stets die Autorität seines früheren ‚Selbst' gegenüber seinen gegenwärtigen und künftigen ‚Selbsten' anerkennt.[42] Das bedeutet aber Autonomieverzicht – bzw. Demokratieverzicht im Falle von Mitgliederorganisationen, die sich vor der fortlaufenden Revision ihrer langfristigen Handlungsprogramme schützen wollen.

Angesichts solcher Unwägbarkeiten der Orientierung in weiten Zeithorizonten leuchtet es ein, warum ihre Ersetzung durch kürzere bevorzugt wird. Die Wahrnehmung von Unsicherheit bestärkt die Präferenz für „short-run reactions" (Cyert/March 1963: 119). Weil mit längeren Zeithorizonten die Treffsicherheit von global maximierenden Strategien rapide abnimmt, werden die Misserfolge strategischen Handelns gern, aber irrtümlich der Verletzung von vermeintlich ‚sicheren' Handlungsregeln zugeschrieben. Entsprechend vorteilhaft wirken dann die durch Inflexibilität, Ritualismus und unreflektierte Regelanwendung erzielbaren Gewinne. Sicherheit lässt sich nur auf Kosten des Handlungsertrags steigern (Tenbruck 1972: 115). ‚Satisficing behavior' ist die prominenteste Form der Anpassung an das große Unsicherheitspotenzial langfristiger Pläne. Das Stoppsignal des befriedigenden Ergebnisses fungiert hier als Regel der ‚lokalen Maximierung' entsprechend den subjektiven Maßstäben des Akteurs. Dennoch lässt sich das absolute Ertragsmaximum nur durch ‚regelfreies' innovatives, im Ergebnis jedoch stets unsicheres Vorgehen erzielen.

---

42   Vgl. Elster (1979, 1986) und Schelling (1978, 1984).

Interaktion

Für den Umgang mit Unsicherheit sind die Interaktionspartner mindestens in zwei Hinsichten bedeutsam: als Referenz der exogenen Präferenzen und als ‚Unsicherheitsquelle' in der strategischen Interaktion. Die Abhängigkeit kognitiver und normativer Orientierungen des Akteurs von den Orientierungen relevanter ‚Dritter' ist ein Gemeinplatz im sozialwissenschaftlichen Denken. Ihr wird in der mikroökonomischen Argumentation durch das Referenzgruppenkonzept Rechnung getragen (Schlicht 1984), das an die Theorie kognitiver Dissonanz (Festinger 1962) anknüpft. Der Rekurs auf Akteurbemühungen um personale und soziale Konsistenz (von Annahmen und Handlungen) konkurriert allerdings mit dem auf Nutzenmaximierung abstellenden Erklärungsstrang. Führt man genuine Unsicherheit als allgemeine Handlungsbedingung in diese Konkurrenz ein, so wird die tendenzielle Überlegenheit des Referenzgruppenansatzes erkennbar: Während nutzentheoretische Erklärungen plausibilisieren müssen, wie Akteure ein Informationsniveau erklimmen können, auf welchem Strategien der *globalen* Maximierung anwendbar sind, erweist sich der Rekurs auf den (per definitionem) ‚nahen' Kontext der Referenzgruppe als pragmatische Variante der *lokalen* Maximierung. In diesem Zusammenhang ist es angebracht, auch die Entscheidung über Gruppenmitgliedschaften als ein Moment der Präferenzbildung anzusehen (Pizzorno 1986).

Unsicherheit über die (veränderlichen) Präferenzen Dritter ist eine Grundannahme des soziologisch nur ausnahmsweise (z.B. von Goffman 1969) für analysebedürftig und erkenntnisträchtig erachteten Handlungstyps der strategischen Interaktion. Seine Besonderheiten beschränken sich nicht auf das Phänomen der doppelten Kontingenz, sondern destruieren vielmehr weitere Annahmen des mechanistischen Interaktionsverständnisses. Das gilt z.B. für die von Mancur Olson (1968) widerlegte Auffassung, identische Präferenzen und Informationen genügten, um selbstinteressierte Individuen zum gemeinsamen Handeln zu motivieren.

In der strategischen Interaktion kommt ein modifizierter Wahrscheinlichkeitsbegriff zum Tragen, der sich auf die ungewissen Interpretations- und Aktionsentscheidungen von *Gegenspielern* bezieht (Tsebelis 1989). Die aktive Täuschung der anderen ist nicht nur zwecks Nutzenmaximierung, sondern schon zum Zweck der Verlustvermeidung angeraten: „In the presence of uncertainty about true motives, it may pay to shape others' perceptions of one's preferences" (Bates 1988: 398). ‚Sicher' i.S. von Risikominimierung scheinen dann allein skeptische Annahmen über die Präferenzen der übrigen Beteiligten.[43] Behielte der Akteur eine ursprünglich auf Kooperation eingestellte Präferenzordnung bei, so würde er gegen das basale Selbstschutzgebot verstoßen. Seine Signalisierung freundlicher Absichten könnte gar als taktischer Schachzug interpretiert und mit selbstschützend gemeinter Härte beantwortet werden. Jenseits der von sanktionsfähigen Institutionen bewachten Handlungssphären ist deshalb regelmäßig mit strategisch intendierten Täuschungen und Regelverstößen (z.B. falschen Versprechungen) zu rechnen (Arrow 1987; van Matt 2006).[44]

Positives Wissen von einer ‚freundlichen' Präferenzausstattung der Interaktionspartner ist nur in Handlungszusammenhängen möglich, die wegen einer überschaubaren Teilnehmerzahl und höheren Kommunikationsdichte starke Anreize für kooperationsfreundliche Koorientierungen generieren (vgl. Taylor 1987; Voss 1985: 197ff.). Doch verdanken sie sich regelmäßig einer selbstgefälligen ‚Schließung' gegenüber der Umwelt mit dem Risiko kognitiver Defizite (Weber 1972: 201). Auf jeden Fall ist der Gewinn an Interaktionssicherheit mit dem Nachteil der Fragmentierung in partikuläre Interessengemeinschaften zu bezahlen.

2.2.5 Zwischenresümee

Zusammenfassend ist festzuhalten: Kognitive Unsicherheit drängt zur Substitution von Zielen durch Konventionen. Unsicherheit in der Zeitdimension prämiert Maximinstrategien der Risikobegrenzung. Strategische Unsicherheit bewirkt eine asymmetrische Strukturierung des Handlungsraums. Wird in den Sphären genuiner Unsicherheit auf der Grundlage geteilter Erwartungen gehandelt, so entpuppt sich die

---

43 Der sicherheitsbedachten Kalkulation fremder Präferenzen steht u.a. der Umstand entgegen, dass Präferenzordnungen unter Bedingungen genuiner Unsicherheit nicht immer transitiv (d.h. hierarchisch) geordnet sind. Zur Nützlichkeit intransitiver Präferenzen vgl. Anand (1995).

44 Vgl. Arrow (1987). Für eine Bestandsaufnahme der literarischen Thematisierung von Täuschung und Betrug siehe van Matt (2006).

Fiktion des radikalen Egoisten als Konvergenz- und Gleichgewichtspunkt der Akteurorientierungen. Kooperationsbemühungen sind deshalb nicht zum Scheitern verurteilt. Multiple Nutzendimensionen und komplexe Präferenzordnungen mögen auch eigennützige Akteure zur Sondierung der möglichen Einigungsoptionen anhalten.[45]

2.3 Grundlagen der systemtheoretischen Skepsis

Der Streit über die Möglichkeit politischer Steuerung, den Luhmann und Scharpf 1988 führten, ist nicht die einzige Theoriedebatte, in welcher Luhmann den systemtheoretischen Ansatz gegenüber der handlungstheoretischen Tradition stark zu machen versuchte. Schon Luhmanns frühe Arbeiten, in denen die Komplexität der Welt als Schlüsselbedingung der Systembildung fungierte, während Selbstschöpfung (Autopoiesis) und Selbstreferentialität der Systeme noch keine Rolle spielten, hatten in der deutschen Soziologie einigen Wirbel verursacht.[46] Als engagierter Vertreter einer Gegenposition, nämlich des Historischen Materialismus im Sinne von Karl Marx, war damals Jürgen Habermas aufgetreten. Die in mehreren Texten ausgetragene Kontroverse fand Niederschlag in einem gemeinsamen Aufsatzband (Habermas/Luhmann 1971), dem unter dem Reihentitel „Theorie der Gesellschaft oder Sozialtechnologie" drei Diskussionsbände mit Texten weiterer Soziologen und Philosophen folgten.

Die frühe Rezeption der Systemtheorie geschah vor dem Hintergrund einer durch die Studentenbewegung ‚politisierten' Renaissance des marxistischen Denkens. Obwohl Luhmanns Analysen auf einem recht hohen Abstraktionsniveau angesiedelt waren, wurden sie nicht nur als wissenschaftliche, sondern auch politische Herausforderung empfunden. Die soziologische Systemtheorie bestach zwar durch ihre Nüchternheit und prägnante Begriffe, wurde aber von vielen als ‚funktionalistisch' abgelehnt. Sie würde die bestehenden Verhältnisse legitimieren und ignoriere den Konflikt zwischen dem „gegebenen institutionellen Rahmen" und der „Entwicklung der Produktivkräf-

---

45 Vgl. dazu insbesondere Scharpf (2000).
46 Das gilt speziell für die gesellschaftstheoretischen Schriften, u.a. Luhmanns Vortrag auf dem 16. Deutschen Soziologentag 1968 in Frankfurt am Main, weniger dagegen für die organisationswissenschaftlichen Arbeiten.

te". Dieser Konflikt schien in jenen Tagen „die Glaubwürdigkeit des herrschaftslegitimierenden Weltbildes" [der bürgerlichen Gesellschaft, H.W.] zu erschüttern (Habermas 1971: 290).

Der Grund, aus dem wir die frühe Habermas-Luhmann-Diskussion in Erinnerung rufen, betrifft nicht ihre politische Seite, sondern etwas anderes, nämlich das Verhältnis von Theorie und Praxis. Eigentümlicherweise wurden Luhmanns frühe Theorieentwürfe von den kritischen Rezipienten als genuin ‚politisch' wahrgenommen. So diagnostizierte Habermas nicht nur eine „uneingestandene Verpflichtung der Theorie auf herrschaftskonforme Fragestellungen" (ebd.: 170), sondern vermutete gar ein Angebot von handlungsinstruktivem, „präskriptive(m) Wissen" in Gestalt von „Sozialkybernetik" (ebd.: 168). Andere Autoren, die sich an die Seite von Jürgen Habermas stellten, beklagten dagegen Luhmanns abstrakten „Erkenntnisdrang" und plädierten für dezidiert strategieorientierte Systemanalysen (so Narr/Runze 1974: 90) – etwa nach dem paradoxen Motto: wenn schon Systemtheorie, dann aber handlungstheoretisch! Die politische Instruktivität des Luhmannschen Denkens war offensichtlich von Anfang an hochumstritten.

Diesen Befund sollten wir im Auge behalten, wenn wir uns dem theoretischen Hintergrund der systemtheoretischen Steuerungsskepsis nähern. Um den Zweck dieses Schlenkers möglichst deutlich zu machen: Es geht dabei nicht um eine Einführung in die ‚bielefelder' Soziologie, als welche Luhmanns Systemtheorie wegen ihres ansonsten unmaßgeblichen Entstehungsorts wahrgenommen wird. Sinn und Zweck des folgenden, höchst selektiven Diskurses ist vielmehr ein genaueres Verständnis des theoretischen Zusammenhangs, in den die systemtheoretische Steuerungsskepsis eingebettet ist: etwas genauer als es die Lektüre von Luhmanns Darmstädter Vortrag ermöglicht, aber bei weitem nicht genau genug, um auf alle wesentlichen Aspekte des Luhmannschen Werkes vorzubereiten.

Die zentrale Unterscheidung, auf welcher die Systemtheorie aufbaut, ist die zwischen System und Umwelt. Das System[47] grenzt sich gegenüber der Umwelt, die typischerweise aus (anderen) Systemen besteht, durch die besondere Art seiner inneren Ordnung, die Art seiner Elemente, die Art und Weise ihrer Beziehungen sowie der in-

---

47   Wir könnten genau so gut ‚die Systeme' sagen, aber müssten sogleich hinzufügen, dass der Plural keine Gleichartigkeit der einzelnen Systeme suggerieren darf.

ternen Prozesse ab. Das System ist System, weil es von der Vielfalt der möglichen Umweltereignisse zu abstrahieren und etwas ,Eigenes' aufzubauen und zu bewahren versteht. Dabei entwickelt sich das System nicht etwa als bloßer Reflex auf seine Umweltbedingungen, sondern unterscheidet sich von seiner Umwelt gerade dadurch, sich von Umweltereignissen abkoppeln zu können. Soziale Systeme befinden sich niemals in einem Ruhegleichgewicht. Sie sind ,offen' und auf Ressourcen (im weitesten Sinne) aus der Umwelt angewiesen. Wie sie diese einsetzen, bestimmt sich jedoch allein nach systeminternen Regeln.

Für die soziologische Systemtheorie ist ferner die Annahme zentral, dass die Bestimmung, ja sogar Schöpfung der systemspezifischen Elemente oder Einheiten eine typische Eigenleistung des Systems ist (Autopoiesis).[48] Das System baut nicht auf etwas auf, das es der Umwelt entnimmt oder was ihm von der Umwelt vorgegeben ist. Vielmehr produziert es seine Elemente selbst – und *durch* seine Elemente, also rekursiv. Die scheinbar paradoxe Aussage wird verständlicher, wenn man sie auf ein Beispiel bezieht, z.B. Luhmanns Beschreibung des Systems der Wirtschaft. Als autopoietisches Element des Wirtschaftssystems fungieren Zahlungen: „Sie sind nur aufgrund von Zahlungen möglich und haben im rekursiven Zusammenhang der Autopoiesis der Wirtschaft keinen anderen Sinn, als Zahlungen zu ermöglichen" (Luhmann 1988a: 52). Das heißt: Zahlungen fungieren nur dann und so lange als elementare Einheit, wie sie sich auf andere Zahlungen beziehen, d.h. einen (womöglich Werte schöpfenden) Kreislauf von Transaktionen mit Zahlungsfolgen begründen. Die von einem Geburtstagskind oder einer Rentnerin empfangenen Zahlungen, die die Empfänger normalerweise nicht anregen, unternehmerisch tätig zu werden, sind deshalb keine Elemente des gesellschaftlichen Teilsystems Wirtschaft.

Ein weiteres wichtiges Merkmal des Systems ist die Selbstreferentialität seiner Prozesse. In Luhmanns Theorie der Wirtschaft fungiert Knappheit als „eine Form entfalteter Selbstreferenz" (ebd.: 178). Sie erklärt sich daraus, dass jeder Zugriff auf eine gegebene

---

48 Es ist allerdings darauf hinzuweisen, dass die Autopoiesis sozialer Systeme noch nicht als hinreichend geklärter Sachverhalt angesehen wird. So scheint insbesondere ihre empirische Verifizierung anhand sozialer Prozesse nur unzureichend gelungen (vgl. Mingers 2004; von Beyme 1991).

Menge eines Werts (relative) Knappheit erzeugt und Knappheit zugleich als „Motiv für den Zugriff fungiert" (ebd.: 179). Motiv, Prozess und Wirkung stehen also in einer selbstbezüglichen Kreislaufbeziehung ohne präzisen Anfang und ohne präzises Ende: „der Zugriff schafft das, was er beseitigen will" (ebd.). Allgemein bedeutet Selbstreferenz, dass die Operationen des Systems nur füreinander anschlussfähig sind.

Selbstreferenz heißt auch: Das System antwortet nicht in berechenbarer Weise auf Umweltereignisse. Es hat mindestens die Möglichkeit, mit Ja oder Nein, also Ignoranz oder Reaktion, zu antworten. Wenn es ‚reagiert', ist die Art der Antwort ausschließlich ‚intern' bestimmt und nicht vom äußeren Anlass determiniert. Das wird als operative Schließung des Systems bezeichnet.

Wollten wir einen vollständigen Abriss der systemtheoretischen Grundbegriffe geben, müssten wir wohl auch über Kommunikationsmedien (z.B. Geld und Recht), verschiedene Stufen des Beobachtens sowie über Organisation und Entscheidung sprechen. Stattdessen kehren wir fast umweglos zu unserer Frage nach etwaigen Bedingungen der Möglichkeit politischer Steuerung zurück. Ein kurzer Umweg muss jedoch sein. Er gilt dem Begriff der strukturellen Kopplung.

Haben wir anhand der Begriffe Autopoiesis und Selbstreferenz vor allem Aspekte der Geschlossenheit des Systems betrachtet, so gilt es nun, auch die spezifische ‚Offenheit' des Systems zur Kenntnis zu nehmen. Was das Wirtschaftssystem betrifft, so besteht seine Offenheit darin, dass die Zahlungsgründe „letztlich in die Umwelt des Systems verweisen" (ebd.: 59), ein Umstand, den Luhmann mit Rückgriff auf den Bedürfnisbegriff würdigt. Ein weiterer (oder derselbe?) Aspekt der Offenheit findet im Begriff der strukturellen Kopplung Ausdruck. Strukturelle Kopplung bezeichnet das Verhältnis zwischen Teilsystem und Umwelt. Es ist eine kognitive Beziehung, über welche das System Anregungen aus seiner Umwelt (d.h. insbesondere von anderen Systemen) erhält, ohne dass dabei von ‚außen' in seine internen Prozesse eingegriffen würde. Strukturelle Kopplung und Autopoiesis sind demnach „voll kompatibel" (Luhmann 2000a: 373).

Luhmann erläutert die strukturelle Kopplung ausführlich in Bezug auf das politische System (Luhmann 2000a: Kap. 10). Die strukturelle Kopplung löst das Problem, dass die kognitiven Beziehungen des Systems zur Umwelt ausschließlich auf „interne(n) Konstruktionen" (ebd.: 373) beruhen, d.h. auf kontingente Weise mit Umweltereignissen verknüpft sind. Vermutlich um jeden Anklang an eine Reiz-Reaktions-Beziehung zu vermeiden, verwendet Luhmann dafür den Begriff der Irritation: „Die Anpassung eines autopoietischen Systems an Umweltbedingungen wird durch *strukturelle Kopplungen* vermittelt, die die kognitiven Prozesse des Systems nur irritieren, nicht aber determinieren können" (ebd.). Ferner wird gesagt, dass strukturelle Kopplungen „immer hochselektiv" (ebd.: 374) und für das System selbst „unsichtbar" (ebd.: 375), d.h. nicht disponibel, seien. Die für die Gesellschaft und ihre Teilsysteme maßgeblichen Kopplungsadressen sind personale Bewusstseinssysteme, also grob gesagt: Personen. Und „die strukturelle Kopplung mit Bewusstseinssystemen [wird] durch Sprache erzeugt" (Luhmann 2000b: 397). D.h., was Personen bewusst erwägen und dann womöglich im Wahlverhalten ausdrücken, mag zwar – als Wahlergebnis – das politische System ‚irritieren', aber kann immer nur Anlass sein für systemtypische Aktionen (z.B. der Stellungnahme, Kompetenzerteilung oder Agendasetzung), d.h. von Aktionen, die keiner externen Determination unterliegen, sondern den je eigenen Sinnreferenzen des Systems folgen.

Nun können wir endlich nach dem Verhältnis von Politik und Wirtschaft, als einem für die Politik eminent wichtigen Umweltausschnitt, im Sinne ihrer strukturellen Kopplung fragen. Die „primäre Schiene der Kopplung von Politik und Wirtschaft" (Luhmann 2000a: 385) ist die Abhängigkeit der Politik vom Steueraufkommen. Um darauf Einfluss zu nehmen, besitzt die Politik ein ganzes Bündel von wirtschafts*politischen* (nicht: wirtschaftlichen!) Instrumenten: u.a. die Steuer- und Subventionspolitik, Kreditaufnahme, Arbeitsmarktregulation usw. Wenn wir diese politischen Instrumente als Steuerungshebel verstehen, liegen wir richtig. Allerdings – darauf weist Luhmann unverzüglich hin – ist die Wirkung dieser Hebel „angesichts der Autopoiesis und der Komplexität des ökonomischen Systems schwer zu bestimmen" (ebd.: 386). Infolge der Globalisierung der Finanzmärkte habe sich die Menge der strukturellen Kopplungen, denen Politik unterliegt, vermehrt, was einem Verlust an politikinternen Optionen gleichkomme. Je dichter das Netz der strukturellen Kopplungen ist, desto enger ist offenbar der Varianzraum ihrer Interpretation und damit auch der Systemprozesse. Das ergibt sich aus dem Umstand, dass das System nicht über seine strukturellen Kopplungen disponieren, also z.B. diese ausschalten oder unter ihnen wählen kann. Hier hilft vielleicht auch Luhmanns Erläuterung zu jener Form von struktureller Kopplung, die auf den Aggregatdaten beruht, welche die Politik aus der Wirtschaft bezieht (z.B. Arbeitslosenquote, Sozialproduktwachstum, Preisentwicklung). Ein Vorteil dieser Art von Kopplung sei es, „daß die Politik durch sie nicht festgelegt wird, so daß immer noch kontrovers erörtert werden kann, was daraufhin zu tun ist" (ebd.: 388).

Damit werden die engen „Grenzen der Steuerung" (Luhmann 1988a: Kap. 10) erkennbar. Wenn Steuerung im kybernetischen Sinne als Verringerung einer Differenz zu verstehen ist (und nur so macht der Begriff Sinn), so ist mit Luhmann zu fragen „Und woher kommt die Differenz?" (ebd.: 326) bzw. „Wer setzt diese Differenzen, wer unterscheidet, wer steuert hier?" (ebd.: 327). Eine Steuerungstheorie, so Luhmann, müsse eine Reflexionsebene vorsehen, auf welcher sowohl die Definition der zu verringernden Differenz als auch die Selektion der definierenden Instanz (aus allen möglichen differenzbeobachtenden Instanzen) beobachtet und beschrieben werden kann (ebd.: 328). Die Grenzen der Steuerung macht der Autor mit Blick auf die Effekte der Steuerung fest, wie sie in einem Aufsatz von Renate Mayntz (1987) als unerwünschte Nebenfolgen, Vollzugsdefizite und ‚self-defeating prophecies' beschrieben sind. Daraus sei zu schließen, dass die handlungstheoretische Steuerungstheorie lediglich den Steuerungsanlass, aber nicht die „Gesamtproblematik" erfasse (Luhmann 1988a: 330). Aus der Binnenperspektive der Systemprozesse sei festzustellen, dass für die Beobachtung der Steuerung „andere Unterscheidungen" (ebd.: 332) als im Steuerungshandeln selbst zur Anwendung kommen: „Was im Steuerungsprozeß als Input wahrgenommen wird, ist nur eine im System selbst konstruierte Information" (ebd.: 334).

Was daraus folgt, ist in dem Satz zusammengefasst: „Die Steuerung des Systems ist (...) immer Selbststeuerung" (ebd.). Von der historischen Ausdifferenzierung des politischen Systems, die Luhmann als „Organisationserfolg" charakterisiert, dürfe nicht die Annahme abgeleitet werden, „daß die Politik die Gesellschaft repräsentieren oder gar steuern könne" (ebd.: 336). Das politische System ist ein Teilsystem wie alle anderen. Es ist zwar auf die Produktion verbindlicher Entscheidungen spezialisiert, aber vermag nicht, die Wirkung der Entscheidungen verbindlich zu kontrollieren. Steuerungsfähig ist es nur in Bezug auf sich selbst. Indem es die Umwelt anderer Teilsysteme – z.b. mittels der oben erwähnten wirtschafts*politischen* Instrumente – modifiziert, setzt es ihnen lediglich – qua struktureller Kopplung – Anlässe, ihre selbstreferentiellen Prozesse zu variieren.

Der vermeintliche Widerspruch zwischen der Fähigkeit zu verbindlichen Entscheidungen und der Unfähigkeit, die Entscheidungsadressaten effektiv zu kontrollieren, löst sich schnell auf, wenn man konkrete Fälle ambitionierter Steuerung betrachtet. Eine arbeitsmarktpolitische Maßnahme, welche die Politik an die Wirtschaft adressiert, um beispielsweise ältere Arbeitnehmer vor Kündigung zu schützen, vermag in diesem Sinne lediglich, die politische Wertschätzung einer höheren Beschäftigungsquote von Älteren auszudrücken. Ihre Wirkung ist bekanntlich, dass es Unternehmen vermeiden, Ältere einzustellen, weil sie die Maßnahme nicht als Handlungsauftrag, sondern als restriktives Umweltdatum mit einer speziellen Risikokomponente interpretieren. Auf ebenso verbindliche Weise mag die Politik mit der Einführung einer Energiesteuer und Verwendung des Steuerertrags zur Senkung der Lohnnebenkosten ein eindeutiges Zeichen mit entsprechend veränderten ökonomischen Anreizen zu setzen. Doch muss sie es hinnehmen, wenn die Adressaten anders reagieren als es die Politik wünscht, z.B. indem sie an anderer Stelle, etwa bei den Personalkosten, Einsparungen vornehmen oder womöglich dadurch, dass die zusätzlich eingestellte Reinigungskraft zusätzliche Energiekosten verursacht (obwohl die veränderte Preisrelation von Löhnen und Energie doch zur Substitution des Staubsaugers durch das Staubtuch anregen sollte, oder etwa nicht?).

Die Systemtheorie fordert dazu auf, die Steuerungsfolgen sorgfältig von den Steuerungsabsichten und dem Steuerungshandeln zu unterscheiden – ein einleuchtender Vorschlag. Sie stellt weder das Vorkommen von Absichten noch von entsprechenden Handlungen, ja noch nicht einmal von Wirkungen in Abrede.[49] Aber sie konstatiert, dass es aufgrund der operativen Geschlossenheit der selbstrefe-

---

49 Was die auf die Wirtschaft zielenden Absichten der Politik betrifft, heißt es z.B.: „Die Politik kann daher nur Bedingungen schaffen, die sich auf die Programme und damit auf die Selbststeuerung der Wirtschaft auswirken. Sie kann etwas verbieten, sie kann Kosten schaffen, sie kann Nutzungen unter Bedingungen stellen usw." (Luhmann 1988a: 346). Wir greifen dieses Thema weiter unten (vgl. 4.2.3) wieder auf.

rentiellen Systeme weder eine präskriptive Steuerungstheorie geben
kann, welche zuverlässige Mittel für die Verwirklichung von Steuerungsabsichten anbietet, noch eine diagnostische Handlungstheorie,
welche die Gesamtheit der vom Steuerungshandeln ausgelösten Wirkungen zu beschreiben erlaubt.

Was die Handlungstheorie in systematischer Weise als Steuerung
zu thematisieren versteht, endet beim Steuerungsakt; die Steuerungswirkungen bleiben notwendig ausgeklammert. Sie mögen den Steuerungsabsichten nahe kommen oder in Nebenfolgen, Vollzugsdefizi-
ten und *self-defeating prophecies* versickern. Das ist kontingent und un-
kalkulierbar. Gegenüber diesem unzulänglichen Fremdsteuerungs-
konzept beharrt die Systemtheorie auf dem *Selbst*steuerungsbegriff als
Schlüssel zum einzigen systemadäquaten Steuerungsverständnis.
Selbststeuerung ist nicht nur möglich, sondern das *business as usual* der
Teilsysteme. Nur diese steuern, und das heißt: nur *in* diesen kommt
Selbststeuerung vor. Da es außer ihnen keine andere Repräsentanz
der Gesellschaft gibt,[50] „gibt es im strengen Sinne (auch) keine
Selbststeuerung der Gesellschaft auf der Ebene des Gesamtsystems"
(ebd.: 341). Anders ausgedrückt: Die Selbststeuerung der Gesellschaft
vollzieht sich im Prozessieren ihrer Teilsysteme.

Damit sind wir am Ende unseres Ausflugs in die soziologische
Systemtheorie. Was wir für die weiteren Erörterungen gewonnen
haben, ist neben der Einsicht in die Logik der Selbstreferentialität gesellschaftlicher Teilsysteme v.a. ein genaueres Verständnis von Luhmanns Steuerungsskepsis. Versuchen wir nun, diesen Befund positiv
zu formulieren:

- Politische Steuerung ist eine Sinnfigur des politischen Systems. Es gibt dort einen Steuerungsdiskurs, eine Steuerungssemantik und – ‚natürlich' – Steuerungskommunikation.
- Steuerungsanlässe erfährt die Politik aufgrund ihrer strukturellen Kopplung an Bewusstseinssysteme, welche unange-
  nehme Soll-Ist-Differenzen, z.B. in Sachen Wirtschaftsent-
  wicklung, perzipieren.
- Steuerungsakte – im Sinne verbindlicher Entscheidungen der
  Politik – verändern bestimmte politische Parameter, welche

---

50   M.a.W.: Die Teilsysteme bilden die Gesellschaft. Es gibt kein von ihnen unterschiede-
     nes ‚Gesellschaftssystem'.

z.B. die Umwelt der Wirtschaft betreffen, etwa als Steuersätze, Arbeitsrecht und Umweltschutznormen.

- Die durch politische Entscheidung veränderten Parameter werden im adressierten Teilsystem als strukturell verkoppelte Sachverhalte der Umwelt wahrgenommen und gemäß der Eigenlogik des Systems interpretiert.
- Wie sie interpretiert werden und welche Änderungen im Wirtschaftsprozess daraufhin erfolgen, richtet sich nach den internen ‚Spielregeln' und Kommunikationen des Wirtschaftssystems. Die Folgen können ganz anders ausfallen als in den internen Kommunikationen der Politik angenommen wurde.
- Ebenso viel Interpretationsfreiheit besitzt das politische System, wenn es die Folgen seiner Steuerungsversuche besichtigt. Die Spannweite der Alternativen war schon immer recht groß. Sie reichte vom Verlangen nach vermehrtem Einsatz der unzulänglichen Mittel bis zur Empfehlung, den Systemtyp zu wechseln (nach dem Motto ‚Sozialismus statt Kapitalismus').

Ist das nun erfolgreiche Steuerung oder nicht? Eine exakte Antwort ließe sich nur auf der Grundlage eines Soll-Ist-Vergleichs geben. Wenn sich die Soll-Ist-Differenz in der angestrebten Richtung verändert hat, würden wir die Frage bejahen. Doch was wäre, wenn die eingetretene Veränderung aus anderen Gründen und auf anderem Wege als vorgesehen zustande gekommen ist? Das wäre kaum ein überzeugender Beleg für die Möglichkeit politischer Steuerung. Und erst recht nicht das Ausbleiben der angestrebten Wirkungen. Wir besitzen also keine Theorie politischer Steuerung in dem Sinne, dass es möglich wäre, die Wirkungen von Steuerung im systematischen Kausalzusammenhang aller beteiligten Variablen einschließlich der Steuerungshandlungen zu analysieren.

Doch kehren wir von der Besichtigung der Luhmannschen Systemtheorie keineswegs mit leeren Händen zurück. Wir wissen jetzt immerhin, dass Steuerungsakte als (Selbst-) Steuerung des politischen Systems möglich sind, wenngleich die Wahrscheinlichkeit berechenbarer Wirkungen nicht als hoch zu veranschlagen ist. Und wir wissen, dass politische Steuerung durchaus Effekte in den anderen Teilsystemen zeitigen kann. Wir dürfen sogar sagen: Intentionale Steuerungseffekte sind nicht per se unmöglich. Folglich sollte sich unsere weitere Aufmerksamkeit auf die Grauzone zwischen möglichen und unmöglichen Steuerungserfolgen richten.

Was außerdem lohnt, erinnert zu werden: Wir haben im Kontext der Systemtheorie noch keine Anhaltspunkte für die normative Bewertung einer politischen Steuerung der Gesellschaft erfahren. Die Suche nach den Bedingungen der Möglichkeit, die wir gleich fortsetzen werden, war bislang mehr durch Neugierde geprägt als durch die Annahme, dass Steuerung prinzipiell ‚gut' oder ‚schlecht' (und ggf. für wen oder was?) sei. Denn wenn wir die systemtheoretische Diagnose der Eigenlogik und Selbstreferentialität (auch) des politischen Systems ernst nehmen, haben wir wenig Veranlassung zu unterstellen, dass ein politischer Durchgriff auf die Gesamtgesellschaft etwas für deren Reproduktion prinzipiell Wünschenswertes wäre.

2.4 Gesellschaftssteuerung auf Umwegen?

Die Frage nach dem potenziellen Nutzen und der Wünschbarkeit von Gesellschaftssteuerung wird von Helmut Willke unmissverständlich bejaht. Willke attestiert der Steuerungsproblematik nicht nur theoretische Bedeutung für ein adäquates Verständnis der modernen Gesellschaft, sondern auch politisch-praktische Relevanz. Letztere ergibt sich aus einem komplexen Problemszenario. Auf dessen einer Seite sehen wir ein gestiegenes Niveau von Koordinations- und Steuerungsaufgaben im Gefolge von Umweltkrisen, Technologiewandel, Globalisierung und dem Aufkommen der Wissensgesellschaft. Die Unfähigkeit des politischen Systems, den Zusammenhalt der Gesellschaft angesichts zentrifugaler Wandlungstendenzen zu gewährleisten, markiert die andere Seite der Problematik. Der überlieferte Interventions- und Regulationsstaat sei Opfer der forcierten Differenzierungsdynamik der Gesellschaft geworden; die Demokratie versage heute gegenüber der Aufgabe, die „Ordnung komplexer Gesellschaften" (Willke 1997: 10) zu gewährleisten.

Willkes Diagnose hat einen historisierenden Zug. Das Steuerungsdilemma des Staates erscheint als Resultat zweier Veränderungen: zum einen des Prozesses der funktionalen Differenzierung der Gesellschaft in operativ geschlossene Teilsysteme und zum anderen einer Zunahme der an die Politik gerichteten Erwartungen und Verantwortungszuschreibungen. Auf der einen Seite die Annahme „eines Endes der hierarchischen Vorrangstellung der Politik" (ebd.: 322), auf der anderen der Befund eines gesteigerten Koordinationsbedarfs der hochdynamischen, technologisch avancierten Wissensgesellschaft. Demgegenüber sei das Steuerungsmodell der demokratisch verfassten Politik an die Grenze seiner Leistungsfähigkeit gelangt. Das zeige sich besonders deutlich am Verhältnis von Politik und Wirtschaft. Weil sowohl die Prinzipien des Marktes und der Hierarchie als auch die Steuerungsmedien Geld und (politische) Macht gravierende Schwächen aufwiesen, sei Abhilfe allein von einem veränderten Steuerungskonzept zu erwarten.

Und Abhilfe ist nach Willke durchaus möglich. Was sie beinhaltet, ist mit den terminologischen Innovationen „Kontextsteuerung", „Supervision" und „Reflexion" plus „Intervision" umrissen (Willke 1995, 1996, 1997). Mit einer entsprechenden Aufgabenrevision des Staates ließe sich seinen engen Leistungsgrenzen Rechnung tragen und eine „Überforderung durch Hyperaktivität und Allzuständigkeit" (Willke 1996: 236f.) vermeiden.

Das theoretische Rüstzeug der Gesellschaftsanalyse und Problemdiagnose stimmt nahezu vollständig mit der von Luhmann ausgearbeiteten Systemtheorie überein. Im Zentrum steht die Ausdifferenzierung gesellschaftlicher Teilsysteme, welche – als „Geburtsfehler der Moderne" – in „der mangelnden Bindung oder Loyalität der Teile des Ganzen einer funktional differenzierten Gesellschaft" (Willke 1997: 284) resultiere. Noch stärker als Luhmann betont Willke die Prämisse der Komplexität, die er nicht nur in sachlicher, zeitlicher und sozialer, sondern auch in operativer und kognitiver Hinsicht definiert (Willke 1987: 68 ff.). Wie bei Luhmann werden die Teilsysteme als autopoietisch, operativ geschlossen und selbstreferentiell prozedierend unterstellt. Allerdings hütet sich Willke davor, die Selbstreferentialität der Teilsysteme absolut zu setzen, da sie in seinem Konzept der Kontextsteuerung als prinzipiell modifizierbar unterstellt ist. Gleichwohl sind die Teilsysteme auch bei Willke nicht (oder kaum?) externer Steuerung zugänglich; sie können sich nur selbst steuern bzw. ändern.

Die Praxis der Selbststeuerung ist bei Willke weniger streng an die eigenlogische Sinnproduktion der Teilsysteme und die ihnen durch strukturelle Kopplung gesetzten Steuerungsanlässe gebunden als es Luhmann vorsieht. So werden strukturelle Kopplungen vom System nach Maßgabe der Prämissen seiner Selbstreproduktion gesucht und gewählt (Willke 1997: 69f.). Diese Annahme gestattet es, die Systemgrenze als einigermaßen durchlässig zu veranschlagen. So unterstellt Willke, dass die autonomen Teilsysteme – unter der Voraussetzung geeigneter organisatorischer Bedingungen – in der Lage sind, ihre externen Wirkungen zu reflektieren und so zu modifizieren, „daß Kooperation in der Form positiver Koordination einen Wohlfahrtsnutzen für alle Beteiligten erbringen kann" (ebd.: 285f.).

Als Möglichkeitsbedingung dieser Art von systemischer Reflexion und Resonanz ist unterstellt, dass die relevanten Teilsysteme durch handlungsfähige Organisationen repräsentiert werden, die aufgrund ihrer Stellenstruktur und ihrer Orientierung an verschiedenen Umweltsegmenten *polykontextural* agieren und *multilingual* kommunizieren (z.B. indem sie gleichzeitig Beziehungen zur Wirtschaft, zum Recht, zur Wissenschaft usw. unterhalten). Verhandlungssysteme vom Typ der Konzertierten Aktion sowie die Interaktion in Politiknetzwerken belegen für Willke die prinzipielle Möglichkeit grenzüberschreitender Koordination.

Aber welche Rolle wird dem Staat in diesem Zusammenhang zugebilligt, da dessen Steuerungsvermögen sowohl durch seine formale Gleichrangigkeit mit den anderen Teilsystemen als auch durch die dem politischen System eigene Selbstreferenz beeinträchtigt ist? Willke, dessen Arbeiten neben der analytischen Perspektive auch Empfehlungscharakter aufweisen, lenkt unseren Blick auf eine Kernaufgabe des modernen Staates: nämlich als Mediator und Kommunikationsvermittler zwischen den Teilsystemen zu agieren und für die Bereitstellung einer besonderen, an Bedeutung gewinnenden Kategorie von Kollektivgütern zu sorgen. Es handelt sich um sog. Kollateralgüter, welche aufgrund hohen Kapitalaufwandes oder komplexer Koordinationsbedarfe weder alleine vom Staat noch von der Privatwirtschaft erzeugt werden könnten (Willke 1995: 173; 1997: 147).[51]

Ihre wechselseitige Abstimmung vermögen die Teilsysteme dagegen auch ohne staatliche Mithilfe zu besorgen, indem sie miteinander – im „sokratischen Dialog" – ein resonantes Verhältnis von

---

51 Als Beispiel wird die Vereinbarung von Standards für avancierte Technologien der Telekommunikation genannt.

Fremdbeobachtung und Reflexion aufbauen und füreinander als Supervisor agieren.

Es sind vor allem zwei Annahmen, in denen sich die tendenziell optimistische Steuerungstheorie Willkes von der steuerungsskeptischen Systemtheorie Luhmanns unterscheidet. So weist Willke der Rolle von „Wissen als Steuerungsmedium" (Willke 1995: 231ff.) einen hohen Stellenwert zu. Ein Aspekt, nämlich die Bedeutung von Wissensgewinnen für die Diagnose von und den Umgang mit komplexen Problemlagen, wurde bereits genannt. Ein weiterer betrifft die Verfügbarkeit von Informationen über die externen Effekte der Systemprozesse. Hier ist unterstellt, dass negative Externalitäten nicht (oder nicht nur) der Selbstreferentialität, sondern auch Informationsdefiziten zuzuschreiben sind. Dabei bleibt allerdings außer Acht, dass im Prämissenset der soziologischen Systemtheorie kein Platz für die Annahme der Möglichkeit (und d.h. der Identifizierbarkeit) von ‚absolutem', also ‚wahrem' Wissen vorgesehen ist. Die Teilsysteme (bzw. ihre Akteure) verfügen zwar über eine Flut von Informationen. Doch diese erlangen Bedeutung, d.h. den Status von Wissen, erst durch ihre selektive Bewertung und Interpretation. Selektion und Interpretation von Informationen unterliegen aber immer der selbstrefentiellen Logik der Systemprozesse.

Damit gerät eine weitere Annahme in Willkes systemischer Steuerungstheorie in den Fokus der Kritik: die implizite Unterstellung einer nach externen Kriterien moderierbaren Selbstreferenz. Ausdruck findet diese Annahme nicht etwa in einem Konzept der externen Steuerung, das ja aus systematischen Gründen als unangemessen anzusehen ist. Aber es wird unterstellt, dass ein Teilsystem in der Lage ist, eine externe, und womöglich sogar gesamtgesellschaftliche Problemkonstellation anhand einer system*internen* Defizienz zu identifizieren und daraufhin das Verlangen nach (externer!) Supervision zu entwickeln und an ein anderes Teilsystem, in der Regel wohl das politische System, zu adressieren. Der somit ins Spiel kommende Supervisor, z.B. der Staat, mag dann an der Exploration neuer Optionen oder externer Ressourcen mitwirken und das defiziente Teilsystem unterstützen, wenn es sich anschickt, ‚sein' Problem zu lösen (Willke 1997: 69-71).

Die Initiative mag auch von dritter Seite, z.B. vom Staat, ausgehen. Doch die Logik des Prozesses bleibt in jedem Fall dieselbe: Das

Angebot von Supervision beinhaltet eine Horizonterweiterung in Bezug auf mögliche Kosten wie Gewinne, was dem Teilsystem den Übergang zu einem mit seiner Umwelt besser abgestimmten Prozedere ermöglicht. Gemäß diesem Verständnis vermag der Staat seine Aufgaben drastisch zu reduzieren, um fortan nur noch als „Eckstein einer neuen Architektur gesellschaftlicher Selbststeuerung" (ebd.: 304) zu fungieren. Vorausgesetzt ist dafür nicht nur die Möglichkeit von Win-Win-Lösungen im Sinne eines Positivsummenspiels, sondern auch von grenzüberschreitendem Sinntransfer und eines verlustlosen Imports von Sinnfiguren, die in den selbstreferentiellen Systemprozessen zuvor als ‚fremd' erschienen.

Hinsichtlich unserer Ausgangsfrage nach den Bedingungen der Möglichkeit von intentionaler (Fremd-) Steuerung vermitteln die Arbeiten von Helmut Willke einen zwiespältigen Eindruck. Auf der einen Seite scheint sein steuerungstheoretisches Konzept stärker empirisch fundiert zu sein als die abstrakter gefasste Begrifflichkeit der Luhmannschen Systemtheorie. Die angeführten Belege für Reflexions-, Koordinations- und (Selbst-) Steuerungsprozesse unter Beteiligung korporativer Akteure der Politik, der Wirtschaft, der Wissenschaft und des Rechtssystems plausibilisieren die These des Autors, dass ein gewisses Maß an (Selbst-) Steuerung in komplexen Gesellschaften möglich ist und tatsächlich erfolgt. Die anfallenden Steuerungswirkungen greifen zwar nicht auf die Basisprozesse und internen Spielregeln (Codes) der Teilsysteme durch,[52] aber beinhalten sowohl Akte der Schadensbegrenzung (z.B. wenn die Wirtschaft ihr Verlangen nach einer investitionsfreundlichen Steuerreform erfolgreich signalisiert) als auch der Schaffung kollektiver Kollateralgüter (z.B. bei der Vereinbarung technischer Normen). Dieser Steuerungsmodus ist aber mit erheblichen Erfolgsrisiken belastet. Das belegt beispielsweise die Geschichte des LKW-Mautsystems ‚Toll-Collect', dessen erster Einführungsversuch am 31. August 2003 grandios scheiterte. Auch die Organisation der deutschen Einheit im Wege der politischen ‚Übersteuerung' der Wirtschaft und mittels großzügig subventionierter Projekte von *public-private partnerships* bietet eine Fülle von Erkenntnissen über die Unzulänglichkeit von externer

---

52   D.h. z.B., dass im Wirtschaftssystem auch nach Einführung der Ökosteuer ausschließlich nach Maßgabe der Differenz von Zahlung und Nichtzahlung prozessiert wird, statt sich an der politisch beabsichtigten Veränderung des Energiemixes zu orientieren.

(und Selbst-) Steuerung. Der für die Transformation Ostdeutschlands gewählte Modus zeichnet sich bekanntlich durch besonders kostspielige Externalitäten sowie ein Bündel von kontra-intentionalen Rückwirkungen auf die Teilsysteme Politik und Wirtschaft aus.[53]

Auf der anderen Seite bestehen erhebliche Zweifel hinsichtlich des Passungsverhältnisses von Theorie und Empirie. Um die empirischen Sachverhalte und insbesondere die an Politik und Gesellschaft adressierten Empfehlungen in einen schlüssigen Erklärungsrahmen zu stellen, nimmt Willke deutliche Abstriche an der Stringenz seiner theoretischen Begriffe vor. Die Selbstreferenz der Systemprozesse wird bei ihm graduell modifizierbar. Das politische System wird tendenziell fähig, die Borniertheit des eigenlogischen Prozessierens zu erkennen und zugunsten einer ihm angesonnenen intersystemischen Koordinationsfunktion zu überwinden. Und was angesichts der logischen Gleichrangigkeit der Teilsysteme am meisten überrascht: Die Systeme vermögen Gesichtspunkten ihrer gegenseitigen Abstimmung mehr Gewicht beizulegen als der Fortsetzung ihrer borniert-selbstbezüglichen Prozesse. Gleichzeitig verzichtet aber das politische System, in dem es die Produktion verbindlicher Entscheidungen gegenüber den Aufgaben Supervision und Intervision zurückstellt, auf das Ausspielen exakt jener Eigenschaft, die ihm zwar keinen Primat unter den Teilsystemen, aber doch eine privilegierte kontextgestaltende Potenz verleiht.

Die Summe der theoretischen und empirischen Aussagen Willkes gleicht einem komplexen System mathematischer Gleichungen, das nur eine einzige Lösung hat, nämlich für den ausgesprochen unwahrscheinlichen Fall, dass sich jeder Gewinn an gesellschaftlicher Bestands- und Funktionsrationalität, den Supervision und Kontextsteuerung abwerfen, für die tangierten Teilsysteme entweder neutral oder unmittelbar vorteilhaft auswirkt. Dann und nur dann geht die Annahme auf, dass ‚lokale' Interessenten ihren Vorteil in ‚globalen', d.h. gesellschaftlichen Koordinationserträgen erkennen. Das entspricht dem Prinzip der Paretooptimalität, das Zustimmungsfähigkeit an die Abwesenheit von Nachteilen bindet. Von einer Erschließung des

---

53 Für eine kritische Analyse der deutschen Einheit vgl. Wiesenthal (1999, 2003b).

größeren Optionenraums der Kaldor-Optimalität,[54] die Willke (1997: 112f.) in Aussicht stellt, kann nicht die Rede sein.

Diese Bedenken wiegen noch schwerer, wenn man berücksichtigt, dass Organisationen keineswegs, wie Willke unterstellt, als Repräsentanten gesellschaftlicher Teilsysteme und ihrer Funktionslogik zu agieren pflegen. Wie Luhmann (1997: 843, Fn. 440) betont, können „Organisationen, wenn überhaupt, nur sich selbst, aber nicht ‚die Politik', ‚die Wirtschaft" ‚die Wissenschaft' usw. durch Kommunikation festlegen". Die Geschichte des Kartellrechts, das zur Aufrechterhaltung des Wettbewerbs *gegen* das egoistische Interesse von Unternehmen eingeführt wurde, ist ein prägnantes Beispiel. Aber bei Willke ist es die den Organisationen zugedachte Systemvertretungsfunktion, mittels der Verhandlungssysteme zum sozialen Ort einer Gesellschaftssteuerung durch Supervision werden können und sollten.[55]

Ein privilegiertes Subjekt der Gesellschaftssteuerung ist also bei Willke ebenso wenig wie bei Luhmann gegeben. Nicht der Supervisionsstaat, sondern ein „differenzierte(s) und diversifizierte(s) Steuerungsregime" soll Ordnung und Einheit der Gesellschaft gewährleisten, nachdem die Steuerungsmedien Geld, Hierarchie und Macht an ihren je eigenen Unzulänglichkeiten gescheitert sind – so lautet der Analysebefund. Ob mit dieser Feststellung eine korrekte Funktionsbeschreibung real existierender politischer Systeme gewonnen ist, darf bezweifelt werden. Nicht nur die ambivalenten Steuerungsakte im Zusammenhang der deutschen Einheit, sondern auch der Prozess der europäischen Einigung sowie die Welle der Wirtschafts-, Sozial- und Arbeitsmarktreformen in den OECD-Ländern scheinen der These einer ebenso notwendigen wie realen Selbstbeschränkung des Staates auf die Mediatorenrolle zu widersprechen.[56] Aus einer strikt

---

54   Kaldor-optimal sind auch solche Kooperationen, bei denen einzelne Beteiligte Verluste erleiden, für die sie jedoch von den Gewinnern aus dem Netto-Gesamtertrag entschädigt werden können (vgl. auch Scharpf 2000).

55   Wie in einer Seminararbeit konstatiert wird, fußt Willkes optimistische Steuerungstheorie auf zwei Prämissen, denen zufolge „er erstens Systeme als Akteure definiert und zweitens egoistisches Verhalten mit selbstreferentiellem Verhalten gleichsetzt" (Wassermann 2002: 21). Wollte man diese Schwachstelle heilen, müsste man wohl verstärkt auf „innersystemische Formen des Dialogs und der Entscheidungsfindung" setzen, wie Ulrich (1994: 189) mit Bezugnahme auf Gunther Teubner feststellt.

56   Der Hinweis auf das vermeintliche Scheitern der ‚Reaganomics' und des Thatcherismus (Willke 1997: 133, 204) ist heute nicht mehr angebracht, da sich die USA und Großbritannien einer deutlich besseren Wirtschafts– und Arbeitsmarktbilanz erfreuen

systemtheoretischen Sicht ließe sich vielleicht einwenden, dass dies alles Akte der Selbststeuerung des politischen Systems seien, welche die Eigenlogik der übrigen Teilsysteme unberührt lassen. Doch das würde den Steuerungsbegriff auf Eingriffe in den Systemcode und damit die Identität des Systems reduzieren, also seines Bedeutungsgehalts entkleiden. Demgegenüber belegen vergleichende Analysen des Wohlfahrtsstaats[57] und Studien über die *varieties of capitalism*[58] eine enge Verwobenheit von Wirtschaftssystem und (sozial-)politischer Konditionierung. Die Verfasstheit des Wirtschaftssystems ist zu großen Teilen ein Resultat direkter politischer (Steuerungs-) Entscheidungen und keineswegs nur Ergebnis einer von endogener Varianz stimulierten Evolution. Ganz offensichtlich spiegeln etliche Resultate dieser Art von Steuerung die ihr zugrunde liegenden politischen Absichten wider. D.h. nicht alle Steuerungsbemühungen sind zum Scheitern verurteilt.

Wirken die empirischen Belege der Möglichkeit dezentraler Kontextsteuerung, auf welche sich Willke beruft, angesichts der erkennbaren Leistungsgrenzen etwas überinterpretiert, so scheinen die tatsächlichen Steuerungseffekte realer politischer Systeme von Willke wie von Luhmann unterschätzt zu werden. Die Steuerungstheorie Willkes ist stärker auf ihre Vereinbarkeit mit zeitdiagnostischen Analysen hin konstruiert denn als eine Variante von Systemtheorie mit grundlagentheoretischem Anspruch zu betrachten. Außer dem zeitdiagnostischen *bias*, dessen kritische Note bereits nach wenigen Jahren überholt wirkt, fällt die deutschlandspezifische Schlagseite auf. Sowohl der deutsche Föderalismus als auch die deutschen Varianten neokorporatistischer Verhandlungssysteme bestimmen das Muster der aus lokalen Phänomenen destillierten Globallösung. Dass sich Koordinations- und Steuerungsprobleme in ganz anderer Form stellen (bzw. beantwortet werden), wenn es sich um politische Systeme nach dem Westminster-Modell handelt, bleibt unbeachtet. So wirkt die Systemsteuerungstheorie Willkes – trotz der Präsentation von zahlreichen Sachverhalten internationalen Charakters – als Beitrag zur spezifisch deutschen Steuerungsdebatte, einer Debatte, die selbst

---

als die kontinentaleuropäischen Länder, die auf stärkere Wirtschafts- und Arbeitsmarktregulation setzten.
57 Z.B. Esping-Andersen (1990) und Schmid (2002).
58 Z.B. Porter (1990), Hall/Soskice (2001), Howell (2003) und Boyer (2005).

hierzulande nur von einem Teil der Politikwissenschaftler als relevant erachtet wird.

2.5 Resümee

Der systemtheoretische Zugang zum Themenkomplex Gesellschaftssteuerung bietet aufschlussreiche Einsichten in die strukturelle Ordnung der Gesellschaft und der sie bildenden Teilsysteme. Je differenzierter und konsistenter das systemtheoretische Begriffssystem ausfällt, umso weniger kompatibel ist es mit den handlungstheoretischen Implikationen der Steuerungssemantik. Wir befinden uns damit in einer Situation, in der es schwer fällt zu entscheiden, ob die Aussagen zur Steuerbarkeit von Gesellschaft die Konsequenz einer theoriegeleiteten Analyse der Wirklichkeit oder ein Artefakt der Theoriekonstruktion sind. Um die einzige an dieser Stelle mögliche Antwort nicht schuldig zu bleiben, sei hinzugesetzt: Diese Frage ist aus systematischen, nämlich erkenntnistheoretischen und wissenssoziologischen Gründen nicht definitiv beantwortbar.

Da wir in diesem Kapitel genügend Gründe für die Steuerungsskepsis der Systemtheorie erfahren haben, ist es angebracht, auch den Zweifel an der Realitätstauglichkeit theoretischer Konstruktionen zu begründen. Zu diesem Zweck greifen wir auf einen Vorschlag von Karl Weick (1985: 54f) zurück. Ihm zufolge können wir den Nutzen von Theorien an drei ‚Qualitätskriterien' messen: der *Einfachheit* ihres Aufbaus, der *Allgemeinheit* der Begriffe und der *Genauigkeit* der Aussagen. Es lässt sich nun plausibel machen, dass keine Theorie konstruierbar ist, die allen drei Kriterien gleichermaßen genügt. Vielmehr suchen alle bekannten Sozialtheorien einen ‚Kompromiss' zwischen jeweils zwei Kriterien und ignorieren das dritte.

Ausgehend von diesen Prämissen lassen sich die Leistungsmerkmale verschiedener Theorietypen verdeutlichen. Allgemeine Gesellschaftstheorien vom Schlage der soziologischen Systemtheorie vermögen es, mit Begriffen von hohem Allgemeinheitsgrad ein verhältnismäßig übersichtliches (d.h. einfaches) Aussagengebäude zu konstruieren. Aber dafür müssen sie auf Genauigkeit im Sinne einer stringenten Dekomposition in basale Elemente und Ereignisse verzichten. Dieser Theorietyp kann folglich die Frage nach den Kausalbedingungen konkreter empirischer Phänomene nicht befriedigend beantworten. Anders dagegen Handlungstheorien, in denen sich ein einfacher Begriffsapparat mit präzisen Aussagen verbindet. Ihr Manko ist die Unfähigkeit, allgemeine Aussagen über Phänomengruppen und deren Struktur zu treffen. Ihre Aussagen bleiben fallbezogen.

Die dritte Alternative, in der sich eine allgemeine Begrifflichkeit mit hochpräzisen Aussagen verbinden würde, ist in den Sozialwissenschaften abwesend. Die entsprechenden Theoriegebäude wären hochkomplex und vermutlich nur als Systeme simultaner Gleichungen darstellbar. Allein dieser Theorietyp wäre geeignet, die relative Einfachheit der systemtheoretischen Begriffe mit präzisen Aussagen über die komplexen Voraussetzungen und Wirkungen empirischer Handlungen zu verbinden. Doch solche Theorien gibt es nicht. Für ihr Fehlen lassen sich zwei Gründe angeben: zum einen die enorme Komplexität des systemischen Bedingungszusammenhangs, zum anderen die mangelnde Nachfrage: Die sozialtheoretische Tradition ist nicht nur von nüchternem Erkenntnisinteresse, sondern auch von ästhetischen Vorlieben und normativen Präferenzen bestimmt. Wer will schon Soziologie als angewandte Mathematik betreiben?

Die systemtheoretische Steuerungsskepsis und die Vorschläge zur Preisgabe des interventionistischen Staats- und Politikverständnisses (die sich gleichermaßen auf Luhmann wie auf Willke berufen können) haben in der deutschen Politikwissenschaft der 1980er und 1990er Jahre interessante Debatten ausgelöst. Ihr Ertrag ist jedoch uneindeutig. Soweit die Steuerungskontroverse als Ausgangspunkt für empirische Untersuchungen genommen wurde,[59] werden wir auf einige der Ergebnisse noch zurückkommen (vgl. 4.2). Eine Fortsetzung der theoretischen Debatte findet sich in diversen Monographien und Sammelbänden, deren Befunde allerdings divergieren.[60]

---

59 Das gilt insbesondere für eine Reihe von Arbeiten, die am Max-Planck-Institut für Gesellschaftsforschung in Köln entstanden sind.

60 Eine wegen ihrer Präzision und Übersichtlichkeit sehr lesenswerte Darstellung der Steuerungsdebatte bietet Ulrich (1994). Als prägnante Kurzfassung ist Lange (2002) zu empfehlen. Eine eingehende Diskussion der Luhmannschen Systemtheorie und ihrer Steuerungsskepsis sowie wichtiger Aspekte von Akteurtheorie bieten Stefan Lange und Dietmar Braun (2000). Während die vorgenannten Autoren zumindest den Problemfokus der soziologischen Systemtheorie teilen, präsentieren andere Varianten der Steuerungsdebatte eher eigenständige systemtheoretische Analysen (Görlitz/Burth 1998; Burth 1999) oder einschlägige Erträge der empirischen Politikforschung (z.B. Burth/Görlitz 2001; Grande/Prätorius 2003).

Den empirischen Untersuchungen konkreter Steuerungsprojekte darf immerhin attestiert werden, dass ihre Ergebnisse weniger Gefahr laufen, von konzeptionellen Schwächen oder Einseitigkeiten der Systemtheorie betroffen zu sein. Da sich die Steuerungsskepsis vor allem aus der Basisprämisse einer unhintergehbaren funktionalen Differenzierung der Gesellschaft ableitet, bleiben die darauf fußenden Deduktionen für mancherlei Zweifel anfällig. Was wäre etwa, wenn funktionale Differenzierung nicht so sehr als Merkmal realer Systemprozesse, sondern als Moment von Selbstbeschreibung – zum Zweck der Bewahrung partieller Selbststeuerungsfähigkeit – anzusehen ist?

Wir haben also gute Gründe, für die weiteren Kapitel dieses Textes an der Frage nach den Bedingungen der Möglichkeit von Gesellschaftssteuerung (und der verschiedenen Modi von Selbststeuerung) festzuhalten. Um adäquate Antworten zu finden, können wir fortan auch auf die Begrifflichkeit und Problemfoki der Systemtheorie – sowohl in ihrer skeptischen als auch in ihrer optimistischen Variante – zurückgreifen. Sinnvoll ist es ferner, die in Luhmanns und Willkes Analysen bewiesene Aufmerksamkeit für Wandlungstendenzen, z.B. den Umfang und die Zusammensetzung der Staatsaufgaben betreffend, beizubehalten. Zwar mag die Identifikation von Tendenzen zu vorschnellen Verallgemeinerungen reizen, doch ermöglicht sie es auch, alternative Prozesspfade und ihre Konsequenzen zumindest im Gedankenexperiment zu vergleichen. Wie nützlich das ist, macht z.B. ein Blick auf einen neueren Topos der Staatsdiskussion, den „Gewährleistungsstaat" (Hoffman-Riem 2001; Schuppert 2005) deutlich, in dem wir einige Aspekte des Supervisionskonzepts wiedererkennen können.

3. Selbstorganisation und Selbststeuerung

3.1 Einleitung

Staatliche Machtausübung und hierarchische Steuerung sind in doppelter Hinsicht begründungsbedürftig: Ist die Ungleichverteilung von Entscheidungsmacht hinreichend legitimiert? Und sind die von hierarchischer Steuerung bedingten Autonomieeinbußen durch höhere Effektivität und Effizienz gerechtfertigt? Die Kritik am Hierarchieprinzip gilt nicht nur den Zumutungen der asymmetrischen Verteilung von Macht und Einfluss, sondern verweist auch auf komparative Vorteile alternativer Steuerungsweisen. Waren Selbstorganisation und Selbststeuerung bis zum Ende des 19. Jahrhunderts überwiegend Kategorien der kritischen politischen Theorie, die u.a. das Ideengut anarchistischer und kommunistischer Bewegungen inspirierte,[61] so wurden sie im 20. Jahrhundert mit der Entwicklung von Kybernetik und Systemtheorie für das Verständnis komplexer Prozesse im Phänomenbereich der Natur- und Sozialwissenschaften bedeutsam. Dabei verloren sie zwar ihren utopisch-kritischen Gehalt, aber gewannen beträchtlich an Trennschärfe und diagnostischem Potenzial. Demgegenüber hat das Ordnungsprinzip der Hierarchie zwar nicht an praktischer Relevanz eingebüßt,[62] doch ist der Bereich seiner fraglosen Geltung erheblich geschrumpft.

Der Ordnung halber ist jedoch festzuhalten, dass Prozesse der Selbstorganisation prinzipiell auch in eine hierarchische Ordnung münden können.[63] Denn das Selbstorganisationskonzept impliziert genau besehen keine bestimmte Form der emergenten Ordnung. Sein Bedeutungskern ist *input*- und prozess-, nicht aber resultatbezogen.

---

61 Der Gedanke der Selbstorganisation bestimmt v.a. jenen Strang anarchistischen Denkens, der von Peter A. Kropotkin begründet wurde.

62 Zur Bedeutung des Hierarchiekonzepts für die Analyse komplexer Systeme vgl. Simon (1969a).

63 Hierzu vgl. u.a. Simon (1969a).

Gleichwohl sind regelmäßig *nicht*hierarchische Formen gemeint, wenn von Selbstorganisation im Zusammenhang mit gesellschaftlichen Teilsystemen oder den Gegenständen der Organisations-, Betriebswirtschafts- und Managementlehre die Rede ist.[64] Auch das normative Leitbild der Zivilgesellschaft (*civil society*), das die Demokratisierungsprozesse nach dem Zweiten Weltkrieg inspirierte, bezieht sich auf Formen der Ergänzung und Begrenzung hierarchischer Ordnungen. Die – per definitionem *selbst*organisierte – Zivilgesellschaft repräsentiert den Willen und die Fähigkeit von Bürgern, ihren teils gemeinsamen, teils unterschiedlichen Interessen in Gestalt von Vereinen, Verbänden und durch Beteiligung an der kommunalen Selbstverwaltung Ausdruck zu verleihen.[65]

In theoretisch ambitionierten Zweigen der Sozialwissenschaft findet das Begriffspaar Selbstorganisation/Selbststeuerung in zwei unterschiedlichen Kontexten Verwendung: zum einen in der auf Selbstreferenz und Autopoiesis rekurrierenden Systemtheorie, zum anderen in teils deskriptiv-analytisch, teils normativ-präskriptiv verfahrenden Interaktionstheorien der Organisationswissenschaft und der Koordinationsanalyse. Grundzüge der beiden Semantiken werden im Folgenden umrissen.

3.1.1 Die systemtheoretische Perspektive

In *systemtheoretischer* Perspektive bezeichnet Selbstorganisation die spontane Entstehung von Ordnung in Abwesenheit von externer Steuerung und interner Programmierung (Küppers 1996: 122). Prozesse der *sozialen* Selbstorganisation sind durch die Notwendigkeit angeregt, der Unsicherheit in der Interaktion mit Dritten Rechnung zu tragen. Die Individuen bilden Erwartungen in Bezug auf künftige Handlungen bzw. Reaktionen Dritter aus, die in der Wirklichkeit ebenso gut enttäuscht wie bestätigt werden mögen. Die bloße Möglichkeit der Erwartungsenttäuschung bedingt, dass Unsicherheit laufend reproduziert wird und eine treibende Kraft der sozialen Dynamik bleibt (ebd.: 136; vgl. auch oben 2.2). In der Art und Weise, wie Individuen mit Unsicherheit umgehen, verdichten sich die in der

---

64 Zu den unterschiedlichen Verwendungen des Begriffs Selbstorganisation vgl. Jäger (2002).

65 Aus der Flut der einschlägigen Veröffentlichungen hervorzuheben sind Keane (1988), Putnam (1993), Merkel (2000) und Gosewinkel et al. (2004).

Vergangenheit bewährten Erwartungen zu kollektiven Regeln. Da sie auf konvergierenden Erfahrungen (in Form von Erwartungserwartungen) beruhen, taugen sie als Kopplungsmechanismen zwischen den Handelnden. Sie sind den von situativen Umständen beeinflussten Ad-hoc-Erwartungen der Individuen überlegen.

So entsteht eine positive Rückkoppelungsbeziehung zwischen Wirkung und Ursache des regelgeleiteten Handelns: Die Bewährung der Regeln in ihrem Gebrauch wird zur Ursache des Gebrauchs. Die prinzipielle Tauglichkeit der in unterschiedlichen Verwendungssituationen bewährten Regeln wird auch nicht durch einzelne Fälle der Unangemessenheit oder des Regelversagens infrage gestellt.[66] Mit der Stabilisierung und u.U. Institutionalisierung der Regeln kommt es vielmehr zur Abkopplung typischer Interaktionsformen von den zufälligen Aspekten der Handlungswahl, ohne dass das Handeln nun vollkommen unabhängig von äußeren Einflüssen würde (ebd.: 139). Die Entstehung von Regeln für typisierte Interaktionen bedeutet letztendlich die Emergenz einer ‚lokalen' Ordnung: durch „Ausdifferenzierung eines autonomen, sich selbst ordnenden Prozessnetzwerks" (ebd.: 141), d.h. eines sozialen *Systems*.

Dank der emergenten Prozessregeln, die für „einander Ursache und Wirkung zugleich" (ebd.) sind, verlaufen die internen Systemprozesse zyklisch geschlossen. Die Prozesslogik erzeugt und reproduziert eine durch ungleiche Ereigniswahrscheinlichkeiten bestimmte Grenze des Systems gegenüber der Umwelt.[67] Das gemäß eigenen Regeln, also autonom operierende und sich insofern selbst organisierende System bezieht zwar bestimmte Ressourcen aus der Umwelt, mit denen es seine Besonderheit (Identität) und seinen Bestand, d.h. das ‚Ungleichgewicht' zwischen System und Umwelt, sichert. Aber Umweltereignisse determinieren in keiner Weise den Systemprozess. Wie wir sehen, decken sich die Grundprinzipien der Selbstorganisationstheorie weitestgehend mit Luhmanns Theorie sozialer Systeme.

Gegenüber dem mechanistischen Systembegriff der Vergangenheit bringt die Theorie selbstorganisierter Systeme einen deutlichen Erkenntnisfortschritt. Betrachtete man einst Systemprozesse durch

---

66 Regelverstöße beeinträchtigen nicht per se die Regelgeltung. Es ist ein Charakteristikum sozialer Normen und Regeln, dass sie auch ‚kontrafaktisch' gelten.

67 Um jedes Missverständnis auszuschließen: Die Grenzen *sozialer* Systeme sind nicht räumlich, sondern exakt durch diesen Sachverhalt, d.h. die unterschiedliche Ereigniswahrscheinlichkeit von Umwelt- und Systemprozessen bedingt.

die Brille des Reiz-Reaktions-Schemas und musste sich von nichtlinearen Reaktionen auf Umweltimpulse überraschen lassen, so erklärt die Theorie selbstreferentieller, autopoietischer Systeme, warum Systemzustände zwar durch Umweltbedingungen beeinflusst, aber nicht bestimmt sind.[68] „Autopoietische Systeme sind strukturdeterminiert und durch die Umwelt ‚perturbierbar' zugleich" (von Beyme 1991: 7). Die Konsequenz dieser Erkenntnis für das Verstehen von Ursachen und Wirkungen liegt auf der Hand: „Strenge Kausalität kann die Prozesse nicht erklären. Gleiche Ursachen haben nicht notwendigerweise gleiche Folgen" (ebd.: 12). Folglich ist das vom mechanistischen Denken geprägte Steuerungsverständnis untauglich, um aussichtsreiche Strategien der Systemsteuerung bzw. Selbststeuerung anzuleiten.[69]

Der Systemtheorie Niklas Luhmanns, die als Frucht eines „Paradigmawandels aus dem Geist der Naturwissenschaften" (von Beyme 1991) gilt, lassen sich aus eben dieser, der naturwissenschaftlichen Perspektive aber auch Schwächen attestieren. Als wenig angemessen gilt z.B. die Übertragung des Merkmals der Selbstproduktion der Systemelemente aus dem naturwissenschaftlichen Phänomenbereich auf soziale Systeme.[70] Auch mangele es an eindeutigen Kriterien für die Bestimmung der Systemgrenzen, die je nach Untersuchungsbereich und -fragestellung unterschiedlich gezogen würden (ebd.: 17). In der anwendungsorientierten Forschung reagiere man auf diese Mängel durch Relativierung von Begriffen wie Autonomie und Autopoiese. Mit ihnen würden – im Widerspruch zur Logik der Theorie – nicht mehr kategoriale, sondern bloß graduelle Unterscheidungen gekennzeichnet (ebd.: 21).

3.1.2 Die interaktionstheoretische Perspektive

Die interaktionstheoretische Perspektive auf Selbstorganisation und Selbststeuerung entbehrt eines einheitlichen theoretischen Rahmens. Ihre Einbettung in organisationswissenschaftliche und kooperations-

---

68 Vgl. auch die Erläuterungen von Schimank (1987) zur Prozesslogik selbstreferentieller Systeme, welche die Kybernetik als ‚nicht-triviale Maschinen' begreift.

69 Diese Erkenntnis konvergiert mit der Beobachtung, dass die mit linearen Kausalitäten rechnenden Gesellschaftskonzepte totalitärer Art in der Praxis regelmäßig scheiterten oder nur aufgrund exzessiven Gewalteinsatzes Bestand hatten.

70 „Eine Fußballmannschaft erzeugt nicht ihre Spieler" (von Beyme 1991: 16).

theoretische Analysen sichert ihr indes solide empirische Grundlagen. Diese seien hier an zwei Beispielen, einem aus dem Bereich der Vermittlung von Wirtschaftsinteressen und einem aus dem Bereich partizipatorischer politischer Regulierung, erläutert.

Selbstorganisation von Wirtschaftsinteressen

Franz Traxler und Georg Vobruba (1987) studierten die Leistungsfähigkeit von Unternehmerverbänden in Anlehnung an die von Wolfgang Streeck und Philippe Schmitter (1985) vorgestellte Theorie der Mitwirkung von Interessenverbänden an der gesellschaftlichen (Selbst-) Steuerung. Am Beispiel von österreichischen Unternehmerverbänden der chemischen Industrie werden die Entstehungsbedingungen, die Funktions- und Verpflichtungsfähigkeit sowie die Problemlösungskapazität der neokorporatistischen Interessenvermittlung aufgezeigt.

Danach sind die Entstehungsbedingungen verbandsförmiger Selbstorganisation durch eine konvergierende Wahrnehmung der Probleme von Unternehmen am Markt und im Verhältnis zum Staat geprägt. Für den Zusammenschluss der Mitglieder sind übereinstimmende Interessen an Wettbewerbspolitik und der Abwehr von weitergehenden staatlichen Interventionen maßgebend. Das Zustandekommen der verbandsinternen Kooperation ist deutlich von individuellen Nutzenkalkülen beeinflusst. So ist das Kooperationsverhalten von handfesten Tauschkalkülen dominiert und die Mitglieder entwickeln nur ein niedriges Niveau von Verbandsloyalität, dem wiederum ein geringes Maß an Folgebereitschaft gegenüber der Verbandsführung entspricht. Die Verbandspolitik profitiert jedoch von externen Sanktionsgarantien, wie sie insbesondere durch das staatlich gesetzte Recht gegeben sind. Gegenüber dieser und anderen Formen staatlicher ‚Organisationshilfe' spielt die aus gemeinsamen Interessen resultierende Solidaritätsbereitschaft der Mitglieder nur eine untergeordnete Rolle. Folglich leiden die Verbände unter dem doppelten Problem einer durch Organisationsdefizite (in punkto Repräsentativität und verbindlicher Regelgeltung) beschränkten Problemlösungskompetenz auf der einen Seite und ihrer durch die geringe Folgebereitschaft der Mitglieder begrenzten Verpflichtungsfähigkeit auf der anderen. Die Verbandsführung muss also immer wieder versuchen, eine Balance zwischen dem angestrebten Allgemeinheitsgrad und der

eingeschränkten internen Verbindlichkeit ihrer Politik zu finden –
was ihr nur durch Rückgriff auf externe Ressourcen, also ein Opfer
an Autonomie, gelingt.

Der ‚selbstorganisierte' Verband zeigt sich also in doppelter Hinsicht als durch seine Umweltbeziehungen konditioniert: in Bezug auf
die (interne) Mitgliederumwelt und seine Angewiesenheit auf den Be-
standshilfe gewährenden Staat. Folglich ist ihm nur begrenzte Selbststeuerungsfähigkeit zu attestieren. Anders als in streng systemtheoretischer Perspektive zu vermuten ist, haben externe Faktoren (hier: die
Bestandsgarantien Dritter) erheblichen Einfluss auf Identität und
Programm des sozialen Systems ‚Verband' (vgl. Streeck 1994).

Partizipatorische Selbststeuerung

Pankoke et al. (1975) untersuchten eine Reihe von Fällen, in denen
Regulierungsaufgaben aus der Zuständigkeit von zentralisierter Politik und bürokratischer Verwaltung in die Zuständigkeit neuartiger
Gremien der partizipatorischen Selbststeuerung entlassen wurden.
Die anlassgebenden Umstände sind durch ein überdurchschnittliches
Maß an Problematizität geprägt, das entweder durch eine akute Krise,
hohe finanzielle Risiken, diffuse Grenzen des Problemfelds oder besonders hohen Innovationsbedarf charakterisiert ist (Pankoke et al.
1975: 20). Aufgrund der Komplexität und Neuartigkeit der Problemlagen erscheinen die auf Selbststeuerung basierenden Organisationsformen als den traditionellen bürokratischen Bearbeitungsformen
überlegen.

In diesem Beispiel werden mit dem Übergang zur Selbststeuerung zusätzliche, zuvor unzugängliche Ressourcen erschlossen, insbesondere die Solidarität und Professionalität eines erweiterten Teil-
nehmerkreises, der sich unter Vermeidung hierarchischer Steuerungs-
formen zu koordinieren versteht. Der Wechsel von der hierarchischen Steuerung zur horizontalen Koordination (die in formaler Hinsicht an das konzeptionelle Ideal der neokorporatistischen Interessenvermittlung erinnert) erweist sich insbesondere dann als vorteilhaft, wenn es um Themen geht, die *mehrere* Politik- oder Lebensberei-
che berühren und deshalb besonderer Integrationsleistungen bedürfen.

Die Studie von Pankoke et al. identifiziert also ebenfalls identi-
tätsprägende und performanzwirksame Bedingungen, die auf die rela-

tive Durchlässigkeit der Systemgrenze zurückgeführt werden. Wie im Beispiel der selbstorganisierten Wirtschaftsinteressen laufen sie auf einen Gewinn an Steuerungsfähigkeit, aber nicht auf Autonomieeinbußen hinaus. Als weitere Erfolgsbedingung wird ausdrücklich eine Begrenzung des Anteils regelbasierter Prozesse erwähnt, durch die der „Eigendynamik situativer Handlungspotenziale" (ebd.: 275) größerer Raum gelassen wird. Damit scheint das Partizipationsmodell von der Diffusität der Themen und einer weitgehenden Abwesenheit von ökonomisch kalkulierbaren Interessen zu profitieren.

Zwischenresümee

Wenngleich zwischen beiden Thematisierungsvarianten einige begriffliche Unterschiede bestehen, zeigt sich doch ein übergreifendes Verständnis von Selbstorganisation und Selbststeuerung. Zu den gemeinsamen Merkmalen zählt zunächst eine erfolgreiche Immunisierung gegenüber allen Spielarten von Fremdsteuerung im Sinne determinierender Eingriffe der Umwelt in den Systemprozess. Soweit die Systementwicklung überhaupt intentionalen Richtungsentscheidungen unterliegt, ergeben sich diese allein im eigenlogischen Prozedere des Systems selbst (vgl. Staehle 1999: 562f.). Autopoiesis und Selbstreferenz schließen das Wirksamwerden (endogener) Intentionen keineswegs aus. Der intentionalen Einwirkung auf Systemprozesse sind jedoch keine linearen, ex ante kalkulierbaren Wirkungen zuzuschreiben; sie ist lediglich Teil eines katalytischen Prozesses.[71] Die intentionale Selbststeuerung sozialer Systeme muss an die „ohnehin (...) ablaufende Evolution" (Schimank 1987: 59) anknüpfen. D.h. sie kommt nur insoweit zur Geltung, wie sie auf ohnehin stattfindende Systemprozesse Bezug nimmt. Ihre Steuerungseffekte mögen die Entwicklung des internen Variationspotenzials, die „Selbststrukturierungskapazität basaler Selbstreferentialität" (ebd.) oder die Selbstreflexionskapazität des Systems betreffen.[72]

Die Selbststeuerungskompetenz manifestiert sich auf einer Skala gradueller Differenzierungen. Der eine Pol dieser Skala ist durch hochkomplexe und operativ geschlossene Systeme gekennzeichnet, die intentional unzugänglichen Evolutionsprozessen unterliegen. Am

---

71 Vgl. hierzu insbesondere Schimank (1987: 58f.).
72 Damit sind die drei basalen evolutionären Mechanismen Variation, Selektion und Retention angesprochen.

anderen Pol finden wir dagegen einfacher strukturierte Systeme, deren Prozesse auf intentionale (interne) Einflussnahmebemühungen in durchaus berechenbarer Weise reagieren. Im Verhältnis von Systemtheorie und dem Begriffskatalog von Selbstorganisation und Selbststeuerung lässt sich also ein deutliches Abstraktionsgefälle ausmachen.

Der in besonderem Maße vom erkenntnistheoretischen Konstruktivismus geprägte Denkansatz der Systemtheorie erschließt uns auf der einen Seite ein mutmaßlich korrektes Verständnis von selbstreferentiellen Handlungssystemen, die wir abstrahierend als Erwartungsstrukturen, Regelsysteme oder Organisationen begreifen. Auf der anderen Seite wirken die von der Systemtheorie inspirierten Annahmen über *konkrete* Handlungszusammenhänge nicht immer phänomenologisch adäquat. Wie wir schon am Ende von Kapitel 2 (2.5) vermutet haben, widersetzt sich die Komplexität der sozialen Wirklichkeit immer wieder dem Wunsch nach übersichtlichen und prägnanten Theorien.

Der *System*charakter von Handlungszusammenhängen beschreibt in erster Linie die Bedingung der *Möglichkeit* von emergenten Koordinationsformen, die sich gegenüber wechselnden Umweltzuständen als immun erweisen und ein hinreichendes Maß an Erwartungssicherheit gewährleisten können. Welche *konkreten* Koordinationsformen die Chance besitzen, sich aus der Fülle von emergenten und intentionalen Alternativen herauszuschälen, vermag die Systemtheorie jedoch weder vorherzusagen noch befriedigend zu erklären. Folglich bedarf es eines gesonderten und nicht nur theoretisch, sondern auch empirisch informierten Blicks auf solche Koordinationsmechanismen, die sich als Kommunikationsregeln und kontingente Prämissen der Handlungskoordination bewährt haben.

3.2 Mikrologiken mit Makroeffekt

Die Vorstellung, dass die gesellschaftlichen Verhältnisse einer gegebenen, aber gleichwohl wandlungsfähigen Ordnung unterliegen, gehört zu den Grundannahmen der Soziologie. Die Individuen mögen sich zwar in vielen Situationen frei fühlen, ‚so' oder ‚anders' handeln zu können. Doch verdankt sich der Sachverhalt, dass sie überhaupt mit einer gewissen Erfolgswahrscheinlichkeit zu handeln im Stande sind, gerade nicht ihrer Willens- und Handlungsfreiheit, sondern der fortlaufend demonstrierten Bereitschaft, ihre Handlungen mit den Erwartungen und Handlungsbereitschaften relevanter Dritter abzustimmen. Sie tun das, indem sie nicht nur ,Vor'-Sicht im Hinblick auf die verfolgten Ziele praktizieren, sondern auch ,Rück'-Sicht auf an sie adressierte Erwartungen nehmen. Nur durch kontextbewusstes und koordinationstaugliches Vorgehen werden selbst gewählte Ziele realisierbar.

,Vorsicht' und ,Rücksicht', wie sie hier verstanden werden, haben nur wenig mit der Befolgung sozialer Normen zu tun, sondern sind sehr allgemeine Voraussetzungen ,rationaler' Zweckverfolgung. Sie markieren das erfolgsnotwendige Maß an Ko-orientierung, Koordination und/oder Kooperation, das im Begriff des sozialen Handelns impliziert ist. Es geht um *mehr* als einen ängstlichen Blick zurück über die eigene Schulter, mit dem sich der Akteur vergewissern mag, ob er allen Erwartungen und Konventionen genügt. Worauf es ankommt, sind vielmehr Orientierungs- und Handlungsweisen, die erst aufgrund einer gelungenen Abstimmung mit den Erwartungen, Absichten oder Handlungen Dritter zum Erfolg führen.

Im Unterschied zur umfangreichen Literatur in Sachen Normen und Institutionen ist das Angebot der Koordinations- und Kooperationsforschung eher bescheiden. Zwar gibt es eine Reihe von Abhandlungen zu typischen institutionellen Formen, in denen sich soziale Koordination vollzieht. Jedoch mangelt es an hinreichend differenzierten, den einzelnen Institutionen zugeordneten Prozesstheorien und erst recht an einer allgemeinen Koordinationstheorie. Gewiss gelten Markt, Gemeinschaft und Organisation als prominente Formen, in denen ein Großteil des gesellschaftlichen Verkehrs stattfindet. Doch werden unter diesen Begriffen in erster Linie gesellschaftliche Handlungs*bereiche* (Sphären) verstanden, wobei die prozeduralen Aspekte der ihnen entsprechenden Handlungsformen oft im Dunkeln bleiben.

Gleichwohl steht hinter jedem der Begriffe Markt, Gemeinschaft und Organisation ein ganzes Theoriegebäude, fundiert doch jeder eine eigene Disziplin: der Begriff des Marktes die Mikroökonomie und Teile der Wirtschaftssoziologie, der Begriff der Gemeinschaft die Familien- und Gruppensoziologie und der Organisationsbegriff ein weites Feld von Organisationswissenschaften mit soziologischen, ökonomischen und sozialpsychologischen Provinzen. Entgegen dem Trend zur stetigen Ausdifferenzierung von Forschungsthemen zeigen nun eine Reihe von sozialwissenschaftlichen Arbeiten der letzten Jahrzehnte eine eigentümliche Konvergenz der Erkenntnisinteressen: Die in disziplinärer Hinsicht so disparaten Begriffe Markt, Gemeinschaft und Organisation werden auf ein allen gemeinsames Problem bezogen: das Problem der sozialen Koordination. Und als Ergebnis der vergleichenden Analyse ihrer jeweiligen Voraussetzungen und Leistungen zeichnen sich die Umrisse einer allgemeinen Theorie der sozialen Koordination ab, deren Phänomenbereich im Schnittfeld der Begriffe Selbstorganisation und Selbststeuerung liegt.[73]

3.2.1 Koordinationsmechanismen und Koordinationsweisen

Eine Reihe von Autoren sind dazu übergegangen, die distinkten Sozialformen respektive Koordinationsmechanismen des Marktes, der Gemeinschaft und der Organisation als *funktional analoge* Antworten auf das Problem der (Selbst-) Koordination autonomer Akteure zu behandeln. Diese integrative Sicht auf unterschiedliche Handlungsformen mit einer je besonderen Geschichte und disziplinären Zuordnung stellt nicht nur einen mutigen Systematisierungsvorschlag dar, sondern verspricht auch substanziellen Erkenntnisgewinn. Bietet sich doch die Möglichkeit, anhand systematischer Vergleiche nicht nur die Voraussetzungen der unterschiedlichen Leistungspotenziale, sondern auch die für jeden Koordinationsmechanismus typischen Risiken und Leistungsmängel dingfest zu machen.

Koordinationstheoretische Vielfalt

Im deutschen Sprachraum wurde die Idee der funktionalen Analogie mehrerer Koordinationsmechanismen vor allem durch einen Aufsatz von Wolfgang Streeck und Philippe Schmitter bekannt. Die Autoren diskutieren die spezifischen Voraussetzungen und Leistungen von Gemeinschaft, Markt und Staat (bzw. Organisation), um diese Trias dann durch einen weiteren Mechanismus, nämlich den der verbandlichen ‚Assoziation' zu ergänzen (Streeck/Schmitter 1985). Sie wollen damit auf die Möglichkeit einer Entlastung der ‚klassischen' Steue-

---

73   Die folgenden Ausführungen fußen wesentlich auf Wiesenthal (2000a).

rungsmechanismen durch die Förderung und Anerkennung von Formen selbstorganisierter Regulation in Gestalt von ‚privaten Interessenregierungen' aufmerksam machen. Verbände, so die anhand von empirischen Beispielen erläuterte These, können in gemeinschaftlicher Interaktion Aufgaben der sektoralen (Wirtschafts-) Koordination häufig effektiver bearbeiten als es staatliche Akteure – per hierarchischer Entscheidung – oder die einzelnen Wirtschaftsakteure – in marktvermittelter Interaktion – vermögen.

Die These der logischen Äquivalenz basaler Koordinationsmechanismen hat ihren Ausgangspunkt in der für die moderne Institutionenökonomik wichtigen Arbeit von Ronald Coase (1937). Coase beantwortet darin eine Frage, die zu stellen die Wirtschaftswissenschaft zunächst versäumt hatte: Was macht den besonderen Vorteil von Unternehmensorganisation aus, wenn doch Marktbeziehungen als die generell effizienteste Form des wirtschaftlichen Verkehrs gelten?

Die angebotene Lösung des Rätsels – Organisation ermöglicht die Absorption eines höheren Grades von Unsicherheit als Märkte – inspirierte später Oliver Williamson zu seiner Studie über die komparativen Kosten des Handelns in „Markets and Hierarchies" (Williamson 1975). Darin werden die für effizienzbewusste Entscheidungen maßgeblichen Bedingungen des Marktes und der Organisation in eine handlungstheoretisch fruchtbare Perspektive gerückt. Williamson führt mehrere kontext- und interaktionsbezogene Variablen in die Analyse ökonomischen Handelns ein, wobei er Herbert A. Simons Konzept der *bounded rationality* (Simon 1982) für die Erklärung der ungleichen Risiken und Effizienzchancen beider Mechanismen fruchtbar macht. Die von Williamson begründete Theorie der Transaktionskosten und der von einem ähnlichen Annahmenset ausgehende *property rights*-Ansatz der Unternehmenssteuerung (Alchian/Demsetz 1973) sind zu zentralen Fundamentsteinen der modernen Institutionen-, Organisations- und Informationsökonomik geworden (Richter/Furubotn 1999).

Drei-Mechanismen-Theorien

Unter den dezidiert soziologischen Vorschlägen zu einer integrierten Theorie der Koordinationsmechanismen verdient an erster Stelle Murray Milner (1978) Beachtung. Er vertritt die These, dass alle

Formen sozialer Koordination auf ein universales Grundproblem Bezug nehmen: Sie sollen ein gewisses Maß an sozialer Kohäsion (,Integration') ermöglichen und gleichzeitig der Knappheit von Zeit und Ressourcen Rechnung tragen. Folglich handele es sich bei Koordinationsmechanismen genau besehen um „simplification mechanisms" (Milner 1978: 26). Als solche fungieren nach Milner die Prinzipien Partikularismus, Ungleichheit und Abstraktion. Bei den verbreiteten Formen des Marktes und der Hierarchie handele es sich um spezifische Kombinationen der einzelnen Simplifikationsmechanismen. So beruhe der Markt auf der Kombination der Mechanismen Partikularismus und Abstraktion. Hierarchie, verstanden als „centralized authority", entstehe durch die Kombination von Ungleichheit und Abstraktion (letztere markiert den über die einzelne Situation hinausgreifenden Geltungsanspruch allgemeiner Normen). Die dritte von Milner identifizierte Koordinationsform ist allerdings nicht Gemeinschaft, sondern „pluralist decision making" als Modus der horizontalen Koordination. Pluralistisches Entscheiden baut auf der Kombination von Partikularismus (der individuellen Willen) und Ungleichheit (der Gelegenheiten) auf.

Angesichts allgemeiner Knappheit gehe es bei der Wahl einer situativ ,passenden' Koordinationsform um die Frage „To what extent are we willing to decrease productivity (…) – in order to reduce the need for simplification and the related inequality and abstractness?" (ebd.: 46). Soziale Koordination erschließt nach Milner nicht nur Leistungspotenziale, sondern beinhaltet auch unvermeidliche Opfer – in Kategorien von Gleichheit, Einfachheit und Effizienz. Mit dem Fokus auf kollektive Entscheidungen kommt Milner allerdings nicht über ein Vorstadium der heute üblichen Äquivalenzperspektive auf Markt, Gemeinschaft und Organisation (im Folgenden kurz: MGO) hinaus.

Dem heutigen Verständnis sehr nahe kommt dagegen William Ouchi (1980). Er ergänzt Williamsons Dyade von Märkten und Hierarchien durch Einbeziehung von ,Clans' zu der uns geläufigen Trias. Ouchi bezieht sich u.a. auf die ,sozialisatorische' Wirkung von Organisationsprozessen, in denen die individuellen Voraussetzungen der „,clan' form" von Koordination entstehen. Damit ist ein deutlicher Bezug zu Durkheims Begriff der organischen Solidarität wie zum Gemeinschaftsbegriff von Tönnies (1991) gegeben. Ouchi macht darauf aufmerksam, dass die besonderen Vertrauensressourcen und Loyalitätschancen von Clans (bzw. Gemeinschaften) ein funktionales Äquivalent für die von Williamson herausgearbeiteten Vorzüge des Beziehungsvertrags (*relational contract*) sein können, aus dem der besondere Leistungsvorteil hierarchischer Organisation resultiert. Wie die Organisation ist also auch der auf Traditionen und Reziprozitätsnormen gegründete Clan „the obverse of the market relation since it achieves efficiency under the opposite conditions: high performance ambiguity and low opportunism" (Ouchi 1980: 135).

Weitere Beiträge zur selben Thematik zeigen sich ebenfalls von der Idee der funktionalen Analogie basaler Koordinationsmechanismen angeregt, aber offenbaren einen eher eklektischen Umgang mit soziologischen Kategorien und einschlägigen Theorien. Vor allem mangelt es an gegenseitiger Wahrnehmung, so dass von einem kumulativen Fortschritt der Diskussion nicht die Rede sein kann. Ein Beispiel ist der Aufsatz „Markt, Organisation und Reziprozität" aus der Feder von Viktor Vanberg (1987). Der Autor schlägt – offenbar in Unkenntnis von Ouchis Erweiterung der ursprünglichen Dyade – vor, das Prinzip der Reziprozität als weiterer Koordinationsmechanismus zu veranschlagen. Indem er ausschließlich auf die Verhaltensregel der bedingten Kooperation i. S. der Tit-For-Tat Strategie (Axelrod 1991) rekurriert, verfehlt er einen zentralen Aspekt gemeinschaftlicher Koordination, nämlich dass Beitragsleistungen auch ohne Aussicht auf reziproke Gegenleistungen erfolgen. Vanberg gelangt zu dem Schluss, dass die Kooperation an Märkten von sog. „Vertrauens-Normen" ermöglicht werde, während in „Organisationen Solidaritäts-Normen eine entscheidende Rolle zu spielen scheinen" (Vanberg 1987: 274). Eine derart strikte Differenzierung von Vertrauen und Solidarität scheint jedoch ungerechtfertigt.

Besser informiert über den Stand der Diskussion zeigen sich Jeffrey Bradach und Robert Eccles (1989) in einem informativen Literaturbericht. Sie haben sich für ein höheres Abstraktionsniveau entschieden, auf welchem sie „Price, Authority, and Trust" als funktionale Äquivalente identifizieren. Wir erkennen darin die vertraute Trias von Markt, Hierarchie und Vertrauen bzw. Gemeinschaftlichkeit. Während Williamson und Ouchi sowie Streeck und Schmitter davon ausgehen, dass die von ihnen beschriebenen Koordinationsmechanismen exklusiven Charakter besitzen und einen je spezifischen Geltungsbereich haben, vertreten Bradach und Eccles die empirisch plausible Auffassung, dass „the ideal types (...) are often found mixed together empirically." Das gilt auch für den Geltungsbereich von Vertrauen: „The trust produced by (...) social structures does not simply replace market and hierarchy; frequently it complements the two forms" (Bradach/Eccles 1989: 98). Keine fundierte Antwort findet die Frage nach den Produktionsbedingungen und Anwendungsvoraussetzungen von Vertrauen. Die Autoren verstehen es aber, ihre These der Ubiquität von Vertrauensbeziehungen und der Verbreitung von *kombinierten* Koordinationsweisen anhand empirischer Studien zu belegen. Die spezifischen Stärken und Schwächen der einzelnen Mechanismen bleiben dagegen im Dunkeln.

Des Weiteren ist der politikwissenschaftlich geprägte Typisierungsvorschlag von Wilfried Gotsch zu erwähnen. Gotsch identifiziert neben Hierarchie, Markt und Solidarität drei weitere „'reine(.)' Mechanismen sozialer Steuerung" (Gotsch 1987: 36): Professionalität, Verhandlung und Polyarchie. Während Professionalität auf dem Einfluss beruhe, den Experten auf Laien auszuüben verstehen, sei Verhandlung ein „Problemlösungsmechanismus" für Fälle, „in denen strategisch orientierte Akteure eine hohe Interdependenz und eine hohe Autonomie aufweisen" (ebd. 39). Polyarchie ist nach Gotsch die „typische Koordinationsform" zwischen „Mandatsträgern und Publikum" in Gestalt eines „beiderseitigen Macht- und Legitimationsarrangements" (ebd.: 39). Der Autor registriert sowohl die exklusive Verwendung einzelner Mechanismen als auch „die Möglichkeit einer subsidiären Kombination" (ebd.: 40). Eine dritte Variante sei in der „entdifferenzierten Verkoppelung von Steuerungsmechanismen" (ebd.: 41) gegeben. Auch dieser Vorschlag ist nicht frei von konzeptionellen Schwächen. Zum einen liegt eine gewisse Überdehnung des Steuerungs- respektive Koordinationsbegriffs vor. Zum anderen sind die drei zusätzlich eingeführten ‚Mechanismen' schwerlich als distinkte Prozessmodi anzusehen, sondern besser als Muster institutionalisierter Rollenverteilungen zu begreifen.[74]

---

74 Das als Professionalität bezeichnete Interaktionsmuster beruht auf der extrem ungleichen Rezeptionschance der von Experten respektive Laien kommunizierten Informationen. In analoger Weise bewirkt Polyarchie bzw. Demokratie ein ungleiches Maß an Verbindlichkeit der wechselseitig kommunizierten Erwartungen (im Klartext: Politiker können ihren Erwartungen im Wege der Gesetzgebung einen verbindlichen Ausdruck verleihen). Verhandlung ist schließlich eine viel zu unspezifische Form, um sie als ei-

Koordinationsmechanismus Netzwerk?

Einen neuen Akzent erhält die MGO-Semantik mit der frappierenden Karriere des Netzwerkbegriffs. Womöglich geht die enorme Attraktivität, die der Netzwerkbegriff in den letzten zwei Jahrzehnten entfaltet hat, auf Unzulänglichkeiten in der Beschreibung und Differenzierung der unterschiedlichen Koordinationsmechanismen zurück. Die Häufigkeit, mit welcher der Netzwerkbegriff bei der Analyse der unterschiedlichsten Koordinationsformen Verwendung findet, scheint nicht allein durch Veränderungen in der Welt der Phänomene bedingt zu sein. Auch korrespondiert der aktuellen Beliebtheit von Netzwerken oft ein allzu simples Organisations- und Marktverständnis, dem wichtige Besonderheiten dieser distinkten Koordinationsmechanismen entgehen. Es besteht somit Grund zur Annahme, dass sich im Netzwerk-Faible der Sozialwissenschaften auch der Wunsch nach einem Ausweg aus konzeptionellen Schwierigkeiten bei der Charakterisierung basaler Koordinationsmechanismen ausdrückt.

Diese Vermutung bestätigt ein Aufsatz von Walter Powell (1990), in dem Netzwerke als eine von drei alternativen Formen ökonomischer Organisation dargestellt werden: Markt, Hierarchie und Netzwerk. Das geschieht auf Kosten eines korrekten Organisationsbegriffs. Der Autor reduziert Organisation (*hierarchy*) auf die Exekution von Routinen als „means of communication" (sic) und erklärt (relationale) Verträge zu Bausteinen eines anderen Koordinationsmechanismus, nämlich Netzwerken. Damit begibt er sich in eine wenig fruchtbare Gegenposition zur institutionellen Ökonomie, die *relational contracts* im Anschluss an Coase (1937) in einem sehr prinzipiellen Sinne als konstitutiv für *alle* Spielarten von Organisation betrachtet. Ebenso wenig ist Powells These mit der – auf den Arbeiten von Herbert A. Simon und anderen aufbauenden – verhaltenswissenschaftlichen Organisations- und Entscheidungstheorie vereinbar. Nach letzterer geht organisationales Handeln, so sehr es auch den Restriktionen der *bounded rationality* unterliegen mag, nicht ausschließlich in Routinen auf, sondern ist prinzipiell strategiefähig.

Auch Jennifer Frances, Rosalind Levacic, Jeremy Mitchell und Grahame Thompson betrachten Märkte, Hierarchien und Netzwerke als „genuine ‚models' of coordination" (Frances et al. 1991: 1). Wäh-

---

nen von Markt, Hierarchie und Gemeinschaft unterschiedenen Koordinationsmechanismus zu veranschlagen.

rend der Markt auf dem Koordinationsvermögen von Preisen beruhe und Hierarchien durch „administrative orders" koordiniert würden, funktionierten Netzwerke auf der Grundlage von Vertrauen und „Kooperation" (sic). Kooperation wird hier als eine besondere Spielart von Koordination angesehen, was diesen Typisierungsvorschlag tautologisch wirken lässt. Die Autoren gehen sogar noch einen Schritt weiter und behaupten, dass Netzwerke kein Koordinationsmechanismus neben anderen seien, sondern die allgemeinste Form sozialer Koordination überhaupt. Folgerichtig definieren sie Märkte und Hierarchien als spezielle Ausprägung von Netzwerkbeziehungen. Damit ist auch dieser Versuch einer begrifflichen Entdifferenzierung als gescheitert zu betrachten.

Kombinationsgewinne und Risiken

Erheblich fruchtbarer scheinen zwei neuere Beiträge zur MGO-Debatte. Im einleitenden Theoriekapitel einer Studie über unterschiedliche industrielle *Governance*-Strukturen entwickeln Rogers Hollingsworth und Robert Boyer (1997) eine Typologie wirtschaftlicher Koordinationsmechanismen, die neben den basalen Typen Markt, Hierarchie und Gemeinschaft auch Netzwerke, Verbände (associations) und den Staat umfasst. Sie verorten die einzelnen Mechanismen in einem zweidimensionalen Feld, dessen eine Achse Macht(un-gleich)verteilungen abbildet, während die andere die Art der Akteurmotivation (mit den Extremen Selbstinteresse und Verpflichtung) beschreibt. In Anlehnung an Streeck und Schmitter (1985) werden die sechs „governance mechanisms" anhand eines vierdimensionalen Merkmalskatalogs charakterisiert. Neben den positiven Leistungen der einzelnen Mechanismen kommen auch spezifische *Leistungsmängel* („failures") zur Sprache. In der Konsequenz der sehr detaillierten und empirienahen Merkmalsbeschreibungen treten allerdings die Unterschiede zwischen den Mechanismen hinter eine Reihe von unverhofften Ähnlichkeiten zurück.

Diesem Risiko entgeht Claus Offe (2000), der Staat, Markt und Gemeinschaft nicht als ‚reine' Mechanismen am Werke sieht, sondern als „partial components of social order". Soziale Ordnungen beruhen nicht auf dem unvermittelten Nebeneinander, sondern auf einer bestimmten Kombination der „ideal-typical modes". Kein einzelnes und noch nicht einmal zwei der drei Mechanismen seien im

Stande, dem Koordinationsbedarf moderner Gesellschaften gerecht zu werden: „We need all three foundations of social order, and in a mix that prevents them from undercutting each other" (Offe 2000: 79, 81). Zur Untermauerung dieses Ansatzes beschreibt der Autor sechs Grundfehler, die bei der ausschließlichen Bezugnahme auf ‚reine' Mechanismen auftreten können. Das sei u.a. der Fall, wenn ihnen Koordinationsaufgaben aufgebürdet werden, für die sie weniger als einer der anderen geeignet sind. Ein anderer Typ von Fehler tritt auf, wenn Institutionenpolitik versucht, auf die spezifische Koordinationsleistung eines der drei Mechanismen zu verzichten. „The fallacy of excessive reliance on market mechanisms" ist deshalb genauso riskant wie „the fallacy of an excessive limitation of market forces" (Offe 2000: 86, 89). Damit erinnert Offe an das oft unterschätzte Komplexitätsniveau gesellschaftlicher Koordination und macht zugleich auf die Kontingenz institutioneller Formen aufmerksam.

3.2.2 Bausteine einer allgemeinen Koordinationstheorie

Der Diskussionsstand zum Thema ‚Mechanismen basaler Selbststeuerung' lässt also zu wünschen übrig. Auf der einen Seite erweist sich die Idee der funktionalen Analogie, der (bedingten) Substituierbarkeit und der prinzipiellen Kombinierbarkeit diskreter Koordinationsmechanismen als ausgesprochen inspirierend. Auf der anderen Seite irritieren die teilweise erheblichen Differenzen zwischen den verschiedenen Typisierungsvorschlägen. Während hinsichtlich der Mechanismen Markt und Hierarchie (bzw. Organisation) eine gewisse Konvergenz der Aussagen zu beobachten ist, bestehen deutliche Differenzen in der Einschätzung von Gemeinschaft als jenem Koordinationstyps, der am wenigsten formalisiert zu sein scheint und deshalb oft mit pauschalen Verweisen auf Solidarität, Vertrauen und Reziprozität abgehandelt wird.

Gleichwohl darf man den Wert der vorliegenden Typisierungsversuche nicht unterschätzen. Auch wenn sie nur bescheidenen Konsistenzansprüchen genügen, konvergieren sie doch in dem nachvollziehbaren und sozialtheoretisch sinnvollen Versuch, mindestens drei distinkte, aber funktional analoge Mechanismen der sozialen Koordination zu identifizieren. So bilden die vorliegenden Ansätze zwar keine Universaltheorie des sozialen Handelns, aber beleuchten schlaglichtartig jene Formen der Handlungskoordination, die sich im Prozess der Zivilisation bewährt haben. Alle erwähnten Ansätze verstehen es, einzelne Mechanismen samt der ihnen zugeschriebenen Steuerungslogik als typologische Unikate zu thematisieren, auf ihre notwendigen Voraussetzungen zu prüfen und mit den Charakteristika ihrer Pendants zu vergleichen. Außerdem eröffnen sie – im Anschluss an die Überlegungen von Gotsch (1987), Bradach/Eccles (1989) und Offe (2000) – die Möglichkeit, empirische Koordinationsweisen als Kombinationen mehrerer ‚reiner' Mechanismen zu analysieren und dabei unterschiedliche Optionen der Leistungssteigerung zu studieren.

Allerdings kamen die Bemühungen um eine Typisierung distinkter Koordinationsmechanismen nur selten über eine Beschreibung hervorstechender Eigenschaften hinaus. Einen beachtlichen Teil der MGO-Diskussion bestreiten Abhandlungen, in denen Schwächen und Dysfunktionen einzelner Mechanismen herausgestellt werden, um vor deren Hintergrund für einen alternativen, mutmaßlich leistungsfähigeren Mechanismus zu werben. Viele der kritischen Beiträge sind der Insuffizienz des Marktprinzips (Stichwort Marktversagen) gewidmet, andere thematisieren Schwächen des Hierarchieprinzips (Stichwort Staatsversagen). Während verschiedene Aspekte von Markt- und Staatsversagen zutreffend charakterisiert werden, bleiben analoge Risiken der Mechanismen Gemeinschaft und Organisation häufig unbeachtet, zumindest aber unthematisiert. Von Netzwerkversagen ist nirgendwo die Rede. Und oft wird es unterlassen, zwischen einem Koordinations*mechanismus* als distinktem Prinzip der Handlungssteuerung und einer empirischen Koordinations*weise* als einem Set praktischer Handlungsorientierungen zu unterscheiden.

Im folgenden Versuch einer systematischen Typologie werden zunächst die prozessualen Merkmale (1) von Marktsteuerung, (2) Gemeinschaftlichkeit und (3) Organisation anhand zentraler fachtheoretischer Einsichten diskutiert. Sodann wird der begriffliche Status der verbreiteten Mischformen zu klären versucht. Denn die substantivischen Begriffe des Marktes, der Gemeinschaft und der Organisation suggerieren nicht nur das Vorhandensein entsprechender dinglicher Phänomene, sondern auch eine Art Reinheitsgebot – so als ob nur ‚reine' Mechanismen das maximale Leistungspotenzial sozialer Koordination entfalten würden. Empirische Befunde belegen jedoch das Gegenteil. Die in der sozialen Wirklichkeit vorkommenden Koordinationsweisen beruhen zwar häufig auf einem ‚führenden' Mechanismus, aber entfalten ihr Leistungsvermögen regelmäßig erst in Kombination mit einem oder zwei weiteren Mechanismen, welche z.B. die Absorption spezieller Risiken besorgen.

Marktkoordination

Über die besonderen Eigenschaften des Koordinationsmechanismus Markt geben die Beiträge zur MGO-Semantik nur selten befriedigend Auskunft. Oft begnügt man sich mit Hinweisen auf die Modelle der neoklassischen Ökonomie (Stichworte ‚homo oeconomicus' und ‚atomistische Konkurrenz'). Tauschhandlungen unter Marktbedingungen werden ausgesprochen kontrovers beurteilt. Sind sie für Friedrich Hayek (1969a) Teil einer Phänomenologie von großer evolutorischer Dynamik, so sehen andere in ihnen nur eine konfliktanfällige Interaktionsform (Heinemann 1976). Offen bleibt, wieso Marktinteraktionen überhaupt zwanglos zustande kommen. Anders als manche Faktoren des Marktversagens bleiben die Voraussetzungen gelingender Markttransaktion und deren spezifisches Leistungspotenzial tendenziell unterbelichtet.

Nüchtern betrachtet heißt Marktkoordination zunächst nicht mehr und nicht weniger als die *Ermöglichung einer wechselseitig vorteilhaften Beziehung*, welche die Akteure *freiwillig* im Lichte *anderer Alternativen* eingehen. Dass dabei irgendetwas getauscht wird, ist ein eher trivialer Aspekt, denn Tauschbeziehungen sind sozial und historisch ubiquitär (Kirchgässner 1997). Was den Tausch unter *Markt*beziehungen auszeichnet, ist zweierlei: (1) das Vorhandensein *von gleichen und ungleichen Interessen* auf jeder Seite der Beziehung und (2) die Beteiligung *relevanter Dritter*, d.h. eine Beziehungsstruktur mit mindestens drei Beteiligten. Da die Tauschpartner nur dann miteinander ‚ins Geschäft' kommen, wenn beide erwarten, nach dem Tausch besser als vor dem Tausch zu stehen, agieren sie in einem Nichtnullsummenspiel (*variable sum game*), von dem sich jeder Beteiligte einen (subjektiven) Nutzengewinn ausrechnet.

Ad (1). Beide Partner haben das *gleiche allgemeine* Interesse in Bezug auf das Ziel, ihre individuelle Tauschpräferenz zu realisieren. Die Übereinstimmung beider Allgemeininteressen ist für das Zustandekommen der Interaktion unabdingbar. Aber erst die *Ungleichheit der konkreten Präferenzen* von Anbieter und Nachfrager ermöglicht es beiden Seiten, den Tausch mit Gewinn abzuschließen (Paretooptimalität). Denn der Anbieter zieht es vor, seine Ware zu Geld zu machen, die Nachfragerin bevorzugt das Eigentum an der Ware gegenüber höherer Liquidität. Im Tausch befriedigen sie ihre genuin ungleichen, aber *komplementären* Präferenzen. Da der Tausch ‚nutzenvermehrend' wirkt, ermöglicht er beiden Seiten ‚wertschöpfende' Anschlusshandlungen. Markttausch und Marktwirtschaft sind deshalb unvereinbar mit der Annahme, dass alle Beteiligten völlig deckungsgleiche Präferenzen unterhalten (vgl. Schema 2a).

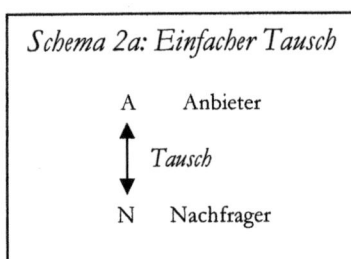

Schema 2a: Einfacher Tausch

A   Anbieter

Tausch

N   Nachfrager

Ad (2). Für Tauschbeziehungen unter *Markt*bedingungen ist das Vorhandensein *rivalisierender* Akteure auf mindestens einer Seite der Beziehung erforderlich. Das minimale Akteurset ist deshalb eine Triade; realistischer ist es jedoch, von Wettbewerb sowohl auf der Angebots- als auch auf der Nachfrageseite auszugehen. Auf dieser Annahme fußt der ‚structural approach' jüngerer Markttheorien (White 1981; Swedberg 1994). Die erste grundsätzliche Entscheidung ‚Interaktion statt Enthaltung' wird um die in der Wettbewerbssituation liegenden Interaktionsalternativen ergänzt: ‚Mit welchem Partner zu welchen Konditionen?' (vgl. Schema 2b).

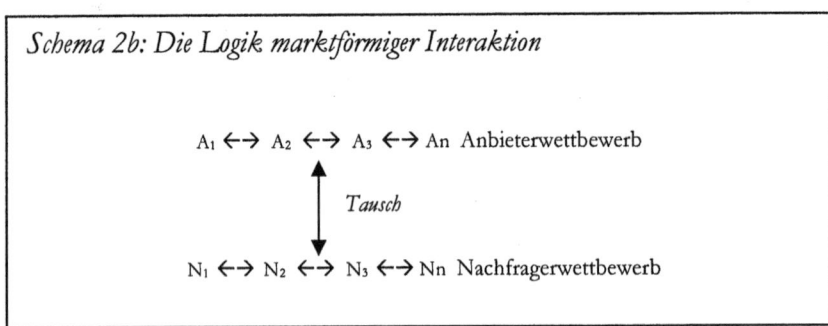

Schema 2b: Die Logik marktförmiger Interaktion

$A_1 \leftrightarrow A_2 \leftrightarrow A_3 \leftrightarrow An$ Anbieterwettbewerb

Tausch

$N_1 \leftrightarrow N_2 \leftrightarrow N_3 \leftrightarrow Nn$ Nachfragerwettbewerb

Das bedeutet im Einzelnen:

- Das Vorhandensein von Wettbewerbern auf mindestens einer Seite der Beziehung sorgt für die Kontingenz der Konditionen (z.B. des Preises).
- Die Konditionen werden Gegenstand eines Vergleichs von Alternativen und Thema der Kommunikation mit potentiellen Partnern.
- Beim Aushandeln (*bargaining*) der bestmöglichen Konditionen ist den Partnern bewusst, dass das Zustandekommen eines Geschäfts sowohl von ihrer Entscheidung als auch den Entscheidungen der Konkurrenten abhängt.
- Die Akteure bilden insofern einen Markt, als ihr Interaktionszusammenhang jederzeit, auch ohne Geschäftsabschluss, beendet werden kann und das künftige Handeln der Partner in keiner Weise präjudiziert.[75]

Markthandeln ist also „exchange in combination with competition" (Swedberg 1994: 271) oder präziser: Wettbewerb um Tauschgelegenheiten.[76] Aus der Struktur dieses Beziehungstyps folgen alle wesentlichen Merkmale und Leistungspotenziale der Marktkoordination, insbesondere

- die Entscheidungsbedürftigkeit des Handelns und das Erfordernis der kriterienbasierten Wahl (*rational choice*),
- die vergleichende Bewertung der Alternativen anhand ihrer Opportunitätskosten,[77]
- die soziale Voraussetzungsarmut und zeitliche Offenheit der Beziehung, die deshalb vorzüglich zum Verkehr mit ‚Fremden' taugt, und
- der Anreiz, dem Konditionenwettbewerb mittels geeigneter Strategien zu entkommen.

Marktbeziehungen sind eine sozial akzeptable Verkehrsweise, in der es legitim ist, von anderen als utilitaristischen Entscheidungskalkülen abzusehen (Milner 1978: 32). Infolgedessen behalten die Akteure ein

---

75 Markt ist insofern „an institutionalized mechanism for making and breaking relationships that, by its nature, puts participants and their relationships at risk" (Baker et al. 1998: 148).

76 „Von einem Markt soll gesprochen werden, wenn auch nur auf einer Seite eine Mehrheit von Tauschreflektanten um Tauschchancen konkurrieren." (Weber 1972: 382).

77 Die Opportunitätskosten einer Handlungsalternative sind gleich dem Wert der besten nicht genutzten Alternative.

Maximum an Souveränität gegenüber den in anderen Umständen üblichen Formen sozialer Kontrolle. Es besteht ein hohes Maß an Akteursouveränität in sachlicher, sozialer und zeitlicher Hinsicht.[78]

Das Prinzip der bedingungslosen Offenheit und des jederzeitigen Endes der Beziehung macht Marktkoordination zu einem Garanten von Effizienz und Innovativität. Gleichwohl wissen wir vor dem Hintergrund der Transaktionskostenökonomik (Williamson 1975), dass Marktkoordination nicht unter allen Bedingungen der effizienteste Koordinationsmechanismus ist. Interaktion innerhalb von Organisationen ist unter bestimmten Bedingungen – insbesondere bei hoher Unsicherheit und hoher Spezifität der Güter – der Marktinteraktion überlegen. Denn Organisationsbeziehungen bieten Raum für sogenannte ,unvollständige' (das sind i.d.R. Arbeits-) Verträge, die einen verlässlichen Leistungstausch über größere Zeiträume ermöglichen, ohne dass alle Details der kontrahierten (Arbeits-) Leistung schon im Vorhinein bestimmt worden wären. Das hat zur logischen Konsequenz, dass Märkte – entgegen einer verbreiteten Annahme – nicht immer die per se effizienteste Koordinationsform sind. Folglich kann Effizienz auch nicht die *differentia specifica* im Verhältnis von Markt und Organisation sein. Was ist es dann?

Die Wirtschaftssoziologie und neuere Markttheorien geben eine eindeutige Antwort: Marktkoordination mag zwar nicht unter allen Bedingungen das Maximum an Effizienz gewährleisten, aber sie ist der stärkste *Innovationsstimulus bzw. Garant maximaler Innovationseffizienz.* Auf diesen Umstand hat Friedrich Hayek (1969a) in seiner Schrift „Der Wettbewerb als Entdeckungsverfahren" aufmerksam gemacht. Bereits Joseph Schumpeter vertrat die Überzeugung, dass der technologische Wettbewerb von weitaus größerer Bedeutung für die Entwicklung moderner Marktwirtschaften sei als der Preiswettbewerb. Diese Auffassung wurde durch die theoretische und empirische Forschung bestätigt (Freeman 1987: 859). Sie deckt sich ferner mit der Auffassung des Soziologen Georg Simmel, der den Innovationswettbewerb als Praxis der Konfliktvermeidung betrachtet (lt. Swedberg 1994: 272).

---

78 In sachlicher Hinsicht sind Marktbeziehungen offen für materielle und immaterielle Güter aller Art; in zeitlicher Hinsicht sind die Akteure frei, die Beziehung enden zu lassen oder beliebig lang fortzusetzen; in sozialer Hinsicht sind Marktbeziehungen maximal inklusiv, d.h. sie implizieren keine Kriterien für Zulassung oder Ausschluss einzelner Individuen, sozialer Gruppen oder Kategorien.

Auf dieselbe Konsequenz laufen Erkenntnisse der jüngeren Wirtschaftssoziologie hinaus. Nach Neil Fligstein sehen Unternehmen ihren Bestand vor allem durch zwei Faktoren gefährdet: den marktvermittelten Preiswettbewerb und die Unsicherheit der Außenbeziehungen zu Kunden und Lieferanten. Um diesen Risiken zu entgehen, „we assume that entrepreneurs and managers construct their actions so as to avoid price competition and stabilize their position vis-à-vis other competitors" (Fligstein 2002: 70f.). Das geschieht v.a. durch Produktdifferenzierung, die Kreation von Marktnischen, die Begründung technischer Standards sowie die Organisationstechniken der Integration und Diversifikation.

Marktkoordination ist sowohl exogenen als auch endogenen Gefährdungen ausgesetzt. Exogene Funktionsrisiken lauern in Gestalt der Allgegenwart von sozialen Erwartungen und mehr oder weniger willkürlichen Zuschreibungen, mit denen sich Akteure gegenseitig bedenken bzw. von staatlichen Regulatoren bedacht werden. Spiegelbildlich besteht ein ebenso gravierendes Risiko endogener Art, nämlich die *Opportunismusfalle* der Marktkoordination, die durch ihre „low correlation to social organization" (White 1992: 124) bedingt ist. Effiziente Marktinteraktionen sind folglich eine Gratwanderung, auf welcher ein Absturz entweder in Richtung der nichtökonomischen Kalküle oder in Richtung des *moral hazard* droht. Der Marktkoordination ist insbesondere das Risiko einer ‚übers Ziel' schießenden Nutzenorientierung inhärent. Sobald auch nur der Verdacht aufkommt, dass der ‚andere' täuscht, betrügt oder vertragsbrüchig wird, droht die Beziehung schon an den zum Selbstschutz ergriffenen Maßnahmen zu scheitern.

Da dieser Verdacht bei jedem beliebigen Teilnehmer jederzeit aufkommen kann, sind Transaktionen auf exogene *commitments* bzw. besondere institutionelle Vorkehrungen angewiesen (North 1992). Fehlen die Garanten eines ‚ordnungsgemäßen' Ablaufs, kann normkonformes Handeln für jeden Beteiligten zum untragbaren Risiko werden. Auf dieser Prämisse, nämlich der jederzeit möglichen, aber erst ex post bemerkten Verletzung der Spielregeln, fußt der Transaktionskostenansatz. Er verweist auf die niemals zuverlässig zu kontrollierende Grenze zwischen Egoismus als funktionalem Erfordernis der Marktinteraktion und *moral hazard* als endogener Funktionsstörung. Weil der dem *moral hazard* unterliegende Egoismus nicht suspendierbar, sondern vielmehr eine konstitutive Voraussetzung des Koordinationsmechanismus Markt und damit auch seines kollektiven Wohlfahrtseffekts sind, lässt sich das Opportunismusrisiko nicht durch Motivkontrolle oder ‚Präferenzfilter' eindämmen. Funktionierende Marktkoordination setzt Egoismus voraus, aber bedarf gleichzeitig sanktionsbewehrter Institutionen, um den Übertritt des Eigennutzkalküls in die Sphäre illegitimen Verhaltens zu verhindern.

Fassen wir zusammen: Subjektive Nutzenabwägung und bedingungsloser Zugang/Exit machen die Marktkoordination zum Garanten von hoher Effizienz und maximaler Innovativität. Doch anders als im Marktverständnis der klassischen Nationalökonomie ist das Prädikat höchster Effizienz nicht dem Markt vorbehalten. Denn die Transaktionskostenökonomik konnte die Möglichkeit einer überlegenen Effizienz organisierter Interaktionen nachweisen. Was Marktkoordination allein zu gewährleisten scheint, ergibt sich erst aus der Kombination der wettbewerblichen Effizienz- und Innovationsanreize: nämlich maximale *Innovationseffizienz*. Dieser steht das der Marktkoordination eigentümliche Risiko einer endogenen Dysfunktion gegenüber: die durch *moral hazard* eröffnete *Opportunismusfalle*.

Gemeinschaftlichkeit

Die besondere Koordinationsressource der Gemeinschaft wird in der MGO-Semantik mit Begriffen wie Vertrauen, Reziprozität und *social capital* bedacht. Vertrauen wird in der Literatur jedoch nur selten als Voraussetzung eines eigenständigen Koordinationsmechanismus verstanden, sondern gilt i.d.R. als subsidiäre Ressource, welche auch Marktkoordination und Organisationsbeziehungen zu stabilisieren erlaubt. In manchen Beiträgen zum Thema Netzwerke erscheint Vertrauen als deren konstitutives Element. Es entsteht der Eindruck, dass ‚natürliche' Gemeinschaften und ‚spontane' Vereinigungen in der Lage seien, alle sonstigen Beziehungsarten mit dem notwendigen Maß an ‚Vertrauen' zu versorgen. Vertrauen gilt als ‚Stoff' von universaler Qualität, der vor Übervorteilung wie vor Überregulierung zu schützen vermag, keiner Knappheitsregel unterliegt und von keinerlei immanentem Risiko belastet ist. So gesehen hätte Gemeinschaftlichkeit ihre einstige Bedeutung als eigenständige Form des sozialen Verkehrs (i.S. von Tönnies 1991) eingebüßt und sich auf die Funktion eines leistungssteigernden Additivs für alle übrigen Mechanismen sozialer Koordination zurückgezogen. Dieser Auffassung wird hier nicht gefolgt.

Verbreitung und Funktionalität der Ressource Vertrauen werden vermutlich überschätzt. Resultieren doch die distinkten Eigenschaften des Koordinationsmechanismus Gemeinschaft, von denen auf eine hohe Produktivität der Ressource Vertrauen geschlossen wird, aus einem besonderen (von den zwei anderen Mechanismen deutlich unterschiedenen) Verhältnis der sachlichen, zeitlichen und sozialen Selektivität. In sachlicher Hinsicht ist der Mechanismus Gemeinschaft, weil er simultan an die Physis und die Psyche von Personen anknüpft, *funktional diffus*, d. h. zum Transport von thematisch beliebigen Erwartungen geeignet. Dem korrespondiert eine hohe *soziale Selektivität*, die in aller Regel mit unbefristeten Kontinuitätserwartungen einhergeht. D.h. gemeinschaftliche Interaktionen sind nur mit einer begrenzten Zahl von wohldefinierten Partnern, aber stets in einem offenen Zeithorizont möglich. Die Mitgliedschaft in der Gemeinschaft wird als gegeben wahrgenommen; sie steht nur ausnahmsweise zur Disposition (Ben-Porath 1980).

Die Zuschreibung des Mitgliedschaftsstatus ist an individuelle Identitätsmerkmale gebunden und durch ,Geschichte', d.h. die vergangenen Selektionsleistungen der Gemeinschaft und ihrer Mitglieder, legitimiert (Luhmann 1972). Die Gemeinschaft definiert sich durch eine – in der Innenperspektive sehr deutlich markierte – Grenze zur Außenwelt, die ein hohes Maß an Selbstbezüglichkeit der gemeinschaftlichen Kommunikation ermöglicht. Sie fungiert als Medium und Forum der sinnhaften Konstruktion von Wirklichkeit im Schnittpunkt von gemeinsamen (i.d.R. impliziten) Erwartungen und geteilten Deutungen (Berger/Luckmann 1970).

Unter diesen Bedingungen ist gelegentlich eine Auflösung der Differenz von individuellen und kollektiven Weltinterpretationen, von individueller und kollektiver Identität, ja von individueller und kollektiver Nutzenzuschreibung beobachtbar. Gemeinschaften haben dann nur noch *eine* Adresse für externe Zurechnungen; die Gemeinschaft als Kollektiv tritt an die Stelle ihrer individuellen Mitglieder. So ist es möglich, dass – zumindest in der Innenperspektive – die Differenz zwischen Individual- und Kollektivgütern verschwimmt und der Suggestion Platz macht, dass das, was der Gemeinschaft nützt, auch jedem einzelnen Mitglied zum Vorteil gereicht. Folglich vermag die

Gemeinschaft auch die „Logik des kollektiven Handelns" (Olson 1968) außer Kraft zu setzen und ihre Mitglieder zu motivieren, hohe Kollektivgutbeiträge zu leisten.

Die Begriffe Reziprozität und generalisierter Tausch können die Logik des gemeinschaftlichen Verkehrs nicht erschöpfend charakterisieren. Während Reziprozität und Tausch die Unterstellung einer langfristig ausgeglichenen Bilanz benötigen, werden die internen ‚Leistungen' der Gemeinschaft nicht notwendig mit Blick auf Gegenleistung oder Kompensation gewährt. Beitragspflichten und Bedarfsprinzip sind je für sich stärker ausgeprägt als das Äquivalenzprinzip oder Kalküle investiver bzw. versicherungstechnischer Art. Vielmehr sorgen die gemeinsame Geschichte, der offene Zeithorizont und die Unspezifität der Kommunikationen für einen hohen Grad an emotionaler Interdependenz.[79] Aus dieser resultiert wiederum der Beitrag der Gemeinschaft zur Ausbildung von Ich-Identität auf Seiten der Mitglieder, d.h. einer (auch ‚außen' wahrnehmbaren) Kontingenzreduktion: Von der Person ist nicht Beliebiges erwartbar. Dadurch sind sowohl die informatorischen Voraussetzungen als auch die Zuschreibungsadresse für die Gewährung von Vertrauen gegeben. Vertrauen entsteht im Rekurs auf eine identitätsverhaftete Kombination von Zugehörigkeitsdefinition und Konformitätserwartung, bzw. von „Mitgliedschaft" und „Rechtsgeltung" (Luhmann 1973a: 35).

Die systematische Privilegierung des internen (Gemeinschafts-) Sinns vor allen anderen (d.h. ‚äußeren') Referenzen ist nicht nur Produktionsfaktor von Vertrauen, sondern auch Ursache für eine gravierende Dysfunktion des Koordinationsmechanismus Gemeinschaft. Übertriebene Selbstbezüglichkeit droht, den sachlich gebotenen Rekurs auf externe Sinnreferenzen zu unterbinden und die Schnittstellen zur Außenwelt stillzulegen. So wie zweckentlastete und nichtterminierte Kommunikationsbeziehungen die Ausbildung interpersonalen Vertrauens ermöglichen, so laufen die dabei mitkommunizierten Weltsichten Gefahr, idiosynkratischen Charakter anzunehmen. Das typische Risiko des Mechanismus Gemeinschaft ist folglich die *Tendenz zur kognitiven Schließung*. Realitätsverlust durch kognitive Schließung droht umso mehr, je restriktiver die Mitgliedschaftsbedingun-

---

79 Hohe emotionale Interdependenz ist das Potential für ‚starke' Gefühle (Blumstein/Kollock 1988) i.S. von „emphatic role-taking emotions" (Thoits 1989).

gen, je höher die Interdependenz, je unspezifischer die Kommunikationsthemen und je emotionaler die Beziehungen sind.

Empirische Studien belegen, wie sehr die Dynamik gemeinschaftlicher Beziehungen das Entscheidungsverhalten zu bestimmen und hoher interner Loyalitätsdruck kognitive Rationalitätspotenziale stillzulegen vermag (Janis 1972).[80] Gemeinschaften, die ihre Umweltgrenze streng bewachen, bewahrt kein Stoppsignal vor dem Abdriften in unreflektierten Partikularismus, der u.U. zum zentralen Selbstbehauptungsprinzip wird.[81] Durch extreme Binnenbezüglichkeit können Gemeinschaften der größeren Einheit, der sie angehören, zum Bestandsrisiko werden. Damit der Koordinationsmechanismus Gemeinschaftlichkeit positive Externalitäten entwickeln kann, bedarf es deshalb der Begrenzung gemeinschaftstypischer Faktoren durch Aufwertung der Außenreferenzen, z.B. in der Funktion externer Identitätsanker. Das heißt: Gemeinschaften, die dem Risiko der kognitiven Schließung entgehen und sich in ihrer Umwelt zu behaupten verstehen, operieren deutlich unterhalb des Maximums an Geschlossenheit, Selbstbezüglichkeit und suggestiver Geborgenheit.

Organisation

Wegen der Vielzahl von theoretischen Perspektiven und der großen Varianz empirischer Phänomene stößt eine präzise Charakterisierung des Koordinationsmechanismus Organisation auf erhebliche Schwierigkeiten. Zudem ist es heute Gemeingut des soziologischen Wissens, dass die Standardmerkmale der formalen Organisation, hierarchische Koordination und ein steiles Autoritätsgefälle, nur ein bescheidenes Performanzniveau gewährleisten.[82] Gleichwohl gelten diese, außerhalb militärischer Organisationen nur noch selten anzutreffenden Merkmale immer noch als charakteristische Eigenschaften des Mechanismus. Sie fundieren aber lediglich ein eingeschränktes, wenn

---

80 Die gleiche Tendenz zu einem ‚lock-in' der außenweltbezogenen Kognitionen wird in regionalen Akteurnetzwerken beobachtet (Grabher 1993).

81 So leidet z.B. die wettbewerbsentlastete Unternehmenskooperation unter dem „one-sided view of the advantages offered by trust-based transaction, without reflecting seriously how nepotism, favouritism, and other related problems are cultivated in organizations which place much emphasis on personal relations" (Lui 1998: 342).

82 Vgl. die konstruktive Kritik am Bürokratiekonzept, die Luhmann (1971a) auf der empirischen Grundlage der Organisations- und Entscheidungsforschung der Carnegie-School (Cyert/March 1963; Simon 1976) vorbringt.

nicht gar historisch überholtes Organisationsverständnis. Ihm entspricht die Unterbelichtung der Mitgliedsrolle sowie der Motive und Interessen, aus denen Personen die Organisationsmitgliedschaft erwerben und aufrecht erhalten.

Angesichts der vielfältigen Formen real existierender Organisationen erscheint die ökonomische Perspektive als ergiebiger. Ihr zufolge sind Organisationen nicht prinzipiell bzw. nicht hinsichtlich aller bestandsnotwendigen Funktionen als Hierarchie organisiert, sondern als ein System von Vertragsbeziehungen zu verstehen, deren regulative Kraft durch andere Koordinationsmechanismen ergänzt oder gebrochen wird. Während der Verweis auf Sphären der organisationsinternen Gemeinschaftlichkeit (‚Seilschaften') sprichwörtlichen Charakter besitzt, richtet sich die Aufmerksamkeit neuerdings auf die Bedeutung von internen Märkten für den Organisationsprozess. Von ihnen profitiert u.a. die Durchführung der *incomplete relational contracts*, die als Arbeitsverträge das Mitgliedschaftsverhältnis regeln, z.B. in Gestalt des Wettbewerbs der Organisationsmitglieder um knappe Beförderungschancen, höhere Entlohnung oder erweiterte Entscheidungskompetenzen. Interne Quasimärkte strukturieren darüber hinaus die Organisations- und Verantwortungsbereiche, z.B. als *profit centers* oder durch Alternativoptionen wie *franchising* und *out-sourcing* (Bradach/Eccles 1989).

Welche funktionalen Merkmale und Leistungen den Koordinationsmechanismus Organisation besser charakterisieren als das Strukturprinzip der Hierarchie lässt sich im Anschluss an Luhmann (1964, 1971a) beschreiben. Es sind dies

- die Unterstellung der *Entscheidungsbedingtheit* von Aufgaben-, Interaktions- und Prozessstrukturen (statt ihrer Konditionierung durch Tradition, Empathie oder relative Preise),
- die Disponibilität des *Mitgliedschaftsstatus*,
- die Interaktionssteuerung durch Sets von *als koordiniert unterstellten Erwartungen*, und
- eine die Gegenwart transzendierende *Kontinuitätsunterstellung*.

Dank dieser Eigenschaften gelingt der Organisation nicht nur – wie im Prinzip allen sozialen Systemen – die Abschottung ihrer internen Prozesse von externen Umständen, sondern auch die Dämpfung und gleichzeitige Selbststeuerung ihrer Eigendynamik. Der auf einen unbefristeten Zeitrahmen ausgerichtete Handlungszusammenhang fungiert in gewisser Weise als ‚Redundanzmaschine': Alles was passiert, darf als ‚so' entschieden unterstellt werden. Die Organisationswirklichkeit gilt als Spiegelbild vergangener Entscheidungen, die selbst wiederum Ausdruck einer früheren Organisationswirklichkeit sind (vgl. Luhmann 1988b). Gleichzeitig ermöglicht die Entscheidungsunterstellung für jeden beliebigen Tatbestand einen oder mehrere Verantwortliche auszumachen und (positiv oder negativ) zu sanktionieren.

Umweltdistanz, Selbstreferenz und Entscheidungsfiktion bilden die Grundlage der besonderen Leistungsfähigkeit des Mechanismus. Sie manifestiert sich in der Möglichkeit der Koordination einer *großen Zahl* von Handlungen. Koordinierbar sind sowohl die Handlungen von Anwesenden als auch von Abwesenden: Organisierte Interaktion vermag räumliche, zeitliche und soziale Distanzen zu überbrücken. Ein weiterer und oft der wichtigste Leistungsfaktor beruht auf der zweckhaften Integration *parallel prozessierender* Teileinheiten mit komplementären Funktionen. Im Unterschied zu individuellen Akteuren, die erfolgsnotwendige Akte i.d.R. nur im zeitlichen Nacheinander (d.h. sequenziell) vollziehen können, verstehen es Organisationen, ihre unterschiedlichen Bestands- und Erfolgsvoraussetzungen gleichzeitig zu pflegen. Das wird durch ihre Gliederung in Teilsysteme, Untereinheiten oder Abteilungen gewährleistet. Die interne Aufgabenteilung steht wie alle anderen Struktureigenschaft unter der prinzipiellen Kontingenzannahme, d.h. sie ist variabel.

Da alles, was geschah und geschieht, als entscheidungsbedingt interpretiert werden kann, ist es im Lichte anderer Möglichkeiten bewert- und kritisierbar. Das schließt den Kontingenzcharakter der Kriterien einer ‚richtigen' Bewertung und des ‚rationalen' Entscheidens ein. Es bedeutet wohlgemerkt nicht, dass die Entscheidungsproduktion stets von Zweckrationalität bestimmt wäre. Aber die Unterstellung, auch ‚andere' und ‚bessere' Entscheidungen produzieren zu können, markiert das Anspruchsniveau von Verantwortlichen und Beobachtern. Sie liegt der Unterstellung von Selbststeuerungsfähigkeit zugrunde, die diesen Koordinationsmechanismus vor den übrigen auszeichnet.

Weil der Mechanismus Organisation erheblich mehr Variablen aufweist als die Alternativen Markt und Gemeinschaft, sollte die Vielzahl von Konstellationen nicht verwundern, in denen er ineffizient, instabil oder dysfunktional zu werden droht. Um charakteristische Risiken zu markieren, sei hier auf eine etwas grobschlächtige Typisierung, nämlich die Unterscheidung zwischen Außen- und Selbststeuerung, d.h. die Differenz von ‚Organisation als Werkzeug' und ‚Organisation als Akteur', zurückgegriffen. Für Organisation als einem *außen*gesteuerten Instrument existieren in Gestalt der Bürokratietheorie einige instruktive, aber nicht durchweg widerspruchsfreie Optimierungsregeln. Allerdings ist die bürokratische Organisation nur bei einer relativ simplen Aufgabenstruktur, ausgeprägt hierarchischer Strukturierung und in stabiler Umwelt ‚als ganze' steuerbar; unter anderen Bedingungen lassen sich die an die Mitglieder adressierten Erwartungen nicht mehr funktional adäquat und hinreichend genau spezifizieren.

Am anderen Ende des Komplexitätskontinuums finden sich Organisationen, die sich in komplexen und turbulenten Umwelten zu behaupten verstehen. Es sind hochdifferenzierte soziale Systeme, die für den Umgang mit ebenfalls differenzierten und hochdynamischen Umweltsegmenten zwei prominente Struktureigenschaften ausgebildet haben: Professionalisierung und Dezentralisierung (La Porte 1975a: 353f.). Dank ‚flacher' Hierarchien und eines hohen, aber gleichwohl veränderlichen Niveaus der internen Arbeitsteilung verfügen sie über beträchtliches Adaptions- und Innovationsvermögen, das ihnen gestattet, den Bedingungen raschen Umwelt- und Aufgabenwandels zu genügen. Die dadurch gesteigerten Anforderungen an das Selbststeuerungsvermögen und die Fähigkeit zur Identitätssicherung sind schwer erfüllbar. ‚Komplexe' Organisationen (Perrow 1986) dieser Art sind in kontinuierliche Lern- und Reformprozesse verwickelt, die sie nicht selten überfordern. Die Mitglieder orientieren ihr Handeln nicht so sehr an (zwangsläufig vergangenheitsbezogenen) Erwartungsstrukturen, sondern am Strom der in ‚Echtzeit' stattfindenden Kommunikationen.

Überleben und Performanz komplexer Organisationen hängen ab von der Qualität des laufenden „readjustment of processes *internal to the organization*" (Barnard 1946, zitiert nach Williamson 1994: 324). Folglich orientieren sich die Organisationsprozesse an zwei scheinbar widersprüchlichen Voraussetzungen: der Abpufferung von den wechselnden Umwelteinflüssen und der Verbesserung der Fähigkeit zur Anpassung an die sich wandelnde Umwelt. Unter diesen Bedingungen bleiben viele Erwartungserwartungen abstrakt und unspezifisch; kontraktuelle Verhaltensprogramme (z.B. detaillierte Stellenbeschreibungen) erweisen sich als dysfunktional (sie könnte leicht als Aufforderung zum ‚Dienst nach Vorschrift' verstanden werden) und die Handlungskoordination bedarf einer mit Elementen von ‚Gemeinschaftlichkeit' angereicherten Kommunikationspraxis statt des Rückgriffs auf Hierarchie. Nur auf diese Weise, nur in Teilen der Organisation und nur für begrenzte Zeiträume mag sich ein praktikables Steuerungsverständnis – z.B. als instabiler Konsens einer „political coalition" (i.S. von Cyert/March 1963) – einstellen.

Weil die allgemeinen „core beliefs" (Weick 1979) nur geringe Instruktivität für die Alltagspraxis haben und die Orientierung an unterschiedlichen Umweltsegmenten die Ausbildung einer ‚Multiple Self'-Identität (Wiesenthal 1990a) fördert, bedarf die interne Kommunikation der Abfederung durch ein gewisses Maß an ‚Vertrauen'. Doch mit der Ausbreitung horizontal-gemeinschaftlicher Koordinationsformen büßt die Organisation ihre Eignung ein, als Instrument in den Händen Dritter zu fungieren. Vielmehr tendiert sie dazu, sich auch gegenüber internen Steuerungsansprüchen zu ‚verselbständigen', was letzten Endes heißt, die Selbstkontrolle zu verlieren.

Während also der Koordinationsmechanismus Organisation unter bestimmten (‚einfachen') Umständen ein Maximum an *Zuverlässigkeit* – im Sinne der Regelbindung der internen Interaktionen – auszubilden vermag, besteht das für ihn typische Risiko in der Tendenz zur *subjektlosen und insofern ‚unverantworteten' Verselbständigung.*

Kombinierte Koordinationsweisen

Im Rückblick auf die Charakteristika der basalen Koordinationsmechanismen Markt, Gemeinschaft und Organisation lassen sich folgende Erkenntnisgewinne skizzieren.

(1) An erster Stelle gilt es zu registrieren, dass die Rede von distinkten Prinzipien oder Mechanismen sozialer Koordination zwei Missverständnissen ausgesetzt ist: zum einen einer Verwechselung der Eigenschaften sozialer Prozesse mit ihren möglichen institutionellen Hervorbringungen, die in Begriffen wie Markt, Gemeinschaft und Organisation einen verdinglichten Ausdruck finden; und zum zweiten der Überbetonung der abstrakten Idee ‚reiner' Prinzipien

gegenüber empirischen Koordinationsweisen, in denen mehrere Mechanismen in spezifischen Kombinationen präsent sind.

Obwohl ‚reine' Märkte, Gemeinschaften oder Organisationen nur ausnahmsweise in der sozialen Wirklichkeit zu beobachten sind, ist ein Deutungsgestus verbreitet, der auf den distinkten Charakter der Koordinationsmechanismen abhebt und dabei vom Sachverhalt ihrer Vermischung absieht. Dieser Überschuss an Distinktion hat einen normierenden Effekt, der im Zusammenhang mit der charakteristischen Koordinationsleistung des jeweiligen Mechanismus steht. Er hilft, die Aufmerksamkeit der Akteure auf bestimmte Merkmale einer empirischen Koordinationsweise zu lenken und damit dem Aufbau eines Interaktionssystems eine spezifische Richtung zu geben. Z.B. mögen sich die Akteure in einem als ‚Organisation' verstandenen Interaktionszusammenhang mittels der prononcierten Deklaration des Koordinationsmechanismus Organisation wechselseitig nahe legen, aufkommende Neigungen zugunsten marktförmiger oder gemeinschaftlicher Interaktion zu zügeln. In der kommunikativen Praxis ist die Betonung ‚reiner' Koordinationsmechanismen insofern als ein regulativer Akt zu verstehen, als er jene ‚Logik' des Handelns in den Vordergrund rückt, bei deren Befolgung die Akteure am wenigsten riskieren, inadäquate Erwartungen und Handlungsweisen auszubilden.

(2) Dass in der Realität ‚gemischte' Koordinationsweisen überwiegen, sollte aber nicht zu der Annahme verleiten, dass ‚reine' Koordinationsmechanismen lediglich begriffliche Artefakte seien. Diverse Beispiele riskanter und ineffizienter Koordination belegen vielmehr, dass die singulären Mechanismen auch in unvermischter Form vorkommen und prinzipiell funktionsfähig sind. Gerade deshalb ist eine trennscharfe Begrifflichkeit vonnöten, die zwischen einfachen Koordinations*mechanismen* und komplexen, auf dem Zusammenwirken mehrerer Mechanismen beruhenden Koordinations*weisen* sowie den ihnen entsprechenden Interaktionsorientierungen (i. S. von Mayntz/Scharpf 1995a) differenziert.

(3) In Bezug auf die komparativen Leistungen von Koordinations*mechanismen* und Koordinations*weisen* darf unterstellt werden: Für sich genommen ist jeder einzelne Mechanismus ‚problematisch'. Er weist spezifische Schwächen auf, die ihn hindern, das Leistungsmaximum ohne Hinzutreten subsidiärer Funktionsgaranten zu realisie-

ren. Gegenüber den kombinierten Koordinationsweisen wirken die
(‚reinen') Mechanismen je für sich suboptimal. Leistungsmaxima
werden erst durch Kombination eines (i.d.R. dominanten) Mechanismus mit Elementen anderer Mechanismen erreicht.[83] Offenbar
verdankt sich der kombinatorische Leistungsgewinn dem Prinzip der
negativen Rückkoppelung. Ohne einen Mechanismus der Selbstlimi-
tierung ähnelt der ‚reine' Koordinationsmechanismus einem Heiz-
kraftwerk ohne Kühlturm, einem Automobil ohne Bremse oder einem Kuchen ohne die berühmte Prise Salz. In diesem Sinn repräsentieren Markt, Gemeinschaft und Organisation nicht die je absolut
‚besten' Koordinationsweisen, sondern sind aufgrund der Überlegenheit von aufgaben- und kontextspezifischen Kombinationen lediglich
Koordinationsmedien „zweiter Wahl" (Wiesenthal 2000a).

(4) Reale Koordinationszusammenhänge, die üblicherweise als
Varianten von Märkten, Gemeinschaften oder Organisationen identifiziert werden, lassen sich also in theoretischer Perspektive als *graduell
unterschiedene Kombinationen* dreier Elemente identifizieren. Für deren
Verhältnis scheint der Begriff der „embeddedness" (Granovetter
1985) weniger glücklich, da er von Vornherein einen *führenden* Koordinationsmechanismus als Objekt bzw. Rahmen der Einbettung voraussetzt und die weiteren beteiligten Mechanismen auf nachgeordne-
te Ränge verweist. Das kann, aber muss empirisch nicht der Fall sein.
Aus systematischen Gründen sollten wir damit rechnen, auch dort
(kombinierte) Koordinationsweisen vorzufinden, wo unsere Wahrnehmung nicht durch die Dominanz eines der basalen Prinzipien
bestimmt ist. Das dürfte insbesondere bei Netzwerken der Fall sein.

(5) Das Zusammenwirken der einzelnen Mechanismen im Rahmen einer komplexen Koordinationsweise kann man sich anhand des
Modells dreier ‚Schieberegler' verdeutlichen, die den analogen Stell-
gliedern früherer Audiogeräte nachgebildet sind (vgl. Schema 3).

(6) In den recht häufigen Fällen, in denen komplexe Koordinationsweisen von einem Mechanismus dominiert zu sein scheinen, mag
diesem die Funktion des ‚Fallback'-Mechanismus zukommen. Die
Akteure können auf ihn zurückgreifen, wenn Koordinationskonflikte
aufbrechen oder ihnen die Uneindeutigkeit der Situation zum Problem wird. Die Möglichkeit des legitimen Rückgriffs auf einen be-

---

83 Beispiele für die Überlegenheit kombinierter Koordinationsweisen finden sich bei
    Bradach/Eccles (1989), Offe (2000) und Wiesenthal (2000a).

stimmten Mechanismus erhöht die wechselseitige Erwartungssicherheit und gewährleistet, dass in Grenzsituationen zumindest ‚zweitbeste' Resultate erzielbar sind. Diese *rule of last resort* dürfte im Regelfall mit dem ‚namengebenden' Koordinationsmechanismus zusammenfallen. Ihm kommt insofern eine ‚Signal'-Funktion zu, als er die Akteure an den maßgeblichen Fallback-Mechanismus zu erinnern vermag.

(7) Der vergleichende Blick auf die Leistungsmaxima der basalen Koordinationsmechanismen liefert eine weitere Erkenntnis: Obwohl sich jedem einzelnen Mechanismus charakteristische Leistungen attestieren lassen, erscheinen Bemühungen um eine eindeutige Hierarchisierung der Leistungsvermögen als wenig sinnvoll. Die Leistungsmaxima liegen vielmehr auf drei unterschiedlichen, aber gleichermaßen bedeutsamen Dimensionen: Innovationseffizienz (qua Markt), Vertrauensbildung (qua Gemeinschaft) und Zuverlässigkeit/Umweltadaptivität (qua Organisation). Dagegen ist der relativ unspezifische Begriff der Effizienz ungeeignet, das Leistungspotenzial der drei Mechanismen in eine eindeutige Ordnung zu bringen. Je nach Aufgabe und Umständen können Marktbeziehungen, relationale Verträge oder gemeinschaftliche Formen die ökonomisch maximal effiziente Koordinationsweise fundieren.

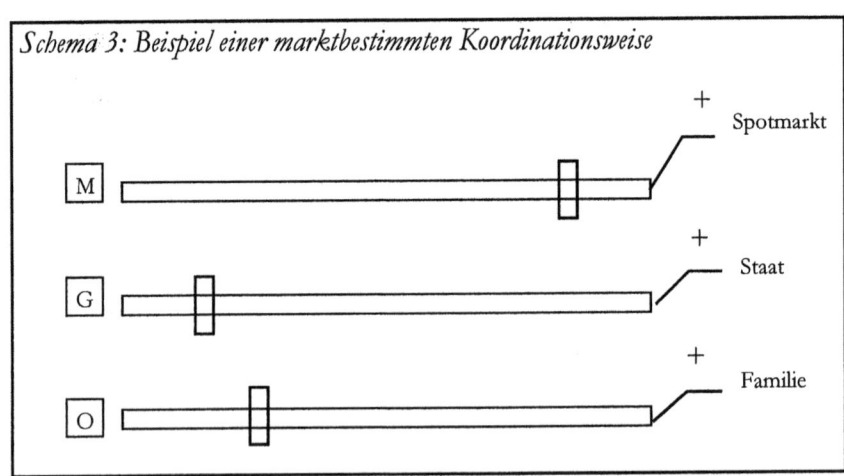

Schema 3: Beispiel einer marktbestimmten Koordinationsweise

Zwischenresümee

Die vergleichende Betrachtung der basalen Koordinationsmechanismen Markt, Gemeinschaft und Organisation hat drei sehr unterschiedliche Typen der Handlungsorientierung ans Licht gebracht, die den Akteuren – in geeigneten Situationen – ein Mindestmaß an Erwartungssicherheit gewährleisten. Man geht wohl nicht fehl mit der Annahme, dass ihre gleichberechtigte Präsenz im sozialen Verkehr zu den funktionalen Grundvoraussetzungen einer modernen Gesellschaft zählt. Mit nur ein wenig Phantasie lässt sich die Trias auch in den Basisinstitutionen von Demokratie und Marktwirtschaft sowie dem ihnen zugrunde liegenden Konzept allgemeiner Bürgerrechte wiederentdecken. Etwaige Einschränkungen des Geltungsbereichs der Marktkoordination berühren nicht nur unmittelbar das Niveau der wirtschaftlichen Leistungsfähigkeit, sondern resultieren in einer die individuelle Autonomie empfindlich beschränkenden Dominanz der hierarchischen und gemeinschaftlichen Koordinationsmechanismen, wie sie z.B. in Formen patriarchalischer Herrschaft ausgeprägt ist. Mit einem Verzicht auf die Leistungen von Organisation respektive Gemeinschaftlichkeit sind regelmäßig analoge Opfer an individueller Autonomie, Innovativität, Kontextberechenbarkeit und Umweltadaptivität verbunden.

Bei der Betrachtung der drei Koordinationsmedien sollte ihr unterschiedlicher Bedarf an Institutionalisierung und externen Garanten nicht übersehen werden. Und nicht zuletzt unterscheiden sie sich auch nach den ungleichen Chancen von Individuen, ein ihnen angemessenes Verständnis zu gewinnen. Lernen Kinder ohne bewusstes Zutun, sich im Modus der gemeinschaftlichen Koordination zu bewegen und im Schutz vertrauensbasierter Beziehungen die Welt zu erkunden, so wirken die den anderen Koordinationsmechanismen entsprechenden Verkehrsweisen zunächst fremd und irritierend. Dabei wird die marktförmige Koordination, sobald ihre Spielregeln verstanden sind, als Entlastung erfahren. Der anfangs ungewohnte Umstand, von sozialen Kriterien der Kommunikation abstrahieren zu dürfen, schlägt sich als Optionengewinn nieder, der sich bereits in Tauschgeschäften auf dem Schulhof oder im Elternhaus (mehr Taschengeld für bessere Schulnoten) realisieren lässt.

Vertrautheit mit dem Koordinationsmechanismus Organisation zu gewinnen und sich in den Formen der ‚öffentlichen‘, d.h. die ge-

meinschaftstypischen Sicherheiten entbehrenden Kommunikation zu
üben, ist schwieriger. Hier kollidieren die Spezifität der Themen und
die Selektivität der expliziten und impliziten Erwartungen oft heftig
mit den im Gemeinschaftsleben erlernten Routinen. Organisations-
verhältnisse sind, wie Friedrich Hayek (1969b) in kritischer Absicht
betont, nichts Natürliches, sondern von Menschen geschaffene Konstruktionen. Ihre Logik erschließt sich nicht von selbst. Die „Organisationsgesellschaft" (Perrow 1989) muss von den Individuen unter
dem Risiko von Fehlschlägen und Missverständnissen kognitiv erobert werden. Da sie nicht nur auf unvollständigen Verträgen, sondern auch auf Machtbeziehungen zwischen den Mitgliedern (wie
auch zwischen den Organisationen selbst) beruht, endet nicht jede
Interaktion mit beiderseitigem Gewinn.

Gleichwohl sind Organisationsbeziehungen ebenso wie die Formen marktförmiger Interaktion ‚Nichtnullsummenspiele'. Sie nehmen nicht notwendig den Charakter ‚harter', d.h. antagonistischer
Konflikte an, in denen der Vorteil der einen Seite einem gleich großen Nachteil der anderen entspringt.[84] Organisationsbeziehungen
eignet wie Marktbeziehungen ein Potenzial für Wertschöpfung und
Innovation, das nicht auf dem Vorhandensein enger persönlicher
Beziehungen beruht und darum auch ‚unter Fremden' aktivierbar ist.

Die unterschiedlichen Charakteristika der basalen Koordinationsmechanismen sind im Schema 4 zusammengefasst. Sie verdeutlichen, warum Markt und Organisation die dominierenden Verkehrsformen und institutionellen Grundmuster der modernen Gesellschaft
sind: Beide sind für die Koordination einer *großen Zahl* von Teilnehmern geeignet, ohne dass deren gleichzeitige Anwesenheit erforderlich ist. Auch die grundlegende Differenz zwischen Markt- und Organisationsbeziehungen ist erkennbar: Während sich erstere in sachlicher und sozialer Hinsicht als *universell fungibel* erweisen, lassen Organisationsbeziehungen sehr *spezifische* Erwartungen, d.h. eine hohe
Selektivität der Sinnkommunikation zu; dabei kann ihre *Zeitperspektive*
problemlos den Planungshorizont von Individuen übersteigen.

---

84   Nichtnullsummenspiele können einen positiven oder einen negativen Nutzensaldo
     aufweisen. Wie groß das Ergebnis ausfällt und welches Vorzeichen es hat, hängt re-
     gelmäßig von der Interaktion der Beteiligten ab. Näheres dazu im Abschnitt 4.4.

Schema 4: Eigenschaften der basalen Koordinationsmechanismen

	,Markt'	,Gemeinschaft'	,Organisation'
Koordinationsressource ► ▼ *Koordinationsbedingung*	unrestricted entry & exit	unspezifisches Vertrauen	spezifizierte Erwartungen
Akteursouveränität: sachlich zeitlich sozial	 + + +	 + − −	 − + −
Stabilität der Beziehung	−	+	+
Shadow of the past	−	+	(+)
Face-to-face-Komm. notwendig	−	+	−
Vielzahl von Beteiligten möglich	+	−	+
Spezifisches Leistungsmaximum	Innovations- effizienz	personale Identität	Zuverlässigkeit
Spezifische Dysfunktion	Opportunismus- falle	kognitive Schließung	subjektlose Ver- selbständigung

3.2.3 Besonderheiten der Netzwerkkoordination[85]

Nach der Charakterisierung der basalen Koordinationsmechanismen ist es angebracht, auch einen Blick auf die als Netzwerk bezeichnete Koordinationsweise zu werfen. Wie wir bereits oben (vgl. 3.2.1) erwähnten, ist ein Teil der MGO-Semantik mit der Annahme assoziiert, dass der Interaktion in Netzwerken ein eigenständiger Koordinationsmechanismus zugrunde liegt (vgl. Powell 1990; Frances et al. 1991).

Vieles deutet darauf hin, dass Netzwerkbeziehungen im Kontext technologischer, organisatorischer und (welt-) wirtschaftlicher Veränderungen gegenüber der Koordination im Medium von Markt und Hierarchie an Bedeutung gewonnen haben. Netzwerkkommunikation betrifft in der Regel den Austausch von qualitativ wertvollen (exklu-

---

85   Die Ausführungen zum Netzwerkbegriff sind wesentlich durch den Beitrag von Doris Blutner zu einem gemeinsamen Projektantrag inspiriert.

siven) Informationen und bewährt sich insbesondere bei der Erschließung von Innovationspotenzialen, der Zusammenführung komplementärer Ressourcen und in Projekten mit einem komplexen und dynamischen Design. Komparative Vorteile werden sowohl bei der zielbewussten Interaktion in Unternehmensnetzwerken als auch bei der Regulierung von Wirtschaftssektoren identifiziert. Der Bedeutungszuwachs von Netzwerken schlägt sich in einer Vielzahl von empirischen Studien und theoretischen Konzeptualisierungen nieder, die allerdings beträchtlich divergieren. Eine integrative Netzwerktheorie, die einerseits mit der Theorie basaler Koordinationsmedien kompatibel ist und andererseits auch Leistungsgrenzen und typische Dysfunktionen von Netzwerken zu reflektieren vermag, steht noch aus.

Als dynamisches, dabei aber fragmentiertes und konzeptionell diffuses Forschungsfeld präsentiert sich v.a. die unternehmensbezogene Netzwerkanalyse. Ihr sind wertvolle Einsichten in die Entstehung, Gestaltung und Wirkung von Unternehmensnetzwerken, die Managementpraxis (Sydow 1992) und die Kooperation in „industrial districts" (Colletis/Pecqueur 1994) zu verdanken. Die dabei zum Zuge kommenden Theorieansätze lassen sich zwei Gruppen zuordnen: zum einen Theorien, die den Akteuren *Opportunismus* im Sinne der mikroökonomischen Handlungsrationalität unterstellen, und zum anderen denen, die die kollektive *Identität* der Beteiligten betonen.

Für die ökonomisch orientierten Ansätze ergibt sich der spezifische Netzwerknutzen aus einer Verringerung der Transaktionskosten der interorganisatorischen Kooperation, aus einem erleichterten Zugriff auf knappe Ressourcen (wie z.B. technologisches Wissen; vgl. Porter 1990) oder dem durch arbeitsteilige Kooperation ermöglichten Gewinn an Innovations- und Wettbewerbsfähigkeit. In den identitätsorientierten Ansätzen stehen konvergierende Interessen und Praktiken sowie der koordinierte Umgang mit gemeinsamen Ressourcen und Chancen – unter Verzicht auf egoistische Vorteilssuche – im Vordergrund. Hier besteht der spezifische Netzwerknutzen in Synergieeffekten und kollektiven Wettbewerbsvorteilen (vgl. Sydow/ van Well 1996: 204; Schamp 2001). Maßgebliche Ressourcen sind gemeinsame Werte, Traditionen und eine spezifische Interaktionskultur, auf deren Grundlage sich reziproke Verpflichtungen und wechselseitiges Vertrauen entwickeln.

Auf die Frage nach den Erscheinungsformen und Ursachen von Netzwerkversagen geben die unterschiedlichen Ansätze keine befriedigende Antwort. So vermag der ökonomische Ansatz nicht zu erklären, ob und ggf. warum Netzwerkpartner auch dann noch Beiträge zu leisten bereit sind, wenn sie dank der Netzwerkkoordination so wettbewerbsfähig wurden, dass kompetitive Markttransaktionen als profitabler erscheinen. Gemäß dem unterstellten Nutzenkalkül müsste das Netzwerk unter diesen Bedingungen kollabieren. Die identitätsorientierten Ansätze, für die Netzwerkleistungen v.a. das Resultat organisationalen Lernens sind, müssten dagegen Netzwerkversagen mit Lernhindernissen zu erklären versuchen und ihre Aufmerksamkeit auf schleichende Sinn- und Identitätsverluste, aber auch Pfadabhängigkeit und *Lock-in*-Effekte richten (Ortmann/Sydow 1999: 214; Powell 1996). Darüber hinaus wäre beiden Theorievarianten auch ein Interesse der Entstehung und Reproduktion der gemeinsamen Werte zu unterstellen, deren Vorhandensein sie – in unterschiedlichem Maße – voraussetzen.

Obwohl ein breites Literaturangebot existiert, ist nicht erkennbar, wie sich die These eines eigenständigen Koordinationsmechanismus namens Netzwerk begründen ließe. Empirische Untersuchungen zur regionalen Kooperation von Unternehmen weisen die Vorstellung als „völlig überhöht" zurück, dass „Netzwerke als eine neue Steuerungsform(..) jenseits von Markt und Hierarchie" zu betrachten sind (Hellmer et al. 1999). Die Mehrzahl der vorhandenen Ansätze bedient sich im übrigen des Instrumentenkastens der bekannten Koordinationstheorien und entzieht sich der Zumutung, entweder die Spezifika der Netzwerkinteraktion vor dem Hintergrund ihrer Alternativen zu explizieren oder in Netzwerken eine je besondere Kombination der basalen Koordinationsmechanismen zu erkennen. Letzteres erscheint aber als die bei weitem fruchtbarste Alternative. In ihrer Logik liegt es, die gemeinsame Besonderheit aller Netzwerkvarianten im Verzicht auf einen dominanten Koordinationsmechanismus (auch als *rule of last resort*) zu sehen, aber gleichwohl den präzisen Stellenwert einzelner Mechanismen bei der Gewährleistung der diversen Netzwerkfunktionen zu ermitteln.

In dieser Perspektive lässt sich auch eine Hypothese zu den Erscheinungsformen von Netzwerkversagen formulieren: Dieses liegt vermutlich immer dann vor, wenn sich die Beteiligten außerstande zeigen, ihre allfälligen Koordinationsaufgaben – insbesondere den Austausch von exklusiven Informationen – befriedigend zu lösen, sei es aufgrund divergierender Koordinationspräferenzen, sei es in Ermangelung kollektiver Werte, die das egoistische Nutzenkalkül dämpfen.

Entgegen optimistischen Vermutungen kommt den materiellen Resultaten der Netzwerkkommunikation keine per se überlegene Qualität zu. Insbesondere scheinen die besonderen Netzwerkleistungen – effiziente Koordination einerseits, verlässliche Informationen andererseits – auf widersprüchlichen Voraussetzungen zu beruhen. Während Koordinationsvorteile aus dichten Beziehungsnetzen exklusiver Art erwachsen, beruhen Informationsgewinne auf einer Vielzahl lockerer Beziehungen und einer diffusen Umweltgrenze des Netzwerks. Enge Netzwerkbeziehungen leiden aber nicht selten unter Informationsverlusten aus ‚kognitiver Schließung'. Und lockere, im Medium von „weak ties" reproduzierte Bekanntschaftsnetzwerke (Granovetter 1985) können nicht gewährleisten, dass ihre Mitglieder von den jeweils günstigsten Gelegenheiten erfahren.

Die Beschränkung des ‚feasible set' auf die ausschließlich im Netzwerk angebotenen Alternativen bedeutet, sich mit den Optionen der ‚lokalen Maximierung' zu begnügen und ‚bessere', aber nur außerhalb des Netzwerks realisierbare Alternativen zu ignorieren.[86] Dieser Umstand mag erklären, warum räumliche Nähe nicht als Erfolgsgrundlage regionaler Unternehmensnetzwerke ausreicht, sondern – ungeachtet des in der Politik verbreiteten Netzwerkmythos – von marktförmiger Kooperation dominiert wird (Hellmer et al. 1999).

Ein kursorischer Blick in die Literatur zu Politiknetzwerken vermittelt einen weniger skeptischen Eindruck.[87] Politiknetzwerke umfassen typischerweise eine Gruppe von Individuen, Organisationen und staatlich-administrativen Instanzen, die das Interesse an einem politischen Thema bzw. Regulationsobjekt teilen. Dabei können ihre gegenstandsbezogenen Interessen durchaus divergieren, wie das z.B.

---

86   Mit „lokaler Maximierung" bezeichnet Jon Elster (1987a: Kap. I) die Auswahl unter den unmittelbar gegebenen Handlungsalternativen. ‚Globale Maximierung' schließt dagegen den Zugriff auf die absolut besten Optionen ein, die jedoch nur auf Umwegen bzw. mittels investiver Strategien realisierbar sind.

87   Vgl. Knoke (1990), Marin/Mayntz (1991), van Waarden (1992) und Jansen/Schubert (1995).

bei den an der Arbeitsmarktregulierung beteiligten Gewerkschaften und Arbeitgeberverbänden der Fall ist. Da die Netzwerkakteure ihre Interaktionen in der Regel nicht im Wege des Realtauschs von Wertobjekten regeln, sondern Verhandlungen über Ordnungs- und Zuständigkeitsregeln führen, entstand der Eindruck, dass die in Anspruch genommene Verhandlungslogik einer Orientierung der Beteiligten am Gemeinwohl förderlich sei (Mayntz 1993). Doch das ist nicht generell der Fall.

Spieltheoretische Analysen zeigen eine hohe Abhängigkeit der Ergebnisse von den (oft staatlich gesetzten) Spielregeln, der Interaktionshäufigkeit und dem quantitativen Anteil der koalitionsbereiten Teilnehmer (Scharpf 1994: 399ff.). Außerdem sind weitere Variablen der Verhandlungssituation zu berücksichtigen, auf die wir noch zu sprechen kommen werden (vgl. 3.4).

Der Eindruck einer höheren Kooperationsneigung der Politiknetzwerke könnte schließlich auch der selektiven Aufmerksamkeit für solche Netzwerke geschuldet sein, deren Entscheidungsthemen öfter mit diffusen als mit prägnanten Verteilungswirkungen assoziiert sind.

3.3 Macht – Ressource, Medium oder Metapher?

Was wir als ‚gesellschaftliche Verhältnisse' bezeichnen, ist durch eine gewisse Geordnetheit charakterisiert, die uns in verschiedenen Situationen einigermaßen verlässliche Erwartungen ermöglicht. Diese Erwartungen, die mit zunehmender Lebenserfahrung sowohl komplexer als auch unsicherer werden, sind nicht nur durch ihren Gegenstand bzw. Inhalt definiert, sondern tragen auch eine Art Zeitindex: Auf kurze Sicht erwarten wir die annähernd unveränderte Fortsetzung des Gegebenen, auf lange Sicht müssen wir damit rechnen, das alles anders werden mag. Der mittlere Zeithorizont wird mit diffusen Erwartungen bedacht: Die Kontinuität der Verhältnisse ist wahrscheinlich, aber gleichwohl unsicher. Offensichtlich liefern die Prozesse der gesellschaftlichen Reproduktion ein widersprüchliches Resultat: Erhaltung *und* Veränderung. Während ein Gutteil der Veränderungen unter der Rubrik ‚unintendierter sozialer Wandel' zu verbuchen ist, besteht kein Zweifel, dass gesellschaftliche Veränderungen *auch* im Wege intentionalen Handelns zustande kommen können, sofern Akteure über die erforderlichen Ressourcen bzw. Machtoptionen verfügen.

Zur Charakterisierung aller Modi der gesellschaftlichen Selbstregulation reicht der oben diskutierte Katalog basaler Koordinationsmechanismen nicht aus. Empirische Koordinationsweisen, in denen diese Mechanismen mit unterschiedlichen Anteilen zusammenwirken, beschreiben nur die Spielregeln typischer, wiederkehrender Interaktionen. Auf der Ebene sozialer Systeme finden sie ihr Pendant im Konzept der symbolisch generalisierten Kommunikationsmedien, denen die soziologische Systemtheorie Selektions- und Motivationsfunktionen zuschreibt.[88] Viele konkrete Handlungssituationen sind nur schwach durch diese Medien strukturiert. Die Akteure begegnen ihnen mit unterschiedlichen Interpretationen, divergierenden Handlungsdispositionen und ungleichen, womöglich aufeinander bezogenen Interessen. Wenn Kommunikationspartner außerdem über ungleiche Chancen verfügen, ihre Definition der Situation durchzusetzen, erkennen wir einen Fall von ‚Macht'. Machtausübung kommt sowohl in Prozessen der (Re-) Produktion als auch der Veränderung von Erwartungsstrukturen vor. Wir müssen mit ihr auch in institutionalisierten Handlungszusammenhängen, also an Märkten, in Organisationen und Gemeinschaften, rechnen.

3.3.1 Machtbegriffe

Die Funktionsweise von Macht – oder exakter: die Logik der Machtkommunikation – wird nicht nur in alltagsweltlichen, sondern auch in sozialwissenschaftlichen Diskursen verkannt. Obwohl ‚Macht' aus den Prozessen der gesellschaftlichen Selbstregulation nicht wegzudenken ist und bei der Geltendmachung der Steuerungsansprüche einzelner sozialer Akteure eine prominente Rolle spielt, krankt das verbreitete Machtverständnis an konzeptionellen Schwächen. Um nur die wichtigsten zu erwähnen:

- Sehr häufig wird der Unterschied vernachlässigt, der zwischen dem Vorhandensein von Machtmitteln und ihrer erfolgreichen Anwendung besteht. Doch macht es keinen Sinn, die Sammler

---

88 Die Kommunikationsmedien wie z.B. „Wahrheit, Liebe, Eigentum/Geld, Macht/Recht; in Ansätzen auch religiöser Glaube, Kunst und (...) zivilisatorisch standardisierte Grundwerte" symbolisieren „den Zusammenhang von Selektion und Motivation" (Luhmann 1984: 222).

von Waffen mit Personen gleichzusetzen, die Straftaten unter Androhung von Waffengebrauch begehen.

- Wenig sinnvoll ist es auch, den Unterschied zwischen Einfluss und Machtanwendung zu verwischen. Wer Vorschläge macht oder auf die Folgen der einen oder anderen Handlungsweise hinweist, mag damit zwar u.U. erheblichen Einfluss ausüben, aber nicht notwendig Macht.
- Fragwürdig ist ferner ein Begriff von struktureller Macht bzw. Gewalt (z.B. Bourdieu 1973; Galtung 1975), der lediglich den Umstand charakterisiert, dass sich soziale Akteure den gesellschaftlichen Verkehrsformen, institutionalisierten Ordnungen oder impliziten Erwartungen nicht ohne Risiko von Nachteilen entziehen können.
- Und schließlich besteht ein markanter Unterschied zwischen Fällen der Machtanwendung, durch welche Dritte in eine missliche Lage geraten, und solchen, in denen demjenigen ‚Macht' attestiert wird, der einem anderen aus der Patsche hilft. Ein ‚Angebot, dem man nicht widerstehen kann', macht mich nicht zum Opfer; eher ist das Gegenteil der Fall.

Den harten Kern des Begriffs Macht hat Max Weber so umrissen:

> „Macht bedeutet jede Chance, innerhalb einer sozialen Beziehung den eigenen Willen auch gegen Widerstreben durchzusetzen, gleichviel worauf diese Chance beruht" (Weber 1972: 28).

Diese Formulierung enthält vier Aussagen von zentraler Bedeutung: Macht ist an eine *soziale Beziehung* gebunden. Macht ist *unabhängig* von der Art der Machtmittel. Macht ist die *Chance* der Durchsetzung, aber nicht der Akt der Durchsetzung bzw. die Anwendung der Machtmittel. Und Macht liegt nicht in jedem Fall der Realisierung des eigenen Willens vor, sondern nur dann, wenn jemand der Willensäußerung ‚widerstrebt'.

Der Machtbegriff, der einen eindeutigen Willen auf Seiten des Machthabers voraussetzt, hat verschiedentlich Kritik auf sich gezogen. Ist nicht auch solchen Akteuren Macht zu bescheinigen, die ihre Interessen durch Untätigkeit bzw. Duldung der für sie günstigen Verhältnisse zu realisieren verstehen? Untersuchungen zur Verteilung der Machtchancen kommunalpolitischer Akteure in Städten der

USA[89] förderten Fälle zu Tage, in denen mutmaßlich ‚Mächtige' ihre Interessen auf recht unspektakuläre Weise durchsetzten: indem sie z.B. die Tagesordnung politischer Entscheidungsgremien von für sie riskanten Themen freihielten, Informationen (z.B. über das Ausmaß der industriellen Luftverunreinigung) zurückhielten und alle Handlungen unterließen, die den Betroffenen Veranlassung gegeben hätten, sich ihrer Interessen klar zu werden, sich zu organisieren und mit Erfolgsaussicht zur Wehr zu setzen. Ist es nicht so, dass auch ‚Nichtentscheiden' (*non-decisions*) eine Form der Machtausübung darstellen, zumindest dann, wenn ‚Mächtige' aus der Unterlassung einen Vorteil ziehen?

Wenngleich Nichtentscheiden, Nichthandeln, Untätigkeit oder ganz allgemein: Unterlassen ihrem Wortsinn nach keine Handlungen darstellen, scheinen sie doch unter zwei Bedingungen der Ausübung von Macht gleichzukommen: erstens, wenn das Unterlassen dem Unterlasser einen Vorteil zu Lasten Dritter verschafft und, zweitens, wenn die Unterlassung bewusst, d.h. in Kenntnis ihrer Alternativen, erfolgt. Solcherart ‚Unterlassungen' kommen offensichtlich umso häufiger vor, je mehr alternative Möglichkeiten einem Akteur offen stehen. Da die moderne, funktional differenzierte Gesellschaft den Individuen eine Vielzahl von Handlungsoptionen bietet, sind die Entscheidungen der Akteure nicht nur durch die jeweils gewählte Option, sondern ebenso sehr durch die ausgeschlossenen (bzw. ‚abgewählten') Alternativen charakterisiert (Luhmann 1973b). In analytischer Perspektive sollte folglich

> „Distanz zu rein positivistischen Ansätzen gewahrt werden, die das Gegenstandsfeld der Handlungstheorie auf objektivistisch beschreibbare, auf elementaren Körperbewegungen fundierte aktive Verhaltensweisen schrumpfen lassen" (Geser 1986: 668).

Die „radikale" Machttheorie von Steven Lukes (1974) geht noch einen Schritt weiter und identifiziert auch dann einen Fall von Machtausübung, wenn Akteure das Aufkommen von Unzufriedenheit bei Dritten durch Einwirkung auf deren Wahrnehmung, Präferenzen oder Denken verhindern. Macht muss demnach weder mit offenem Konflikt noch mit der Kommunikation einer Drohung verbunden sein. Letztendlich genügt jeder diskretionäre, also von den Umständen nicht erzwungene, Verstoß gegen die Interessen anderer, um ihn

---

89   Vgl. Bachrach/Baratz (1962, 1977) und Crenson (1971).

als Machtausübung zu identifizieren.[90] Als Bezugsgröße gelten Lukes nicht nur die manifesten (subjektiven) Interessen der Individuen, sondern auch die einer mutmaßlich machtunterlegenen Seite zugeschriebenen ‚objektiven' Interessen. Das Widerstreben des Machtunterworfenen wird nicht als notwendige Bedingung veranschlagt.

Dieses sehr weit gefasste Verständnis von Macht mag sich u.U. als Verbalmunition für politische Auseinandersetzungen eignen, aber erscheint für handlungstheoretische Analysen als unzureichend. Ein kaum zu heilender Schwachpunkt ist der Rekurs auf objektive Interessen, d.h. auf bestenfalls theoriegestützte Zuschreibungen. Welche Nutzenfunktion auch immer aus einer theoretischen Position heraus unterstellt werden mag, sie bleibt der Kritik des Akteurs selbst ausgesetzt, dem der Beobachter nur unter *einer* Bedingung ‚falsche' Interessen unterstellen darf, nämlich wenn der Akteur seinen Willen unabsichtlich auf unrichtige Informationen gründet. Falsche Informationen mögen aber in einer derart engen Beziehung zum Identitätskonzept des Akteurs stehen, dass sie sich als immun gegen Versuche ihrer Korrektur erweisen.

Ebenso wenig haltbar ist eine Ausdehnung des Machtkonzepts auf alle Fälle, in denen diskretionäre Handlungen potentiell nachteilige Folgen bei Dritten hervorrufen. In welche Paradoxien man mit dieser Annahme gerät, lässt sich an der Theorie des Klassenkonflikts zwischen Arbeitern und Bourgeoisie demonstrieren. In der Perspektive des Historischen Materialismus bereitet die Bourgeoisie den Arbeitern derart nachteilige Existenzbedingungen, dass diese sich zusammenschließen, um gemeinsam den Klassenantagonismus zu überwinden. Weil der dabei angestrebte Gesellschaftstyp als seinem Vorgänger überlegen unterstellt ist, scheinen die Arbeiter die sie zunächst benachteiligenden Entscheidungen der Bourgeoisie in einen langfristigen Vorteil umzumünzen – durch *ihre* Entscheidung, nicht für einen ‚verbesserten' Kapitalismus zu kämpfen, sondern für dessen Überwindung.

Akzeptiert man dieses Szenario, so muss die von der Bourgeoisie betriebene Schaffung des Sozialstaats als ein gegen das ‚objektive' Interesse der Arbeiter gerichteter Akt identifiziert werden, verhinderte er doch das zum Umsturz der Verhältnisse notwendige Maß an

---

90 Vorausgesetzt ist als Mindestbedingung, dass der mutmaßlich Machtüberlegene auch *anders* hätte handeln können.

Elend und Verzweiflung. Soweit das theoretische Modell. Was aber, wenn die Idee des Kommunismus – z.B. aufgrund immanenter Konstruktionsfehler oder ‚unpassender' Umstände – gar nicht realisierbar ist? Was, wenn die Verwirklichung erst nach mehreren Generationen möglich ist, was bedeutet, dass frühere Generationen nur die elenden Vorbedingungen der Erlösung erleben?

Diese Fragen sind letzten Endes nicht wissenschaftlich beantwortbar, sondern nur mit Rekurs auf politische Überzeugungen und Moralbegriffe, die zwar Gegenstände, aber niemals Ergebnis wissenschaftlicher Analyse sein können. Der ideologie- und sozialkritische Charme des radikalen Machtkonzepts verblasst rasch, wenn man seine gesellschaftlichen und politischen Implikationen in den Blick nimmt. Wir begnügen uns deshalb mit einer genaueren Betrachtung von Machtbeziehungen, in denen explizite Drohungen zum Einsatz gelangen.

3.3.2 Das relationale Machtkonzept

Halten wir zunächst die unstrittigen Elemente eines trennscharfen Machtkonzepts fest: Macht bezeichnet eine in bestimmter Weise ‚kodierte' soziale Beziehung. Diese beruht auf der Differenz zwischen einem überlegenen und einem unterlegenen Handlungsvermögen. Das überlegene Handlungsvermögen gestattet seinem Besitzer, das Handeln des Anderen mit einer gewissen Erfolgschance zu beeinflussen. Der Machtüberlegene vermag zu steuern, der Machtunterlegene wird gesteuert, oder exakter: lässt sich steuern. Unstrittig ist auch, dass der Steuerungsakt und in aller Regel sein Ergebnis den Präferenzen des Gesteuerten zuwiderlaufen.

Entgegen einer verbreiteten Auffassung identifizieren wir Macht – mit Luhmann (1975a) – nicht mit dem Vorhandensein bestimmter Ressourcen oder eines überlegenen Handlungsvermögens, sondern mit einem besonderen Typus sozialer Beziehungen. Macht liegt vor, wenn Macht ausgeübt wird, aber Machtausübung ist kein Ding, sondern ein prozessualer Vorgang. Die der Machtausübung zugrunde liegende soziale Beziehung ist kommunikativer Art. Sie entsteht, wenn zwei Bedingungen erfüllt sind: (1) erstens, wenn ein Akteur (A) einem anderen Akteur (B) mitteilt (u.U. genügt schon eine Andeutung, ein Signal oder gar die Antizipation), dass B sich auf eine von A gewünschte Weise verhalten soll. Denn Machtausübung ist ein transitiver Akt; er soll etwas bewirken.

(2) Zweitens ist es erforderlich, dass A dem B ankündigt, was geschehen wird, falls B sich weigert. Das ist die sogenannte Vermeidungsalternative. Sie macht aus der Kommunikation eines Wunsches die Einleitung einer Machtbeziehung. Erst mit der Androhung einer Vermeidungsalternative beginnt die Machtkommunikation. Für das ‚erfolgreiche' Zustandekommen einer Machtbeziehung müssen aber noch zwei weitere Bedingungen erfüllt sein: (3) dass es B leichter fällt, den Verhaltenswunsch von A zu erfüllen als es zur Ausführung der Vermeidungsalternative kommen zu lassen; B muss also objektiv und subjektiv in der Lage sein, A's Wunsch zu erfüllen. Und (4) muss B ausreichend Grund haben anzunehmen, A wäre fähig und willens, seine Drohung (d.h. die Vermeidungsalternative) wahr zu machen. Die angedrohte Vermeidungsalternative muss glaubwürdig sein.

Nun ist erkennbar, wovon der Aufbau einer Machtbeziehung abhängt, nämlich davon, dass die Beteiligten (hier: A und B) zwei Alternativen, die v.a. B betreffen (nämlich die Ausführung von A's Verhaltenswunsch und die Hinnahme der Vermeidungsalternative) auf *ungleiche* Weise bewerten. Betrachten wir zuerst die Alternativen des Initiators (Akteur A), der im Machtspiel den ersten Zug macht. Seinen an B adressierten Verhaltenswunsch nennen wir A_p und die angedrohte Vermeidungsalternative A_v. Durch die Kommunikation dieser beiden von A gewählten Alternativen wird B vor die Wahl gestellt, entweder zu gehorchen und sich gemäß A's Verhaltenswunsch zu verhalten ($A_p = B_p$) oder die von A angedrohte Bestrafung mit der Vermeidungsalternative hinzunehmen ($A_v = B_v$).

B wird sich aber nur dann für die Konformitätsalternative entscheiden und dem an ihn gerichteten Ansinnen folgen, wenn eine weitere Bedingung erfüllt ist, die in der Regel keiner der Beteiligten im Vorhinein als garantiert ansehen kann. Denn für einen (im Sinne des Initiators) erfolgreichen Abschluss der Machtbeziehung ist es schließlich erforderlich, dass es (5) dem Initiator, also Akteur A, vergleichsweise wenig ausmacht, die Vermeidungsalternative auszuführen, während es B leichter fällt, A's Verhaltenswunsch zu erfüllen als die Vermeidungsalternative hinzunehmen.

Die notwendige *Ungleichbewertung* der beiden Alternativen lässt sich in einer Ungleichung der individuellen Nutzenbewertungen ausdrücken, die folgende Form hat: $(A_p - A_v) < (B_v - B_p)$. Sie besagt, dass für A der Unterschied zwischen A_p und A_v (in absoluten Beträgen) weniger wiegt als für B der Unterschied zwischen B_v und B_p. Der entsprechende Lehrsatz lautet:

Wenn $(B_v - B_p) > (A_p - A_v)$, dann hat A Macht über B.

Maßgebend ist also das jeweilige Verhältnis der Konformitätsalternative (B gehorcht A) zur Vermeidungsalternative (B weigert sich und A realisiert seine Drohung), und zwar als Relation zwischen zwei Relationen. Daraus ergeben sich einige interessante Konsequenzen.

Nicht das Vorhandensein unterschiedlicher Machtressourcen, sondern ungleich gewichtete *Handlungspräferenzen* konstituieren eine Machtasymmetrie und damit die Chance der Machtausübung. Das hat beispielsweise zur Folge, dass derjenige, der seinen materiellen Reichtum hoch schätzt, demjenigen unterlegen ist, der nichts als sich selbst besitzt, aber bereit ist, sein Leben für was auch immer aufs Spiel zu setzen. Denn die Machtbeziehung besteht zum Vorteil desjenigen Akteurs, der gegenüber den alternativen Ausgängen der Interaktion die größte Indifferenz aufweist. Schätzen beide Seiten die Differenz zwischen Konformitäts- und Vermeidungsalternative als gleichgewichtig ein, ist der Ausgang ihrer Interaktion allerdings offen.

Das mögen zwei Beispiele verdeutlichen. Im ersten Beispiel betrachten wir das Verhältnis zwischen einem Schüler und seiner Mutter. Der Schüler möchte den Nachmittag lieber mit Spielen statt mit der Erledigung seiner Schularbeiten verbringen. Die Mutter möchte, dass ihr Sohn Schularbeiten macht, und droht ihm für den Fall des Ungehorsams eine Strafe an. Was nun tatsächlich geschieht, hängt vom Verhältnis der Präferenzgewichte beider Seiten ab. Nur wenn der Mutter die Bestrafung ihres Kindes weniger ausmacht als es dem Sohn ausmachen würde, sich an seine Schularbeiten zu setzen, wird ihr Wunsch befolgt werden. Gehört sie jedoch zu jener Gruppe von Eltern, die unter einer Bestrafung ihres Kindes mehr leiden als dieses selbst, so ist sie die Machtunterlegene und wird den Kürzeren ziehen.

Im zweiten Beispiel stellen wir uns einen gewaltbereiten Einbrecher vor, der seinem Opfer den Tod androht, falls sich dieser weigert, den Zahlencode des Tresors preiszugeben.[91] Ein rationaler Gangster wird versuchen, den Eindruck zu erwecken, er sei tatsächlich bereit, das ungehorsame Opfer umzubringen, auch wenn das für

---

91   Eine lesenswerte Variante dieses Falls findet sich bei Parfit (1985: 12).

ihn auf den ungünstigsten Ausgang der Interaktion (Mord ohne Beute) hinauslaufen würde. Dem Opfer ist es dagegen allemal lieber, Leib und Leben zu retten als den Inhalt seines Tresors. Wer wird in diesem Konflikt obsiegen? Die Antwort lautet: derjenige, der am überzeugendsten eine irrationale Präferenzordnung vorzuspiegeln versteht. Das kann der Überfallene sein, wenn er es fertig bringt, den Einbrecher zu überzeugen, dass ihm der Tresor wichtiger als das eigene Leben ist, z.B. indem er sich in einen Zustand offensichtlicher Unzurechnungsfähigkeit versetzt.[92] Einen anderen Ausgang mag der Konflikt nehmen, wenn es dem Einbrecher gelingt, sich als derart irrational (z.B. rachsüchtig) darzustellen, dass der Überfallene mit dem denkbar ungünstigsten Ausgang rechnen muss. Die Quintessenz des Gedankenexperiments: Wer der Machtunterlegene ist, entscheidet sich u.U. erst im Verlauf der Interaktion, nämlich anhand der Optionen, unter denen jeder Beteiligte wählen kann. Und: Wer als erster wählt, ist im Vorteil.[93] Das bedeutet im Einzelnen:

- Für das Zustandekommen einer Machtbeziehung sind die Handlungsalternativen *aller* Beteiligten relevant: Auch die vermeintlich machtunterlegene Seite besitzt Wahlmöglichkeiten.
- Die Machtbeziehung setzt eine doppelte (Selektions-) Entscheidung und ihre Kommunikation voraus: Konformitäts- und Vermeidungsalternative müssen dem Anderen mitgeteilt werden.
- Die Machtbeziehung ist auch durch die unterlegene Seite gestaltbar, und zwar hinsichtlich der eigenen Präferenzordnung, der relevanten Optionen, der Transparenz der eigenen Präferenzen und Optionen sowie der Kenntnis der ‚wahren' Präferenzen und Optionen des vermeintlich Machtüberlegenen.[94]

Festzuhalten ist außerdem: Nicht jede Selektion und Kommunikation von Alternativen ist Indikator einer Machtbeziehung. Diese liegt nur

---

92 In dem von Parfit skizzierten Beispiel gelingt es dem Opfer, so rasch den Zustand der Volltrunkenheit zu erreichen, dass ihm der Räuber eine zutiefst irrationale Präferenzordnung ‚abnehmen' muss.
93 Das spieltheoretische Analogon dieser Interaktionssituation ist das ‚chicken game'. Es geht zum Vorteil desjenigen Spielers aus, der sich als erster verbindlich zu entscheiden vermag und dadurch eine adaptive Entscheidung des anderen präjudiziert.
94 Ob es zweckmäßig ist, die eigenen Präferenzen und Optionen offen zu legen oder sie zu verbergen, hängt selbstverständlich von den konkreten Umständen des Einzelfalls ab.

vor, wenn der Verhaltenswunsch zusammen mit einer Vermeidungsalternative kommuniziert wird. Dementsprechend ist auch nicht jede
positive Reaktion auf ein von anderer Seite geäußertes Ansinnen ein
Fall von Macht. Und schließlich gilt es zu beachten, dass die Machtbeziehung in dem Moment endet, in dem die machtüberlegene Seite
die angedrohte Vermeidungsalternative tatsächlich praktizieren muss.
Denn das heißt nichts anderes, als eine Handlung allein um der eigenen Glaubwürdigkeit willen auszuführen, obwohl sie das ‚eigentlich'
angestrebte Resultat nicht mehr liefern kann.

Ein handlungstheoretisch konsistenter Machtbegriff, wie er hier
im Anschluss an die Überlegungen Luhmanns (1975a) skizziert ist,
bedarf dagegen weder eines Rekurses auf konkrete Machtressourcen,
einen abstrakten ‚Machtwillen' oder eine bestimmte Art von Sanktionen. Er nimmt auch nicht Bezug auf ‚Machtmotive' oder etwaige
‚böse' Absichten des Machtausübenden. Auch sind Machtbeziehungen kein Nullsummenspiel, in dem die Stärke des Einen gleich der
Schwäche des Anderen ist. Die Steuerungswirkung der Machtbeziehung folgt vielmehr aus einem, erst durch Kommunikation aktuali-
sierten Machtgefälle, das durch die ungleiche Bewertung der infrage
stehenden Optionen (genau genommen: der zwischen ihnen bestehenden Differenz) entsteht. Es erlaubt die thematisch spezifische
Beeinflussung eines Anderen im Sinne der Reduktion von Unsicherheit über dessen Handeln. Machtbeziehungen sind entscheidungsbe-
dürftig. Ihr ‚Erfolg' wäre nur dann schon bei der Initiierung gesichert, wenn die Beteiligten über vollständige Informationen verfügen
würden. Weil das so gut wie nie der Fall ist, sind Machtbeziehungen
stets risikobehaftet.

Machtbeziehungen dürfen im übrigen nicht mit der Anwendung
von Zwang verwechselt werden. Zwang impliziert die alternativlose
Steuerung des Verhaltens eines Anderen, dem dabei keine Wahl gelassen wird. Der den Zwang Ausübende hat dafür von Vornherein
(hohe) Kosten zu tragen – und sei es nur hinsichtlich der Rechtferti-
gung eines Vorgehens, das auf die Chance der Steuerung per Machtkommunikation verzichtet.

Als Herrschaft bezeichnen wir dagegen die generalisierte, sozial
anerkannte und insofern mit einer Legitimitätsunterstellung verbun-
dene Gerichtetheit von Steuerungsansprüchen. Sie mögen das auf

Dauer gestellte Resultat einer gelungenen Machtkommunikation sein, aber verdanken ihren Bestand nicht (mehr) einer aktuellen, mit Drohungen unterfütterten Machtbeziehung, sondern der Anerkennung durch die herrschaftsunterworfene Seite. Gleichwohl scheinen Herrschaftsverhältnisse umso gefestigter, je leichter es den die Herrschaft Ausübenden möglich ist, nötigenfalls auf Machtkommunikation umzuschalten. Das zeigt sich z.b. an den relativ verlässlichen Wirkungen des staatlichen Gewaltmonopols.

Was die Rolle von Machtkommunikation in modernen Gesellschaften betrifft, so ist sie durch das dichte Gefüge verfahrensregulativer Institutionen im Wesentlichen auf die Ebene der Interaktion von Personen und Organisationen beschränkt. Zwar bedarf die Gesellschaft nicht (mehr) laufender Machtkommunikationen, um das notwendige Maß an Integration und Funktionserfüllung zu gewährleisten, doch sind Machtkommunikationen im unmittelbaren Verkehr der Akteure allgegenwärtig. Wo immer jenseits der durch Institutionen, Normen und Routinen bestimmten Erwartungsstrukturen gehandelt, innoviert oder kooperiert (sic) wird, ist mit Bemühungen der Akteure zu rechnen, Unsicherheit mittels gezielter Machtkommunikation zu reduzieren.

3.4 Verhandlungen

Der als Verhandlung bezeichnete Modus sozialer Interaktion wurde erst in den letzten Jahrzehnten zu einem bevorzugten Gegenstand sozialwissenschaftlicher Analyse. Verhandlungen und andere konkrete Formen der Kommunikation galten bis dahin als triviale Phänomene, über die allenfalls mitteilungsfreudige Praktiker das eine oder andere Interessante zu sagen haben. Typische Verhandlungsphänomene, z.B. Tarifverhandlungen oder die Regelung internationaler Beziehungen, wurden lange Zeit als Epiphänomene von Machtasymmetrien bzw. des oligopolistischen Wettbewerbs betrachtet. Für die Wissenschaft wurde der Modus des Verhandelns erst interessant, als sich die Aufmerksamkeit von den strukturellen Eigenschaften des politischen Systems zu Fragen der prozeduralen Steuerung von Politik verlagerte.

Verhandlungen, Politiknetzwerke und der Topos des ‚kooperativen' Staats sind Momente einer Themenkonjunktur, welche auf die Erkundung und Analyse korporatistischer Formen der Interessenvermittlung folgte. Dass die prozessuale Logik der politischen Interaktion ins Zentrum der Aufmerksamkeit rückte, verdankt sich einem Wandel des allgemeinen Politik- und Staatsverständnisses, dem die Vorstellung vom straff organisierten und steuerungskompetenten Interventionsstaat zum Opfer fiel. In der post-keynesianischen Ära (ab etwa 1980) hatte sich ein neuer Typus politischer Steuerung herausgebildet, bei dem staatliche Akteure stärker als je zuvor an die selbstregulativen Potenziale gesellschaftlicher Bereiche und Wirtschaftssektoren, d.h. an die (Selbst-) Steuerungskompetenzen der außerstaatlichen Akteure anzuknüpfen versuchen. Die Vorstellung eines die Gesellschaft von zentraler Stelle aus steuernden Staates hat der Einsicht Platz gemacht, dass die nach eigensinniger Logik verfahrenden Funktionssysteme von einem autoritär agierenden Staat allenfalls irritiert, aber kaum mehr kontrolliert werden können.

Damit reagierte die staatliche Politik auf ihre hochgradige Abhängigkeit von den Leistungen der gesellschaftlichen Teilsysteme wie auch dem autonomen Regulierungsvermögen der Tarifparteien, der Wirtschafts- und Berufsverbände, der Bildungsinstitutionen u.s.w. Man registrierte einen generell gestiegenen Konsultations- und Abstimmungsbedarf der Politik, der u.a. auf die globalisierungsbedingte Entwertung der Instrumente nationaler Wirtschaftspolitik zurückgeführt wird. Der Staat erscheint nun nicht mehr als „zentrale Steuerungsstelle, sondern Mitspieler in einem Netzwerk von Handelnden" bzw. „Moderator(.) der laufenden Prozesse" (Fürst 1987). Und die Politikwissenschaft richtet ihre Scheinwerfer auf Sachverhalte, die durch Stichworte wie Selbstregulierung, Kontextsteuerung, Politiknetzwerke und kooperative Politik markiert sind.

Mit der Figur des ‚kooperativen Staats' ist die Steuerungsdebatte in ein neues Stadium eingetreten, in dem das direktive Moment des Steuerungsbegriffs fast vollständig getilgt zu sein scheint. Dagegen sind die Probleme der Abstimmung zwischen gesellschaftlichen Teilsystemen in den Mittelpunkt gerückt. Im Zuge ihrer Bearbeitung – eine ‚Lösung' der Probleme ist nur selten möglich – hat das politische System den Charakter einer „Verhandlungsdemokratie" angenommen (Schimank/Lange 2001: 241). Gesellschaftliche Strukturen, ins-

besondere die Ausdifferenzierung von Teilsystemen, und die Eigenlogik der teilsystemischen Prozesse werden vom politischen System
als unhintergehbare Voraussetzungen der Einflussnahme respektiert
(was nicht heißt, dass sie immer in zutreffender Weise berücksichtigt
würden). Damit ist aber kein Rückfall in den (vorwiegend akademi-
schen) „Steuerungsdefätismus" (Prätorius 1999: 618; Schimank/
Lange 2001: 224) verbunden, sondern gesteigerte Reflexionsfähigkeit
gegenüber der gesellschaftlichen Wirklichkeit und ihren bereichsspezifischen Dynamiken.[95] Im ‚kooperativen' Staatshandeln ist die Kompetenz der Teilsysteme – genauer: der die Teilsysteme tragenden kollektiven Akteure – zur gesellschaftlichen Selbstorganisation nicht nur
akzeptiert (Braun 2001: 126), sondern als Steuerungsressource vorausgesetzt. Soweit sich Präferenzen für bestimmte Koordinationsformen identifizieren lassen, betreffen sie zum einen die marktförmige Interaktion und zum anderen „verhandlungsförmige politische
Tauschprozesse" (Czada 1999: 401) vor dem Hintergrund der gegebenen Verteilung von institutionellen Vetopositionen. Da letztere je
nach Politikfeld und Thema unterschiedlich ausfällt, ergibt sich, „daß
nicht eine abstrakte Verhandlungslogik den politischen Prozeß steuert" (Czada 2000: 44), sondern die Akteure auf das gesamte Arsenal
der komplexen Koordinationsweisen und Machtkommunikationen
zurückgreifen können.
  Dass sich der Fokus auf die prozessualen Aspekte politischer
Interaktion als ergiebig erweist, verdankt sich auch Erkenntnisfort-
schritten, die in zwei wissenschaftlichen Teildisziplinen erzielt wurden: der mathematischen Spieltheorie und der Analyse internationaler
(zwischenstaatlicher) Beziehungen. Während die Spieltheorie typische
Situationen des Scheiterns und Zustandekommens von Kooperation
analysiert und zu allgemeinen, in die Praxis übertragbaren Erkenntnissen verdichtet, liefern empirische Untersuchungen internationaler
Verhandlungen differenzierte Einsichten in die Struktur von Ver-
handlungskontexten und -prozessen sowie deren Einfluss auf die
Verhandlungsergebnisse. Im Überschwang der Begeisterung für das
neue Aufmerksamkeitsfeld wurden Verhandlungen sogar schon als
ein Koordinationsmedium eigener Art ausgegeben, das geeignet sei,
die basalen Koordinationsmechanismen Markt, Gemeinschaft und

---

95 Um den Wirtschaftsprozess zu beeinflussen, entwickele der Staat sogar „ein symbioti-
    sches Verhältnis zur Wirtschaft", meint Roland Sturm (2001: 425).

Organisation zu ergänzen oder womöglich zu ersetzen. Doch dieser Vorschlag scheint überzogen.

3.4.1 Kooperative Verfahren – ein Steuerungsmodus eigener Art?

Die Beschäftigung mit den verschiedenen Verhandlungsgremien korporatistischer Natur hat ausgesprochen unterschiedliche Einigungs- und Leistungspotenziale ans Licht gebracht.[96] Auf der einen Seite erwies sich der Makro-Korporatismus von Staat, Gewerkschaften und Wirtschaftsverbänden, wie er in der Konzertierten Aktion (gemäß Stabilitätsgesetz von 1967) eine institutionelle Form erhielt, als wenig überzeugendes Beispiel einer auf staatlich-private Aushandlungsprozesse gestützten Steuerung. Es kam (und kommt) nur dann zum freiwillig abgestimmten Handeln aller Beteiligten, wenn diese sich signifikante Gewinne aus der Teilnahme an einem Nichtnullsummenspiel versprechen. Ist das nicht der Fall, bleibt das Medium ineffektiv (Offe 1981). Etwas günstiger nehmen sich die Resultate der verschiedenen Formen der bereichsspezifischen Kooperation zwischen Vertretern staatlicher und wirtschaftlicher bzw. gesellschaftlicher Interessen aus, die als sektorale oder regionale ‚Meso-Korporatismen' identifiziert werden.[97] Auch die Beiräte öffentlich-rechtlicher Einrichtungen und Ministerien, die Beratungs- und Normierungsgremien verschiedenster Art sowie sog. Regionalkonferenzen und Runde Tische sind Exempel einer verhandlungsbasierten ‚kooperativen' Politik, deren Verbreitung und Konsolidierung auf regelmäßig anfallende Kooperationserträge schließen lässt.[98] Gleiches gilt für die als Politiknetzwerke etikettierten, teils locker organisierten, teils exklusiven Beziehungsnetze zwischen staatlichen und außerstaatlichen Akteuren, die von Fall zu Fall mit Projekten der Gesetzgebung befasst sind (van Waarden 1992).

Dass sich die Beauftragung von ‚privaten' Verbänden und Interessenorganisationen mit Funktionen, die einst der hoheitlichen Staatsverwaltung zukamen, als relativ erfolgreich erwies, verdankt sich der regulativen Kompetenz von Organisationen im Verhältnis zu

---

96 Zur Unterscheidung von (institutionalisierten) korporatistischen Entscheidungsstrukturen und der netzartigen Struktur einzelner Politikfelder vgl. Mayntz (1997).
97 Vgl. Wiesenthal (1981), Voelzkow et al. (1987) und Heinze/Schmid (1994).
98 Zu aktuellen Optionen der regionalen Kooperation und Steuerung vgl. Adamaschek/Pröhl (2003).

ihren Mitgliedern. Die Entdeckung der prinzipiellen Beeinflussbarkeit der Präferenzen und Handlungsprämissen von Verbandsmitgliedern brachte den Verbänden das Prädikat „private governments" (Streeck/Schmitter 1985) ein. Es wurde sogar schon der Vorschlag gemacht, die Institutionen der repräsentativen Demokratie, also Parteiensystem und Parlamente, durch einen zweiten Strang der *funktionalen*, verbandsvermittelten Interessenrepräsentation zu ergänzen und auf diese Weise das selbstregulative Potenzial moderner, funktional differenzierter Gesellschaften auszubauen.[99]

Bevor wir uns eingehender mit dem Koordinationspotenzial von Verhandlungen und den Voraussetzungen von dezidiert kooperativen Arrangements beschäftigen, empfiehlt sich ein kritischer Blick auf die verbreitete Vorstellung, dass die Ergebnisse von Kooperation stets wertvoller seien als die Resultate konfliktueller Prozesse. Selbst wenn es einen hinreichend präzise definierbaren Verhandlungsmodus gäbe (tatsächlich ist, wie wir gleich sehen werden, von einer großen Varianz realer Verhandlungsmodi auszugehen), dem prinzipielle Kompromissproduktivität zu bescheinigen ist, so besagte diese Feststellung nicht viel. Zum einen sind auf dem Wege zu gelingender Kooperation regelmäßig gravierende Hindernisse zu überwinden, die entsprechende Versuche rasch zum Scheitern verurteilen können, woraufhin sich die Beteiligten anderen Interaktionsformen und -Arenen zuwenden werden (vgl. Jansen 1997). Zum anderen wird empirischen Kooperationsfällen nachgesagt, dass sich ihre Produktivität nicht selten der gezielten Ausschließung von ‚kooperationsuntauglichen' Interessen und Optionen verdankt. Ein Beispiel sind die einstigen ‚Energiekonsense' zwischen Vertretern des Staates und der Energiewirtschaft, die den Ausschluss organisierter Umweltinteressen zur Voraussetzung hatten. Wir benötigen folglich genauere Informationen über die Bedingungen, unter denen Kooperation möglich bzw. nicht möglich ist.

Weitgehend unrealistisch ist die Vorstellung, dass auf allseitige Kooperationsbereitschaft angelegte Verhandlungen ein ‚natürliches' Potenzial für gemeinwohlverträgliche Entscheidungsresultate besäßen. In modernen, nicht nur funktional differenzierten, sondern auch wertpluralistischen Gesellschaften haben Bemühungen um eine *uni-*

---

99 Vgl. Schmitter (1994), Streeck/Schmitter (1985) und – allerdings auf die USA zielend – Cohen/Rogers (1994).

versale, d.h. von allen sozialen Gruppen geteilte Gemeinwohldefiniti-
on keine Erfolgsaussicht. Auf den ersten Blick mag wohl ein Fundus
an inklusiven Zielwerten existieren, wie ihn pauschale Positivkatego-
rien wie Frieden, Gerechtigkeit und Humanität umschreiben. Versucht man aber, solche Kategorien kontextspezifisch zu präzisieren,
verfliegt sehr rasch der Eindruck, es handele sich um gleichermaßen
instruktive wie allgemein geteilte Werte. Die einen verstehen unter
Frieden lediglich die Abwesenheit von ,mehr' Krieg, die anderen
meinen den Verzicht auf jegliche Form von Gewalt, womöglich in
allen Teilen der Erde. Die einen verstehen unter sozialer Gerechtigkeit die annähernde Gleichheit der Lebensverhältnisse, die anderen
einen fairen Äquivalententausch i.S. von Leistung und Gegenleistung.
Die einen halten es für human, ihre Mitmenschen zu erziehen und zu
,bessern', den anderen gilt die Freiheit, sein zu dürfen, wie man ist,
als Verwirklichung von Humanität. Das heißt, die aus religiösen Vorstellungen ins Alltagsdenken entlassene Vorstellung von eindeutigen
und verbindlichen Kollektivwerten ist im Verlauf der gesellschaftlichen Differenzierung weitgehend irreal geworden.

Doch selbst dort, wo noch ein selbstverständlicher Wertkonsens
zu bestehen scheint, ist seine praktische Bedeutung infrage gestellt.
Wann immer die Frage nach der Wahl der zur Wertverwirklichung
geeigneten *Mittel* auftaucht, werden gravierende und u.U. unüber-
brückbare Differenzen bemerkbar. Gleichzeitig scheint es, als würden sich kollektive Wertorientierungen, da sie den Tendenzen der
Profanisierung und sozialen Differenzierung unterliegen, von der
Ebene wohlbegründeter Zwecke auf die Ebene der Mittel zurückzie-
hen (March/Olsen 1995). Zeitgenössische Wertorientierungen und
Wertrealisierungsansprüche beziehen sich überwiegend auf konkrete
Institutionen statt auf allgemeine Prinzipien. Einerseits bedeuten
Wertpluralismus und Mitteldissens, dass gemeinwohlfähige Wert-
maßstäbe nicht hierarchisierbar sind. Andererseits mangelt es den
Mitteln der Wertrealisierung häufig an Instruktivität und Folgensi-
cherheit. Ursache sind die hohe Systemkomplexität, die Unsicherheit
über zukünftige Ereignisse und die daraus resultierenden Hindernisse
intentionaler Steuerung. Folglich ist keinem empirischen Kompromiss von Vornherein und zweifelsfrei ,Optimalität' zu bescheinigen.
Selbst von Entscheidungsbeteiligten und ausgeschlossenen Dritten
gemeinsam begrüßte Resultate mögen sich als miserabel herausstel-

len, wenn durch sie günstigere Optionen in der Zukunft vereitelt und pfadabhängige Suboptimalität vorprogrammiert wurden.

Wegen der Unentscheidbarkeit ‚letzter' Werte verlagerte sich die politikwissenschaftliche und sozialphilosophische Debatte über die Qualität politischer Entscheidungen von materialen Kriterien auf *Meta-Kriterien*. Um solche handelt es sich beim Prinzip der formalen Verfahrenslegitimation und dem normativen Gebot inklusiver Partizipation. Die Ersetzung des auf Resultatqualität abhebenden Rationalitätsanspruchs durch Legitimitätsgründe des Entscheidungs*verfahrens* gilt in diesem Sinne als bewährte Praxis (Luhmann 1975b; vgl. Machura 1993). Sie gestattet es, absoluten und letztlich illegitimen Prioritätsansprüchen zu entkommen, und hält die Beteiligten an, die Ergebnisunsicherheit demokratischer Entscheidungskaskaden zu akzeptieren. Doch auch prozedurale Rationalität entgeht nicht dem Risiko wiederkehrender Legitimitäts- und Anerkennungsprobleme. Sie ist auch deshalb keine Patentlösung, weil es an universal gültigen Metanormen für die Richtigkeit bzw. Fairness von Verfahrensregeln mangelt. Wo Verfahrensnormen empirisch greifen, beruhen sie auf sanktionierten Konventionen oder ‚lokalen' Kriterien, die mit bestimmten Verteilungspräferenzen und Statusordnungen verwoben sind.[100]

Die alternative Metanorm der inklusiven Partizipation – ‚keine(r), die (der) sich betroffen fühlt, darf ausgeschlossen werden' – steht ebenfalls auf wackeligem Boden.[101] Mit einer zunehmenden Zahl von marginal oder diffus interessierten Teilnehmern wird die Entscheidungsfindung schwieriger und riskanter. Gilt das Einmütigkeitsprinzip, so kann schon das Veto eines einzelnen unkooperativen Teilnehmers zur Blockade des Verfahrens führen. Auch Mehrheitsentscheidungen werden als problematisch wahrgenommen, wenn sie den schwachen Präferenzen einer Mehrheit von lediglich marginal Betroffenen folgen. Die gelegentlich zugelassene Selbstrekrutierung von Teilnehmern schlägt leicht in die Herrschaft der „Abkömmlichen" (Max Weber) über die weniger günstig Gestellten um. Da die effektive Partizipation aller an allen Entscheidungsthemen unmöglich ist, kann das Prinzip der inklusiven Partizipation nicht das Demokratiedefizit exklusiver Gremien heilen, sondern ersetzt lediglich transparente durch intransparente Selektivität.

---

100 Vgl. die Forschungen zum Thema lokale Gerechtigkeit (Schmidt 1992; Elster 1993).
101 Vgl. Luhmann (1971b: 35-45) und Wiesenthal (1990b).

Wenn Verhandlungen und kooperative Verfahren weder die Verwirklichung allgemeiner Werte noch Rationalitätsgewinne durch Partizipationsoffenheit gewährleisten, welchem anderen Umstand verdankt sich dann ihre gestiegene Attraktivität? Eine naheliegende, aber zu kurz greifende Antwort wäre der Verweis auf die Eigendynamik politischer und wissenschaftlicher Diskurse. Demgegenüber lässt sich ein tendenzieller Vorteil von Verhandlungen herausstreichen. Im Vergleich mit konfliktuellen Alternativen scheinen sich ‚kooperative' Verfahren, als welche in erster Linie verhandlungsförmige Arrangements gelten, sehr gut zur *Sondierung des Feldes der gegebenen Möglichkeiten* zu eignen. Nicht alle Verhandlungskonstellationen, aber eine Reihe bestimmter Faktoren erweisen sich als ausgesprochen förderlich für die Entdeckung und ggf. Kreation von Entscheidungsoptionen, welche unter ungünstigeren (nicht als ‚kooperativ' geltenden) Bedingungen unerkannt bleiben würden. Genau darin dürfte der komparative Vorteil des Verhandlungsmodus liegen: Er ist relativ häufig mit den Voraussetzungen für *Optionsgewinne*, d.h. einer Chance für institutionelle Innovationen assoziiert. Um welche Voraussetzungen handelt es sich dabei?

3.4.2 Variablen der Verhandlungsanalyse

Die folgende Skizze einiger wichtiger Variablen der Verhandlungsanalyse erhebt nicht den Anspruch einer Theorie politischer Verhandlungen.[102] Es handelt sich um eine Kompilation von analytischen Unterscheidungen, die sich in empirischen Studien bewährten. Sie entstammen v.a. den Forschungsfeldern der internationalen Beziehungen und der nationalstaatlichen Politikverflechtung und sind mit den Befunden von spieltheoretischen und Bargaining-Analysen abgestimmt. Zu beachten ist, dass die verwendeten Begriffe in erster Linie heuristisch-explorativen Charakter haben. Sie beziehen sich auf drei Dimensionen der Verhandlungsanalyse: *Themen, Akteure* und *Kontext* (Rahmenbedingungen). Entsprechend den Ausprägungen der Variablen lassen sich mehr oder weniger kooperations- bzw. innovationsförderliche Konstellationen identifizieren.

---

102 Zentrale Bausteine einer Theorie politischer Verhandlungsprozesse finden sich v.a. bei Scharpf (2000).

Themen

In *sachlicher* Hinsicht unterscheiden sich Verhandlungsthemen u.a. darin, ob sie eine Wahrnehmung der Situation als Verteilungskonflikt, d.h. als Nullsummenspiel, oder als Nichtnullsummenspiel (auch: Win-Win-Situation) nahe legen. Nichtnullsummenspiele bieten einen Anreiz zur Suche nach kooperativen Lösungen, weil die Summe aller realisierten Gewinne (bzw. Verluste) auch von den Spielzügen der Beteiligten abhängt: Nicht die Ausgangslage, sondern der Prozess bestimmt das Ergebnis. Da das für alle *variable sum games* gilt, sind selbst ‚Negativsummenspiele' weniger blockadeanfällig als Nullsummenspiele.[103] Zu den *Sach*aspekten des Themas zählt des Weiteren, ob es eindeutig definiert oder vergleichsweise diffus ist. Kooperationsfreundlich sind insbesondere *Nichtnullsummenspiele* über hinreichend präzise Gegenstände, in denen sich die Teilnehmer ausrechnen können, dass ihre Verhandlungsstrategie von spürbarem Einfluss auf den Umfang des (und damit ihren Anteil am) Kooperationsertrag/s sein wird. Innovationsförderlich ist dagegen nur jene Untermenge von Themen, die sich durch relativ geringen Koordinationsbedarf auszeichnen und u.U. auch im Medium der ‚negativen Koordination' realisierbar sind, da sie die Position Dritter unberührt lassen.

In *zeitlicher* Hinsicht differieren Verhandlungsthemen einerseits nach Maßgabe der Sicherheit bzw. Unsicherheit zukünftiger Ereignisse sowie entsprechend den Annahmen über Kosten, Nutzen und Risiken, andererseits hinsichtlich ihrer Frequenz, d.h. in der Frage, ob es sich um eine einmalige oder eine wiederkehrende Verhandlungssituation handelt. Unsicherheit und häufige Wiederkehr (Iteration) sind kooperations-, aber nicht unbedingt innovationsförderlich (Heiner 1983). Einmalige (*one shot*) Situationen ohne die Chance eines Wiedersehens provozieren dagegen auf Seiten der Akteure eine Präferenz für strikt egoistische *end game*-Strategien (z.B. Furstenberg 1995).

Soziale Differenzierungen der Verhandlungsthematik betreffen neben dem Grad der Interdependenz von Kooperationsbeiträgen die unterstellte Wettbewerbstypik und die von ihr abhängigen Verteilungspräferenzen. Wettbewerbstypik meint die Orientierung an absoluten oder relativen (positionalen) Gewinnen. Ersteres eröffnet einen Spielraum für kooperationsfreundliche Strategien, während das Stre-

---

103 Die Bezeichnungen ‚Negativ-' und ‚Positivsummenspiel' haben aus diesem Grund keinen systematischen Stellenwert in der Spieltheorie.

ben nach positionalem Gewinn auch mit der gezielten Schädigung der übrigen Beteiligten zusammengeht. Positional orientierte Spieler sind für Lösungen im Sinne des „Kaldor"-Optimums (Scharpf 2000) nicht ansprechbar. Aber Innovationsimpulse dürften mit beiden Gewinnpräferenzen konform gehen.

Akteure

Ein ganzes Bündel von Variablen charakterisiert die quantitativen und qualitativen Aspekte der Akteurdimension. Das betrifft zunächst die Zahl der Beteiligten. Von ihr hängt es ab, ob die Interaktionsvorteile kleiner Gruppen (*small numbers bargaining*) oder das Risiko eines *large-number dilemma* gegeben sind. In qualitativer Hinsicht geht es um den Differenzierungsgrad des Akteursets hinsichtlich der individuellen Informationen, Präferenzen sowie Optionen bzw. Ressourcen, d.h. um Strukturmerkmale in der Dimension Homogenität–Heterogenität. Wichtigster Faktor der Akteursausstattung (*assets*) sind die außerhalb des Verhandlungszusammenhangs gegebenen Handlungsoptionen (*outside options*). Erscheinen diese als wertvoll im Verhältnis zu den *im* Verhandlungssystem gegebenen Optionen, so fallen Kooperations- und Innovationsbereitschaft typischerweise gering aus.

Ein weiteres wichtiges Strukturmerkmal ist durch den Status der Verhandelnden bestimmt: Vertreten Entscheidungsbeteiligte sich selbst oder abwesende Dritte bzw. Organisationen, an deren Auftrag sie gebunden sind? Wenn letzteres der Fall ist, muss mit einem eingeschränkten Handlungsspielraum der Repräsentanten gerechnet werden. Verhalten sie sich dagegen nicht anders als Teilnehmer, die ausschließlich sich selbst vertreten, so können die übrigen Beteiligten von dem für *Principal-agent*-Beziehungen typischen *Slack* profitieren. Während ,kleine' und heterogene (i.S. von Mancur Olson ,privilegierte') Gruppen günstige Kooperationschancen haben, sind große und homogene Akteursgruppen prädestiniert, der Kollektivgutproblematik zum Opfer zu fallen. Eng fixierte Verhandlungsaufträge, wie sie u.U. aus der demokratischen Willensbildung politischer Organisationen hervorgehen, sind weder kooperations- noch innovationsförderlich.

Ausgesprochen gewichtige Differenzierungen sind in Bezug auf die Annahmen (*beliefs*), Präferenzordnungen und Ansprüche (*aspirations*) der Akteure in Rechnung zu stellen. Dabei gilt: Je konsistenter und instruktiver die Präferenzordnungen der Beteiligten sind (und insofern den Prämissen des *Rational Choice*-Modells entsprechen), desto geringer fallen die Kompromisschancen aus. Zur Charakterisierung der Partikularität und Idiosynkrasie von Akteursorientierungen eignet sich der *frame*-Begriff. Zwar gibt es kein Kausalmodell, das individuelle und kollektive *frames* befriedigend zu erklären vermag, doch lassen sich im Rückgriff auf die „prospect theory" (Kahneman/Tversky 1979; Levy 1992) und Erkenntnisse aus der Analyse internationaler Verhandlungen (Milner 1992) einige Einsichten formulieren.[104] Sie betreffen u.a. die Selbsteinschätzung der Akteure als situative Gewinner respektive Opfer, die von Identitätsaspekten konditionierte Orientierung an absoluten oder relativen Gewinnen, die dem Handlungsziel unterliegenden Anspruchsreferenzen sowie analoge Annahmen über die übrigen Beteiligten. In der Mehrzahl der studierten Fälle hat sich eine Orientierung der Akteure am Ziel der Verlustvermeidung gegenüber dem Status quo (oder einer günstigeren früheren Situation) herausgestellt, „because losses loom far larger than gaines" (Gross Stein 1992: 218; Tversky/Kahneman 1981). Verlustvermeidung ist insbesondere dann ein starker Kooperationsanreiz, wenn sie einer Mehrheit der Beteiligten zugute kommt (was der Nichtnullsummenspiel-Bedingung entspricht); unter der Annahme eines Nullsummenkonflikts bedeutet diese Bewertungshaltung jedoch ‚Krieg'.

Variabel ist schließlich auch die soziale Referenz des angestrebten Gewinns: Ist er individueller (persönlicher) oder kollektiver Natur? Soll er einer bestimmten Gruppe, einer Regierung im Wettbewerb mit der Opposition, einem Nationalstaat, einer Staatengemeinschaft oder der ganzen ‚Weltgesellschaft' zugute kommen? Kooperationsfreundlich sind v.a. solche Konstellationen, bei denen sich der Kreis der Entscheidungsbeteiligten mit dem Kreis der Gewinnbeteiligten deckt. Innovativ, wenngleich folgenlos, vermögen dagegen selbst esoterische Zirkel sein, die sich das Wohl der Menschheit als Ziel gesetzt haben. Schließlich sind in zeitlicher Hinsicht noch Unterschiede bei der Variabilität (d.h. der endogenen und exogenen Wandelbarkeit) von Annahmen und Präferenzen zu beachten (vgl. Jervis 1988).

---

104 Für eine zusammenfassende Darstellung vgl. den von Kahneman et al. (1982) herausgegebenen Sammelband.

Der Großteil der Akteurvariablen verweist auf das Erfordernis einer rationalen Selbstgestaltung. Die an strategischen Aktionen beteiligten Akteure bedürfen nicht nur eines hohen Maßes an Selbstkenntnis und der Fähigkeit von Selbstkontrolle gegenüber allfälligen Zweifeln und der umweltinduzierten Verunsicherung (Mamis 1991). Sie sind darüber hinaus, um die Chance des Handlungserfolgs zu maximieren, auch genötigt, ihre Affekte und interaktionsbegleitenden Emotionen zu kontrollieren (vgl. Wiesenthal 1997a); andernfalls könnten diese von Interaktionspartnern zum Nachteil des Akteurs manipuliert werden. Rationale Selbstgestaltung ist deshalb als Grundbedingung aller Bemühungen um die Gewinnung strategischer Handlungsfähigkeit zu betrachten.[105]

Rahmenbedingungen

Differenzen in dieser Dimension betreffen zunächst die Verfasstheit des Verhandlungssystems (Scharpf 1992) im Hinblick auf Freiwilligkeit bzw. Teilnahmepflicht (i.S. von Zwangsverhandlungen). Davon hängt ab, was im Fall der Nichteinigung bzw. bei ergebnislosem Ablauf der Entscheidungsfrist zu geschehen droht. Verfasste Zwangsverhandlungen sehen regelmäßig den Übergang der Zuständigkeit auf externe Dritte (z.B. höhere Instanzen) oder die Eröffnung eines Schlichtungsverfahrens vor. ‚Freiwillige' Verhandlungen gelingen i.d.R. nur im Bereich pareto-optimaler Lösungen für Nichtnullsummenspiele. Wird ein ‚Kaldor-Optimum' angestrebt, bedarf es regelmäßig einer externen Instanz, um die Kompensationszahlungen an die ‚Verlierer' sicherzustellen. Zwangsverhandlungen erleichtern wohl den Zugang zu kooperativen Lösungen, aber sind nicht unbedingt innovationsförderlich.

Die Entscheidungsregeln bilden eine weitere Variable. Mehrheitsentscheidungen sind wegen dem Anreiz zur Allianzbildung und der Immunität gegenüber dem Willen der Minderheit in beiden Hinsichten ‚produktiv'. Das Gegenteil gilt für die Einmütigkeitsregel, da sie jedem Beteiligten die Vetooption einräumt. Vetomächtige Akteure können mit der bloßen Androhung von Dissens einen Anspruch auf Kompensation geltend machen und für sie vorteilhafte Ausgleichszahlungen erzwingen.

---

105 Zum Erfordernis und den Schwierigkeiten der strategischen Selbstgestaltung vgl. Wiesenthal (1987, 1997a), Deeg/Weibler (2005) und Tils (2005: 62ff.).

Wenn nicht als Akteursvariablen, so doch als solche der Rahmenbedingungen zählen das Vorhandensein (bzw. die Abwesenheit) sowie die Kompetenz von Vermittlern und Mediatoren. Sie gelten unbestritten als kooperations- und innovationsförderlich. Mediatoren sorgen u.U. für eine höhere Qualität und egalitäre Verteilung der Informationen über Akteursorientierungen, -präferenzen, -anspruchsniveaus sowie deren Referenzpunkte und tragen damit entscheidend zum Abbau von Misstrauen bei. Sie sind insbesondere geeignet, den konservativen *bias* bei der Wahl von Referenzpunkten, Wahrscheinlichkeitsannahmen und vermeintlich repräsentativen Präjudizen (Gross Stein 1992: 216) zu mildern und die Aufnahme aktueller Informationen zu erleichtern. Im Idealfall versteht es das Mediator-(inn)enteam, eine verbreitete Nullsummenspielwahrnehmung auszuräumen und durch die Aussicht auf ein gemeinsames (allseits ertragreiches) Projekt zu ersetzen. Eine ähnliche Funktion für die Auflösung antagonistischer Situationsdeutungen kommt informellen Vorverhandlungen (,prenegotiations') zu (Gross Stein 1989; Zartman 1989).

3.4.3 Resümee

Die vorstehende Skizze von Variablen des Verhandlungsprozesses ist keineswegs vollständig. Der Charakter und die angedeuteten Wechselwirkungen der einzelnen Variablen deuten jedoch darauf hin, dass das spezifische Leistungspotenzial von Verhandlungen sich zwar nicht in Form von garantiert kooperationsfreundlichen Verfahren ausdrückt, wohl aber in mehr oder weniger innovationsförderlichen Faktoren der Verhandlungssituation. Solche mögen sich in Gestalt günstiger Bedingungen für die Exploration eines erweiterten Optionensets, in konvergierenden Wirklichkeitsannahmen, in mehrdimensionalen (und insofern kompromissgeeigneten) Zielsystemen i.S. des „problem-solving" (Groom 1991), in kompatiblen Referenzpunkten der Erfolgskriterien und/oder realistischen Risikobewertungen präsentieren.

Die ,Kooperativität' – oder genauer: durch Kooperationsfähigkeit gesteigerte *Innovativität* – bestimmter Verhandlungskonstellationen kann Resultat sehr unterschiedlicher Variablenkombinationen sein. Es existiert eine Vielzahl von prinzipiell innovationsförderlichen Konstellationen, die i.d.R. als instabile, d.h. permanent gefährdete Gleichgewichtslagen anzusehen sind. Schon marginale Änderungen des komplexen Variablengefüges können eine kooperationsförderliche Konstellation zum Umkippen bringen. Ähnlich vorteilhafte Konstellationen sind dann nur durch die abgestimmte Manipulation *vieler* Variablen zu erreichen, wie die „general theory of second-best" (Lipsey/Lancaster 1956/57) lehrt.

Zur Illustration seien schließlich einige Bestimmungsfaktoren von mutmaßlich erfolgsträchtigen Konstellationen zusammengefasst. Tendenziell ‚ideale' Bedingungen liegen vor, wenn eine kleine Zahl unterschiedlich ausgestatteter Beteiligter in wiederkehrenden Interaktionen über ein allseits vorteilhaftes Projekt (oder die Abwehr drohender Verluste) verhandelt und alle Beteiligten aufeinander angewiesen sind, weil sie über keine sonderlich wertvollen *outside options* verfügen. Als günstig erweisen sich selbstverständlich konvergierende Situationsdeutungen, seien sie normativer Art oder im Konsens einer Wissenschaftlergemeinschaft begründet (Grundmann 2000). In die gleiche Richtung wirken die Bereitschaft zur Revision individueller Annahmen aufgrund neuer Informationen, die Fähigkeit zur selbstkritischen Prüfung der Referenzpunkte von Präferenzen und Verhandlungszielen, die Abwesenheit eines präzisen Repräsentationsauftrages, das Vorhandensein von reichlich *Slack* in der *Principal-agent*-Beziehung sowie die Aussicht auf ungünstige Ergebnisse im Falle des Eingreifens externer Dritter (nach einem Scheitern der Verhandlungen).

Diese kursorische Auflistung dürfte genügen, um allzu optimistische Erwartungen hinsichtlich der Fruchtbarkeit des Verhandlungsmodus zu korrigieren. Nicht alles, was ‚kooperative' Politikverfahren möglich und erfolgsträchtig macht, verdient die Note der ‚political correctness'. Das gilt z.B. für inkonsistente und instabile Präferenzen, flexible Identitäten, ‚undemokratisch' große Spielräume der Verhandlungsbeauftragten, v.a. aber die Bereitschaft zur Revision von kognitiven und normativen Orientierungen nach dem Motto ‚Was schert mich meine Position von gestern?'. Das positive Vorurteil, das dem Verhandlungsmodus entgegengebracht wird, bestätigt sich also nur unter höchst selektiven Bedingungen und typischerweise nicht im raschen Konsens einer exklusiven Teilnehmergruppe, sondern eher in der Chance zur Entdeckung neuer Optionen.

4. Gesellschaftssteuerung konkret: Hindernisse und Optionen

Nachdem wir im Kapitel 2 die Möglichkeit von Gesellschaftssteuerung in systemtheoretischer Perspektive diskutiert und im Kapitel 3 die verschiedenen Koordinationsmechanismen und einige Modi der Selbststeuerung von Interaktionszusammenhängen besichtigt haben, geht es in diesem Kapitel um einschlägige Befunde der empirischen Forschung. Eingestimmt durch die Komplexitätsprämisse der Systemtheorie werden wir von dem Ausflug in die soziale Wirklichkeit kaum einheitliche und in Lehrsätzen fassbare Erkenntnisse erwarten. Vor dem Hintergrund unseres theoretischen Wissens ist eher mit mosaikartigen Bruchstücken empirischer Erkenntnis zu rechnen, die sich nicht ohne weiteres zu einem wohlkonturierten Bild zusammenfügen.

Der skeptischen Erwartung entsprechend lässt sich der Erkenntnisgewinn dieses Kapitels etwa so umreißen: Wir werden einmal mehr von Hindernissen und Schwierigkeiten erfahren, denen Bemühungen um die Steuerung gesellschaftlicher Prozesse begegnen. Wir werden aber auch eine Reihe von Verfahren und Mechanismen kennen lernen, die sich als Praktiken einer in ihrem Wirkungsraum begrenzten und stets erfolgsungewissen gesellschaftlichen Selbststeuerung bewährt haben. Die Botschaft dieses Kapitels lautet also: In den diversen Formen der sich in Teilsystemen und Organisationen abspielenden Koordinationsprozesse findet tatsächlich so etwas wie die ‚Selbststeuerung der Gesellschaft' statt. Doch die dabei angewendeten Verfahren und Strategien sind stets voraussetzungsvoll und nur begrenzt effektiv; sie gestatten zwar den gesellschaftlichen Akteuren – unter bestimmten Bedingungen – die korrigierende Einflussnahme auf soziale Prozesse, müssen aber emergenten ‚outcomes' bzw. den Mechanismen der sozialen Evolution einen weitaus größeren und in seinen Grenzen fluktuierenden Geltungsbereich überlassen.

Bevor wir Belege der (allemal begrenzten) Steuerbarkeit (4.2) und die ihnen inhärenten Steuerungsprobleme (4.3) betrachten, werfen wir einen Blick auf die empirischen Grundlagen des systemtheoretischen Rationalitätszweifels (4.1).

4.1 Die Logik der Vergeblichkeit

Die Vorstellung, dass Politik vorrangig dem Ziel verpflichtet sei, die Lebensbedingungen der Bürger zu verbessern, gehört zur Moderne wie das Wahlrecht zur Demokratie. Sie ist eine Variante der allgemeinen Fortschrittsidee, die – als Kind der Europäischen Aufklärung – im 19. Jahrhundert einen eindrucksvollen Siegeszug erlebte, um schließlich zur Legitimierung der totalitären Regime des 20. Jahrhunderts beizutragen. Die Vorstellung von einer prinzipiellen Selbstgestaltungskompetenz der Gesellschaft im Medium von (autoritären oder demokratischen) politischen Entscheidungen ruht auf zwei Annahmen: zum einen der Kontingenz gesellschaftlicher Ordnung, die als intentional variierbar gedacht wird, und zum zweiten auf der Annahme, dass politische Akteure bzw. die für ihre Auswahl zuständigen Bürger befähigt seien, die Voraussetzungen einer ‚besseren' Gesellschaft zu erkennen und im Wege rationalen Handelns zu verwirklichen.

Dass sich diese Vorstellung trotz zahlloser Fälle des Scheiterns ambitionierter Politikprojekte bis heute erhalten hat, ist vermutlich nicht nur ihrer komparativen Plausibilität (wer anders als ‚die' Politik sollte für bessere Lebensverhältnisse sorgen können?) geschuldet, sondern auch einer gewissen Zögerlichkeit der Sozialwissenschaften, sich auf die soziale Wirklichkeit des ökonomischen und politischen Handelns vorurteilsfrei einzulassen. Wo die Beobachtung der Wirklichkeit zu kurz kam, konnten sich mehr oder weniger elaborierte Theorien des rationalen, d.h. zielorientierten und konsequenzenbewussten Handelns behaupten. Diese postulierten, dass Individuen, zumindest wenn sie eine entsprechende professionelle Schulung erhalten haben, in der Lage seien, sich alle erforderlichen Informationen zu beschaffen, um die zur Erreichung ihrer Ziele bestgeeigneten Handlungsalternativen zu verwirklichen. Erst in der zweiten Hälfte des 20. Jahrhunderts verloren solche ‚präskriptiven' Staats- und Wirtschaftslehren sukzessive an Bedeutung und machten erfahrungswissenschaftlichen Erkenntnissen Platz. Von ihnen ist im Folgenden die Rede.

4.1.1 Bounded Rationality – Antworten auf Rationalitätsprobleme

Der Übergang vom normativ geprägten zum erfahrungs- bzw. verhaltenswissenschaftlichen[106] Handlungsverständnis nahm seinen Ausgangspunkt in der amerikanischen Verwaltungs- und Unternehmensforschung. Es war v.a. Herbert A. Simon, dessen Dissertation 1947 unter dem Titel „Administrative Behavior" (Simon 1976) erschien, der einen auf mehrere Wissensbereiche ausstrahlenden Paradigmenwechsel begründete. Simon setzte sich von den seinerzeit in Ökonomie, Psychologie und Soziologie vertretenen Prämissen ab, nach denen menschliches Verhalten entweder als uneingeschränkt rational oder als von Gefühlen und kulturellem Kontext beherrscht zu konzipieren war. Nach Simon muss eine der Wirklichkeit angemessene Theorie vielmehr „appropriate provision for both rational and nonrational aspects of human behavior" (Simon 1957b: 1) vorsehen. Simons gleichermaßen theoretisch wie empirisch fundierte Untersuchungen zu den Bedingungen und Erscheinungsformen des um Rationalität bemühten, aber niemals vollkommen rationalen Handelns mündeten in das Konzept der begrenzten Rationalität (*bounded rationality*), das heute weiten Teilen der Mikroökonomie, der Politikwissenschaft, der Psychologie sowie der Organisations- und Managementwissenschaft zugrunde liegt und die soziologische Gesellschaftstheorie der Gegenwart maßgeblich inspirierte.[107]

---

106 Das Prädikat ‚verhaltenswissenschaftlich' stellt eine direkte Übersetzung des amerikanischen Begriffs ‚behavioral science' dar. Es bezieht sich auf alle Spielarten des Handelns und ist nicht auf den Bedeutungsumfang des deutschen Begriffs ‚Verhalten' beschränkt.

107 Das gilt in erster Linie für das Werk Niklas Luhmanns (z.B. 1964, 1973b, 1984). Luhmanns Erstfassung einer soziologischen Systemtheorie ist maßgeblich von den Organisations- und Entscheidungsforschungen am Carnegie Institute of Technology in Pittsburgh geprägt, wo Simon von 1947 bis zu seinem Tode (er starb am 9. Februar 2001) arbeitete. Auch die von Jürgen Habermas vertretene Variante moderner Gesellschaftsdiagnosen zeigt sich – dank der Auseinandersetzung mit Luhmanns Systemtheorie – deutlich von Erkenntnissen der Carnegie School geprägt. Weitere Informationen über Person und Werk von Herbert A. Simon finden sich im Internet, u.a. unter http://www. hwiesenthal.de/simon.

Bounded rationality geht von der begrenzten Kapazität des individuellen Aufmerksamkeits- und Informationsverarbeitungsvermögens aus und erklärt die Unmöglichkeit einer strikt rationalen, d.h. die Maximierung des Nutzens ermöglichenden Handlungswahl. Die Ursache liegt in dem uneinholbaren Komplexitätsgefälle zwischen der wirklichen Welt und dem Resultat ihrer Rekonstruktion durch den menschlichen Verstand. Weil Individuen keinen unmittelbaren Zugriff auf die Dinge und Sachverhalte der realen Welt, geschweige denn deren Kausalstruktur haben, sind sie auf vereinfachende Modelle der Handlungsumwelt angewiesen. Diese sind aber nicht nur durch die begrenzte perzeptive und kognitive Kompetenz des Menschen, sondern auch durch die Anwesenheit anderer sozialer Akteure charakterisiert. Das Komplexitätsgefälle zwischen Handlungswelt und Handelnden, das Simon später als Differenz von *design complexity* und *control complexity* bezeichnet (Simon 1969b), ist aufgrund des eigendynamischen Umweltwandels uneinholbar; es konstituiert die genuine Unsicherheit der Handlungswelt in Gegenwart und Zukunft (vgl. 2.2). Folglich ist eine strikt rationale, d.h. den künftigen Nutzen maximierende Handlungswahl logisch unmöglich. Denn das um rationale Entscheidungen bemühte Individuum ist außerstande, die Wahrscheinlichkeitsverteilung der (künftigen!) Nutzenwerte aller Alternativen zu kalkulieren und die Alternative mit dem höchsten Erwartungswert zu identifizieren.

Bounded rationality fungiert aber nicht nur als Bezeichnung des Sachverhalts begrenzter Rationalität, sondern ist gleichzeitig die Sammelbezeichnung für verschiedene Modelle des intendiert rationalen Umgangs mit Rationalitätshindernissen. Diese Varianten ,prozeduraler' Rationalität unterscheiden sich vom klassischen Rationalhandlungsmodell in drei Hinsichten:

(1) Der Entscheidungsakt wird durch Auflösung in Teilsequenzen bzw. überschaubare Teilprobleme entdramatisiert. Die *Sequenzierung* ermöglicht die Anpassung der Entscheidungslast an die durch Informationsschranken und Kalkulationsprobleme begrenzte Entscheidungskompetenz. Sie gestattet ferner eine Rückkopplung der Entscheidungsfolgen in den Entscheidungsprozess, d.h. adaptives Lernen.

(2) Aufgrund der Unsicherheit über bestehende Alternativen gewinnt die *Exploration* alternativer Handlungspfade bzw. eine Heuristik

der Problemlösungen zentrale Bedeutung. Die Techniken des *heuristischen ‚problem-solving'* ähneln der Befehlsstruktur von Computerprogrammen. (Sie wurden auch zum Ausgangspunkt eines Strangs der *Artificial Intelligence.*)

(3) In Ermangelung einer konsistenten Präferenzordnung (sie ist infolge unsicheren Umweltwissens nicht herstellbar) reduziert sich die Wahl zwischen Alternativen auf eine dichotome Entscheidung über ihren Befriedigungsaspekt (befriedigend vs. unbefriedigend, tauglich vs. untauglich, Fortsetzung vs. Rückzug). Damit wird ein entscheidendes Kriterium der Handlungswahl aus der ‚objektiven', aber intransparenten Umwelt in die Sphäre der subjektiven (und prinzipiell manipulierbaren) Anspruchsbildung verlagert. Der Kunstgriff, das endogene Kriterium ‚befriedigender' (*satisficing*) Resultate an die Stelle des unerfüllbaren Maximierungspostulats zu setzen, hebt den *behavioral approach* sowohl vom Handlungsmodell der ökonomischen Neoklassik ab als auch von soziologischen Handlungstheorien, die auf Norm- oder Rollenkonformität abstellen.

Mit der Endogenisierung des Entscheidungskriteriums rationaler Wahl ist dreierlei gewonnen: (1) Um Rationalität bemühtes Handeln ist auch unter Bedingungen genuiner Umweltunsicherheit konzipierbar. Dabei verwandelt sich die Frage nach den Bedingungen der Möglichkeit von *rational choice* in die Frage nach subjektiv rationalen Antworten auf objektive Rationalitätshindernisse. (2) Die im Begriff des sozialen Akteurs vorausgesetzte Selbstverfügung des *choosing organism*, z.B. im Hinblick auf seine kognitive Kompetenz, ist ebenso thematisierbar wie die durch soziale Normen und Identitätskonzepte gesetzten *constraints*. (3) Das sowohl exogenen wie endogenen Einflüssen unterliegende Anspruchsniveau fungiert als Schnittstelle zwischen den Handlungstheorien soziologischer und (mikro-)ökonomischer Provenienz auf der einen Seite und psychologischen Wahrnehmungs- und Kognitionstheorien auf der anderen.

Mit dem deskriptiv-analytischen Ansatz der ‚prozeduralen' Rationalität ist es Simon gelungen, den Widerspruch zwischen der (mikro-)ökonomischen Axiomatik und den mit empirischen Rationalitätsproblemen befassten Theorien des entscheidungsbasierten Organisationshandelns aufzuheben.

Simons multidisziplinäre Kompetenz und sein ausgesprochen inklusives Wissenschafts- und Methodenverständnis stellten zwar ausgezeichnete Voraussetzungen für eine breite Rezeption des *Bounded Rationality*-Ansatzes dar, doch vermochte sich dieser nur in Teilgebieten gegen das tradierten Forschungsrichtungen eigene Beharrungsvermögen durchzusetzen.[108] Seine Rezeption in den nichtökonomischen Sozialwissenschaften blieb lange Zeit auf die Organisationsforschung beschränkt. Letztere wurde vor allem durch Simons „Administrative Behavior" und die entscheidungsanalytischen Studien seines Mitarbeiters James G. March[109] nachhaltig beeinflusst. Heute sind alle Varianten einer soziologisch informierten ‚Rational Choice'-Theorie (z.B. Elster 1987a; Esser 1993) dem *Bounded Rationality*-Konzept verpflichtet.

Wahrhaft bahnbrechende Wirkungen zeigen Simons Arbeiten in den Wirtschaftswissenschaften. Sie revolutionierten nicht nur das entscheidungsbezogene Denken, indem sie es an die Empirie des Umgangs mit Rationalitätshindernissen zurückbinden, sondern legten die Grundlage für einflussreiche Theorieinnovationen in Gestalt des Transaktionskostenansatzes und der Neuen Institutionenökonomie (Williamson 1975) sowie der ebenfalls vom *Bounded Rationality*-Konzept angeregten Informationsökonomik (Akerlof 1970). Mit etwas Verzögerung reagierten nicht nur Psychologie und Kognitionswissenschaft, sondern auch die Politikwissenschaft auf den beträchtlichen Erkenntnisgewinn der *behavioral studies* und insbesondere die Implikationen des *Bounded Rationality*-Konzepts. Dieses wurde zur Grundlage der politikwissenschaftlichen Variante des Neoinstitutionalismus (March/Olsen 1989).

Die von mancherlei Zufällen und der wechselnden Aufmerksamkeit der Beteiligten bestimmten Kollektiventscheidungen in Politik und staatlichen Verwaltungen finden im *garbage can model* der Entscheidungsforschung (Cohen u.a. 1972) angemessene analytische Behandlung. An sie knüpfen empirische Studien an, die den Einfluss von Tradition, Routinen und einer situativen „Logik der Angemessenheit" (March/Olsen 1989) bei der Sondierung und Auswahl von

---

108 Die zögerliche und begrenzt gebliebene Rezeption von Simons Arbeiten ist nicht zuletzt seinem logischen Rigorismus und der (frühen) Vorliebe für formale (mathematische) Argumentationen geschuldet. Immerhin wurde die Bounded Rationality-Theorie als konstruktive Alternative zum wirtschaftswissenschaftlichen Mainstream erkannt und 1978 mit dem Nobelpreis honoriert. Vgl. Simon (1996) und Wiesenthal (2001).

109 Vgl. Cyert/March (1963) und als Sammlung einflussreicher Aufsätze March (1988).

Entscheidungsalternativen aufzeigen. Wie die übrigen Spielarten des Umgangs mit *Bounded Rationality* ist der Rekurs auf Institutionen eine der Formen, in denen sich Akteure um subjektiv befriedigende Antworten auf objektive Rationalitätshindernisse bemühen.

Wenngleich sich die mit Hilfe des *Bounded Rationality*-Konzepts gewonnenen Erkenntnisse als analytisch fruchtbar und theoretisch konsistent erwiesen, vermochten sie der Vorherrschaft der klassischen Rationalitätssemantik im Mainstream der Ökonomie wie in den Selbstbeschreibungen der Politiker nur wenig anzuhaben. Die Ursache für ihren begrenzten Einfluss auf Wissenschaft und Politik ist in der Logik ihrer Aussagen zu finden. Während das (neo-) klassische Rationalitätskonzept ebenso wie soziologische Konformitätstheorien ein scheinbar solides Fundament für Prognosen über zukünftige Sachverhalte abgeben, respektiert der *behavioral approach* die Freiheitsgrade des Handelns unter Unsicherheit. Das hat zur Konsequenz, dass seine Aussagen zwar aufschlussreiche Erklärungen für beobachtetes, also gegenwärtiges und vergangenes Entscheidungshandeln sowie das Scheitern mancher Prognosen liefern, aber selbst nicht sonderlich prognosetauglich sind. Prognostische Leistungen sind es jedoch, welche die Popularisierung wissenschaftlicher Begriffe in der Wissenschaft wie im Alltagsleben befördern, mögen sie auch noch so oft von der Wirklichkeit falsifiziert werden.

4.1.2 Ernüchternde Befunde der Politikanalyse

Prinzipielle Skepsis gegenüber der Vorstellung einer planmäßigen Umgestaltung der Gesellschaft artikulierte sich frühzeitig in der Politikwissenschaft. In seinem 1959 publizierten und aufgrund des griffigen Titels zu sprichwörtlicher Berühmtheit gelangten Aufsatz über die „Wissenschaft des Durchwurstelns" bezieht sich Charles E. Lindblom u.a. auf Herbert A. Simon. Lindblom (1959) kontrastiert zwei alternative Verfahren der politischen Planung: auf der einen Seite das in Forschung und Lehre dominierende Modell des rationalen Nutzenmaximierers, der für den angestrebten Zweck die bestgeeigneten Mittel auszuwählen versteht, und auf der anderen Seite die in der Praxis verbreitete Methode des pragmatischen Vergleichs einer Reihe von Alternativen, die je unterschiedliche *Kombinationen* von Zwecken und Mitteln verkörpern − wie etwa bei der Prioritätenwahl zwischen den wirtschaftspolitischen ‚Alternativen' einer Flexibilisierung des Arbeitsmarktes und einer Erhöhung der Staatsausgaben.

Lindblom zufolge sind die wissenschaftlichen Theorien vom Modell der rationalen Zweck-Mittel-Wahl bestimmt, obwohl in der administrativen und politischen Praxis kaum jemals alle vorausgesetzten Informationen vorliegen und die Akteure nur höchst selten über eine konsistente Präferenzordnung verfügen. Weil sie im Regelfall gar nicht in der Lage oder gewillt seien, sich zuerst auf klar definierte Zwecke festzulegen, um danach die geeigneten Mittel zu wählen, ginge es in der Praxis nur um den pauschalen Vergleich unterschiedlicher Programme (im Sinne von Zweck-Mittel-Paketen). Angesichts der unaufhebbaren Unsicherheit über viele Entscheidungsparameter sei rationale politische Planung schlicht undurchführbar. So bliebe allein die als Durchwursteln („muddling through") apostrophierte Pragmatik.

Lindbloms prägnante Planungskritik wird durch einen anderen Strang der Politikforschung bestätigt, der gegen Ende der politischen Planungseuphorie aufblühte: die Implementationsforschung. Dabei handelt es sich um Studien, die sich mit der praktischen Umsetzung von Reformvorhaben und Strukturinnovationen beschäftigen. Die gezielte Untersuchung der Effektivität politischer Entscheidungen war durch die offensichtliche Diskrepanz zwischen Anspruch und Wirklichkeit angeregt worden, die viele Politikprogramme charakterisiert. Sie entwickelte sich zu einem wichtigen Teilgebiet der Politikanalyse. Als bahnbrechend entpuppte sich eine Studie über die Umsetzung von Bundesprogrammen in der kalifornischen Stadt Oakland (Pressman/Wildavsky 1973). Die Implementationsforschung stellte eine beträchtliche Kluft zwischen Programmzielen und -folgen fest, für die eine Palette von Ursachen infrage kam: die Eigeninteressen der für die Programmimplementation zuständigen Akteure, Abstimmungsprobleme und unzureichende Handlungskapazitäten im Geflecht der staatlichen Agenturen sowie widersprüchliche Interessen und die eigensinnige Nutzung der vom Gesetzgeber unterschätzten Handlungsspielräume auf Seiten der Politikadressaten.[110]

Die prononcierte Planungskritik und die Befunde der Implementationsforschung laufen auf die Erkenntnis hinaus, dass sich der Aus-

---

110 Vgl. auch die Beiträge zu Mayntz (1980). Ähnliche Ursachen werden in jüngeren Studien zum Versagen staatlicher Regulationsbürokratien konstatiert (vgl. Majone 1994).

gang von einigermaßen anspruchsvollen politischen Vorhaben weder exakt planen noch steuern lässt. Die Schlussfolgerung liegt auf der Hand: Die Voraussetzungen für langfristige politische Planung sind nicht gegeben. Rationale Politik im Sinne des zweckgerechten und zielsicheren Mitteleinsatzes ist nicht möglich.[111] Jon Elster (1987b), der das daraus folgende Dilemma demokratischer Politik ernst nimmt, rät den Politikern, ihr Handeln nicht mehr mit den beabsichtigten Effekten, sondern mit Verweis auf ein angemessenes bzw. als ,gerecht' geltendes Verfahren, d.h. mit Rekurs auf die *prozedurale* Rationalität ihrer Politik, zu begründen.[112]

Anhand eines neueren Ansatzes der Politikanalyse, des „Advocacy Coalition Framework" von Paul Sabatier lassen sich weitere Einsichten in die Ursachen der extrem geringen Erfolgssicherheit anspruchsvoller bzw. langfristiger Politikvorhaben gewinnen. Nach Sabatier (1993, 1999) hängt das Schicksal politischer Projekte außer von den jeweiligen strukturellen, institutionellen und situativen Bedingungen wesentlich von den Akteurskonstellationen ab, die sich im Verlauf des politischen Prozesses ergeben und verändern. Die ein politisches ,Subsystem' (etwa das der Gesundheitspolitik) bildenden Akteure organisieren sich typischerweise in unterschiedlichen Befürworterkoalitionen, die sich aus Vertretern der Regierung und staatlicher Administrationen, privater Organisationen und beteiligter Interessengruppen, diverser Expertenkreise sowie der Fach- und Massenmedien zusammensetzen. Befürworterkoalitionen bilden und reproduzieren sich auf der Grundlage geteilter Überzeugungen, die u.a. die Ursachen des infrage stehenden Problems und normative Präferenzen für geeignete Bearbeitungsformen betreffen.

Im Advocacy Coalition Framework (ACF) wird den Überzeugungen (*beliefs*) der Akteure zentraler Stellenwert eingeräumt. So zeichnet sich eine Akteurskoalition dadurch aus, dass ihre Mitglieder übereinstimmende generelle Wertorientierungen (*deep core beliefs*) unterhalten, die als außerordentlich stabil eingeschätzt werden. Wesentlich für den Zusammenschluss sind jedoch gemeinsam geteilte An-

---

111 Vgl. dazu auch Scharpf (1972), Kydland/Prescott (1977) und Elster (1987b).
112 Elsters Vorschlag gingen Luhmanns Überlegungen zur „Legitimation durch Verfahren" (Luhmann 1975b; vgl. Machura 1993) voraus. Ungefähr gleichzeitig diagnostizierten James G. March und Johan P. Olsen eine „logic of appropriateness" in Form von Strukturen, Regeln und Routinen, die als Modus der Handlungswahl unter Unsicherheit fungiert (March/Olsen 1989).

nahmen über Sinn und Angemessenheit bestimmter Politikvorschläge, d.h. die *policy core beliefs.* Sie betreffen zentrale, die Policywahl steuernde Entscheidungsprämissen, Kausalannahmen und Zielkriterien.
Hier finden typische Vorlieben für marktorientierte respektive staatliche ‚Lösungen' Ausdruck. Auch wenn sich die *policy core beliefs* ebenfalls als recht stabil erweisen, lassen sie sich doch, falls erforderlich,
veränderten Gegebenheiten anpassen. Auf einer dritten Ebene finden
sich schließlich die unmittelbar policy-bezogenen Präferenzen (*secondary aspects*), welche die konkrete Ausgestaltung der Eingriffs- bzw.
Regulierungsinstrumente, das Verteilungsmuster von Begünstigung
und Benachteiligung sowie Darstellungsaspekte der Politikinnovation
betreffen.

Im Policy-Prozess, der sich u.U. über mehrere Jahrzehnte erstreckt, pflegt sich die Zusammensetzung der Akteurskoalitionen
mehrfach zu verändern. Gelegentlich treten Mediatoren und *policy
broker* als dritte Gruppe hinzu, um zwischen Befürwortern und Gegnern der Innovation einen Kompromiss zu vermitteln. Unter dem
Eindruck neuer Informationen, aber auch in Reaktion auf strategische Probleme zeigen sich die unmittelbaren Politikpräferenzen, in
selteneren Fällen auch die *policy core beliefs* als veränderbar, d.h. als Gegenstände des ‚politischen Lernens'. Allerdings wird angenommen,
dass

> „(t)he policy core attributes of a governmental action program are
> unlikely to be changed in the absence of significant perturbations external to
> the subsystem, i.e., changes in socio-economic conditions, public opinion,
> systemwide governing coalitions, or policy outputs from other subsystems"
> (Sabatier/Jenkins-Smith 1999: 124).

Eine Annäherung der Standpunkte von Befürwortern und Gegnern,
d.h. die Chance einer Einigung, ist umso wahrscheinlicher, wenn das
Konfliktniveau begrenzt bleibt und ein Kompromiss dadurch ermöglicht wird, dass eine Seite (oder auch beide) ihre unmittelbaren Politikpräferenzen modifiziert. Mit einem konfliktinduzierten Wandel der
policy core beliefs ist dagegen nicht zu rechnen. *Policy-oriented learning,* das
am häufigsten in den *secondary aspects* auftritt, wird als der wichtigste
Faktor eines Politikwechsels bzw. politischer Innovationen angesehen. Es resultiert in der Regel aus einem Wandel diskursiver Sinn-
elemente, wie er als Folge einer veränderten personalen Zusammensetzung der Koalition eintreten mag, aber nur selten als Wirkung in-

dividuellen Lernens.[113] Die Einigungschancen unterscheiden sich im übrigen auch nach der Art der Themen. Sie sind relativ günstig, wenn der Konflikt quantifizierbaren (statt qualitativen) Sachverhalten gilt und die Problemstruktur als durch äußere bzw. natürliche Umstände (statt durch zuschreibbare Entscheidungen) bedingt erscheint.

Die Fülle der am Politikprozess beteiligten Variablen, die hier kaum angedeutet wurde, macht es verständlich, warum sich die Autoren des *Advocacy Coalition Framework* des Versuchs enthalten, ein positives Szenario erfolgsträchtiger Bedingungen des Politikprozesses zu entwerfen. Wenngleich sie nicht in die Klagen der dezidierten Reformskeptiker einstimmen, sondern den Ausgang politischer Projekte als prinzipiell kontingent ansehen, bestätigen sie doch auf informierte Weise und in einer vergleichsweise präzisen Begrifflichkeit, was Lindblom, Simon und weitere Autoren feststellten: Eine rationale Planung komplexer politischer Prozesse ist nicht möglich.

Das *Advocacy Coalition Framework* bereichert den einschlägigen Erkenntnisstand v.a. durch die differenzierte Analyse der am Politikprozess beteiligten Deutungen und Überzeugungen, aus denen sich positionale Interessen und Politikpräferenzen speisen. Es wird deutlich, dass Deutungen und Annahmen (*beliefs*), obwohl sie das Ergebnis sozialer Konstruktionen, also prinzipiell kontingent sind, ein Terrain des politischen Konflikts markieren, auf dem die Akteure nicht nur um die Durchsetzung ihrer Problemdiagnosen und Bearbeitungsvorschläge ringen, sondern auch identitätsverhaftete Überzeugungen und Selbstdefinitionen verteidigen. Ob der Konflikt einen ‚produktiven' Ausgang findet, hängt ebenso sehr von geschickten Spielzügen der Akteure und dem Management der Akteurskoalitionen wie von äußeren Umständen und dem Auftauchen einigungsförderlicher *windows of opportunity* ab.

4.1.3 Probleme kollektiver Akteure

Die Botschaft der Planungs- und Rationalitätskritik erhielt zusätzliche Unterstützung durch die ‚Neue Politische Ökonomie' – einem Theoriegebäude, das politische Phänomene durch die Brille (mikro-) ökonomischer Theoreme betrachtet. Zentrale Argumentationsfiguren der

---

113 Vgl. die ACF-Studie zur Gentechnologiepolitik von Bandelow (1999) sowie Wiesenthal (1995) zu ‚Invasion' als Mechanismus des unkonventionellen Organisationslernens.

Neuen Politischen Ökonomie sind aus der *Social Choice*- bzw. *Public Choice*-Theorie bekannt.[114] Zwei Erkenntnisse über Besonderheiten des kollektiven Handelns erwiesen sich als besonders stimulierend: das *Collective Action*-Problem (Olson 1968) und die *Social Choice*-Problematik (Arrow 1963).

Die Logik kollektiven Handelns

Das *Collective Action*-Problem betrifft die Wirkungen des ‚rationalen' Trittbrettfahreranreizes auf Organisationen, die Kollektivgüter produzieren, d.h. Nutznießer außerhalb des Kreises der Beitragleistenden haben. Um die lähmende ‚Logik des kollektiven Handelns' zu überwinden, bedürfen Organisationen, wie z.B. politische Parteien, besonderer Praktiken der Mitgliedergewinnung und -motivierung. Wenn es sich nicht um ausgesprochen kleine Gruppen handelt, die wegen der Möglichkeit gegenseitiger Beobachtung bzw. unterschiedlich starker Interessiertheit der Mitglieder als ‚privilegiert' gelten, bleibt in der Regel nur der Rekurs auf Zwang oder ‚selektive Anreize'. Als letzteres kommen Leistungen der Organisation infrage, die ausschließlich Mitgliedern gewährt werden: exklusive Informationen, Beratung, soziale Kontakte und Geselligkeit, aber auch handfeste Vorteile wie das Streikgeld der Gewerkschaften. Alternativ besteht die Möglichkeit, dass die Organisation ihren Zusammenhalt durch charismatische Führung und die Pflege exklusiver Überzeugungen (Ideologien) zu gewährleisten versucht.

Dabei, aber auch beim Rekurs auf selektive Anreize gerät der ‚eigentliche' Zweck des Zusammenschlusses ins Hintertreffen und wird zum ‚Nebenprodukt'. Mit anderen Worten: Alle Techniken und Verfahren, die es erlauben, das *Collective Action*-Problem zu meistern, haben deutliche Rückwirkungen auf die Identität der Organisation und die tatsächlich verfolgten Ziele. Zweckverbände mit freiwilliger Mitgliedschaft befinden sich deshalb in einem Trilemma ihrer Grundfunktionen: Mitgliederrekrutierung, Mitgliederintegration und Zweckverwirklichung (Wiesenthal 1993).

---

114   Für einen Überblick vgl. Widmaier (1974), Mueller (1989) und Kirsch (1997).

Probleme kollektiven Entscheidens

Die *Social Choice*-Problematik resultiert aus der Unterschiedlichkeit der individuellen Präferenzen. Weil sich ungleiche Präferenzordnungen nicht zwanglos zu einem widerspruchsfreien Prioritätenkatalog zusammenfassen lassen, erfahren kollektive Akteure erhebliche Schwierigkeiten bei der Verabredung gemeinsamer Ziele. Entweder müssen sie die Präferenzen einzelner Mitgliedergruppen ignorieren und womöglich verletzen oder sie machen die manifesten Interessen der Mitglieder zum Gegenstand der diskursiven Abwägung, Bereinigung und Vereinheitlichung – ein Prozess, in dessen Verlauf ein von den individuellen Präferenzen unterschiedener gemeinsamer Wille entstehen kann (Offe/Wiesenthal 1980). Da die diskursive Willensbildung in mitgliederstarken Verbänden auf erhebliche Hindernisse stößt und vor dem Hintergrund des kompetitiven Mediensystems auch kaum auf die eingeschriebenen Mitgliedschaft beschränkt bleibt – Außenstehende und selbst Gegner sehen sich oft zur selbstinteressierten Teilnahme angeregt –, ist die Ziel- und Strategiefindung in aller Regel Sache der Organisationsführung. Das resultiert unvermeidlich in der ungleichen Berücksichtigung der manifesten Mitgliederinteressen, was ein geschlossenes Auftreten in der Interaktion mit Dritten erschwert.

Diese Hindernisse des kollektiv-rationalen Entscheidens und Handelns schlagen sich auf vielfältige Weise in der konkreten Organisationspolitik nieder. Sie manifestieren sich insbesondere im tendenziellen Vorrang der organisationsbezogenen Eigeninteressen vor den Interessen der Organisationsmitglieder, in der relativen Abschottung von Organisationsführung und -bürokratie gegenüber den Erwartungen der Mitgliedschaft, in der Anfälligkeit der binnendemokratischen Prozesse für populistische Praktiken und schließlich in reduzierten Ansprüchen an die Qualität und Verbindlichkeit kollektiver Entscheidungen (z.B. von Mitglieder- oder Delegiertenversammlungen) zugunsten des Vorrangs symbolischer Aktivitäten und gegnerbezogener Strategien.

4.1.4 Das Unmöglichkeitstheorem rationaler Politik

Die aus unterschiedlichen Quellen gespeiste Erkenntnis der unzulänglichen Qualität politischer Planung, zukunftsgerichteter Entscheidungen und des kollektiven Handelns verdichtet sich zu einer

156 4. Gesellschaftssteuerung konkret: Hindernisse und Optionen

Art Unmöglichkeitstheorem rationaler Politik (vgl. Elster 1987b). Die Antworten, welche sozialwissenschaftliche Theoreme auf die Frage nach der Möglichkeit rationaler Politik bereithalten, fallen samt und sonders negativ aus. Sie münden in den systematischen Zweifel an der Selbstgestaltungsfähigkeit moderner Gesellschaften. Dieser ist keineswegs nur theoretisch begründet, sondern beruht gleichermaßen auf den praktischen Erfahrungen, die demokratische Regierungen bei dem Versuch machten, den oft widersprüchlichen Erwartungen von Wählern und Interessengruppen nachzukommen. So scheitern sie regelmäßig dabei, dem ‚magischen Viereck' wirtschaftspolitischer Ziele zu genügen, d.h. für stetiges Wirtschaftswachstum, eine niedrige Inflationsrate, Vollbeschäftigung und außenwirtschaftliches Gleichgewicht zu sorgen.

Das Unvermögen demokratischer Regierungen, ein unter vorteilhaften ökonomischen Umständen erreichtes Wohlstandsniveau auch unter Bedingungen steigender Ölpreise und sinkender Wachstumsraten zu gewährleisten, ließ Mitte der 1970er Jahre den Eindruck einer Krise der ‚Regierbarkeit' aufkommen. Im Zentrum der Problemdiagnose, die Michel J. Crozier, Samuel P. Huntington und Joji Watanuki (1975) in ihrem „Report on the Governability of Democracies" präsentieren, steht die These einer Überlastung der Regierungen der führenden Industriestaaten. Diese sehen sich – im Gefolge neuer Lebensstile und Wertorientierungen – mit hohen Ansprüchen der Bürger konfrontiert, denen sie mit den gegebenen finanziellen und wirtschaftspolitischen Instrumenten nicht genügen können. Gegenüber der Vergangenheit erscheint der Handlungsspielraum der Politik durch Verschärfung des politischen Wettbewerbs, den Verfall staatlicher Autorität und die zunehmende Differenzierung gesellschaftlicher Interessen als empfindlich verringert. Die These der tendenziellen ‚Unregierbarkeit' moderner kapitalistischer Staaten erwies sich auch hierzulande als Stimulus demokratietheoretischer und verfassungspolitischer Debatten.[115]

Die heute in Vergessenheit geratene Unregierbarkeitsthese konvergiert mit der steuerungsskeptischen Perspektive der soziologischen Systemtheorie. Mit analogen Argumenten begründete Luhmann (1981) seinen Rat an die Politik, die Spirale steigender Erwartungen nicht mehr mit wahlkampfüblicher Überbietungsrhetorik an-

---

115 Vgl. u.a. Hennis et al. (1977), Offe (1979) und von Beyme (1984).

zuheizen, sondern auf die Anspruchsbildung dämpfenden Einfluss zu nehmen.[116] Die Vorstellung von zielsicheren Reformprojekten weist Luhmann in allen einschlägigen Diskussionszusammenhängen als unangebracht zurück. Politisches Handeln müsse vielmehr „davon ausgehen, dass die Verhältnisse, auf die es seine Bemühungen richtet, sich in unerwarteter Weise durch die Bemühung selbst ändern" (Luhmann 1981: 10). Rational sei demgemäß allein die Absage an jegliche Spielart rationaler Planung, denn die unvorhersehbaren Nebenfolgen von Steuerungsversuchen würden ein größeres Risiko bedingen als die Risiken, die mit einem Andauern des Status quo verbunden sind. Soll politisches Handeln verantwortbar bleiben, so müsse es sich auf inkrementalistisches Vorgehen beschränken. Anspruchsvollere Projekte der Gesellschaftssteuerung würden sich als unrealisierbar erweisen.

Die axiomatische Quintessenz der konvergierenden Theoriestücke und empirischen Befunde findet zum einen Ausdruck in den bekannten Floskeln wie „the science of muddling through" (Lindblom 1959, 1979), dem „garbage can model of decision-making" (Cohen u.a. 1972), der Alternativlosigkeit von „Stückwerks-Technologien" (Popper 1974), der „Utopie der Nulloption" (Offe 1986) oder der „Tragik der toten Hände" (Luhmann 1989). Zum anderen lassen sich die Annahmen, die der systematischen Steuerungsskepsis unterliegen, als die Bausteine eines Negativparadigmas verstehen. Seine Botschaft lässt sich für die drei Ebenen soziologischer Analyse wie folgt resümieren. Auf der *Mikroebene* sozialer Phänomene sind es die engen Grenzen der individuellen Informations- und Entscheidungsrationalität (Stichwort *bounded rationality*), welche problem- und gegenstandsadäquaten Entscheidungen entgegenstehen. Auf der *Mesoebene* von Organisationsphänomenen fallen die besonderen Ressourcen-, Identitäts- und Strategieprobleme kollektiver Akteure (Stichwort *collective action dilemma*) sowie die Rationalitätsproblematik kollektiver Entscheidungen (Stichwort *social choice*) ins Gewicht. Und die *Makroebene* der Gesellschaft ist schließlich von der Unmöglichkeit der Konstruktion einer gleichermaßen inklusiven wie instruktiven Systemrationalität (Stichwort *Selbstreferentialität sozialer Systeme*) gekennzeichnet.

---

116 Dem Hörensagen nach gab Niklas Luhmann diesen Rat auch Funktionären der CDU, die ihn bei der Abfassung eines Parteiprogramms konsultierten. Sein Rat fand bei den Praktikern wenig Verständnis.

4.2 Belege begrenzter Steuerbarkeit

So überzeugend und durch zahllose Einzelbeobachtungen bestätigt das Unmöglichkeitstheorem rationaler Politik auch wirkt, es deckt sich nicht mit allen Erkenntnissen, die ein unvoreingenommener Beobachter in der gesellschaftlichen Wirklichkeit zu gewinnen vermag. Deshalb werden wir in diesem Kapitel einige Beobachtungen resümieren, die als Indikatoren der Möglichkeit absichts- und effektvoller Einwirkung auf die Struktur gesellschaftlicher Prozesse gelten können. Der Schwerpunkt unserer Aufmerksamkeit gilt Mechanismen, Konstellationen und Institutionen, die mit einer gewissen Wahrscheinlichkeit erfolgsträchtige Steuerungsbemühungen zulassen. Während im Kapitel 5 von erfolgreichen ‚Großprojekten' der gesellschaftlichen (Selbst-) Gestaltung die Rede sein wird, ist dieser Abschnitt einzelnen Faktoren gewidmet, die in dem einen oder anderen Zusammenhang zum Zuge kamen. Eine andere Möglichkeit, die Kluft zwischen allgemein-theoretischem und fallspezifischem Wissen zu schließen, ist nicht in Sicht.

4.2.1 Organisationslernen und der Wandel kollektiver Akteure

In der Beschäftigung mit Koordinationsmechanismen und Koordinationsweisen (Kapitel 3), aber auch in der vorangegangenen Bestandsaufnahme der Rationalitätsprobleme politischen Handelns (4.1) blieb zunächst die Art und Weise ausgeklammert, in der einzelne Handlungs- und Prozessformen mit anderen interagieren und dabei womöglich eine Relativierung ihrer mehr oder weniger selbstbezüglichen Funktionslogik erfahren. Mit einem Wechsel der Betrachtungsweise lassen sich solche Sachverhalte jedoch ins Zentrum der Aufmerksamkeit rücken.

Ein lohnendes Beispiel ist das unter dem Etikett ‚Organisationslernen' bekannt gewordene Forschungsfeld.[117] Hier finden sich sowohl Studien, die Prozesse des Verfalls von Selbstgestaltungsvermögen und Umweltanpassung analysieren, als auch solche, die zeigen, wie Organisationen an Steuerungskompetenz und Selbstbehauptungsvermögen in unsicherer Umwelt gewinnen. Nach Argyris (1976)

---

117 Einen Überblick über den Forschungsstand bieten Staehle (1999: 913-921) und Kopp-Malek (2004).

ist zwischen unterschiedlichen Komplexitätsstufen der problem- bzw. leistungsbezogenen Selbstveränderung von Organisationen zu unterscheiden. Einfaches (*single-loop*) Lernen betrifft die Qualität der geltenden Regeln. Auf der Ebene individuellen Handelns der Organisationsmitglieder mag ,einfaches' Lernen auf größere Regeltreue, d.h. eine sorgfältigere Befolgung des gegebenen Regelkatalogs, zielen. Wenn dieser allerdings nicht zur aktuellen Problemlage passt, verschlechtert sich das Leistungsverhalten und es liegt ein Fall von ,pathologischem' Lernen vor (Wiesenthal 1995). Auf der Ebene der Organisationsprozesse stehen dagegen die Regeln selbst zur Disposition. Werden sie als unpassend wahrgenommen, liegt eine Modifikation des Regelsystems nahe.

Einer höheren Komplexitätsstufe entspricht das sogenannte *double loop*-Lernen. Es betrifft die Überprüfung und Veränderung der geltenden Annahmen und der auf ihrer Grundlage entwickelten Strategien (Argyris/Schön 1978: 22). Diese komplexe Variante des Lernens ist nicht von externen Signalen abhängig, sondern in der Regel endogen, und zwar ,anspruchsbedingt'. Deshalb ist eine ,komplex' lernende Organisation als ein sich selbst steuerndes Subjekt, d.h. als Akteur im Sinn der soziologischen Handlungstheorie anzusehen. In der Fähigkeit zu selbstinitiiertem Annahmen- und Strategiewandel offenbart sich das besondere Potential des genuinen, d.h. komplexen Organisationslernens (Weick 1991).

Um die Problematik des Organisationslernens korrekt einzuschätzen, muss man die basale Fähigkeit aller Organisationen zur Abkopplung von Umweltereignissen im Blick behalten. Diesem Zweck dienen die organisatorische Aufgaben- und Kompetenzverteilung, die Regelbindung (Routinisierung) des operativen Handelns und vor allem die Trennung von Organisationszwecken und persönlichen Motiven. Dank dieser Faktoren ist die Organisation lediglich ,lose' mit ihrer Umwelt verkoppelt. Kommt es ohne äußeren Anlass zu einer Modifikation der internen Prozesse, bestätigt sich darin die Selbstreferentialität und operative Geschlossenheit der Organisation als soziales System – ergänzt um den Aspekt der Selbstverfügung. Theorien des Organisationslernens müssen deshalb auch und gerade solche Fälle erklären können, in denen „organizational learning cannot be created and eradicated by varying external stimuli" (Dodgson 1993: 387).

Auf der Suche nach exemplarischen Anlässen und Formen ‚komplexen' Lernens fiel die Aufmerksamkeit auch auf eine Reihe von Sachverhalten, welche im Mainstream der Organisationssoziologie lange Zeit unbeachtet geblieben waren. Das gilt insbesondere für Fälle eines tiefgreifenden Wandels des Deutungssystems, der Strukturmerkmale und folglich der Identität von Organisationen. Eine Erklärung für solche, empirisch hinreichend belegten Fälle wird jedoch erst zugänglich, wenn wir eine Prämisse der ‚konventionellen' Theorien des Organisationslernens aufgeben, nämlich die Standardannahme, dass Organisationen ihre Grenze zur Umwelt zuverlässig zu kontrollieren verstehen. Denn Grenzübertretungen – als Modus des Organisationslernens – sind nicht ohne weiteres mit dem Annahmenkanon der Organisationstheorie vereinbar: „(F)ür Systeme ist die Unterscheidung von System und Umwelt die identitätskonstituierende Differenz" (Luhmann 1988b: 182). Gilt die Organisation doch qua Definition als kompetent, den Sinntransfer zwischen Umwelt und System zu kontrollieren und die Exklusivität der internen Sinnbezüge – z.B. als Antwort auf die Frage „Welche Kommunikation gehört zur Organisation, welche nicht?' – zu verteidigen. So gesehen, müssten alle externen Bemühungen um Sinntransfer in die Organisation scheitern: „Information ist (...) eine rein systeminterne Qualität" (Luhmann 1986: 45).

Tatsächlich trifft die Vorstellung von verlässlich überwachten Organisationsgrenzen nicht immer die Wirklichkeit. Wenn sich Organisationen genötigt sehen, eine passende Antwort auf unerwartete Umweltereignisse zu finden, müssen sie u.U. Einbußen an der Fähigkeit zur Kontrolle der Organisation-Umwelt-Grenze in Kauf nehmen. Wird aber die Grenze diffus, können exklusive Orientierungen ihre Instruktivität verlieren und es mag zum Import von Deutungen und Sinnfiguren kommen, die nicht zuvor auf ihre Verträglichkeit mit den *core beliefs* der Organisation getestet wurden.

Die im Folgenden skizzierten Erscheinungsformen eines als ‚unkonventionell' titulierten Organisationslernens bedingen ebenso wie die Resultate konventionellen Lernens einen Wandel der internen Routinen. Und wie die konventionellen Modi vermögen sie Kompetenzgewinne durch einen Wandel der Zweckprogramme und/oder Kognitionsbestände zu bewirken. Da sie aus speziellen Formen der ‚Grenzverletzung' resultieren, bietet sich für sie der Sammelbegriff

Intrusion an. Drei Varianten – Invasion, Dissidenz und Intersektion – verdeutlichen, was gemeint ist.

Invasion

Organisationen, die den Willensbekundungen der Mitglieder einen regulären Einfluss auf Organisationsprozesse zubilligen, unterwerfen sich in aller Regel einer formellen Entscheidungsordnung (Satzung). In dieser ist das Entscheidungsverhalten der Organisation im Hinblick auf bestimmte (häufig wiederkehrende) Entscheidungsthemen vorbestimmt. Erstreckt sich die Organisationsverfassung auch auf die Bedingungen, unter denen Dritte die Mitgliedschaft erwerben können, so ist es nicht ungewöhnlich, dass dadurch Nichtmitglieder Quasi-Organisationsrechte erhalten. So begründen Formalkriterien, denen ein Mitgliedschaftsbewerber genügen muss, den Anspruch eines Bewerbers, dass sein Aufnahmegesuch nicht aufgrund anderer (in der Satzung ungenannter) Kriterien abgelehnt wird. Bewerber können ihre Aufnahme unter Berufung auf diese Selbstbindung der Organisation beanspruchen, sofern sie den einschlägigen Satzungsbestimmungen genügen. Dieses (Quasi-)Recht auf Mitgliedschaftserwerb bedeutet *de facto* eine Externalisierung der Mitgliedschaftsentscheidung. Über den Beitritt entscheidet letzten Endes nur der Bewerber, nicht die Organisation.

Je universeller und abstrakter die Aufnahmekriterien gefasst sind, desto weniger ist die Organisation in der Lage, ‚motivierte' Mitgliederbewegungen zu kontrollieren. Damit ist sie außerstande, die identitätssichernde Kontrolle ihrer Umweltgrenze zu gewährleisten. Sie läuft vielmehr Gefahr, abrupten Lernprozessen ausgesetzt und in deren Folge ‚umgekrempelt' zu werden. Für Unterwanderungsaktionen solcherart kommen interessierte Teile der Organisationsumwelt, aber auch der Mitgliedschaft in Betracht. So hat sich die intern gesteuerte Invasion als ein Standardinstrument bewährt, mit dem oppositionelle Minderheiten die innerorganisatorischen Wettbewerbsverhältnisse zum eigenen Vorteil verändern können. Entsprechende Beispiele finden sich in Parteien, Verbänden und Vereinen. Auch die Institutionalisierung sozialer Bewegungen, bei der es nicht nur zur Entstehung neuer Organisationen, sondern auch zur Übernahme von und Fusion mit etablierten Vereinen kam, verlief oft in den Bahnen der invasiven Intrusion.[118]

Dissidenz

Mehr Aufmerksamkeit als die Phänomene der Invasion findet regelmäßig das abweichende Verhalten ‚ungehorsamer‘ Außenseiter, ‚Querulanten‘ oder ‚Verräter‘. In der Organisationsforschung werden die einschlägigen Phänomene als „Aufruhr" (Zald/Berger 1978), „principled organizational dissent" (Graham 1986) oder „whistleblowing" (Westin 1981) registriert. Sie kehren in Lobpreisungen der „difficult people" (Jos et al. 1989) wieder, die „wrongdoing" Organisationen (Near et al. 1993) an eine uninformierte, aber potentiell interessierte Öffentlichkeit verpfeifen. Um eine Veränderung der Organisationspraxis zu erzwingen, sind die Organisationsdissidenten bereit, die Normen des Mitgliedschaftsverhältnisses zu verletzen, und ignorieren die Sanktionen, die üblicherweise denen drohen, die ihre ‚Privatmeinung‘ über den Organisationszweck stellen.

Angesichts des mittels Dissidenz ermöglichten Imports externer Orientierungen und Entscheidungsgesichtspunkte verlieren Organisationen viel vom Bild einer exklusiven und eigenlogischen Ordnung. Eine diffuse, nur unvollständig kontrollierbare Organisationsgrenze macht sie zu instabilen Gebilden, die Profil und Bestand nicht ausschließlich Konventionen verdanken, sondern auch der Aushandlung von Kompromissen zwischen Mitgliedergruppen mit unterschiedlichen Deutungen und Prioritäten (Jos 1988: 335).

Die Einflusschancen der Organisationsdissidenten wachsen unter unsicheren Umweltbedingungen, weil die Orientierung an pluralen Rationalitätsreferenzen sinnvoller zu sein scheint als die Konformität mit überlieferten Regeln. In dem Maße, wie schlichte Entscheidungsregeln an Eindeutigkeit und Instruktivität verlieren, erhalten exogene Deutungen eine Chance, die Orientierungslücken der Organisation zu füllen und das Spektrum der Entscheidungsoptionen zu erweitern. Unter diesen Umständen müssen die Repräsentanten ex-

---

118 In den 1970er Jahren wurden verschiedentlich lokale Vereine (z.B. Mieterverbände) von Aktivisten der Alternativ- und Studentenbewegung erobert, worauf regelmäßig eine Revision des Verbandsprofils folgte. Auf dieselbe Weise vollzog sich mancherorts der ‚Lernprozess‘ der Partei DIE GRÜNEN, in dessen Verlauf die Spaltung in einen fundamentalistischen und einen realpolitischen Flügel zugunsten des letzteren überwunden wurde.

terner (im Sinnzusammenhang der Organisation: privater) Gesichtspunkte nicht notwendig Sanktionen befürchten: Ihre Kenntnisse und Leistungen erscheinen u.U. als unentbehrlich.

Intersektion

Im Unterschied zur Dissidenz bezeichnet Intersektion eine Form der Präsenz externer Orientierungen, wie sie regelmäßig in komplexen Organisationen anzutreffen ist. Sie gewährleistet sogar die Erfüllung zentraler Organisationsfunktionen. Gleichwohl entzieht auch sie sich der Kontrolle durch die Organisation. Der als ‚klassisch' zu betrachtende Standardfall ist mit der Angewiesenheit von Organisationen auf die Expertise, die Weltkenntnis und die Orientierungsleistungen von Professionellen gegeben. Professionelle Expertise und ihre Träger sind bestandsnotwendig, ohne dass alle Wirkungen der selbstreferentiellen professionellen Wissenssysteme auf das Organisationsschicksal kontrolliert werden könnten. Durch die von professioneller Ethik gestützte Orientierung an organisationsexternen Deutungen und Normen werden der eigenlogischen Sinnproduktion der Organisation (i.d.R. rationale) Schranken gesetzt, wobei es zu einer der Umweltanpassung förderlichen, aber nicht immer gewollten Hybridisierung der internen Entscheidungskriterien kommt.

Ein prominentes Beispiel sind die bei der Analyse internationaler Verhandlungen ans Licht geratenen *epistemic communities*: transnationale Expertennetzwerke, denen überdurchschnittliche Innovations- und Konsenspotentiale bescheinigt werden. Ihre Mitglieder sind Spezialisten auf wohldefinierten Themenfeldern, die von Regierungen mit der Doppelfunktion von wissenschaftlichen Ratgebern und Verhandlungsbeauftragten betraut werden. Als Angehörige ein und derselben Wissenschaftlergemeinschaft stecken sie den Rahmen für die Definition von Problemen und Lösungen (z.B. in der Abrüstungs- oder Umweltpolitik) ab. Als Beauftragte für den Umgang mit einer komplizierten Verhandlungsmaterie ermitteln sie anhand professioneller Gesichtspunkte, also im Lichte von wissenschaftlichen Problemdiagnosen und Kausalhypothesen, welche der diskutierten Alternativen konsensfähig sein dürften (Haas 1990, 1992). Dabei können sich die Orientierungen der Experten signifikant von den Auffassungen der politischen Akteure unterscheiden: Während letztere vorzugsweise an Statusfragen und Interessen*differenzen* orientiert sind, fällt es den Experten leicht, sich auf die „consensual knowledge base" ihrer *community* zu beziehen (Haas 1992: 18).

Die drei Varianten der Intrusion von Umweltsinn sind geeignet, die Eigenlogik der Organisationsprozesse zu dämpfen und der von der Systemtheorie zum teleologischen Prinzip erklärten Differenzierungstendenz Grenzen zu ziehen. Als Erscheinungsformen des Organisationslernens vermitteln sie ein vollständigeres Bild von der Kontingenz gesellschaftlicher Verhältnisse als es die ausschließlich an der Eigenlogik sozialer Systeme orientierten Diagnosen vermögen.

Mechanismen der wechselseitigen Angleichung von System- und Umweltphänomenen finden aber auch in anderen Analysezusammenhängen Beachtung. Das ist etwa der Fall, wenn interorganisatorische Diffusionsprozesse als Infektion im Sinne von „social contagion" (Burt 1987) thematisiert werden. Anschlussfähig sind ferner die Befunde zum *institutional isomorphism* von Organisationen, die sich in Anpassung an ihre Umwelt den Anschein eines strikt zweckrationalen Prozederes geben (DiMaggio/Powell 1991). Auf Angleichungsprozesse hinauslaufende Wechselwirkungen zwischen Organisation und Umwelt werden auch von der evolutionstheoretisch argumentierenden Populationsökologie identifiziert (Hannan/Freeman 1989).

Multiple Selves

Schließlich ist auch die Ausbildung einer multiplen Organisationsidentität als Indiz des Vorhandenseins enger Kopplungen von Organisation und Umwelt zu veranschlagen. Von multipler Identität ist zu sprechen, wenn Organisationen für einzelne Segmente ihrer Umwelt instruktives Wissen gewinnen und separat abspeichern. Das ist typischerweise unter Bedingungen sehr hoher Umweltkomplexität der Fall, die der Organisation die Orientierung an gleichermaßen spezifischen wie detaillierten Wissensfeldern abverlangt. Würde die Organisation versuchen, ihre partikularisierten Wissensbestände in ein umfassendes Orientierungssystem zu integrieren, so drohten nicht nur materiale Informationsverluste (aufgrund des höheren Aggregationsniveaus), sondern auch manifeste Inkonsistenzen, welche die Instruktivität des Wissens beschädigten (Wiesenthal 1990a). ‚Umfassende' Deutungen ließen sich allenfalls in Gestalt überkomplexer Aussagen herstellen, für die es außerhalb epistemologischer Diskurse keine

Nachfrage gibt. Deshalb ist die Duldung widersprüchlicher Umweltdeutungen die vorteilhaftere Alternative.

Der Verzicht auf ein integriertes Orientierungssystem ist jedoch nicht unproblematisch. Eine als „multiple self" (Elster 1986) prozedierende Organisation bedarf des Ausbaus ihrer prozeduralen Kompetenzen – in Form von Routinen und Konfliktdefinitionen, die den Hang zu integrierten Deutungen dämpfen und Widersprüchen im Orientierungsrahmen mit Ambiguitätstoleranz statt Rationalisierungszwang begegnen. Indem widersprüchliche Deutungen nicht bereinigt, sondern als insulare Wahrheiten gepflegt werden, bleibt das multiple Selbst in der Lage, den Besonderheiten disparater Handlungsfelder Rechnung zu tragen.

Multiple Organisationsidentitäten sind v.a. dort zu erwarten, wo die strategischen (außenweltbezogenen) Orientierungen mit den zur normativen Integration der Mitgliedschaft in Anspruch genommenen Orientierungen kollidieren (Wiesenthal 1993).[119] Gelingt es, die Koexistenz disparater, jedoch je für sich instruktiver Orientierungen zu gewährleisten, so fällt der Organisation auch die Aneignung neuer Erkenntnisse relativ leicht, weil es nicht notwendig ist, sie auf ihre Verträglichkeit mit einem integrierten Wissenskorpus zu testen. Organisationen mit multipler Identität sind deshalb in der Lage, ein tendenziell ‚offenes' und dem laufenden Wandel folgendes Umweltverständnis auszubilden, ohne dabei die Grundzüge ihrer Identität zu gefährden.

Die hier beschriebenen Phänomene sind geeignet, ein Missverständnis zu korrigieren, das die Kategorien der soziologischen Systemtheorie in Bezug auf das Verhältnis von Organisation und Gesellschaft hervorrufen: die Vorstellung von einer Organisationspraxis,

---

119 Ein prominentes Beispiel stellen die deutschen Industriegewerkschaften dar, die mit zwei separaten, institutionell nur lose verkoppelten Aktionsfeldern konfrontiert sind. In der sektoralen Tarifpolitik agieren sie in der Logik eines Nullsummenkonflikts, den sie von Vorstellungen gemeinsamer Interessen mit dem Unternehmensmanagement freizuhalten und allein durch Bezugnahme auf die (‚globale') Rationalität einer Kollektivgutproduktion im Interesse aller Arbeitnehmer zu bestreiten suchen. Auf der betrieblichen Ebene handeln die (überwiegend gewerkschaftlich organisierten) Betriebsräte dagegen im Rahmen einer Nichtnullsummendefinition und orientieren sich an der ‚lokalen' Rationalität der partikularen Belegschaftsinteressen. Bemühungen um einen übergreifenden Deutungsrahmen tauchten verschiedentlich unter dem Etikett einer ‚aktiven' oder ‚konfliktorischen' Lohnpolitik auf, aber verloren sich in den 70er Jahren. Für eine ausführlichere Darstellung vgl. Wiesenthal (1990a).

die gegenüber der gesellschaftlichen Umwelt vollständig immun sei. Dass diese Auffassung in der sozialen Wirklichkeit nicht durchweg zutrifft, ist hinreichend belegt. Tatsächlich sehen sich Organisationen laufend mit Erwartungen und Zumutungen ihrer Umwelt konfrontiert, denen sie nicht immer und nie vollständig ausweichen können. Der durch Organisation vermittelte Zusammenschluss individueller Handlungsvermögen begründet zwar ein soziales (Aggregat-) Phänomen eigener Art, aber auch dieses ist gesellschaftlicher Natur – in exakt dem Sinn, der in der Formel „all organizations are public" (Bozeman 1987)[120] zum Ausdruck kommt.

4.2.2 Die (begrenzte) Responsivität demokratischer Politik

Die These, dass demokratische politische Systeme den Bürgern ein Mindestmaß an Interessenberücksichtigung gewährleisten, ist nicht unumstritten. Zum einen gibt es gute Gründe, eine Überlegenheit der Demokratie gegenüber anderen politischen Regimeformen anzunehmen. Ihre prinzipielle Partizipationsoffenheit (bei deutlichen Unterschieden zwischen nationalen politischen Systemen), die ,zivilgesellschaftliche' Selbstorganisation der Bürger in Parteien, Verbänden und Vereinen sowie der Wettbewerb um Abgeordnetenmandate sorgen für die prinzipielle Responsivität demokratischer Politik. Zum anderen wissen wir aber, dass die einzelne Wählerstimme keinerlei inhaltlichen Auftrag transportiert, sondern lediglich mit marginalem Gewicht die Auswahl von Mandatsträgern steuert, die nach Übernahme ihres Mandats an keinerlei Wählerauftrag gebunden sind. Das Handeln der Abgeordneten scheint sich vielmehr nach den Opportunitäten der individuellen Karriere, den Spielregeln der Parteienkonkurrenz und (echten oder vermeintlichen) Sachzwängen zu richten.

Mehr noch: Selbst wenn die Wähler, z.B. im Wege eines Volksentscheids, unter alternativen Politiken (i.S. von *policies*) wählen können, sind diese in aller Regel schon politisch vorstrukturiert, d.h. von Politikern formuliert und mit mehr oder weniger Nachdruck empfohlen oder abgelehnt worden. Denn mit einem Großteil dessen, was die Bürger ,wollen', wurden sie zuvor im Themenkarussell von Politik und Massenmedien bekannt gemacht. Die Beziehung zwischen

---

120 Bozemans Diktum liegt die Beobachtung zugrunde, dass alle Organisationen auf die eine oder andere Weise auf gesellschaftlicher oder staatlicher Anerkennung bzw. Lizensierung beruhen.

Bürgern und Politik ist keine unilineare ‚principal-agent relationship‘, in welcher der Prinzipal ‚Gesellschaft' dem Agenten ‚Politik' seine Aufträge erteilen würde, sondern eine zweiseitige Beziehung mit deutlichem Übergewicht der ‚politischen' gegenüber den ‚gesellschaftlichen' Gestaltungschancen.

Aber auch dieses Bild ist unterkomplex. Um der Wirklichkeit näher zu kommen, müssen die Funktionen der Massenmedien genauer betrachtet werden: insbesondere ihre Fähigkeit, Themen zu setzen, die öffentliche Aufmerksamkeit anzuregen – und schon bald wieder eine andere ‚Sau durchs Dorf zu jagen'. Zu berücksichtigen sind ferner Interessengruppen, die auf politische Entscheidungen Einfluss zu nehmen versuchen, und die mit der Verwaltung bzw. Pflege bestimmter Politikfelder betrauten Bürokratien, die mehr oder weniger enge Kooperationsbeziehungen zu ebenfalls selbstinteressierten Akteuren unterhalten.

Die exakte Modellierung eines Kausalmodells der Themensetzung (im Sinne von *agenda setting*) scheitert schon daran, dass es genau genommen *keine unabhängigen Variablen* gibt. Die einzelnen Elemente (Akteure und Sinnfiguren) des politischen Prozesses sind gleichermaßen Input wie Output: Das politische System ist hochgradig selbstreferentiell und erscheint als operativ geschlossen (vgl. 2.3). Umweltereignisse mögen es zwar in Schwingungen versetzen, doch deren Frequenz und Amplitude richten sich nach der Eigenlogik des Systems. Die Formulierung politisch relevanter Interessen und politischer Positionen jeglicher Art ist Teil des Systemprozedere und gehorcht endogenen Systemvariablen.[121]

Wie hat die sozial- und politikwissenschaftliche Forschung auf dieses Erkenntnisproblem reagiert? Mit einem Bündel von Modellen, Theorievorschlägen und Forschungsprogrammen, die alle eines gemeinsam haben: dass sie sich nur auf einen Ausschnitt der möglichen, aber nicht in jedem Fall notwendigen Zusammenhänge konzentrieren. So besitzen wir Kenntnis von Faktoren der Themenselektion und -präsentation durch die Massenmedien, den Faktoren der Responsivität politischer Parteien gegenüber öffentlich gehandelten Themen, dem Willensbildungsprozess der kollektiven Akteure, d.h.

---

121 Dabei bilden individuelle Karriereambitionen – dank des Mechanismus der ‚strukturellen Kopplung' (vgl. 2.3) – eine Schnittstelle zwischen dem Teilsystem der Politik und anderen Teilsystemen.

Parteien, Verbänden usw., den sektoralen bzw. politikfeldspezifischen Interessenstrukturen und ihnen entsprechenden Akteursets, den für das Zustandekommen der politischen Tagesordnung (agenda) wichtigen Faktoren, den formellen und informellen Bedingungen von Kabinetts- und Parlamentsentscheidungen sowie, *last but not least*, den Chancen und Problemen ihrer Implementation. Indes bleibt die Kontingenz des Prozesses ein schwer zu modellierendes Problem der Akteure selbst. Nur zu gerne wüssten sie ‚vorher‘, welche Themen die künftigen Debatten bestimmen werden. Könnten sie doch mit dem entsprechenden Vorwissen entweder – als *office seeker* – ihre Selbstdarstellung im Wettbewerb um Mandate und Ämter optimieren oder – falls sie sich als *policy seeker* stilisieren – die Politikentwicklung den künftig relevanten Problemsichten und Themenkonkurrenzen anpassen.

Die durch Selbstbezüglichkeit bestimmte Eigenlogik des politischen Systems wurde bereits im Kapitel 2 gewürdigt. Deshalb beschränken wir uns an dieser Stelle auf die Einsichten, die uns akteur- und handlungsorientierte Politikanalysen über Institutionen und Strategien der medialen Politikvermittlung zwischen Staat und Gesellschaft gewähren. Vorweg zu schicken ist die Feststellung, dass nicht alle Formen der Politikentwicklung und des Regierens im Kameralicht der Massenmedien stattfinden. Neben der medienvermittelten Politik gibt es die – zum Teil als ‚verhandlungsdemokratisch‘ etikettierten – Formen der direkten Interaktion zwischen politischen und gesellschaftlichen, z.B. wirtschaftlichen Eliten. Politik ist also nicht vollständig ‚mediatisiert‘. In den Fokus der Massenmedien geraten v.a. Themen, bei denen sich die Wettbewerbsmotive der politischen Akteure mit der attraktivitätsorientierten Selektivität der Medienakteure treffen.

Massenmedien und politische Öffentlichkeit

Der Begriff der politischen Öffentlichkeit entbehrt einer eindeutigen Definition. Je nach Verwendungskontext umfasst er die überwiegend in Massen- und Printmedien geführten politikrelevanten *Debatten* und/oder die *Umfrageergebnisse* der Meinungsforschungsinstitute, d.h. die ‚öffentliche Meinung‘ (*public opinion*). Doch die debattierten Themen und die medial vermittelten Botschaften sind nicht deckungsgleich, sondern entstammen unterschiedlichen Selektionsprozessen.

Und weder die in öffentlichen Debatten zu Tage tretenden noch die in strukturierten Umfragen erhobenen Meinungen stimmen mit der Bevölkerungsmeinung, also dem spontanen Meinen der Individuen, überein (Neidhardt 1994).

Mit der Auswahl von Themen und der Art ihrer Präsentation a- gieren die Medien als *problemdefinierende* – und in gewissem Sinne auch *problemgenerierende* – Instanzen. Ihr Umgang mit Informationen und ihre Beteiligung an der Herstellung quasipolitischer Ereignisse (mittels Recherchen, Interviews, Features und Reportagen) erfolgt ‚eigenlogisch‘, d.h. nach mediensystem-internen Kriterien. Es dominieren die Prioritäten des Wettbewerbs um Attraktivität (Einschaltquoten) bei bevorzugten Zielgruppen des Publikums (Sarcinelli 1998). Entsprechende ‚Nachrichtenwertfaktoren‘ sind der Überraschungs- bzw. Sensationsgehalt von Ereignissen sowie ihr Unterhaltungsbezug. Die Präsentation der Themen unterliegt einem ‚Zwang‘ zur Personalisierung: Informationen und Sachverhalte, auch die kompliziertesten, werden erst durch Kommentierung zur Nachricht; wo Politiker nicht greifbar sind, kommen informierte oder auch nur spontan ‚meinende‘ Experten zu Wort. Die einstmals verbreitete Sorge, im mediengesteuerten Selektionsprozess kämen jene Informationen zu kurz, die sich nicht ohne weiteres zur Visualisierung eignen, hat sich längst als unbegründet erwiesen. In der Fülle aktueller und archivierter Bilder findet sich immer etwas (Un-)Passendes. Die Präferenz der Medien für Ortswechsel und Kopräsenz (Politikerbegegnungen, Konferenzen u.ä.) erscheint als kontingent. Nicht kontingent, sondern dem Streben nach Attraktivität geschuldet ist die Bevorzugung von Negativereignissen (z.B. Katastrophen und Konflikten) und der affektiven Aspekte vieler Themen.

Die politischen Akteure sind sowohl bei der Informationsgewinnung über ihre Wettbewerbsposition als auch bei der Politikvermittlung in die Öffentlichkeit auf die Massenmedien angewiesen. Sie erleben es nicht selten, dass die Medien weitaus flexibler und effektiver als sie selbst zu agieren verstehen, wenn es um die Kreation, Definition und zeitweise Etablierung von Themen geht (Jarren 1988).[122] So nimmt die mediale Themenselektion nicht nur Einfluss auf die politi-

---

122 So konnten die Protestkampagnen gegen das Reformpaket ‚Hartz IV‘ im Sommer 2004 erheblich von der um attraktive Themen verlegenen Medienberichterstattung profitieren.

sche Tagesordnung, sondern trägt – im Sinne von Peter L. Berger und Thomas Luckmann (1970) – entscheidend zur sozialen Konstruktion der gesellschaftlichen Wirklichkeit und damit auch der Wirklichkeit der Politik bei. Es kann deshalb nicht überraschen, dass die politischen Akteure, denen es stets um eine für sie günstige ,Vermittlung' von Politik und Person geht, versuchen, sich den Filter- und Verstärkungseffekten der Medien anzupassen. Sie tun das einerseits individuell und karrierebezogen, andererseits kollektiv durch Beauftragung besonderer Abteilungen ihrer Organisationen.

Ein Ergebnis ist die durchgreifende Professionalisierung der Öffentlichkeitsarbeit von Regierung und Parteien. Kommunikations- und Wahlkampfstrategien werden auf die (tatsächlichen und vermeintlichen) Gesetzmäßigkeiten des Mediensystems abgestellt. Die Parteien gerieren sich als Anbieter am Wählermarkt (Wiesendahl 1998) und betrauen „Wahlkampfplaner, Consultants, PR-Experten und Kreativagenturen" (Machnig 2002a: 7) mit der Inszenierung von Pseudoereignissen, die Präsenz in den Medien versprechen.

Von einer Symbiose der Teilsysteme Politik und Medien zu sprechen, ist indes nicht gerechtfertigt. Obwohl beide Seiten in der Erfüllung ihrer Funktionen aufeinander angewiesen sind, verstehen sie es doch, ihre Autonomie zu wahren. Von stabilen oder gar Machtbeziehungen zwischen Medien und Politik kann nicht die Rede sein, wenngleich die Medien gelegentlich über deutlich spürbare Sanktionsmittel verfügen – z.B. durch Auslösung positiver Rückkopplungsschleifen bei ,brisanten' Themen (mit Korruptions-, Neid- oder Angstbezügen). Doch seit der Privatisierung und Pluralisierung der Rundfunkunternehmen haben sich die Bedingungen für die Entstehung einer einheitlichen ,öffentlichen' Meinung verschlechtert. Krass einseitige Positionen einzelner Medien würden eine Gegenbewegung im Mediensystem selbst hervorrufen, da die Markierung von Differenz eine relevante Wettbewerbsoption ist.

So schießt auch die Vorstellung von Medien, die das Publikum manipulieren und Wahlresultate steuern könnten, weit über die Realität hinaus. Denn während politisch motivierte Bürger die medialen Botschaften sehr selektiv rezipieren, tendiert die große Mehrheit des Publikums dazu, ihre als Aufmerksamkeits- und Interpretationsfilter wirkenden Vorurteile zu pflegen und Widersprechendes zu ignorieren.[123] Diese Voreinstellungen verändern sich nur langsam in Reaktion auf Grundlinien des Orientierungs- bzw. Wertewandels. Die politische Wirkung der Massenmedien ist dagegen in erster Linie in ihrem Beitrag zur Simplifizierung, ja Trivialisierung, und Personalisierung politischer Themen zu sehen: Sie suggerieren Informiertheit, ohne dass die kausalen Zusammenhänge des Geschehens und das argumentative Gewicht politischer Positionen hinreichend transparent würden.

Divergierende Erwartungen als Responsivitätshindernis

Dass der Wettbewerbscharakter demokratischer Politik für ein Mindestmaß an Responsivität sorgt, ist schwerlich zu bestreiten. Konkurrierende Reformvorschläge bieten den Wählern tatsächlich die Chance einer tendenziell einflussreichen Wahlentscheidung – auch wenn sich die Entscheidungsalternativen nach dem Wahltag anders als im Wahlkampf darstellen. Noch deutlicher wird der Einfluss des Wählerpublikums aus der vergleichenden Vogelperspektive. Das lässt sich z.B. an der unterschiedlichen Karriere des Liberalisierungsprogramms in angelsächsischen und kontinentaleuropäischen Ländern erkennen: Es reüssierte, wo ein hoher Anteil liberaler Überzeugungen in der Wählerschaft existiert, und es stößt auf erhebliche Schwierigkeiten, wo der Anteil liberaler Überzeugungen gering ist. Doch muss ein Präferenzwandel in der Wählerschaft nicht notwendig einen Widerhall im politischen System finden. Dieser stellt sich nur dann ein, wenn Politiker eine Abwanderung ihrer Wähler zur Konkurrenz befürchten (bzw. auf entsprechende Wählergewinne spekulieren) und sich entschließen, diesen Prozess zu stoppen (bzw. zu fördern). Jedenfalls besteht für die größeren Parteien ein steter Anreiz, ihre Position an den Erwartungen des *median voter* auszurichten.

Die in der Wählerschaft verbreiteten Präferenzen und Erwartungen sind nicht notwendig konsistent. Folglich variiert die in Demokratien prinzipiell erwartbare Responsivität nicht nur mit dem Wählerpotential der Parteien und den infrage stehenden Politikfeldern, sondern auch mit der ‚Qualität' der politisch relevanten Präferenzordnungen, welche die Bürger unterhalten. Aus naheliegenden Gründen halten es Abgeordnete im Interesse ihrer Wiederwahl regelmäßig

---

123   Nach Neidhardt (1994: 325) äußern „(n)ur zwischen einem Fünftel und einem Drittel der Befragten" Vertrauen in die Medien.

für nützlicher, den Präferenzen der Parteiaktivisten Tribut zu zollen als inkonsistenten Vorstellungen ihrer Wählerschaft.[124] Gleichzeitig mögen sie Veranlassung sehen, den Orientierungswert von Umfrageergebnissen zu bezweifeln und ‚repräsentativen' Meinungen nur begrenztes Gewicht beizumessen. Denn Momentaufnahmen von oft widersprüchlichen Einstellungen und Erwartungen besagen wenig über die in der Zukunft bestehenden Präferenzen und gar nichts über die tatsächlich realisierbaren Alternativen. Deshalb gelten manchen Entscheidungsträgern individuelle Äußerungen von Bekannten oder Wählern, die sie per Telefon, Brief oder Email erhalten, sowie die Verlautbarungen professioneller Interessenvertreter als zuverlässigere Informationen.

Dass Informationsdefizite, inkohärente Überzeugungen und simplifizierende Schlussfolgerungen auf Seiten der Bürger keineswegs ungewöhnlich sind, belegt das folgende Zitat aus einer Studie über Konfliktmediation im Bereich von Klima- und Energiepolitik:

> „The research reported in this article found that ordinary people from across Europe usually framed climate impacts in *ethical* rather than economic terms. In line with the precautionary principle, they also advocated *mitigation* even in the face of scientific uncertainty. In discussing the options for mitigation, however, they viewed *cost considerations* as highly relevant. That is, while they saw large reductions in energy use as highly desirable, they tended to *reject significant increases in energy prices* as the way to achieve those reductions." (Kasemir et al. 2000 [Hervorhebungen hinzugefügt, H.W.])

Die relative Autonomie von Regierungen, Parlamenten und Verwaltungen resultiert zum beträchtlichen Teil aus der Widersprüchlichkeit und mangelhaften Instruktivität gesellschaftlicher Forderungen und Erwartungen. Dieser Sachverhalt findet Ausdruck im Ungleichgewicht der von den Parteien ausgeübten Kommunikationsfunktionen: einerseits Stimmungen und Meinungen in der potentiellen Wählerschaft aufzunehmen und, sofern opportun, für die politische Thematisierung aufzubereiten; andererseits politische Entscheidungen in Gestalt von Programm- und Regierungsbeschlüssen an die Bürger zurückzuvermitteln. Angesichts der Heterogenität gesellschaftlicher Interessen und Orientierungen gewinnt die zweite Funktion regelmäßig Oberhand über die erste. Regierungsmitglieder, Fachpolitiker und

---

124 Die vielbeobachtete Abhängigkeit des politischen Personals von den Präferenzen der tendenziell radikaleren und innerparteilich einflussreichen Funktionäre der mittleren Ebene war Anlass zur Formulierung des „law of curvi-linear disparity" (Norris 1995).

Wahlkampfmanager sehen sich im Dauereinsatz für eine die Kalkulierbarkeit ihrer Umwelt erleichternde Politikvermittlung, und zwar in die Innenwelt der Parteien selbst wie in die Außenwelt der politischen Öffentlichkeit. Auf den ersten Blick mag die Asymmetrie der politischen Kommunikation als Manipulation der Öffentlichkeit erscheinen. Tatsächlich fungiert sie aber auch als notwendige Bedingung dafür, dass sich aus der Diversität von Meinungen und Erwartungen ‚politikfähige' Alternativen herausschälen und konfligierende Optionen erkennbar werden.[125]

Responsivitätsverzicht als politische Tugend

Der bewusste Verzicht auf Responsivität mag nicht nur eine rationale Reaktion auf widersprüchliche Erwartungen sein, sondern auch das Ergebnis verantwortungsvoller Abwägung. Letzteres ist z.B. der Fall, wenn Politiker Gründe haben, *ihre* Problemdeutungen und Präferenzen als denen der Wählerschaft in sachlicher oder moralischer Hinsicht überlegen anzusehen. Hohe Responsivität gegenüber einer aufgewühlten Volksstimmung wird demgemäß als Ausdruck von Entscheidungsschwäche oder populistische Anbiederung wahrgenommen. Die politischen Akteure würden ihre Strategiefähigkeit auch gegenüber den politischen Wettbewerbern aufs Spiel setzen, wären sie prinzipiell gewillt, allen Stimmungsschwankungen in der Bevölkerung zu folgen. Sie machten sich damit von jedem Wechsel der Umstände abhängig und gleichzeitig zum Spielball ihrer Gegner. Denn wer die Umstände zu beeinflussen versteht, kann u.U. auch die politischen Akteure an der kurzen Leine führen. Zudem wäre eine um hohe Responsivität bemühte Regierung gehindert, langfristige, d.h. ‚global' rationale Strategien zu verfolgen, da sie die unvermeidliche Durststrecke bis zum Eintritt des Politikerfolgs (das *valley of tears*) nicht durchstehen könnte. Folglich besteht ein systematischer *tradeoff* zwischen der Responsivität und der Effizienz politischen Handelns (Rodrik/Zeckhauser 1988).

---

125   Nach Auffassung eines ehemaligen SPD-Bundesgeschäftsführers macht „Politische Kommunikation (...) Politik sichtbar", „vermittelt Orientierungs-, Vorstellungs- und Deutungsmuster", „bietet gesellschaftlich notwendige Werte und Konsensformen an", „ermöglicht Identifikation" und „konfrontiert Öffentlichkeit mit Herausforderungen, Themen und Gestaltungsmöglichkeiten" (Machnig 2002b: 146f.).

Bekanntermaßen hat aber das Bemühen, sich gegen Responsivitätsforderungen zu immunisieren, nicht durchweg positive Konsequenzen. Gleichwohl ist es eine bewährte Taktik im Parteienwettbewerb. *Issue framing* und die Rhetorik ‚symbolischer' Politik dienen nicht nur der Steuerung der öffentlichen Meinung, sondern zielen gelegentlich auch auf die Behinderung oder Beschädigung des politischen Gegners. Beispielsweise tragen Wahlkampfdebatten selten zur Klärung alternativer Politikoptionen und damit zur Ermöglichung responsiver Entscheidungen bei. Denn politische Akteure, die glauben, ein bestimmtes Thema auf für sie günstige Weise ‚besetzt' zu haben, und dieses dementsprechend bevorzugt propagieren, erleben regelmäßig, dass ihre Gegner genau dieses Thema unter den Tisch fallen lassen, um statt dessen von *ihren* vermeintlichen Stärken zu reden. So bleiben Themen unthematisiert, in denen keine Seite einen Wettbewerbsvorteil erkennt.[126] Und Wahlkampfdebatten drehen sich mehr um die relative Prominenz (*salience*) verschiedener Themen als um die Vor- und Nachteile konkreter Politikvorschläge.[127]

An dieser Stelle ist auch die oft zu beobachtende Kluft zwischen Wahlversprechen und späterer Regierungspolitik anzusprechen. Parteien und Spitzenpolitiker mögen mit einem vielversprechenden und dementsprechend populären Programm die Wahl gewonnen haben, aber ergreifen nach der Amtsübernahme gänzlich andere als die in Aussicht gestellten Maßnahmen. Obwohl diese Vorgehensweise gewiss nicht responsiv, sondern als Fall von *political shirking* anzusehen ist, muss den betreffenden Akteuren nicht notwendig Repräsentativität und Verantwortungsbereitschaft abgesprochen werden. Möglicherweise entschieden sich die Politiker im besten Interesse der Wählerschaft zum Verrat an den zuvor proklamierten Zielen: „They violated mandates in particular because they anticipated being held accountable at the end of the term" (Stokes 1999: 127). Wird eine offensichtlich falsche Erklärung des *policy shift* angeboten – etwa die, von einem Haushaltsdefizit überrascht worden zu sein[128] – so lässt

---

126   Hier handelt es sich zum einen um das sog. Dominanz-, zum anderen um das Dispersionsprinzip des Themenwettbewerbs (Riker 1993).

127   Als Beleg wird auf die Abwesenheit der Energiepolitik, einem kontinuierlich und heftig umstrittenen Thema, in Präsidentschaftswahlkämpfen der USA verwiesen (Carmines/Stimson 1993: 157).

128   Man erinnere sich z.B. der Erklärungen der SPD-Führung vor und nach der Bundestagswahl vom September 2002.

sich an ihr eine pessimistische Einschätzung des Informationsstandes und des Realitätsgrades der Wählererwartungen ablesen. Mit anderen Worten: Verantwortungsbewusste Politik bedingt u.U. den ausdrücklichen Verzicht auf Responsivität (Dunn 1999).

Wäre es dann nicht sinnvoll, die Kategorie der ,politischen Verantwortung' in den Mittelpunkt zu rücken, wenn es um die Beziehung zwischen Bürgern und Politikern geht? Und ließe sich womöglich im Zusammenhang mit dem Begriff ,Verantwortung' ein Steuerungskonzept entwickeln, bei dem Politiker zwar davon entbunden sind, manifeste Aufträge der Bürger zu erfüllen, aber im Sinne von „active responsibility" (Bovens 1998) in der Verantwortung stehen, aus den disparaten Forderungen und Erwartungen der Bürger ,das Beste' zu machen? Tatsächlich scheint diese Sichtweise der Praxis in funktionierenden Demokratien recht nahe zu kommen. Werden doch politische Akteure von ,verantwortungsvollen' Wählern nicht in erster Linie nach ihren Policy-Präferenzen und materiellen Versprechungen ausgewählt, sondern aufgrund von Annahmen über bestimmte Persönlichkeitseigenschaften: Ein Entscheidungsmandat verdient der, dem ich es zutraue, in neuartigen, unvorhergesehenen Situationen alle Handlungsoptionen nüchtern zu sondieren und für seine Entscheidung die ,richtigen' (aber erst in Kenntnis der Situation identifizierbaren) Entscheidungskriterien zu finden. Personen sind nun einmal die maximal komplexen Prämissensysteme. Deshalb macht es Sinn, die Delegation von Entscheidungsrechten nicht in erster Linie an sachlich definierten Aufträgen, sondern an Persönlichkeitseigenschaften festzumachen.

James G. March und Johan P. Olsen haben einmal den Versuch unternommen, die Bedingungen der Gewährung und Wahrnehmung politischer Verantwortung – als Voraussetzungen demokratischen Regierens – zu klären (March/Olsen 1995).[129] Das Ergebnis ist nicht sonderlich ermutigend. So registrieren sie zwar Rationalitätsgewinne auf Seiten der Politiker, wenn deren Handeln unter Gesichtspunkten von *accountability* bewertet wird. Beispielsweise profitiert davon die Einschätzung der ansonsten (gegenüber individuellen Absichten und Einstellungen) oft unterbewerteten Situationsbedingungen: „Accountable subjects seemed to be more thoughtful about their responses"

---

129 March und Olsen legen das Hauptaugenmerk auf die Zuschreibung ,passiver' Verantwortung (i.S. von Bovens 1998).

(ebd.: 143). Verantwortung(szuschreibung) hält Politiker dazu an, der Entscheidungssituation mit mehr Sorgfalt und Aufmerksamkeit zu begegnen und vorsichtiger im Umgang mit Risiken sowie bei der Auslösung von Wandel zu sein (ebd.: 144). Dem steht allerdings der Nachteil gegenüber, dass Entscheider – in der Erwartung, ihre Entscheidungen verantworten zu müssen – zur verstärkten Rationalisierung und Selbstbestätigung im Entscheidungshandeln neigen. Damit handeln sie sich und den Entscheidungsbetroffenen u.U. die fatalen Konsequenzen des „escalating commitment" (i.S. des Festklammerns an unzweckmäßigen Pfaden) ein (ebd.: 145).

Dass die Verantwortungssemantik gegenüber der Komplexität politischer Prozesse versagt, demonstrieren James G. March und Johan P. Olsen an einem spezifischen *accountability dilemma*. Es betrifft die Bewertung von Handlungen in unterschiedlichen Zeithorizonten:

> „If accountability and political competition require that political actions be appropriate and beneficial continuously over time, actions that are inappropriate or costly in the short run are hard to sustain. The fundamental accountability dilemma is found in the way efforts to achieve accountability seem inexorably to reduce the capabilities of political systems to maintain a long-run perspective. As a result, accountability enforced by monitoring and political competition is vital to democracy, and simultaneously a potential threat to it." (March/Olsen 1995: 151).

Ohnehin gelingt es Politikern nur in Ausnahmefällen, dem Umstand Rechnung zu tragen, dass sich die Zuschreibung und Wahrnehmung von Verantwortung stets auf *zwei* unterschiedliche Logiken des Handelns beziehen: die folgenorientierte *logic of consequences* und die verfahrensorientierte *logic of appropriateness*. Wie March und Olsen bemerken, zeigt sich in der Beurteilung politischer Systeme eine Akzentverschiebung von der – dem Demokratieprinzip eigentümlichen – Verfahrensorientierung zur Orientierung an den materiellen Resultaten der Politik. Daraus folgt ein weiteres Dilemma demokratischer Politik, nämlich „that proper behavior sometimes is associated with bad consequences and improper behavior sometimes is associated with good consequences" (ebd.: 155). Berücksichtigt man noch die komplexitätsbedingten Hindernisse einer korrekten Verantwortungszuschreibung,[130] so verflüchtigt sich vollends der Eindruck, ‚politi-

---

130 March und Olsen erwähnen in diesem Zusammenhang die Vielzahl beteiligter Akteure, die Rolle historischer und situativer Faktoren sowie den Mangel an präzisen Beurteilungsstandards (March/Olsen 1995: 157f.).

sche Verantwortung' tauge, und sei es auch nur hilfsweise, als Qualitätskriterium der gesellschaftlichen Selbststeuerung.

Faktoren erhöhter Responsivität

Trotz der prinzipiellen Hindernisse effektiver Responsivität bzw. Responsibilität haben gesellschaftliche Interessen und insbesondere neue Themen unter bestimmten Umständen eine Chance, von den politischen Akteuren wahr- und ernstgenommen zu werden. Das ist ganz allgemein dann der Fall, wenn sie sich eine zivilgesellschaftliche Organisationsform zu geben verstehen (Rueschemeyer 1998), und insbesondere dann, wenn sie sich durch Protestaktionen – etwa in Gestalt sozialer Bewegungen – Ausdruck verschaffen können.[131] Massenhafte Präsenz, eventuell gepaart mit ‚zivilem Ungehorsam' in Form von begrenzten (aber allemal sanktionierten) Regelverstößen, mögen latente Zweifel an der Rationalität und Repräsentativität der etablierten Politik ans Licht bringen und den Eigenbeitrag der Gesellschaft zur Gestaltung der öffentlichen Meinung ausdrücken. Die autonome Veränderung der öffentlichen Meinung würde der Politik nur dann nicht zum ernsthaften Problem, wenn ausnahmslos alle politischen Akteure bereit wären, sie zu ignorieren. Schert auch nur eine Partei aus – oder tritt eine neue Partei, wie einst die GRÜNEN, in den politischen Wettbewerb ein –, so erhöht sich schlagartig der Anreiz, den zuvor ignorierten Anliegen Beachtung zu schenken. Dann erfüllt der demokratische Wettbewerb besonders eindrücklich die ihm generell zugeschriebene Funktion, die Akteure zur Responsivität gegenüber der Gesellschaft und damit zu einem Mindestmaß an Repräsentativität der Politik anzuhalten.

Allerdings sind die Erfolgsbedingungen sozialer Bewegungen bzw. autonomer gesellschaftlicher Interessenartikulation ausgesprochen kontingent. Für das Auf und Ab der Bewegungspolitik gibt es keine linearen Kausalerklärungen. Eine Anregung liefert das Konzept der komplexen ‚politischen Gelegenheitsstruktur'. Zu dieser zählen insbesondere: die Verfasstheit des politischen Systems hinsichtlich seiner Offenheit bzw. Geschlossenheit für Partizipation, Konsens

---

131 Aufschlussreiche Beispiele finden sich in der Geschichte der ‚neuen sozialen Bewegungen', die in den 1970er und 1980er Jahren in der Bundesrepublik Aufsehen erregten. Vgl. Guggenberger (1980), Brand et al. (1986), Roth/Rucht (1987) und Rucht (1993).

bzw. Dissens unter den politischen Eliten; die Existenz und die Ressourcen von Bündnispartnern sowie die Fähigkeit und Bereitschaft des Staates, den Aktivitäten der Bewegungen Grenzen zu setzen (Rucht 1998). Entsprechend den Werten, die diese ‚unabhängigen' Variablen annehmen, unterliegt die Attraktivität bzw. Stärke der Bewegungen, ausgedrückt in Teilnehmerzahlen, mehr oder weniger großen Schwankungen.

Die v.a. zwischen 1970 und 1990 in beachtlicher Stärke aufgetretenen ‚neuen sozialen Bewegungen' dokumentieren eine gegenüber der Nachkriegszeit gestiegene Bereitschaft von Bürgern zur ‚unkonventionellen' politischen Beteiligung. Die Themen der Bewegungen und ihr zeitweise beträchtliches Einflusspotential zeigen ein hohes Niveau „kognitiver Mobilisierung" (Inglehart 1989) an.[132] Zu den wichtigsten Erfolgsfaktoren zählen die Beschränkung auf negatorische Ziele, die normative Aufladung der Themen sowie begriffliche Simplifikation und Emotionalisierung. Der Rückgang der Beteiligungsbereitschaft in den 1990er Jahren lässt nicht auf einen Bedeutungsverlust der zuvor ‚bewegten' Themen schließen, da diese – u.a. aufgrund der Wahlerfolge der GRÜNEN – in die Themenpalette nahezu aller Parteien Eingang gefunden haben. Für die GRÜNEN erlangten die zu Zeiten der Parteigründung dominierenden Bewegungsthemen sogar den Status von Identitätssymbolen, was ihnen einerseits zu einer günstigen Wettbewerbsposition im Parteiensystem verhalf, aber andererseits ihre Anpassung an sich wandelnde Problemlagen und Prioritäten erschwert. Gemäß der These des ‚early freezing' von gründungsrelevanten gesellschaftlichen Konfliktlinien ist mit der Fortgeltung der einstigen Bewegungsthemen im Parteiensystem zu rechnen, selbst wenn sie in der Öffentlichkeit allmählich an Rückhalt verlieren.

Differenzielle Responsivität

Über den Responsivitätsgrad von Themen und Politikvorschlägen entscheidet auch die Verfasstheit des jeweiligen Politikfelds, d.h. die Typik der darin vorkommenden Verfahrensroutinen und die Strategieoptionen der Akteure. Doch auch innerhalb ein und desselben

---

132 Zwischen 1976 und 1987 stieg der Anteil der „kognitiv mobilisierten Parteilosen" um 60 % auf 16 % der Bevölkerung, während der Anteil der „elitengelenkten Parteigänger" um rund 20 % sank (Inglehart 1989: 455).

Politikfeldes kann das Schicksal der Politikvorschläge variieren – je nachdem welche Problemdefinition die maßgeblichen Akteure gewählt haben, welche Verteilungswirkungen sie anstreben und welche Bündnisoptionen ihnen aufgrund ihrer Vorauswahl offen stehen (Soroka/Lim 2003: 583). Bei der Beurteilung politikfeldspezifischer Responsivität gilt es allerdings zu berücksichtigen, dass in den vergangenen Jahren ein Großteil der nationalen Politikkompetenzen in die Institutionen der Europäischen Union abgewandert ist. So wurde z.B. die EU-Umweltpolitik zum Musterbeispiel der sukzessiven „Denationalisierung der policies" (Strübel 1999: 662). Grob gerechnet gehen heute 30 bis 50 % aller legislativen Akte auf Verpflichtungen gegenüber inter- oder transnationalen Instanzen zurück. Im Zeitraum 1983-1994 stieg der Anteil europäischer Impulse an der deutschen Gesetzgebung von 20 % (in der 10. Wahlperiode des Bundestags) auf 75 % (in der 12. Wahlperiode; von Beyme 1997: 186). Anders lagen die Dinge in der Wirtschaftspolitik, in der die EU-Impulse bei etwa 16 % der Fälle stagnierten.

Zu den Besonderheiten einzelner Politikfelder zählen die spezifischen Chancen gesellschaftlicher Akteure, ihre Anliegen und Sichtweisen in den Gesetzgebungsprozess einzuspeisen. Dafür kommen v.a. Anhörungen und Hearings, wissenschaftliche Beiräte der Ministerien und Parteien sowie die Interaktion mit Interessengruppen infrage. Wie von Beyme (1997) feststellt, bilden Anhörungen und Hearings allerdings keine sonderlich effektive Schnittstelle zwischen Politik und Gesellschaft, da die politischen Akteure sie regelmäßig für interne Zwecke instrumentalisieren: als Druck- oder Obstruktionsmittel der Opposition und struktureller Minderheiten, als Ausdrucksmittel von Flügelgruppen in den Parteien, zur Absicherung eines vorliegenden Gesetzentwurfs oder zur Kompensation des Informationsvorsprungs der Regierung (von Beyme 1997: 235). Der Einfluss der Beiräte sei v.a. bei Routineentscheidungen deutlich, während er bei Innovations- und Krisenentscheidungen gering bliebe.

Die Studie von Klaus von Beyme dokumentiert außerdem die unterschiedliche Konfliktanfälligkeit politischer Themen bzw. Arenen. So wurden Themen der Wirtschaftspolitik im parlamentarischen Prozess durchweg als kontroverser behandelt als Themen der Umweltpolitik. In der Wirtschaftspolitik kam es bloß in 12,2 % der Fälle zu einstimmigen Entscheidungen, in der Umweltpolitik dagegen bei rund 55 % der Fälle. Redistributive Themen, wie etwa der Wechsel von Förderpräferenzen, wurden überwiegend (in 78 % der Fälle) zur namentlichen Abstimmung gestellt (ebd.: 284). Die höhere Konfliktanfälligkeit der Wirtschaftspolitik zeigt sich auch in den Schlüsselentscheidungen des Bundesverfassungsgerichts. Im Untersuchungszeitraum betrafen 16 Urteile die Wirtschaftspolitik, aber nur drei Urteile die Umweltpolitik (ebd.: 304).

Zwischenresümee

Die Frage nach der Responsivität politischer Entscheidungen gestattet keine bündigen Antworten. Die Ergebnisse politikwissenschaftlicher Forschung belegen die weitgehende Selbstbezüglichkeit politischer Diskurse. Entscheidungen werden regelmäßig unter dem Gesichtspunkt des Wettbewerbs um Aufmerksamkeit und Wählerstimmen getroffen. Allerdings zwingen Ressourcenprobleme, falls deren Missachtung auf den Akteur zurückzufallen droht, häufig zu ,harten' Sachentscheidungen, die ebenso wenig responsiv anmuten. Das politische System zeichnet sich zwar durch große, wenngleich niemals vollständige Autonomie gegenüber seiner gesellschaftlichen Umwelt aus, aber auch durch ein hohes Maß an Abhängigkeit von externen (d.h. umweltbedingten) Ressourcen.

Der Grad politischer Responsivität variiert mit dem Zeithorizont der Politik. Alle kurzfristigen Strategien zielen auf Immunisierung gegenüber spontanen Prioritätsänderungen in der Wählerschaft. Doch während die Parteien in kurzfristiger Perspektive versuchen, „Politik als einseitige Öffentlichkeitsarbeit zu betreiben", zeigen sie sich in ihrer längerfristig angelegten Programmarbeit „für gesellschaftlichen Wertwandel, Themenkonjunkturen und neue Orientierungen" aufgeschlossen (von Alemann 1992: 125). Die in längerfristiger Perspektive deutlich höhere Responsivität der Politik sucht ihre Bezugspunkte in stabilen Grundströmungen der öffentlichen Meinung. Einem Wandel der kognitiven oder normativen ,Selbstverständlichkeiten' können und wollen die politischen Akteure nicht auf Dauer standhalten. Er wird sich also, und sei es auch mit größerer Verzögerung, im Deutungsrahmen der Politik- und Medienakteure niederschlagen.

Dieser differenzierte Wirkungszusammenhang lässt sich anhand der Begrifflichkeit des *Advocacy Coalition Framework* illustrieren.[133] Der Ansatz unterstellt, dass politische Akteure ihre Ziele, und insbesondere wichtige Vorhaben, nicht isoliert, sondern im Verein mit Bündnispartnern aus der Wissenschaft sowie mit Publizisten und Interessengruppen, d.h. in themenspezifischen Befürworterkoalitionen, verfolgen. Gemeinsame Überzeugung der ,Befürworter' ist, dass ein bestimmtes Thema bzw. Problem auf die politische Tagesordnung gehört oder, wenn es bereits auf der Agenda steht, einer bestimmten Lösung zugeführt werden müsse.[134] In selteneren Fällen mag sich die Befürworterkoalition auch auf den Konsens der einschlägigen Fachwissenschaftler berufen. Angesichts einer *epistemic community* in der Wissenschaft fällt es selbst konkurrierenden politischen Lagern schwer, das infrage stehende Thema bzw. die als unstrittig geltende ,Lösung' abzulehnen (Haas 1992).

Anhand der Terminologie des *Advocacy Coalition Framework* ist es nun möglich, Hypothesen über die differenzielle Responsivität politischer Entscheidungen zu formulieren. Danach ist im Einklang mit der Theorie von einer hohen Stabilität der allgemeinen Grundüberzeugungen (*deep core beliefs*) politischer Akteure auszugehen. Sind diese doch so eng mit der Selbstdefinition kollektiver Akteure verknüpft, dass Modifikationen als Identitätsverlust gewertet würden. Wettbewerbskalküle bleiben auf dieser Ebene ohne Einfluss. Ein kollektiver Akteur würde vielmehr deutliche Macht- und Attraktivitätsverluste riskieren, wenn er sich zur Revision der gemeinsamen Grundüberzeugungen seiner Mitglieder verleiten ließe. Ähnliches gilt für die Ebene der *secondary policy aspects*. Diese werden zwar ausgesprochen flexibel behandelt, aber der dafür maßgebliche Referenzrahmen besteht ausschließlich aus den Bedingungen des Politikprozesses, in dem die zur Mehrheitsbeschaffung notwendigen Kompromisse gesucht werden. Die in der politischen Öffentlichkeit, also außerhalb des Politikbetriebs, kursierenden Präferenzen bleiben typischerweise außer Betracht. Wo die Öffentlichkeit und insbesondere ein Wandel ihrer Themen- und Wertprioritäten eine größere Chance der Berück-

---

133 Vgl. Sabatier (1993), Sabatier/Jenkins-Smith (1999) und oben 4.1.2.
134 Ein Beispiel ist die Befürworterkoalition, der im Zuge der Rentenreform 2001 die Einführung der ergänzenden kapitalbasierten Eigenvorsorge (der sog. Riester-Rente) gelang.

sichtigung finden, haben wir es mit den *policy core beliefs* zu tun. Hier ist u.U. sogar ein Schwenk um 180 Grad möglich, wenn das den Bestand und die Machtbasis der Partei zu sichern verspricht.

Als Beispiel möge der Wandel der energiepolitischen Prioritäten dienen, den die SPD nach dem Verlust der Regierungsmacht 1982 vorgenommen hat. Die ursprüngliche Betreiberin eines umfassenden Programms zum Aufbau von Kernkraftwerken wandelte sich zur Befürworterin erneuerbarer Energien und stimmte später dem von den GRÜNEN verlangten Ausstieg aus der Kernenergie sowie der Einführung der unpopulären Ökosteuer zu. Der Wandel der energiepolitischen *core beliefs* auf Seiten der SPD verdankt sich vermutlich einem Motivbündel aus gewandelten Policy-Präferenzen, einer neuen Bündnisoption und einem Schuss machtpolitischer Indifferenz in der Sache. Die erheblichen Differenzen zwischen den *deep core beliefs* von SPD und GRÜNEN wurden dabei keineswegs eingeebnet. Als Endpunkt des Umwegs über zahlreiche ‚zivilgesellschaftliche' Protestaktionen gegen konkrete Kraftwerksprojekte (z.B. in Whyl, Kalkar und Hamm), die Entstehung einer ‚neuen sozialen' Anti-AKW-Bewegung, die Gründung der Partei die GRÜNEN und den Regierungswechsel im Jahre 1998 demonstrierte die SPD-GRÜNEN-Regierung schließlich im Jahre 2000 hohe Responsivität gegenüber der energiepolitischen Opposition der 1970er Jahre.[135]

Das Beispiel ‚Atomausstieg' belegt sowohl die Hindernisse als auch die niemals gänzlich abwesende Chance demokratischer Responsivität. Sie ist nicht in allen politischen System gegeben. Vergleichende Untersuchungen attestieren erwartungsgemäß Demokratien im Unterschied zu autokratischen Regimen prinzipiell bessere Chancen für die Beteiligung breiter Bevölkerungsschichten am Volkseinkommen, das Vorhandensein sozialstaatlicher Sicherungen und einer Arbeitsschutzgesetzgebung sowie die weitgehende Respektierung einheitlicher Menschenrechte von Frauen und Männern (Przeworski et al. 2000). Doch auch in den untergegangenen Regimen sozialistischer Prägung gab es ein Mindestmaß an Responsivität gegenüber den basalen Konsum- und Sicherheitsinteressen der Bevölkerung. Um drohendem Unmut seitens der Arbeiter vorzubeugen, wurden – zumindest in den 1980er Jahren – eine laxe Arbeitsmoral, kreditfi-

---

135 Vgl. Hurrelmann (2001: 170-206) für eine kritische Analyse der Atomausstiegspolitik der GRÜNEN.

nanzierte Konsumgüterimporte und ein letztendlich nicht zu finanzierendes Niveau sozialer Leistungen zugelassen (Brie 1996). Die ‚responsive' Zukunftsblindheit der Staatsführung war folglich ein Ursachenfaktor unter mehreren für den Untergang dieses Regimetyps.

Dass auch Demokratien nicht dagegen gefeit sind, ihre Gegenwartsprobleme auf Kosten zukünftiger Ressourcen und Handlungsspielräume zu bearbeiten, ist bekannt. Dafür sorgt insbesondere die Opportunismusversuchung des politischen Wettbewerbs. Sie sind diesem Risiko allerdings in unterschiedlicher Weise ausgesetzt, wie die vergleichende Politikforschung lehrt: „Die Neigung, Politik zu Lasten der Zukunft zu betreiben, ist eine Variable, die hier stärker und dort schwächer auftritt, und eine politisch gestaltbare Größe" (Schmidt 1999: 286). Das belegen auch Studien zu den ‚varieties of capitalism' und speziell die Reaktionen westlicher Regierungen auf den Wachstums- und Beschäftigungsrückgang im vergangenen Jahrzehnt.[136] Ein gewisses Mindestmaß an Responsivität ist allerdings infolge des Aufforderungscharakters verantwortlicher Problemdiagnosen und der Versuchung eigenlogischer Wettbewerbskalküle erwartbar.

4.2.3 Politikfeldregulierung

Ausgesprochen informative Auskünfte über den Anteil von Fremd- und Selbststeuerung in gesellschaftsrelevanten Prozessen liefern Untersuchungen zur Struktur und Entwicklung einzelner Politikfelder bzw. Sektoren. Unter diesen verdienen verschiedene Arbeiten Beachtung, die am Kölner Max-Planck-Institut für Gesellschaftsforschung (MPIfG) entstanden sind. In ihnen ist die Frage nach Steuerungssubjekt, Steuerungsobjekt und Steuerungsmodus nicht in dezisionistischer Weise vorentschieden, sondern zum Gegenstand detaillierter Erkundung gemacht.

Da im Mittelpunkt des Interesses die politikvermittelte Selbststeuerungsfähigkeit moderner Gesellschaften steht, gelten die Untersuchungen v.a. den sogenannten ‚staatsnahen' Sektoren, d.h. Politikfeldern, in denen staatliche Instanzen (Mit-) Verantwortung für das

---

136 Zu den ‚varieties of capitalism' vgl. u.a. Porter (1990) und Hall/Soskice (2001), zur vergleichenden Analyse institutioneller Reformen Scharpf/Schmidt (2000).

Leistungsangebot und das Handeln privater Akteure übernehmen. Dementsprechend unterscheiden die Politikfeldanalysen zwischen der Leistungs- und der Regelungsstruktur eines Sektors, wobei eine wesentliche Funktion der Regelungs- bzw. Governance-Struktur die Sicherstellung von leistungsbezogenen Anreizen ist (Mayntz/Scharpf 1995b). Als Regelungsanlass kommen interne wie externe Problemwahrnehmungen infrage: „Regelung ist dann wünschenswert, wenn das ungeregelte Verhalten von Akteuren Auswirkungen hat, die entweder deren eigene Interessen oder die Interessen von Dritten beeinträchtigen" (ebd.: 20).

Diese Vorbemerkungen mögen ausreichen, um anhand von drei exemplarischen Fällen Aspekte der Fremd- bzw. Selbststeuerbarkeit von Politikfeldern zu diskutieren. Die folgenden Ausführungen gelten dem Gesundheitswesen, der Wissenschaftsförderung sowie der Wirtschafts- und Technologiepolitik.

Das Politikfeld Gesundheitsversorgung (GKV)

Mit der Einführung einer gesetzlichen Krankenversicherung (GKV) in Deutschland im Jahre 1883 wurde die Gewährleistung der gesundheitlichen Versorgung eines wachsenden Teils der Bevölkerung zu einer Kernaufgabe des Staates. Der staatlich verantwortete Teil des Gesundheitswesens, also die GKV, bestreitet etwa 57 % der Ausgaben; 43 % entfallen auf den von staatlicher Regulation weitgehend entlasteten Teilbereich der privatärztlichen Versorgung (von überwiegend privat versicherten Patienten). Die finanz- und volkswirtschaftliche Bedeutung des Gesundheitswesens drückt sich in einem Anteil von ca. 11 % am Bruttoinlandsprodukt und einem Anteil des Gesundheitspersonals an der Zahl der abhängig Beschäftigten von ebenfalls ca. 11 % aus. Wichtige Merkmale der Leistungsstruktur des Politikfeldes können als bekannt vorausgesetzt werden: das Kompetenzgefälle zwischen professionellen Leistungserbringern und hilfebedürftigen Patienten, die (inzwischen abgemilderte, aber immer noch wirksame) institutionelle Trennung zwischen ambulanter und stationärer Versorgung, das in der ambulanten Versorgung verwendete System der Einzelleistungsvergütung, die Beauftragung der ambulanten Kassenärzte, d.h. isoliert wirtschaftender Kleinunternehmer, als Anlaufstelle für alle Arten von medizinischer Behandlung, die Bereitstellung preisgebundener Arzneimittel durch privatwirtschaftliche Apotheken, und schließlich der rechtlich begründete Anspruch der Versicherten auf eine dem Stand der Medizin entsprechende Behandlung.

Die Regelungsstruktur ist durch Institutionen der sogenannten Selbstverwaltung charakterisiert. Die Kostenträger (d.h. die Krankenkassen) und die Leistungserbringer (also Ärzte und Krankenhäuser, Apotheker, Anbieter von Heil- und Hilfsmitteln usw.) sind in staatlich anerkannten und beauftragten (Zwangs-) Verbänden organisiert, denen die Aushandlung von Kollektivverträgen über Leistungspreise, Gesamtbudgets und diverse Details der Versorgungserbringung obliegt. Die Organe der sektoralen Selbstverwaltung sind jedoch nicht befugt, das Leistungsspektrum und damit die Ansprüche der Versicherten nach eigenem Belieben zu modifizieren. Das ist vielmehr Aufgabe des Staates, der in Reaktion auf die ständige Lücke zwischen Einnahmen und Ausgaben hin und wieder Leistungseinschränkungen und Preissenkungen verordnet. Teilweise aufgrund des besonderen Charakters medizinischer Leistungen, teilweise als Interessenschutz der Leistungserbringer wurde auf die Schaffung wettbewerblicher Strukturen verzichtet. Das Kollektiv der Anbieter genießt sowohl eine ungefährdete Monopolposition auf der Leistungsebene als auch komparative Organisationsvorteile auf der Regelungsebene.

Leistungs- und Regelungsstruktur des Politikfeldes wurden der Politik schon vor drei Jahrzehnten zum Problem, als die korporative Selbstverwaltung weder willens noch institutionell in der Lage war, das überproportionale Kostenwachstum der Gesundheitsausgaben einzudämmen. Das Problem wurde zum einen in negativen Beschäftigungswirkungen der durch steigende Beitragssätze forcierten Lohnkostenentwicklung gesehen und manifestierte sich zum anderen in der zunehmenden Belastung öffentlicher Haushalte (v.a. für die Finanzierung des stationären Sektors und die Lohnkosten der öffentlich Bediensteten). Regelmäßige Staatseingriffe und die Schaffung neuer Regelungsinstitutionen, wie z.B. der ‚Konzertierten Aktion im Gesundheitswesen', vermochten das Problem immer nur für eine kurze Zeitspanne zu entschärfen. Um die als *gatekeeper* agierenden Ärzte zur Mitwirkung an Programmen der Kostendämpfung zu bewegen, mussten die staatlichen Regulatoren Zugeständnisse an die Statusinteressen der Leistungserbringer machen, die den Optionen-

raum künftiger Problembearbeitung verengten. So kam es zur Zulassungsbeschränkung für Nachwuchsärzte, zur ‚Deckelung' der Arzneimittelausgaben und zum Monopol auf ambulante Behandlung.
Gleichwohl ist die Annahme zurückzuweisen, dass die Steuerungsprobleme der GKV in erster Linie der (Veto-) Macht der Ärzteverbände geschuldet seien. Es handelt sich vielmehr um Aggregatfolgen
der besonderen Entscheidungsstruktur, insbesondere der institutionellen Verfasstheit des Teilsystems und der dafür (mit-)verantwortlichen Besonderheiten des politischen Systems (Mayntz 1997).

Als Ergebnis der anhaltenden Serie von Eingriffen ist eine im internationalen Vergleich eher ungewöhnliche Strukturkonstanz des
Sektors bei gleichbleibend hoher Problemproduktivität zu konstatieren.[137] Das Gesundheitswesen ist ein System im ständigen Ungleichgewicht. Sein Funktionieren ist nur durch zunehmenden Ressourcenzufluss und wiederkehrende Modifikationen der Prozessparameter zu
gewährleisten. Während die staatlichen Akteure die Dysfunktionen
der auf zwischenverbandlicher Aushandlung beruhenden Selbststeuerung beklagen, sehen sich die Akteure des Politikfelds als regeltreue
Opfer der vom Staat zu verantwortenden Strukturvorgaben und Reformmaßnahmen. Interessanterweise schneidet das deutsche Gesundheitswesen im internationalen Vergleich keineswegs besonders
ungünstig ab. Es belegt weder bei der Kostendynamik noch beim
Anteil am Sozialprodukt einen Spitzenplatz. Auch ist die akute Finanzierungslücke nicht so sehr einem Davonlaufen der Ausgaben,
sondern vielmehr Problemen auf der Einnahmeseite zuzuschreiben:
insbesondere der Belastung des Krankenversicherungsbudgets mit
Ausgaben, die der Renten- und der Arbeitslosenversicherung anzulasten wären, der großen Zahl von Arbeitslosen, für die unterdurchschnittliche Beiträge entrichtet werden, und schließlich dem rückläufigen Wachstum des ‚beitragspflichtigen' Teils des Sozialprodukts (so
Jürgen Wasem). Aufgrund des demographischen Wandels und des
medizinischen Fortschritts ist auch für die Zukunft mit überproportionalem Ausgabenwachstum zu rechnen.

Bilanziert man die Wirkung der wiederholten staatlichen Eingriffe in die Regelungsstruktur, wie es Marian Döhler und Philip Manow
(1995, 1997) machen, so fallen zwei tendenzielle Veränderungen auf.

---

137 Vgl. dazu Wiesenthal (1981), Rosewitz/Webber (1990) und Döhler/Manow (1995,
     1997).

Zum einen ist es dem Staat gelungen, die Leistungsstruktur durch legislative Akte sukzessive so zu modifizieren, dass das Ausgabenvolumen finanzierbar blieb. Zum anderen wurde die Regelungsstruktur, insbesondere auf der Seite der Finanzierungsträger, schrittweise in Richtung Zentralisierung, Vereinheitlichung und „Hochzonung von verbandlichen Zuständigkeiten" sowie „Verstärkung der Bindungskraft von Kollektivverträgen" (Döhler/Manow 1995: 147) verändert. Die Wirksamkeit der Eingriffe wurde dadurch gesichert, dass der Staat regelmäßig mit weitergehenden Eingriffen drohte. In der Konsequenz der das relative Einflussgewicht der Akteure verändernden Eingriffe, welche allerdings die tradierte Aufgabenverteilung in der Leistungs- und Regelungsstruktur unberührt ließen, zerbrach die einstige Interessenallianz der Anbieterseite: „Die Vetomacht der Verbände hat sich (...) schrittweise abgeschwächt" (ebd.: 151). Gleichzeitig hat sich eine „Spezialisierung von Regulierungsgremien auf der Ebene der Selbstverwaltung" (ebd.: 154) ergeben, die den staatlichen Akteuren differenzierte Eingriffs- und Korrekturmöglichkeiten gewährt. Die einst heftigen Interessenkonflikte zwischen Anbieterverbänden und Regierung, die gelegentlich von Streikaktionen der Ärzte begleitet waren, waren – zumindest in der Zeit bis zur zweiten Großen Koalition von 2005 – abgeflaut. Bei den Interessengruppen hatten sich realistische Deutungen der Möglichkeiten und Zwänge staatlicher Gesundheitspolitik entwickelt.

Begrenzte Kostenkontrolle und weitgehende Konfliktentschärfung, wie sie zumindest für die Zeit nach der Verabschiedung des Gesundheitsstrukturgesetzes von 1992 zu konstatieren sind, verdankten sich einer Konvergenz der ordnungspolitischen Leitbilder. Das die Ärzte privilegierende Sachleistungsprinzip, das die Beitragshöhe bestimmende Solidarprinzip, das die Kassenvielfalt rechtfertigende Gliederungsprinzip und das die Rolle der Verbände bestätigende Selbstverwaltungsprinzip hatten sich zu einem institutionellen Ordnungskonzept verdichtet, zu dem weder staatliche noch außerstaatliche Akteure eine Alternative formulieren mochten. Selbst die seit 2004 geführte Debatte zum Thema ‚Bürgerversicherung versus Gesundheitsprämie' signalisiert große Bereitschaft, die Anbieterseite mit radikalen Reformvorschlägen zu verschonen. Punktuelle Eingriffsbereitschaft des Staates bei gleichzeitigem Verzicht auf tiefgreifende Strukturreformen ermöglichten eine Balance von Selbst- und Fremdsteuerung, die bis dato die Reproduktion des ‚Systems' Gesundheitsversorgung in seinen relativen Dimensionen (hinsichtlich Leistungen und Ressourcen) gewährleisten konnte.

Die zu Tage getretene Selbststeuerungsfähigkeit des Gesundheitswesens ist jedoch als recht begrenzt zu veranschlagen. Zu ihren Funktionsbedingungen zählen der jederzeit aktualisierbare Eingriffsvorbehalt und die Ersatzvornahmerechte des Staates sowie die Duldung eines keinesfalls geschmälerten, sondern lediglich gebremst ansteigenden Ressourcenstroms. Von Steuerungseffektivität kann folglich nur in der Zusammenschau auf die systeminternen und -externen Steuerungskompetenzen gesprochen werden. Bliebe das ‚System' seinen selbstreferentiellen Prozessstimuli überlassen, würde es über kurz oder lang unfinanzierbar, d.h. zum Objekt einer grundstürzenden Reform.

Unabhängig davon, was jeweils an konkreten Alternativen zur Wahl steht, ist doch gewiss, dass die Selbstbeobachtungs- und Selbststeuerungskompetenzen des ‚Systems' nicht ausreichen, um sich den Zustandsänderungen der Umwelt ‚aus eigener Kraft' anzupassen und damit den Bedarf an externer Fremdsteuerung zu minimieren. Selbstverwaltungsorgane, insbesondere solche korporatistischer Natur (an denen neben Unternehmerverbänden auch gewerkschaftliche und staatliche Akteure beteiligt sind), besitzen ein sehr beschränktes Selbststeuerungspotential. Die Erarbeitung eines eigenen Reformprogramm würde sie überfordern, weil „die potentiellen ‚Verlierer' meistens direkt oder indirekt an der Willensbildung beteiligt sind und nicht überstimmt werden können" (Rosewitz/Webber 1990: 317).

Das Politikfeld Wissenschaft und Forschung

Auch die staatliche Förderung von Wissenschaft und Forschung zählt zu den Kernaufgaben des Staates in der modernen Industriegesellschaft. Eine ‚starke' Wissenschaftslandschaft, bestehend aus Universitäten mit lehrendem und forschendem Personal sowie außeruniversitären Forschungsstätten in öffentlich-rechtlicher oder privater Trägerschaft gilt als notwendige Voraussetzung einer modernen, stetig wachsenden Volkswirtschaft. Allerdings zeichnet sich Wissenschaft durch zwei konstitutive Merkmale aus, die ihre staatliche Förderung nicht unter allen Bedingungen als selbstverständlich erscheinen lassen.

An erster Stelle zu nennen ist der Umstand, dass Forschung nur dann den höchsten Grad an Innovativität erreicht, wenn sie zu einem erheblichen Teil ,zweckfrei', d.h. als Grundlagenforschung angelegt ist. Das heißt: „Wissenschaft unterscheidet sich (...) von fast allen Teilbereichen der modernen Gesellschaft darin, dass sie sich selbst ihr primäres Publikum ist" (Schimank 1994: 410). Die Auswahl der Forschungsthemen und -gegenstände unterliegt dann ausschließlich den forschenden Wissenschaftlern; sie folgt weder staatlichen noch privaten Verwertungsinteressen, sondern allein der wissenschaftlichen Neugierde. Diese ist wiederum von persönlichen Karriereplänen und den Chancen geprägt, Reputation in der jeweils maßgeblichen ,scientific community' zu erwerben und auszubauen. Für die Qualität dieser weitgehend ,freien' Forschung bürgen allein die akademische Sozialisation der Forscher und die durch *peer review* von Publikationen und Förderanträgen gepflegten professionellen Standards.

Merkmal Nummer zwei ist der weitgehend unbeschränkte Zugang zu den Erträgen der wissenschaftlichen Forschung, zumindest jenen, die an öffentlich geförderten Institutionen erzielt werden. Die nicht selten auf kostspieligem Wege erlangten Wissensfortschritte werden Allgemeingut; ihre Anwendung lässt sich nicht auf einen exklusiven Nutzerkreis, etwa die einheimischen Unternehmen beschränken. Das ist offensichtlich sowohl ein Vorteil als auch ein Nachteil. Denn es besteht die Möglichkeit, dass die ,teuer' gewonnenen Erkenntnisse auch anderenorts, z.B. im Ausland, genutzt werden und damit auch jenen zugute kommen, die nicht zu ihrer Finanzierung beigetragen haben. Gewiss gibt es einen Zeitvorteil zugunsten der Wissenserzeuger und derer, die mit ihnen kooperieren. Da die Erzeuger jedoch häufig auch die Kosten der Konkretisierung und Anwendungserprobung neuer Erkenntnisse tragen, genießen die ,Trittbrettfahrer' der öffentlichen Forschungsförderung einen doppelten Vorteil.

Staatliche Akteure, die dennoch für eine großzügige Förderung der wissenschaftlichen Forschung plädieren, müssen also gute Gründe geltend machen können. Bei einem hohen Volumen an multidisziplinär angelegten Forschungsmitteln ist es immerhin möglich, auf Erkenntnischancen zu verweisen, die verschlossen blieben, wenn nicht auch das eigene Land etwas für ihre Entdeckung tun würde.

Ein weiterer Grund wäre der Verweis auf komparative Vorteile, welche das nationale Forschungssystem in bestimmten Bereichen gegenüber ausländischen Wettbewerbern haben mag. Und, *last but not least*, bleibt der Verweis auf den möglichen *spin-off*, d.h. die zwar im Vorhinein unbekannten, aber im Nachhinein oft als wertvoll eingeschätzten Gewinne aus der Verwertung der durch Grundlagenforschung gemachten Entdeckungen. Da diese jedoch nicht berechenbar sind, würde sich ein Rückgang der Förderung nicht unmittelbar auf die Wirtschaftsleistung des Landes auswirken. Die ,lose' Kopplung zwischen Forschungsaufwand und Forschungsnutzen stellt also die staatliche Forschungsförderung vor ein immerwährendes Begründungsproblem.

Die Konkurrenz der gegensätzlichen Zwecksetzungen, einerseits des politischen Interesses an wirtschaftlich verwertbaren Forschungserträgen, andererseits des Interesses der *scientific community* an anwendungsferner Grundlagenforschung, ist ein charakteristisches Merkmal der Forschungspolitik. Weil Grundlagenforschung die Möglichkeit des *spin-off* von anwendungsorientierten Erträgen verspricht, verzichtet die Politik schweren Herzens darauf, allen zur Verfügung gestellten Ressourcen klare Zwecksetzungen mit auf den Weg zu geben. Demgegenüber wird aus der *scientific community* beklagt, dass die allein durch Grundlagenforschung zu befriedigende wissenschaftliche Neugierde im Prioritätenkatalog der Politik zu wenig gelte. Immerhin lehrt die Erfahrung, dass Forschung dann „am funktionalsten (ist), wenn wissenschaftliche curiositas weder zu stark noch zu schwach zur Geltung kommt" (Schimank 1994: 426).

Das Optimum ist also weder im Wege der politischen Kompromissbildung noch durch einseitige Prioritätensetzung des Staates oder der Wissenschaft erreichbar. Tragbare Kompromisse, die als tolerable Abweichungen vom Optimum gelten mögen, treten nur dann ein, wenn „beide Gruppen von Akteuren in der Lage sind, ihre jeweiligen Eigeninteressen auch gegen den Widerstand der anderen Seite hinreichend zur Geltung zu bringen" (ebd.: 429). Der Rückstand deutscher Forschungseinrichtungen auf verschiedenen Gebieten der Grundlagenforschung deutet darauf hin, dass die Position der Wissenschaft in dieser Hinsicht einem Handikap unterliegt.

Sieht man von den eigenen Forschungsanstrengungen der Wirtschaft ab, so erfolgt die Förderung von Wissenschaft und Forschung

auf zwei Wegen: zum einen durch Ermöglichung von Wissenschaft-
lerkarrieren an Hochschulen im Rahmen der staatlichen Hochschul-
finanzierung und des Hochschulrechts, einschließlich der gezielten
Förderung bevorzugter Forschungsprogramme und Wissenschaftler-
Stellen (Professuren) nach politischen Prioritäten; zum anderen
durch die Schaffung und Finanzierung bzw. Auflösung von For-
schungsgesellschaften und -instituten, die im Rahmen von allgemein
gehaltenen Zwecksetzungen weitgehend autonom über Forschungs-
schwerpunkte und die Kriterien der Mittelverwendung entscheiden
(Schimank 1995). Dazu zählt auch die Bereitstellung von Drittmitteln
für die antragsgebundene Finanzierung von Forschungsprojekten an
Universitäten. Soweit die forschenden Wissenschaftler die Verteilung
nach eigenen Prioritäten regeln, ist die Fortsetzung der unter Mittel-
knappheit schwierig zu legitimierenden Grundlagenforschung gewährleistet. Dabei stehen die an Hochschulen betriebene (und überwiegend mit Drittmitteln finanzierte) Forschung und die außeruni-
versitäre Forschung in einer latenten Konkurrenz, die der Forschungspolitik im Prinzip das „Gegeneinanderausspielen beider Sektoren" erlaubt (Schimank 1994: 418).

Im Sektor der antragsgebundenen Förderung spielt die Deutsche
Forschungsgemeinschaft (DFG) eine wichtige Rolle. Die DFG ist
eine Selbstverwaltungsorganisation der Wissenschaft, die Fördermit-
tel im Antragswege vergibt, nachdem die Anträge von Fachgutach-
tern geprüft und bewertet wurden. Da die Begutachtung zwangsläufig in Unkenntnis der Forschungsergebnisse erfolgt, dient neben der
fachlichen Qualität der Anträge auch die Reputation der Antragsteller
als wichtiges „Steuerungsmedium" (Neidhardt 1988: 104). So schirmt
das wissenschaftsgesteuerte Vergabeverfahren der DFG die Forschung gegen eine Einflussnahme des Staates auf die Forschungsziele
ab und sichert der Grundlagenforschung wie auch geisteswissen-
schaftlichen Projekten einen erheblichen Anteil an den Fördermitteln
(ebd.: 129).

Zur Aufrechterhaltung ihres Status als autonomes Steuerungsor-
gan und Allokationsinstanz von Forschungsmitteln muss sich die
DFG um die Zustimmung *beider* Seiten, d.h. des Staats als großzügi-
ger, aber einflussarmer Mäzen, und der Forschergemeinde als Adres-
sat der Verteilungsentscheidungen der DFG bemühen. Letzteres ist
insofern nicht problemlos, weil in einer lebendigen Forschungsland-

schaft, in der unzählige Projektideen und Ambitionen sprießen, nicht alle Förderanträge positiv beschieden werden können. Legitimation kann der Modus der Selbststeuerung der Wissenschaft nur beanspruchen, wenn die Prinzipien der Antragsbewertung und Mittelvergabe auch von solchen Antragstellern akzeptiert werden, die zu den ‚Verlierern' zählen. Der DFG gelingt dieser Spagat, indem sie die potentiellen Antragsteller, also die forschenden Wissenschaftler, an der Auswahl der Gutachter – durch Einreichung von Personalvorschlägen für die im mehrjährigen Abstand erfolgende Gutachterwahl – beteiligt.

Die politischen Akteure akzeptieren ihren Ausschluss aus dem Prozess der Zwecksteuerung wissenschaftlicher Forschung vor dem Hintergrund der Erfahrung, dass die aufgewendeten Mittel *in toto* positive Effekte, sei es hinsichtlich der internationalen Reputation des Forschungssystems, sei es in Gestalt von *spin-off*, haben. Hinzu kommt die allgemeine Wertschätzung nationaler Anstrengungen der Wissenschaftsförderung: Politiker, die den Sinn einer umfangreichen Wissenschafts- und Forschungsförderung in Zweifel zögen, riskierten es, ihre eigene politische Reputation zu verspielen. Die Stabilität des sich selbst steuernden Systems beruht also zu einem guten Teil auf einer externen Rationalitätszuschreibung (‚autonome Wissenschaft ist unverzichtbar') und deren Stellenwert in den Identitätskonzepten (bzw. sinnhaften Selbstdeutungen) anderer Teile des Gesellschaftssystems. Daraus ergibt sich ein komplexes System wechselseitiger Abhängigkeit in Gestalt von „power-dependence relations" (Schimank 1994: 424). Die Strukturkomponenten des Systems, also „die Abhängigkeit der staatlichen Akteure von den Forschungsleistungen der wissenschaftlichen Akteure als auch die Abhängigkeit letzterer von den Ressourcen der staatlichen Akteure" begrenzen sich gegenseitig und ermöglichen es beiden Seiten, „ihre je eigenen Relevanzkriterien zur Geltung zu bringen" (ebd.: 424f.).

Bei genauerer Betrachtung des Gangs der wissenschaftlichen Forschung tauchen allerdings Zweifel an der Rationalität des Steuerungsdualismus auf. So sorgt der Selbststeuerungsmodus per *peer review* und Berücksichtigung der Reputation von Antragstellern zwar dafür, dass die Forschungen im Durchschnitt ein relativ hohes Qualitätsniveau aufweisen. Doch gleichzeitig benachteiligt das Verfahren die Newcomers, die noch keine Gelegenheit zum Reputationserwerb hatten, sowie jene, die mit tradierten Paradigmen und Theorieansätzen brechen oder Projekte vorschlagen, deren Erkenntnisgewinn nicht *ex ante* kalkulierbar ist. Der interne Selbststeuerungsmodus kommt in der „vergangenheitsdeterminierten Dynamik" von Forschungsprogrammen, d.h. einer selbstverstärkenden Selektivität zum Ausdruck (Schimank 1995: 134). Dieser konservative *bias* der Forschung beeinträchtigt zwangsläufig das dem System eigene Innovationspotential.[138] Auf der anderen Seite zeigen sich die externen Sponsoren immer daran wieder interessiert, die Chancen für anwendbare Erkenntnisse auf Kosten der Grundlagenforschung zu steigern. Die Konkurrenz zweier Steuerungsprinzipien ist folglich nicht suspendierbar – es sei denn, die Forscher würden sich im wohlverstandenen Eigeninteresse darauf verständigen, *beide* Prinzipien gleichgewichtig zu respektieren (vgl. Schimank 1994: 428f.).

Aspekte der Wirtschafts- und Technologieförderung

Die Förderung der anwendungsbezogenen Forschung scheint auf den ersten Blick weniger anfällig für Legitimationszweifel und Konservatismus als die sog. ‚freie' wissenschaftliche Forschung, da sie baldigen und folglich kalkulierbaren Nutzen verspricht. Dem korrespondiert der Optimismus staatlicher Akteure, welche der Wirtschaft zwecks Steigerung des Beschäftigungsniveaus zu neuen Produkten, Dienstleistungen und Produktionsverfahren verhelfen wollen: „Eine inhaltlich und prozedural wohlgestaltete Forschungs- und Technologiepolitik ist für die Erreichung dieses Zieles unverzichtbar" (Jochimsen 1995: 217). Seit dem Zweiten Weltkrieg ist die systematische Technologieförderung als zentrale Staatsaufgabe etabliert (Kitschelt 1994).

Allerdings sind die einschlägigen Bemühungen staatlicher Akteure nicht immer, ja ausgesprochen selten, von den anvisierten Erfolgen gekrönt. Dass sie dennoch immer wieder daran aufs Neue gefordert und unternommen werden, spricht für die Bedeutung, welche der „Logik der Angemessenheit" (March/Olsen 1995) für die öffentliche Legitimation staatlichen Handelns und Unterlassens zukommt.

---

138 Nach Friedhelm Neidhardt ist zwar „der Selbststeuerungszirkel der DFG für ‚kleine Fortschritte' auch im ungünstigsten Fall durchaus tauglich", aber kaum für „Wissenschaftsrevolutionen, also ‚große Durchbrüche' und ‚schöpferische Zerstörung' der herrschenden Standards" (Neidhardt 1988: 136).

Technologieförderprogramme (Sturm 2001) und die milliarden-
schwere Subventionierung von Wirtschaftssektoren (wie Steinkohle-
abbau, Kernenergie, Landwirtschaft und Eigenheimbau) rechtfertigen
sich nicht ausschließlich anhand der oft zweifelhaften (und beim ver-
späteten ‚Ausstieg' als negativ gewerteten) Folgen, sondern auch anhand des Postulats, dass die Politik ‚etwas' zugunsten der Begünstigten habe tun müssen: Nichthandeln wäre angesichts der Konfliktfä-
higkeit und des öffentlichen Status der Interessenten als ‚politischer
Fehler' wahrgenommen worden.

An prägnanten Beispielen ist kein Mangel. Hier sei jedoch nicht
auf den prominenten Fall der Kernenergie eingegangen, die nach
Jahrzehnten der Förderung von Forschung, Investitionen und Inves-
titionsruinen in einem Ausstiegsbeschluss mündete. Wir begnügen
uns vielmehr mit einem Blick auf das kaum minder ambitionierte
Projekt Bildschirmtext (Btx), das Anfang der 1980er Jahre gestartet
und im Herbst 2004 endgültig eingestellt wurde. Statt der für Ende
der 1980er Jahre geplanten 2 Millionen Teilnehmer, hatte die deutsche Bundespost bis Frühjahr 1989 lediglich 150.000 Teilnehmer
gewonnen (Schneider 1989: 13). Das französische Teletel-System
(Minitel) erwies sich dagegen als ausgesprochen erfolgreich, da seine
Betreiber durch die kostenlose Verteilung von mehreren Millionen
Kleinterminals frühzeitig „eine kritische Masse für weiteres selbsttra-
gendes Wachstum geschaffen" hatten (Mayntz/Schneider 1995: 80).
Es bewahrheitete sich die schon zu Zeiten der Frühindustrialisierung
(bei der Einführung der Infrastruktur für Wasser, Abwasser, Gas,
Elektrizität und Eisenbahnverkehr) gewonnene Erkenntnis des kom-
parativen Vorteils einer zentralisierten und hierarchiegesteuerten
Vorgehensweise, die erst in einer späteren „Gegenbewegung" durch
Elemente der horizontalen Koordination abgelöst werden mag (ebd.:
97). Das ungleiche Schicksal von Btx und Minitel belegt zweierlei:

> „Verschiedene institutionelle Strukturen haben hier bei gleichem tech-
> nischen Wissensstand zu recht unterschiedlichen technischen und organisa-
> torischen Strukturen geführt." (Mayntz/Schneider 1995: 87), und

> „Andererseits besteht (...) die Gefahr, daß staatliche Entscheidungen
> technische Entwicklungen am Markt vorbei lenken können" (Schneider
> 1989: 15).

Erfolg bzw. Misserfolg beruhen in diesem Fall nicht auf unterschiedlichen Vorlieben der Technologiepolitiker für staatliche respektive

marktförmige Instrumente, sondern auf der (ungleichen) Fähigkeit, die Handlungsbedingungen der Politikadressaten korrekt zu antizipieren. Während den anvisierten Systemteilnehmern in Frankreich von Vornherein Gewissheit hinsichtlich des Mindestverbreitungsumfangs des neuen Systems gegeben wurde, vermochten die für Btx infrage kommenden Nutzer nicht zu kalkulieren, ob und ggf. wann sich der Einstieg lohnt. Zudem veränderte jede neue Option – wie Fax-Verkehr, Internet-Mail und WWW-Dienste – die Entscheidungslage potentieller Interessenten zum Nachteil von Btx. Damit verdeutlicht der Fall Btx nachdrücklich die Notwendigkeit für politische Entscheider, die Handlungssituation der Politikadressaten in Rechnung zu stellen und zu prüfen, welche Änderungen politische Steuerungsakte im Optionenraum (dem *feasible set*) der Akteure bewirken.

Diese Beobachtung lenkt den Blick auf ein generelles Missverständnis von Wirtschaftspolitik, nämlich die von einem „Gestaltungsmythos" (Sturm 2001: 418) unterfütterte Vorstellung, es sei sinnvoll und prinzipiell möglich, „Marktprozesse nach politisch gesetzten Zielen zu gestalten" (Wegner 1996: 367). Kritikwürdig ist keineswegs die staatliche Aufgabe, in die Verteilung der Früchte einer prosperierenden Marktwirtschaft einzugreifen oder potentiell gemeinwohlschädliche Produktionsverfahren verbindlichen Ge- und Verboten zu unterwerfen. Vielmehr geht es um eine angemessene Beachtung des Umstands, dass das politische Steuerungswissen aufgrund der Handlungsautonomie der Wirtschaftsakteure notwendig unzulänglich bleibt. Denn an ‚evolutiven', d.h. endogen dynamischen Märkten, an denen die Teilnehmer ständig der Konkurrenz ihrer Wettbewerber ausgesetzt sind, findet eine kontinuierliche Entwertung der jeweils gegebenen und genutzten Handlungsmöglichkeiten statt (ebd.: 376). Weil sie mit unveränderten Produktionsbedingungen im Wettbewerb unterliegen würden, scannen die Akteure ihre Umwelt laufend nach neuen Handlungsoptionen, um so frühzeitig wie möglich die bestgeeigneten Alternativen zu verwirklichen. Innovationskompetenz – als Fähigkeit zur Entdeckung und Kreation neuer Möglichkeiten – ist die wichtigste Voraussetzung ihres Fortbestehens (vgl. auch oben 3.2.3).

Die generelle Eingriffsoption der Wirtschaftspolitik gegenüber der Marktwirtschaft hat nun aber zur Folge, „ökonomische Handlungsmöglichkeiten der Marktakteure zu *entwerten*, nicht aber zu kreie-

ren oder dauerhaft aufzuwerten" (Wegner 1996: 378). Das gilt auch
für die selektive Förderung bestimmter Verfahren oder Produkte. Es
besteht also „keine Symmetrie in bezug auf die wirtschaftspolitischen
Eingriffsoptionen" (ebd.: 381): Weil die Wirtschaftspolitik Handlungsmöglichkeiten nicht generell aufwerten oder gar kreieren kann,
verstärken die Eingriffe den ohnehin stattfindenden Prozess der laufenden Entwertung von Handlungsmöglichkeiten als Folge des
Marktwettbewerbs: „Die Innovationskompetenz der Akteure wird
infolge wirtschaftspolitischer Steuerungsversuche also doppelt gefordert" (ebd.: 382). Hinzu kommt als weiterer Nachteil, dass die Ein-
griffsfolgen *ex ante* unbekannt sind, weil die Politik bestenfalls die
aktuell realisierten Handlungsmöglichkeiten der Akteure, nicht aber
den Set aller künftig verfügbaren Substitute berücksichtigen kann. Es
ist ihr folglich unmöglich, die Folgen ihres Eingriffs zu prognostizieren, d.h. vorherzusehen, ob die Politikadressaten auf „zielkonforme
oder zielinkonforme Handlungsmöglichkeit(en)" (ebd.: 383) ausweichen werden.[139]

Als Konsequenz dieser Beobachtung ergibt sich die Einsicht in
die Unfruchtbarkeit jeglicher Form direktiver Interventionen, die auf
die Handlungsbedingungen von gleichermaßen systemreproduktiven
wie innovationskompetenten Akteuren zielen. Nicht ausgeschlossen,
sondern unter geeigneten Bedingungen fruchtbar zu sein, versprechen dagegen solche wirtschaftspolitischen Entscheidungsverfahren,
in denen es beide Seiten verstehen, sich über ihren jeweiligen Optionenset zu informieren und eine eventuell gegebene Schnittmenge von
beiderseits vorteilhaften Alternativen auszumachen. Diese Möglichkeit wird in verschiedenen Arrangements ‚kooperativer' Politik gesehen (vgl. 3.4),[140] sofern sie vor den Handikaps korporatistischer Steuerung bewahrt bleiben. Als komplementär nutzbare Option wird die
Befristung politischer Eingriffe empfohlen, von der man sich eine
größere Bereitschaft zu Experimenten und zur regelmäßigen Evaluie-
rung der Politikfolgen verspricht (Wegner 1996: 395f.).

---

139 Diesem Problem würden auch repräsentative Umfragen nicht abhelfen. Denn „(a)us
der Eigenschaft der Innovation folgt streng genommen, daß ex ante noch nicht einmal
die Suchenden selbst die Eigenschaften der erst noch zu findenden neuen Handlungsmöglichkeiten kennen" (Wegner 1996: 384).

140 Speziell für die wirtschaftspolitische Rolle des Staates gilt: „Wenn er handeln will, muss
er verhandeln" (Sturm 2001: 424).

4.3 Vorläufige Schlussfolgerungen

Die in diesem Kapitel versammelten Forschungsbefunde und Einsichten vermitteln ein gemischtes Bild von den Chancen und Hindernissen gesellschaftlicher (Selbst-) Steuerung. Die hohe Komplexität der jeweils angesprochenen Variablenzusammenhänge sowie die Singularität der Akteurskonstellationen und ihres je besonderen institutionellen Rahmens ziehen dem Verlangen nach allgemeinen Feststellungen enge Grenzen. Aber auch die Betrachtung einzelner Fälle gelungener Steuerung liefert wenig Grund für Optimismus. Wo Steuerungsambitionen befriedigt wurden, entzieht sich das Bedingungsgefüge einer vollständigen Aufklärung. Nicht selten enthalten Erklärungen einen beträchtlichen Rest an ‚glücklichen' Umständen. Oder die Rekonstruktion des Falls bringt zu Tage, dass das ambitionierte Ziel auf eine Weise realisiert wurde, die der ‚steuernde' Akteur weder anstrebte noch antizipieren konnte. Mit anderen Worten, eine ‚positive' systematische Steuerungstheorie ist nicht in Sicht.

Wir wissen aber auch, dass es im einen oder anderen Fall gelang, anspruchsvolle Projekte der gesellschaftlichen (Um-) Gestaltung zu konzipieren und erfolgreich auszuführen. Von einigen Projekten dieser Art wird im letzten Kapitel berichtet werden. Eine Quintessenz der erfahrungswissenschaftlichen Erkenntnis sei jedoch vorweg genommen: Die in den Einzelfällen wirksam gewordenen Bedingungen und speziell jene Faktoren, denen der Projekterfolg zugeschrieben wird, sind zu unterschiedlich, als dass sie sich zu einer Theorie der Steuerung moderner Gesellschaften zusammenfügten. Steuerung ist unter bestimmten Bedingungen möglich, doch welche Bedingungen im Einzelfall ermöglichend wirken, ist nicht vorhersagbar.

Das Defizit an instruktiven Steuerungstheorien ist in erster Linie unserer begrenzten Fähigkeit zur kognitiven Bewältigung der realweltlichen Komplexität geschuldet (vgl. 2.5). Dabei ist es nicht ausgeschlossen, dass eines Tages die technischen Mittel verfügbar sein werden, um gleichermaßen komplexe wie konsistente Steuerungstheorien zu konstruieren. Aber es ist ausgesprochen unwahrscheinlich, dass diese außerhalb einer hochspezialisierten Wissenschaftsdisziplin auf angemessenes Verständnis, ja überhaupt Interesse stoßen würden. Bekanntermaßen bieten die Politik- und Wirtschaftswissenschaften schon heute wertvolle Einsichten in die Genese gesellschaftlicher

Problemlagen. Doch erweisen sie sich in aller Regel als zu sperrig für die Rezeption durch Praktiker. Nur solche Bruchstücke wissenschaftlicher Erkenntnis vermögen die Kommunikationsschranke zwischen Wissenschaft und Politik zu überwinden, für die im Erfahrungsschatz der Akteure schon eine rezeptionsfreundliche Schnittstelle existiert.

Die konkreten Erscheinungsformen und Folgen der Ausdifferenzierung gesellschaftlicher Teilsysteme (und insbesondere die Eigenlogik sozialer Systeme) gehören zu den mutmaßlich fruchtbarsten Inhalten grenzüberschreitender Kommunikation. Sie bieten Erklärungen für typische Steuerungsprobleme, mit denen sich politische Akteure regelmäßig konfrontiert sehen. Dabei handelt es sich nicht notwendig um spezifisch ,politische' Sachverhalte, wie der exemplarische Rekurs auf zwei prominente Steuerungsprobleme belegen mag.

4.3.1 Steuerungsproblem 1: kollektive Handlungsfähigkeit

Eine kritische Variable aller Projekte der kalkulierten Einwirkung auf die Gesellschaft ist die Handlungs- respektive Steuerungsfähigkeit kollektiver Akteure. Das oft beklagte Ungenügen, z.B. politischer Parteien, bei der korrekten Wahrnehmung der Umwelt, der Bildung eines kollektiven Willens und der Fähigkeit zur langfristigen Zielverfolgung wird von Beobachtern und Betroffenen üblicherweise einigen zu Stereotypen geronnenen ,Ursachen' zugeschrieben, wie z.B. der mangelnden Responsivität der Führung, dem Überhandnehmen administrativer Funktionen bzw. dem Eigensinn bürokratischer Organisationen (Weber 1972; Niskanen 1971) oder dem von Robert Michels postulierten „ehernen Gesetz der Oligarchie" (Michels 1989). Erklärungen dieser Art gehen jedoch fehl.

Tatsächlich sind als „Willensverbände" (Preuß 1969) konstituierte Mitgliederorganisationen mit einem Grundproblem behaftet, dass stetiger Bearbeitung bedarf, wenn die Organisation jenes Mindestmaß an Handlungsfähigkeit ausbilden soll, das sie zum ,Überleben' in einer dynamischen Umwelt benötigt. Dieses Grundproblem besteht in der Vereinbarkeit von drei schwierigen Daueraufgaben (Wiesenthal 1993).

Aufgabe Nummer eins und Bestandsvoraussetzung jeder Organisation ist die Gewinnung und Pflege einer ausreichend großen Zahl von Mitgliedern bzw. Beitragleistenden. Die Rekrutierungsaufgabe betrifft weniger die Zahl der Mitglieder als vielmehr deren Bereitschaft, die Organisation mit Beiträgen in Form von Mitarbeit, Fürsprache oder Geld zu unterstützen. Der Rekrutierungserfolg ist alles andere als selbstverständlich, sondern höchst ungewiss, wenn die Möglichkeit gegeben ist, dass auch Nichtmitglieder vom Wirken der Organisation profitieren. Je stärker der Anreiz zum Trittbrettfahren, desto schwieriger sind Aufbau und Bestandssicherung der Organisation.

Aufgabe Nummer zwei besteht in der *Integration* der Mitgliedschaft, d.h. der Gewährleistung eines Mindestmaßes an sozialer Kohärenz in Kategorien kollektiver Identität und Organisationszufriedenheit. Eine wesentliche Voraussetzung ist, dass die Mitglieder die Möglichkeit haben, an Entscheidungen über wichtige Fragen des Organisationsprozesses, insbesondere aber die Ziele und Aktivitäten der Organisation, zu partizipieren. Das deutsche Mitbestimmungsrecht zeigt, dass dieses ‚strukturelle' Bedürfnis auch nicht vor strikt hierarchischen erwerbswirtschaftlichen Organisationen Halt macht.

Weil sich die inklusive Entscheidungsbeteiligung aller Mitglieder nur in sehr kleinen Organisationen realisieren lässt, besteht für Organisationen mit einer umfangreichen und entsprechend heterogenen Mitgliedschaft – als Aufgabe Nummer drei – die Notwendigkeit der Abkopplung der strategischen (außengerichteten) Entscheidungen von den Prozeduren der partizipatorischen Willensbildung. Nur auf diese Weise mag es der Organisation gelingen, kollektive strategische *Handlungsfähigkeit* auszubilden und deren Anwendung vor den wechselnden und nicht selten unvereinbarenden Ziel- und Strategiepräferenzen der Mitgliederbasis zu schützen.

Das Grundproblem solcher Mitgliederorganisationen besteht nun in der Unmöglichkeit, alle drei Aufgaben gleichzeitig und mit gleichem Gewicht zu bearbeiten. Wo immer eine verantwortungsvolle Organisationsführung versucht, den geschilderten Basisfunktionen gerecht zu werden,[141] wird sie vom Ideal einer maximal einflussstarken und maximal integrierten Organisation mit maximaler Entscheidungsbeteiligung der Mitglieder abweichen müssen. So muss sie, um genügend Mitglieder zu behalten, die besonderen Interessen, Gefühle und Vorurteile unterschiedlicher Mitgliedergruppen dulden, wozu neben den von Mancur Olson (1968) beschriebenen materiellen An-

---

141 Zu verschiedenen Aspekten ‚verantworteten' Handelns in komplexen Organisationen siehe Bovens (1998).

reizen und Privilegien auch die Kultivierung exklusiver Weltsichten oder die Suggestion quasi-familiärer Gemeinschaftlichkeit gehören. Die unvermeidliche Folge einer derartigen Bearbeitung des Rekrutierungsproblems ist ein von den ursprünglichen Zwecksetzungen abweichendes Identitätsprofil der Organisation und das Dominantwerden der bestandsorientierten Nebenzwecke.

Da es nicht möglich ist, dass alle Mitglieder an allen Entscheidungen partizipieren, werden Entscheidungsrechte als knappes Gut behandelt und unterschiedlichen Mitgliedergruppen nach bestimmten Regeln zugeteilt. So kommt es zur Ausbildung der verschiedenen Entscheidungsebenen und ihrer Verknüpfung durch offizielle Vermittlungs- (d.h. Delegierten-) Mandate sowie informelle Kontaktnetze. Als Kehrseite droht die wechselseitige Verselbständigung der Diskurse und Entscheidungen unterschiedlicher Mitgliedergruppen sowie ihre Differenzierung nach Sachkenntnis, Simplifizierungsgrad, Verantwortungsträgerschaft und operativem Gewicht (vgl. Weitbrecht 1969).

Um das Spannungsverhältnis zwischen den Partizipationsforderungen der Mitglieder und dem Autonomieanspruch der Führung zu kontrollieren, sehen sich die für die Außenaktivitäten der Organisation verantwortlichen Akteure regelmäßig genötigt, auf die interne Willensbildung Einfluss zu nehmen. Dabei profitieren sie von privilegierten Gestaltungs- und Kommunikationschancen. Der so erzielte Gewinn an kollektiver Handlungsfähigkeit hat jedoch ein Opfer an Repräsentativität der Führung und ihrer Responsivität gegenüber originären Mitgliederpräferenzen zur Folge.

Ein Blick auf die existierende Organisationslandschaft zeigt, dass alle Organisationen dem Aufgaben-Trilemma in der einen oder anderen Weise Rechnung tragen. Das geschieht in der Regel dadurch, dass sie sich der vorrangigen Bearbeitung von zwei Aufgaben auf Kosten der dritten Aufgabe widmen. Beispielsweise konzentrieren sich Gewerkschaften und Parteien auf die Sicherung ihrer Rekrutierungs- und Handlungsfähigkeit, aber nehmen dafür Beschränkungen der Mitgliederbeteiligung am Strategiebildungsprozess in Kauf (Offe/Wiesenthal 1980). Demgegenüber zeigen sich soziale Bewegungen nicht nur bei der Teilnehmerrekrutierung, sondern auch bei der Integration zahlreicher Individuen erfolgreich; sie zahlen dafür den Preis einer Beschränkung auf wenige, vorzugsweise „negative" Ziele (vgl. Brand/Rucht 1986). Und Organisationen, die trotz inklusiver Entscheidungsbeteiligung der Mitglieder über strategische Handlungsfähigkeit verfügen, wie z.B. Industrieverbände, Unternehmenskartelle oder eine Avantgardepartei Leninschen Typs, verdanken diese Eigenschaften ihrer Beschränkung auf eine überschaubare und relativ homogene Mitgliederzahl bzw. der strikten Differenzierung zwischen der kleinen Avantgarde ‚entscheidender' Mitglieder und der als Organisationsressource veranschlagten ‚Masse' (Wiesenthal 1993).

Was folgt aus dieser Beschreibung der realen Problemlage realer Organisationen? Zunächst einmal, dass viele der von den Mitgliedern beklagten Spannungen und Konflikte unvermeidlich, ja sogar als konstitutive Bedingung gelungener Organisation anzusehen sind. Ein Bild der Harmonie können nur jene Organisationen abgeben, die von Vornherein auf Mitgliederstärke, Mitgliederbeteiligung oder (außengerichtete) Handlungsfähigkeit verzichten. Organisationen, die trotz einer großen und heterogenen Mitgliedschaft die Fähigkeit zur Verfolgung realistischer Ziele besitzen, verstehen es dagegen zumindest zeitweilig, eine funktionsfähige Balance ihrer zentralen Daueraufgaben herzustellen. Das ist umso bemerkenswerter als die Balancierung der drei Grundfunktionen nur im Zusammenhang mit den Bemühungen um rationale Selbstgestaltung (vgl. 3.4.2) und Herstellung bzw. Erhaltung der Strategiefähigkeit gelingen dürfte.[142]

Die unaufhebbare Umweltoffenheit der Organisation lässt jedoch jede Balance als temporär und potentiell gefährdet erscheinen. Was in der Vergangenheit Handlungsfähigkeit ermöglichte, taugt nicht automatisch zur Bewältigung künftiger Problemlagen. Aus diesem Grunde sind Organisationsprobleme und -zustände als unabhängige Variablen eines jeden Projekts der gesellschaftlichen Steuerung zu veranschlagen – und eine der Ursachen des Umstands, dass eine allgemeine Steuerungstheorie nicht konzipierbar ist.

---

142 Welche Schwierigkeiten es dabei zu meistern gilt, lässt sich zum einen dem Kategorienkatalog systematischer Strategieanalysen ablesen (vgl. Tils 2005: 101-130) und zum anderen den empirischen Problemen der Strategiebildung in politischen Parteien (vgl. Wiesendahl 2002; Schmid/Zolleis 2005).

4.3.2 Steuerungsproblem 2: Zeitklüfte[143]

Unternehmen stehen miteinander im Wettbewerb – und zwar nicht nur am Absatzmarkt, auf dem sie Käufer für ihre Produkte suchen, sondern auch an den Märkten für Produktionsfaktoren, insbesondere Kapital und Arbeitskraft, sowie an den Beschaffungsmärkten für diverse Vorprodukte und Dienstleistungen. Doch weil regelmäßig die Position am Absatzmarkt als Erklärung für Unternehmenserfolge herangezogen wird, neigen Außenstehende dazu, die *aktuellen Anbieter*strategien als ausschlaggebend anzusehen. Nun betreffen Preiswettbewerb und Vermarktungsstrategien aber nur den Umgang mit der je *aktuellen* Produktpalette; deren Zustandekommen im Innovationswettbewerb ist eine andere Sache. Immerhin verdankt sich die Dynamik des Marktgeschehens großenteils dem von Joseph Schumpeter beschriebenen Wettbewerb in der Form schöpferischer Zerstörung qua Innovation (Freeman 1987).

Betrachtet man Unternehmen einerseits als Wettbewerber am Absatzmarkt und andererseits als kompetitive Innovatoren, so stößt man auf grundverschiedene Strategien ihrer Interaktion mit der Umwelt. Sie agieren als ‚multiple' Subjekte (Wiesenthal 1990a), indem sie zu ein und der selben Zeit als Strategen und als Anpasser auftreten. Als Strategen bemühen sie sich, mit den gegebenen Produktionsanlagen und Vermarktungsstrategien ihre aktuellen Gewinn- und Absatzchancen zu nutzen. Gleichzeitig agieren sie aber als Anpasser, indem sie unter den, z.B. durch Forschung und Entwicklung eröffneten Optionen wählen und damit über das Unternehmensprofil und Angebotspotential der Zukunft entscheiden.

Bei ihren Anstrengungen, aus den in der Vergangenheit getroffenen (Investitions-) Entscheidungen Gewinn zu ziehen, ist ihr Handlungsspielraum vergleichsweise gering; hier unterliegen sie den *constraints* des fixen Kapitals, der aktuellen Nachfrage und des Verhaltens ihrer Wettbewerber. Anders dagegen bei den in größeren Zeithorizonten angesiedelten Innovationsentscheidungen. Diese sind weitaus wenig restringiert und gerade deswegen ausgesprochen schwierig. Geht es doch darum, die Verwertungsbedingungen alternativer Innovationen für eine ferne Zukunft einzuschätzen.

---

143   Dieser Abschnitt basiert in einigen Teilen auf Wiesenthal (1997).

Als Innovatoren sind Unternehmen genötigt, mögliche künftige Zustände des Absatzmarkts zu sondieren, um sich ihnen durch ‚richtige' Investitionsentscheidungen anzupassen. Sie rekurrieren auf in der Zukunft vermutete Trends der Marktentwicklung und der Konsumpräferenzen, aber auch des institutionellen Rahmens. Im Bestreben, sich der Zukunft als einem *moving target* zu bemächtigen, müssen sich die Innovatoren als in viele Richtungen *offen* und *sensibel* geben. Nur so erlangen sie die Anhaltspunkte, die für die Strategie der Anpassung an künftige Weltzustände benötigt werden. Gleichgültig, ob sie sich dabei von Präferenzen der Risikobegrenzung oder dem Selbstbild eines Eroberers leiten lassen: Durch ihre Wahl unter alternativ möglichen Welten werden sie selbst zu Akteuren im Prozess der Weltgestaltung. Zukunftssensible Innovationsentscheidungen beeinflussen die Gestalt der künftigen Welt – sei es unmittelbar durch die selektierten Produktoptionen, sei es mittelbar über dadurch geweckte Bedürfnisse und induzierte Nebenfolgen.

Die im langfristigen Zeithorizont erfolgenden Festlegungen sind zwar vielfältig konditioniert, jedoch nicht durch den Zwang zur Verwertung des investiv gebundenen Kapitals determiniert. Hypothesen und Anhaltspunkte für das mittel- und langfristig Erwartbare fungieren vielmehr als Selektoren für plausible Szenarien, die wiederum als Wegweiser zu und Bewertungsmaßstäbe für zukunftswirksame Innovationen dienen. Sind diese aber erst einmal – mit welchen Erfolgsaussichten auch immer – ausgewählt und in Gestalt von investiertem Kapital ‚materialisiert', so befinden sie sich unter dem Schutzschirm des kurzfristigen (betriebswirtschaftlich definierten) Bestandsinteresses. Dieses gibt sich notgedrungen *unsensibel* für fluktuierende Umweltbedingungen und versteift sich gegenüber den Interventionen der Politik auf eine rigide Abwehrposition.

Die in unterschiedlichen Zeithorizonten verankerten Entscheidungsprämissen machen innovierende Unternehmen zu *multiple selves*. Ihre Sensibilität für die gegenwärtige Umwelt ist durch *vested interests* in das realisierte Muster des Kapitaleinsatzes systematisch begrenzt. Diesem Umstand korrespondiert die oft extreme Ignoranz der Unternehmen gegenüber Teilen ihrer *aktuellen* Umwelt, in der sie in Erträge umzumünzen versuchen, was einst als ertragsversprechend ausgewählt und irreversibel materialisiert worden ist. Denn die Bindungswirkung der realisierten Entscheidungen ließe sich nur um den

Preis einer gravierenden Selbstbeschädigung aufheben. Deshalb ist es alles andere als paradox, wenn sich ‚das Kapital' einerseits jedem Versuch einer politischen ‚Verschlimmbesserung' seiner Verwertungsbedingungen entgegenstemmt, sich aber andererseits zur *selben* Zeit und aus *demselben* Selbsterhaltungsinteresse äußerst umweltsensibel gibt, wenn es darum geht, die künftigen Verwertungsbedingungen zutreffend einzuschätzen und als Rahmendaten des Entscheidens zu berücksichtigen.

Die Entscheidungsproduktion des politischen Systems moderner Demokratien trägt diesem Sachverhalt kaum Rechnung. Wirtschafts-, umwelt- und finanzpolitische Parameter werden in aller Regel im Hinblick auf kurzfristige Wirkungen, d.h. ohne Rücksicht auf den Dualismus der unternehmerischen Zeithorizonte, fixiert. Mit Ge- und Verboten sowie finanzpolitischen Instrumenten vom Typ Investitionszuschüsse und (Öko-)Steuern zielen staatliche Akteure auf eine Modifikation der gegenwartsorientierten betriebswirtschaftlichen Entscheidungen. Dem unterliegt die Annahme, die Unternehmen würden sich in Reaktion auf einen politisch beschränkten Optionenset bzw. die politisch induzierte Veränderung relativer Preise zur Veränderung des Produktangebots bzw. der Produktionsverfahren anstiften lassen.

Wie aber schon oben (4.2.3) vermerkt, perzipieren die Unternehmen die politischen Akte keineswegs als neutrale Steuerungssignale. Haben sie sich doch auf eine bestimmte Nachfrage- und Wettbewerbsstruktur eingerichtet und das nötige Kapital in Sachanlagen und Organisationsstrukturen fixiert. Jede nicht vom Wettbewerb nahegelegte Veränderung des Verwertungspfads ist für sie mit Kostensteigerung und neuen Risiken belastet. Zudem besteht Grund, den politisch gesetzten Parametern der Wirtschaftsregulation nicht allzu viel Einfluss auf die zukunftsbezogenen Entscheidungen zugestehen. Ihre Verwendung als Profilierungsthemen im Parteienwettbewerb verleiht ihnen lediglich temporären Charakter. Die politischen Signale würden nur dann die ihnen zugedachten Wirkungen ungeschmälert entfalten, wenn sie mit angemessenem zeitlichen Vorlauf gegeben und glaubwürdig vor den endogenen Revisionsanreizen des politischen System geschützt, d.h. den opportunistischen Kalkülen des Parteienwettbewerbs entzogen wären.

So lange jedoch das politische System im Ruf steht, die zeitliche Kohärenz seines Policy-Outputs nicht gewährleisten zu können, bleibt die auf den langfristigen Zeithorizont beschränkte Option einer *wirksamen* politischen Steuerung des Horizonts wirtschaftlicher Entscheidungen ungenutzt. Sie bleibt unberührt von Steuerungsabsichten, die jenseits kurzfristiger (volks-)wirtschaftlicher Interessen auf die qualitative Struktur des Wirtschaftssystems und seiner gesellschaftlichen Folgen zielen (vgl. Ladeur 1987). Aber nachhaltige ‚Lernprozesse' der Wirtschaft im Sinne der „materialen Politisierung der Produktion" (Kitschelt 1985), welche die qualitativen Aspekte des Umgangs mit knappen Naturgütern, menschlicher Arbeitskraft und überhaupt der gesellschaftlichen Verantwortung von Unternehmen betrifft, sind nur in deren *langfristigem* Entscheidungshorizont, nämlich bei der Identifikation der künftig wirksamen Rahmenbedingungen (*constraints*), nicht jedoch im Umgang mit den je aktuellen Alternativen (*choices*) erwartbar.

In dieser Perspektive lässt sich das Problem der Akkomodation selbständiger (und selbstreferentieller) Teilsysteme der Gesellschaft als Kommunikationsproblem aufgrund ungleicher Zeithorizonte des Entscheidens formulieren. Das dem Parteienwettbewerb ausgesetzte und dadurch zur Responsivität gegenüber dem *median voter* genötigte politische System ist routinemäßig außerstande, verbindliche Steuerungssignale an die Autoren langfristiger Forschungs- und Investitionspläne zu senden, deren Entscheidungen die künftige Umwelt des politischen Systems bestimmen.

So gesehen ist das Problem, das die moderne Gesellschaft mit ihrem Wirtschaftssystem zu haben scheint, keines der Wirtschaft, sondern eines der funktionalen Differenzierung von Wirtschaft und Politik. Ihm kann im Prinzip auf zwei Wegen Rechnung getragen werden, entweder dadurch, dass die Gesellschaft mehr Responsivität für kurzfristige Steuerungssignale einfordert und dafür ihre Ansprüche an die Leistungsfähigkeit der Wirtschaft herabsetzt, oder indem sich die Politik neue Prozeduren des wettbewerbsentlasteten und dadurch in seiner Verbindlichkeit gesteigerten Entscheidens zulegt.

Unzweckmäßig wäre der Versuch, die weitgehende Differenzierung von Wirtschaft und Politik rückgängig zu machen. Zwar gibt es Gründe, am Realitätsgrad apodiktisch formulierter Theorien gesellschaftlicher Differenzierung zu zweifeln,[144] doch ist der evolutionäre Vorteil funktional differenzierter Sphären der Politik, der Wirtschaft, des Rechts usw. hinlänglich belegt. Im Unterschied zur Führung sozialistischer Regime, die als integrierte Produktions- und Personalleitungen der Gesellschaft zu agieren versuchten und deshalb zur rigiden Beschränkung ihrer Steuerungsziele genötigt waren, verfügt die demokratisch verfasste Politik des modernen Kapitalismus über die Option der synchronen Anwendung *mehrerer* gesellschaftlicher Rationalitätskriterien.

Funktionale Differenzierung erlaubt das *parallele* Prozessieren von streng genommen inkommensurablen Zielen. Der ,demokratische Kapitalismus' induziert nicht nur strukturelle Interessendifferenzen, sondern erlaubt auch, sie darzustellen, zu organisieren und im Rahmen geeigneter Institutionen zu hantieren. Es ist gesellschaftlich gewusst und akzeptiert, dass die Akteure des Teilsystems Wirtschaft auf partikuläre Ziele geeicht sind, d.h. Umweltsignale nur durch die Brille ihrer Eigeninteressen wahrnehmen können.

Für die Behandlung der externen Effekte ist die Zuständigkeit eines anderen Teilsystems, der Politik, unterstellt. Regelungs- und Vollzugsdefizite werden folglich nicht den Regelungsadressaten, sondern den Wächtern der institutionellen Ordnung zugeschrieben – einer Ordnung, die regelmäßiger *updates* bedarf. Für institutionelle Experimente und thematische Innovationen ist die Politik der geeignete Ort. Während es unrealistisch ist, auf spontan konvergierende Anpassungsprozesse der Unternehmen zu setzen, ist es durchaus vorstellbar, dass sich die Politik eines Tages der Aufgabe annimmt, die Voraussetzungen für langfristige Bindungswirkungen ihrer Entscheidungen und einen rationalen Umgang mit komplexen „Zeitgestalten" (Dörner 1991: 158) zu schaffen.

4.3.3 Rationalitätsgrenzen der Demokratie?

Gegen diese (bewusst optimistische) Sicht liegt der Einwand nahe, dass die moderne Gesellschaft, indem sie für ein *demokratisches* politisches System optierte, auf die Möglichkeit (und vielleicht auch die Risiken) einer langfristiger angelegten Steuerung verzichtete. Demokratie ist in erster Linie ein Set prozeduraler Prinzipien für den Um-

---

144   Vgl. Wagner (1994, 1996) sowie Buß/Schöps (1979).

gang mit gesellschaftlichen Differenzen, die, statt negiert und unterdrückt zu werden, für die Austragung von Interessenkonflikten auf-
bereitet, d.h. aggregiert, organisiert und interpretiert werden können.
Das bedeutet, dass die aktuelle und die künftige Identität der Gesellschaft keine feste Bezugsgröße für Interessen- und Willenszuschrei-
bungen abgibt, sondern fluktuiert – und dementsprechend umstritten
ist.

Damit entbehrt die demokratische Politik all jener Voraussetzungen von rationaler Steuerungsfähigkeit, die nur ein unitarischer
Akteur zu erfüllen vermag. Denn mit dem Postulat der prinzipiellen
Gleichwertigkeit aller Gesellschaftsmitglieder und der Annahme einer
genuin unsicheren Zukunft (vgl. 2.2) ist keinerlei Exklusion von Interessen vereinbar, die auf ihrer Beteiligung an kollektiv bindenden
Entscheidungen bestehen: „From the principle of uncertainty there,
thus, arises the legitimization of the pluralistic and democratic me-
thod and the proof of its unquestionable rational superiority" (Bonatti 1984: 109).

Dem prozeduralen Charakter demokratischer Verfahren korrespondiert die genuine Unsicherheit ihrer materiellen Entscheidungsresultate (Przeworski 1991). Dieser für langfristig angelegte Steuerungsprojekte nachteiligen Eigenschaft steht allerdings der Vorzug
eines überlegenen, weil verfahrensbasierten Legitimationspotentials
(Luhmann 1975b) gegenüber. Von einer generellen Schwäche demokratischer Politik kann also nicht die Rede sein, wohl aber von mehr
oder weniger gravierenden Schwierigkeiten der Legitimation politischer Entscheidungen und Projekte. Die Differenz der Leistungspo-
tentiale demokratischer und nichtdemokratischer Regime ist folglich
keine kategoriale, sondern eine graduelle.

Je nach wahrgenommener Problemsituation, mutmaßlich gegebenen Alternativen und komparativer Reputation der Entscheidenden können sich anspruchsvolle Projekte der Institutionenreform die
benötigte Unterstützung beschaffen oder es stoßen selbst bescheiden
angelegte Vorhaben auf harsche Abwehrreaktionen. Doch haben demokratische Entscheidungssysteme günstigere Voraussetzungen als
ihre autoritären Pendants, das notwendige Mindestmaß an Selbstkontrolle im Sinne reflexiver Akteurrationalität[145] zu entwickeln. Die Frage „whether democratic rule can realistically deal with choice under

---

145   Zu reflexiven Akteurkompetenzen siehe Wiesenthal (1987: 445-447).

scarcity" (Rueschemeyer 1998: 17) ist im Zuge der demokratisch gesteuerten Transformation sozialistischer Gesellschaften eindeutig
positiv beantwortet worden:

> „In fact, a democratic government, especially one that has strong or-
> ganizational roots in society, may be better able to make choices under con-
> ditions of even severe scarcity than an authoritarian regime because it can
> count on support grounded in legitimacy, rather than solely on the condi-
> tional support that vanishes when ‚the goods' are not delivered." (Rausche-
> meyer 1998: 17).

Es ist also nicht das Prinzip der repräsentativen Demokratie an sich,
sondern das Design der effektiven Institutionen und deren Funktionsweise, welche über das Steuerungspotential moderner Gesellschaften entscheiden.[146] Als Schlüsselvariable, deren Werte letzten
Endes die Selbststeuerungskompetenz der Gesellschaft bezeichnen,
ist die Fähigkeit von Gesellschaft und Politik zur nüchternen Selbst-
diagnose und (institutionenbezogenen) Selbstreform anzusehen. Eine
Gesellschaft, die bereit und im Stande ist, als ‚Multiples Selbst'[147]
nicht nur konkurrierende Problemsichten und Weltdeutungen zu
tolerieren, sondern ihnen auch ihre je adäquaten Geltungsbereiche zu
überlassen, ohne dabei der Versuchung zu erliegen, die Differenzen
zu leugnen und Einheitlichkeit zu erzwingen, dürfte auch zur fallwei-
se nötigen Renovierung ihres Institutionensystems in der Lage sein.

Die erfolgreiche Steuerung komplexer Handlungszusammenhänge ist und bleibt ausgesprochen voraussetzungsvoll. Entsprechend
ambitionierte Akteure sind stets mit dem Problem konfrontiert, dass
sie die hinreichenden Erfolgsbedingungen ihres Handelns nicht kennen, geschweige denn kontrollieren können. Gesellschaft ist nicht
nur ein maximal kompliziertes Objekt des Handelns, sondern auch
ein *moving target*. Dass sich gleichwohl (Glücks- oder Zufalls-?) Treffer
erzielen lassen, mögen die folgenden Fallgeschichten beweisen.

---

146 M.a.W.: Die Alternative des Ausweichens auf direktdemokratische (plebiszitäre) For-
     men der Demokratie scheint wegen deren „reduzierte(r) Entscheidungslogik"
     (Luthardt 1994: 160) weder notwendig noch zweckmäßig.
147 Zum spezifischen Steuerungsvorteil von ‚multiple selves' vgl. Wiesenthal (1990a,
     1993), Schimank (1995) und Jansen (2000).

5. Erfolgsgeschichten – Muster ohne Wert?

Institutionelle Reformen, in deren Folge gesellschaftliche Prozesse einen von den Reformern intendierten Verlauf nehmen, sind ein unbezweifelbarer Beleg der Möglichkeit gesellschaftlicher Selbststeuerung. Allerdings ist in der vorangegangenen Diskussion deutlich geworden, dass weder Politiker noch Wissenschaftler über eine konsistente Theorie der zielgerichteten Gesellschaftssteuerung verfügen. Wir sind weder im Stande, alle notwendigen Bedingungen für eine gelingende und auch ihre Nebenfolgen kontrollierende Einflussnahme anzugeben, noch besitzen wir das nötige Wissen, um erfolgreiche Fälle der gesellschaftlichen Steuerung anhand *aller* den Erfolg ermöglichenden Faktoren und Randbedingungen zu erklären.[148]

Es ist aber unzulässig, von der Unkenntnis, ja selbst der Unmöglichkeit einer vollständigen Kenntnis aller notwendigen Bedingungen auf die Unmöglichkeit ihrer Erfüllbarkeit zu schließen. Dieser Fehlschluss liegt dem ‚Unmöglichkeitstheorem' rationaler Politik zugrunde. Da es, wie wir in diesem Kapitel sehen werden, auch Belege für die Realisierbarkeit anspruchsvoller Steuerungsprojekte gibt, darf das Unmöglichkeitstheorem guten Gewissens als falsifiziert gelten. Nicht widerlegt, und wohl auch unwiderlegbar, ist dagegen die These der Unmöglichkeit vollständigen Steuerungswissens. Das gilt es in Erinnerung zu behalten, wenn es um den Erkenntniswert der Fallberichte dieses Kapitels geht. Wir wissen, dass die hier geschilderten Projekte mit zumindest befriedigendem Resultat realisiert wurden. Wir vermuten, welche Umstände den Erfolg begünstigten. Aber wir wissen nicht und können niemals zuverlässig wissen, welche hinreichenden Erfolgsbedingungen im Spiel waren. Die Übertragbarkeit der fallspezifisch gewonnenen Erkenntnisse ist also nur *cum grano salis* möglich,

---

148 Dieses Defizit an kognitiver Kompetenz lässt sich auch in der Feststellung ausdrücken, dass soziale Akteure durch die Komplexität der Handlungswelt systematisch gehindert sind, alle Wirkungen ihres Handelns zu kontrollieren. Vielmehr sehen sie sich regelmäßig mit einer Palette von nichtintendierten Handlungsfolgen konfrontiert. Zum Begriff und zur Struktur unintendierter Folgen des Handelns vgl. Dietz (2004).

und zwar um den Preis einer relativ hohen Irrtumswahrscheinlich-
keit.

Zunächst werden wir einen Blick auf die Entscheidungsprozesse
werfen, die zur Ersteinführung sozialer Sicherungssysteme führten
(5.1). Danach wenden wir uns den Reformprojekten der US-
Regierung des Präsidenten Lyndon B. Johnson zu, die unter dem
Etikett ‚The Great Society' zusammengefasst sind (5.2). Das dritte
Reformprojekt, von dem die Rede sein wird, ist der gesellschaftliche
Gestaltwandel Großbritanniens, der eng mit dem Namen der Premierministerin Margaret Thatcher verbunden ist (5.3). Schließlich
werden wir anhand der Transformation sozialistischer Staaten
Grundlinien eines der anspruchsvollsten und umfangreichsten Re-
formprojekte des letzten Jahrhunderts aufzeigen (5.4).

5.1 Die Begründung des modernen Sozialstaats

Die Geschichte des Sozialstaats ist Thema einer Fülle von sozialhis-
torischen und sozialpolitischen Studien. Ihr Fokus gilt v.a. den maßgeblichen Interpretationen der ‚sozialen Frage', den in Betracht gezo-
genen und schließlich gewählten sozialpolitischen Instrumenten, deren technischer Praktikabilität und sozialer Akzeptanz sowie den
Verteilungseffekten der Sozialpolitik und ihrem Wandel im Zeitab-
lauf. Aufmerksamkeit fanden auch die Prozesse der politischen Entscheidungsproduktion, aus denen die heutigen Sozialstaaten hervor-
gingen. Da sich die Periode der Ausbreitung sozialer Pflichtversiche-
rungssysteme über rund 90 Jahre erstreckt,[149] ist ihre Einführung in
den einzelnen Nationalstaaten nicht anhand eines einheitlichen
Schemas der Erfindung und Diffusion erklärbar. Vielmehr waren
sowohl die Ersteinführung als auch das „institutional lesson drawing"
(Rose 1991) Ergebnis komplexer Prozesse mit einer Vielzahl von
unabhängigen Variablen.

Die in ihrem jeweiligen Entstehungsprozess betrachteten sozialpolitischen Basisinnovationen zeigen deutliche Unterschiede hinsichtlich Kontext und Typus. Auch ist nicht von einem einheitlichen

---

149 Der Beginn dieses Zeitraums wird durch die 1883 im Deutschen Reich geschaffene
     gesetzliche Krankenversicherung markiert; ihr Ende datiert auf 1976, als die Schweiz
     eine Pflichtversicherung gegen Arbeitslosigkeit einführte.

Schwierigkeitsgrad der Innovationen auszugehen. Der vergleichenden Betrachtung, deren Ergebnisse hier berichtet werden, unterliegt vor allem eine heuristische Absicht. Gesucht werden Hinweise auf potentiell verallgemeinerbare Prozessmerkmale wie auch Anhaltspunkte für die Art der konkreten Hindernisse. Das notwendige Maß an Vergleichbarkeit ist aufgrund der zeitlichen Nähe der Fälle gegeben, die innerhalb einer Spanne von lediglich 30 Jahren (1883-1913) liegen. Alle betrachteten Erstinnovationen erfolgten somit lange vor der in den 1950er Jahren begonnenen Blütezeit moderner Wohlfahrtsstaaten, an deren je besonderer Ausprägung prägnante typologische Unterschiede festgemacht werden.[150]

5.1.1 Innovative Sozialreformen in vier Ländern

Aus der umfangreich dokumentierten Geschichte des Sozialstaats werden hier vier Fälle herausgegriffen, in denen die *Ersteinführung* von Institutionen der sozialen Sicherung erfolgte. Es handelt sich um die im Deutschen Reich (1883-88) eingeführten Unfall-, Kranken- und Altersrentenversicherungen, die allgemeine Volksrente in Dänemark (1891) und Schweden (1913) sowie die gesetzliche Arbeitslosenversicherung in England (1911). Die genannten Fälle sozialpolitischer Basisinnovationen sprengen deutlich den Maßstab einer inkrementalistischen Politik, die sich in „quantitativen Sprüngen" oder „major shifts" im Politikprozess (Zahariadis 1999: 86) erschöpft. Vielmehr kam es in jedem einzelnen Fall zu einem qualitativen Bruch mit tradierten Relevanzmustern und/oder Institutionen. Quantitative Aspekte des infrage stehenden Problems waren dabei von untergeordneter Bedeutung.

Innerhalb des Samples sind deutliche Unterschiede im Strategieniveau zu erkennen. Im Fall Großbritannien scheint sich der Reformerfolg einem direkten umweglosen Steuerungskurs zu verdanken. Die Innovation zeigt das Muster einer ‚lokalen' Maximierung[151] in Reaktion auf die unmittelbar gegebenen Alternativen. Das ange-

---

150 Hier ist an Esping-Andersons (1990) Unterscheidung zwischen einer liberalen, einer konservativen und einer sozialdemokratischen Variante des Sozialstaats zu erinnern sowie an jene zwischen „residualen" und „institutionellen" Wohlfahrtsstaaten (Sainsbury 1991).

151 Zur Unterscheidung von ‚lokaler' und ‚globaler' Maximierung vgl. Elster (1987a: Kap. I) und Fn. 26 im Kapitel 3.

strebte Ziel ließ sich ohne substanzielle Abstriche und Zugeständnisse an ungebetene Dritte realisieren. Demgegenüber repräsentieren die Fälle Deutschland, Dänemark und Schweden anspruchsvolle indirekte Strategien. Ihre Protagonisten visierten Zustände außerhalb des unmittelbar gegebenen Optionenraums an. Um diese zu realisieren, war eine Investitions- bzw. Opferperiode zu absolvieren, die zu Zielverschiebungen, Zugeständnissen an Widersacher und teilweise beträchtlichen Umwegen nötigte. Strategien dieses Typs setzen hinreichende Informationen über die positiven Konsequenzen der Verlustphase, eine flexible Konzeptualisierung des Ziels sowie die Fähigkeit zur Anpassung an wechselnde Umweltumstände bei hoher Konstanz der Erfolgskriterien voraus.[152] Folglich sind indirekte Strategien – und alle Bemühungen um die ‚globale' Maximierung der Erfolgsindikatoren – in besonderem Maße mit den oben (Kapitel 4) erwähnten Rationalitätsproblemen anspruchsvoller Reformen konfrontiert.

5.1.2 Die Bedingungen der Möglichkeit

Genügt schon ein flüchtiger Blick auf die Resultate der sozialpolitischen Basisinnovationen, um diese als Test auf das Theorem der Unmöglichkeit erfolgsträchtiger Steuerung zu qualifizieren, so ermöglicht der vergleichende Blick auf die einzelnen Politikprozesse auch präzisere Aussagen über den Geltungsbereich der skeptisch stimmenden Theorieprämissen. Die gewählten Fälle gelungener Sozialstaatsinnovation weisen eine Reihe von Gemeinsamkeiten auf.[153]

Erstens basiert jeder einzelne Fall auf einem markanten Bruch mit überlieferten Problemdeutungen, institutionellen Traditionen und etablierten Zuständigkeiten (*frame shift*). Der Innovationsgrad der Reformen drückt sich insbesondere in der politischen Anerkennung veränderter gesellschaftlicher Verhältnisse aus, nämlich des nachhaltigen Wandels der Sozialstruktur im Gefolge der Industrialisierung.

---

152 Der höhere Schwierigkeitsgrad drückt sich auch in der zeitlichen Ausdehnung des Politikprozesses aus. So bedurfte es in Deutschland einer Zeitspanne zwischen zwölf und 18 Jahren, um ausgearbeitete Reformkonzepte verbindlich werden zu lassen. Vom Beginn der Diskussion über die Altersversorgung bis zur Verabschiedung der Volksrente verstrichen in Dänemark rund 40 und in Schweden knapp 30 Jahre.

153 Den hier vorgestellten Befunden liegen insbesondere die Studien von Köhler/Zacher (1981), Kuhnle (1978), Olsson (1990), Petersen (1990), Reidegeld (1996) und Ritter (1983) zugrunde. Für eine ausführlichere Darstellung der vier Fälle vgl. Wiesenthal (2003c).

Die neuen Problemsichten präsentierten sich jedoch nicht als abstrakte Ideen ohne Bezug zur Vergangenheit, sondern als Differenzierung und neuartige Synthese von überlieferten Annahmen und Rezepten. Dabei kommt es zu einem Wechsel der Kategorien, unter welche die u.U. seit längerem bekannten Probleme zu subsumieren sind. Das veränderte Kategorienschema und die differenziertere Diagnose machen Widersprüche in den tradierten Sichtweisen sichtbar, die nunmehr als inadäquat wahrgenommen werden. Gesellschaftliche Akteure und reformwillige Politiker reagieren darauf mit der Identifikation von zuvor unbekannten oder als ,unüblich' betrachteten staatlichen Aufgaben.

Zweitens zeichnen sich alle betrachteten Politikentwicklungsprozesse durch einen innovationsförderlichen Motivmix aus: Das sachliche (problemorientierte) Innovationsinteresse paart sich mit strategischen und taktischen Kalkülen des politischen Machtwettbewerbs. Dabei mögen letztere entweder auf die sichere Reproduktion einer gesellschaftlichen und institutionellen Ordnung (wie im deutschen Fall), die Bewahrung der moralischen Reputation im Kontext des säkularen Demokratisierungsprozesses (wie in Skandinavien) oder die Chancenverteilung im Parteienwettbewerb (wie in England) bezogen sein.

Drittens ist die konkrete Gestalt der geschaffenen Institutionen in hohem Maße von der Struktur des politischen Entscheidungssystems geprägt. Es sind die das Parteiensystem strukturierenden sozialen *cleavages*, die Exklusion bestimmter sozialer Klassen oder Kategorien (u.a. der Frauen) sowie die von der Verfassung bestimmten Repräsentationsverhältnisse und Entscheidungsprärogative, welche über die konkrete Ausgestaltung, d.h. charakteristische Merkmale und Parameter der sozialpolitischen Innovation entscheiden.

Viertens fällt auf, dass zur Bearbeitung des begrifflich neu gefassten Problems keineswegs immer neue ,Mittel' gesucht wurden. Die Auswahl von problemangemessenen *policies* erfolgte zwar innerhalb eines recht weit gefassten, aber prinzipiell vertrauten Instrumentenkatalogs. Dabei trug man entweder nationalen Traditionen und Aversionen Rechnung oder rekurrierte auf im lokalen Rahmen bereits erprobte Formen. So war das Prinzip der staatlichen Pflichtversicherung alles andere als neu. Es wurde seit 1844 für die belgischen Seeleute und seit 1854 für die Bergleute in Österreich und Preußen prak-

tiziert. Staatszuschüsse zu privaten Sozialversicherungen gab es in
Belgien seit 1851 und in Frankreich seit 1852. Die erste nationalstaat-
liche Sozialgesetzgebung wurde 1791 für die französischen, 1844 für
die belgischen Seeleute und 1838 für die preußischen Eisenbahner
eingeführt (Kuhnle 1978). Auch die beitragsfreie, von einer Bedürf-
tigkeitsprüfung abhängige Volksrente hatte ein prägnantes histori-
sches Vorbild, nämlich die kommunale Armutsfürsorge. Von Pfadabhängigkeit bei der Instrumentenwahl kann dennoch nicht die Rede
sein, weil regelmäßig mehrere Alternativen von ähnlicher funktionaler Reputation zur Verfügung standen.

Fünftens lässt sich in jedem der vier Fälle eine Gruppe von Protagonisten identifizieren, die die Substanz des Projekts über die zahlreichen Stufen der Propagierung und Koordination bis zur Erlan-
gung der Zustimmungsfähigkeit zu sichern verstanden. Als argumen-
tationsstarke Vordenker hatten sie eine wichtige Funktion v.a. für das
Zustandekommen des Deutungswandels und die öffentliche The-
menakzeptanz (wozu regelmäßig von der Regierung eingesetzte Un-
tersuchungsausschüsse beitrugen). Die Reformprotagonisten sorgten
für eine flexible Adaption des Projekts an sich wandelnde Umstände
und die rechtzeitige Entdeckung politischer Gelegenheitsfenster (*windows of opportunity*). Als ‚politische Unternehmer' der Politikentwicklung und Bündniskonstruktion sicherten sie die Kontinuität der oft
über mehrere Jahrzehnte reichenden Reformbemühungen. Dabei
waren mindestens drei individuell zuschreibbare Kompetenzen im
Spiel: (a) der Informationsvorsprung des nicht allzu eng spezialisierten Experten, (b) die Kombination von hoher Kommunikationsfä-
higkeit und „boundary-spanning roles", die Hugh Heclo meint, wenn
er von „men with transcendable group commitments" (Heclo 1974:
308) spricht, und schließlich (c) Persönlichkeitseigenschaften, die am
Beispiel von Lloyd George und Winston Churchill als „more aggres-
sive and opportunistic" (Ashford 1986: 63) beschrieben werden.

Gleichwohl operierten die politischen Akteure durchweg unter
Bedingungen hoher Unsicherheit. Sie bewegten sich in einem dynamischen und komplex bedingten Handlungsraum mit diffusen Kausalitäten. Ein Gutteil des Erfolgs verdankt sich ihrem ‚langen Atem'
und der Aufmerksamkeit für günstige Gelegenheiten. In diesem Sinne handelt es sich bei den frühen Sozialreformen nicht um eine
schrittweise Abarbeitung zweckrationaler Pläne, sondern um sensible

Experimente mit der sozialen Wirklichkeit – unter Bedingungen hoher Unsicherheit, großer Entscheidungskomplexität und enormen individuellen Engagements.

5.2 The „Great Society" der Johnson-Administration[154]

Das Paket von Sozialreformen, das in der Regierungszeit des Präsidenten Lyndon B. Johnson realisiert wurde, hat das Verhältnis von Staat und Gesellschaft der USA ebenso sehr und vermutlich nachhaltiger verändert wie der New Deal des Präsidenten Franklin D. Roosevelt in den 1930er Jahren. Die Reformen begründeten nicht nur die Verantwortung des Staates für das Schicksal benachteiligter Bevölkerungsgruppen, sondern auch neue, dynamisch wachsende Ausgabenverpflichtungen. Sie hatten darüber hinaus die Restrukturierung und den Ausbau mehrerer administrativer Sektoren zur Folge. Von den unter dem gemeinsamen Etikett einer ‚großartigen Gesellschaft' (*Great Society*) präsentierten Projekten verdienen insbesondere drei besondere Aufmerksamkeit: der im ‚Krieg gegen die Armut' verabschiedete *Economic Act of Opportunity* (EAO) von 1964 (5.2.1), die *Civil Rights Acts* von 1964 und 1968 (5.2.2) sowie die 1965 für über 65-Jährige eingeführte Krankenversicherung *Medicare* (5.2.3). Allen drei Reformpaketen ist gemeinsam, dass ihre Verabschiedung durch den Kongress schwieriger Vorbereitungen der Politikplanung, der Gewinnung öffentlicher Akzeptanz und der parlamentarischen Mehrheitsbeschaffung bedurfte.[155]

5.2.1 Der Krieg gegen die Armut

Die Vorbereitung des *Economic Act of Opportunity* (EAO) durch Mitarbeiter der Regierung (insbesondere Kermit Gordon, Walter Heller, Sargent Shriver und Theodore Sorensen) stellte einen Bruch mit der

---

154 Die folgenden drei Fallskizzen beruhen auf dem Beitrag von Holger Döring, Christopher Eble, Silvia Hartmann und Sandra Lange zu dem am Institut für Sozialwissenschaften der Humboldt-Universität entstandenen Forschungsbericht „Reformen: machbar" (Projekt ‚Politische Rationalitätsprobleme' 2003: Kapitel 1).

155 Als vertiefende Lektüre werden insbesondere empfohlen: Bornet (1990), Brown-Collier (1998), Divine (1987), Gebhardt (1998), Graham (1992), Grofman (2000), Kearns (1976), Marmor (1973), Riddlesperger/Jackson (1995), Skidmore (1970), Skocpol (1995), Smith (1985) und Yarmolinsky (1969).

Politik der Vorgängerregierungen dar, die dem Thema Armut nur wenig Beachtung geschenkt hatten. Gleichwohl waren mit der Nordwanderung von Millionen von schwarzen US-Bürgern, Analphabetismus, hoher Arbeitslosigkeit, zunehmender Jugendkriminalität und unzureichenden Lebensbedingungen in den Industriestädten nicht nur die Sozialhilfeausgaben gestiegen, sondern es hatte sich auch eine Kluft zwischen der akuten Problemsituation und dem Selbstbild des Landes aufgetan, die von Wissenschaftlern und Intellektuellen mit kritischen Analysen bedacht wurde.

Nachdem sich Heller und Gordon bereits unter John F. Kennedy mit der Problematik einer erneuerten Armutspolitik beschäftigt hatten, griff Lyndon B. Johnson das Thema wenige Monate nach der Ermordung Kennedys auf und kündigte mit überschwänglicher Rhetorik ein Programm für ‚the war on poverty‘ an. Der als Kernstück konzipierte *Economic Act of Opportunity* umfasste ein Bündel von zielgerichteten Einzelprogrammen, von denen insbesondere das Community Action Program (CAP) und die Einrichtung des Bundesbüros ‚Office of Economic Opportunity‘ (OEO) als markante und folgenreiche Innovationen betrachtet werden.[156] Während man zur Begründung der Initiative auf moralische Pflichtwerte Bezug nahm, die Teil des konservativen Wertekanons waren, wurden die einzelnen Programmteile so angelegt, dass die mit der Implementation befassten Gemeinden einen möglichst großen Handlungsspielraum behielten. Um die Klippen des Gesetzgebungsprozesses zu umschiffen, waren auch „symbolische Opfer" (Sandra Lange) an die Gegner der Innovation eingeplant.

5.2.2 Die Bürgerrechtsgesetze

Die *Civil Rights Acts* von 1964 und 1968 zielten auf die Abschaffung der Rassentrennung in allen öffentlichen Bereichen. Sie machten jede Form der Diskriminierung aufgrund der Rasse oder des Geschlechts

---

156 Zu den weiteren Teilen gehörten ein Programm zur Förderung benachteiligter Kinder (Head Start), ein Ausbildungsprogramm für arme Jugendliche (Job Corps), ein Teilzeitbeschäftigungsprogramm für schulpflichtige Jugendliche (Neighborhood Youth Program), ein Programm für freiwillige studentische Helfer in armen Wohnbezirken (Volunteers in Service to America, VISTA), ein Rechtshilfeprogramm für Arme (Legal Services), ein Programm zur Integration ungelernter Arbeitsloser (Work Experience and Training Program, WET) und ein Förderprogramm für begabte Schüler (Work-Study Program).

einer Person strafbar. Damit wurde das Prinzip der strikten Gleichbehandlung in das Arbeitsrecht der USA eingeführt, auf dem auch das Verbot der Diskriminierung weiblicher Beschäftigter beruht. Das damit installierte Recht auf Gleichbehandlung von Minderheiten veränderte nicht nur die Sozialordnung der Vereinigten Staaten, sondern wurde auch für andere Länder zum Anlass nachzuziehen.

Für den Erfolg der Gesetzgebung waren nicht allein das Engagement des vom Gleichheitsgrundsatz überzeugten Südstaaten-Demokraten Johnson, sondern auch die Aktionsfähigkeit mehrerer Bürgerrechtsorganisationen und eine breite Volksbewegung gegen die Rassendiskriminierung[157] maßgebend. Zum historischen Hintergrund der Bürgerrechtsgesetze zählt auch eine Serie gewaltsamer Rassenkonflikte in den Südstaaten. Um eine möglichst verlustarme Implementation der Gesetze zu sichern, hatte die Regierung u.a. die Auszahlung von Bundesmitteln aus anderen Programmen vom Implementationserfolg der Bürgerrechte abhängig gemacht.

Das Gesetz von 1964 war von der Kennedy-Administration im Einklang mit einer parteiübergreifenden Befürworterkoalition des Kongresses vorbereitet worden. Die Gegnerschaft von Vertretern beider Parteien aus den Südstaaten hatte man von Vornherein in Rechnung gestellt. Johnson, der das Vorhaben bereits als Vizepräsident betreut hatte, nahm sich des Gesetzentwurfs mit großem persönlichen Engagement an, aber gab sich bei der Organisation der benötigten Mehrheiten – bei Wahrung der Grundzüge seines „Masterplans" (Silvia Hartmann) – ausgesprochen flexibel und kooperativ. Das zeigte sich u.a. in der Bereitschaft zum wechselseitigen Abgleichen der Positionen beider Kammern des Kongresses, der gezielten Entmutigung der Senatsopposition, dem Werben um wichtige Einzelpersönlichkeiten und der Nutzung unkonventioneller Verhandlungswege.

Besondere Aufmerksamkeit galt der Herstellung einer wohlwollenden Öffentlichkeit, zu der die Reden des Präsidenten und die koordinierten Anstrengungen der Interessengruppen und Bürgerrechtsorganisationen beitrugen. Das besondere Geschick der Administration Johnson im Umgang mit der Gelegenheitsstruktur zeigte sich

---

157 Von Gewicht waren insbesondere die National Association for the Advancement of Coloured People (NAACP) und die Southern Leadership Conference (SCLC). Vgl. Projekt ,Politische Rationalitätsprobleme' (2003: 62ff.).

beim Versuch der Gegner, das Vorhaben mit dem Argument zu tor-
pedieren, dass der erste Entwurf des Bürgerrechtsgesetzes die Benachteiligung von Frauen ignoriere. Die Befürworterkoalition reagierte darauf mit der Erweiterung des vor Diskriminierung zu schützen-
den Personenkreises und konnte so die Legitimationsbasis der Innovation verbreitern.

5.2.3 Die Krankenversicherung „Medicare"

Mit der Novellierung des *Social Security Act* von 1935 durch Einführung einer obligatorischen Krankenversicherung (*Medicare*) zugunsten
von Personen ab 65 Jahren wurde ein mehrere Dekaden anhaltendes
Patt in der Sozialpolitik überwunden. In früheren Anläufen waren die
Befürworter einer gesetzlichen Krankenversicherung regelmäßig an
der Abneigung großer Bevölkerungsteile gegen eine (als Indikator
von ‚big government' betrachteten) Ausweitung der Staatstätigkeit
gescheitert. Anders als bei den 1935 eingeführten Altersrenten und
Unterstützungsleistungen für Witwen, Waisen und Behinderte stieß
das Vorhaben auf heftigen Widerspruch privater Interessengruppen,
und zwar der niedergelassenen Ärzte, der Pharmaindustrie und der
privaten Versicherer. Unter dem Druck der Anbieter von Gesund-
heitsleistungen (allein die Krankenhausträger begrüßten einen obligatorischen Versicherungsschutz der Älteren) war 1951 ein ähnliches
Projekt der Truman-Administration fallen gelassen worden.

Was der Johnson-Administration 1965 mit *Medicare* gelang, zei-
tigte erhebliche langfristige Wirkungen sozialstruktureller und fiskali-
scher Art. 2002 bezogen knapp 40 Mio. US-Bürger Leistungen aus
dem (vom Staat mit zusätzlichen 141 Mrd. Dollar bezuschussten)
Pflichtprogramm. In der Gruppe der über 65-Jährigen sank der Anteil armer Personen von mehr als 30 % (1967) auf unter 13 % (1995).
Gleichzeitig trug *Medicare* erheblich zum Wachstum der teils privat,
teils öffentlich finanzierten Gesundheitskosten und damit zur stürmi-
schen Entwicklung des Medizinsektors bei.

Weil die Erfolgsbedingungen dieses Vorhabens sehr ungünstig
waren, wurde die Innovation mit rational konzipierter Öffentlichkeitsarbeit und einem wohlabgewogenen *framing* angegangen. Letzteres rekurrierte einerseits auf Diagnosen des Marktversagens, welche
die Zuständigkeit des Staates zu legitimieren halfen, andererseits ent-
schied man sich zur offensiven Präsentation des Leitbilds einer inklu-

siven, modernen und ,großartigen' Gesellschaft, eben der *Great Socie-*
ty. Neben der Entfaltung einer problemadäquaten und gleichzeitig
optimistischen Rhetorik kümmerte sich die Befürworterkoalition um
die frühzeitige Identifizierung von Umsetzungsproblemen und Op-
positionsoptionen. Große Verhandlungsbereitschaft auf der einen
Seite und die Fähigkeit, alle prozeduralen Chancen zur Verbesserung
der eigenen Position zu nutzen, auf der anderen Seite, zeugen von
einer effektiven, hierarchisch organisierten „Politikmaschinerie"
(Christopher Eble).[158] Der Durchsetzungsprozess von *Medicare* macht
deutlich, welch großen Einfluss die *issue definition* und das *agenda setting*
auf das Ergebnis politischer Projekte haben. Hierzu zählt auch die
Präsentation der verteilungspolitischen Akzente. *Medicare* profitierte
von der Möglichkeit, unmittelbare und konzentrierte Vorteile für alle
älteren Bürger auszuweisen, während die von der Mehrheit zu tragenden, also breit verteilten, Kosten heruntergespielt wurden. Auch
die auf freiwilligen Beiträgen beruhende, aber nicht minder wichtige
Zusatzversicherung wurde absichtlich nicht ins Zentrum der Aufmerksamkeit gerückt.

5.2.4 Die Bedingungen der Möglichkeit

Sieht man von der besonderen Struktur des politischen Systems und
dem für Reforminitiativen günstigen Meinungsklima der 1960er Jahre
ab – die Regierungszeit von Kennedy und Johnson wird als *liberal
decade* bezeichnet –, so werden im ehrgeizigen Reformprogramm die
folgenden diskretionär nutzbaren Erfolgsfaktoren erkennbar. Erstens
gelang es den Reformern, Gelegenheitsfenster zu definieren und zu
nutzen. Wurde bereits der knappe Wahlsieg Kennedys als Chance für
Reformen auf mehreren Politikfeldern interpretiert, so galt das umso
mehr für die Situation, die mit Kennedys Ermordung im November
1963 entstanden war und seinen Nachfolger mit der Aufgabe kon-
frontierte, sich als neuer Präsident mit einem eigenen politischen
Programm zu profilieren. Als günstig erwiesen sich auch die aktuelle

---

158 So nutzten die Demokraten ihre durch Wahlerfolge errungene Mehrheit im ,Commit-
tee on Rules' des Kongresses, um für sie günstigere Besetzungsregeln der Ausschüsse
einzuführen, mit deren Hilfe die Zahl der ,Pro-Medicare'-Demokraten im wichtigen
,Ways and Means'-Ausschuss erhöht und Verzögerungen im Gesetzgebungsprozess
vorgebaut wurde.

Haushaltslage und die Akzeptanz einer begrenzten Steigerung der staatlichen Ausgaben.

Zweitens wurde es den Reformgegnern durch das wohlüberlegte visionäre *framing* des Vorhabens schwer gemacht, ihre strikt ablehnende Position zu begründen. Dabei blieb der vom rechts- und sozialpolitischen *frame shift* eingeleitete Pfadwechsel eher moderat; er ließ sich auch als Fortschreibung der Tradition und Anwendung mehrheitlich geteilter Werte darstellen. Drittens wurde ein dezidiert redistributiver Charakter der Reformen vermieden. Neben den gezielten Begünstigungseffekten waren besondere Anreize zugunsten der Implementationsakteure eingeplant sowie Konsultationen mit und Beteiligungsoptionen für eine breite Palette staatlicher und privater Akteure. Viertens wurde auf eine Vorfestlegung aller Details zugunsten größerer Verhandlungsspielräume verzichtet. Die Reformziele waren relativ allgemein gehalten. Umstimmbaren Gegnern wurden bescheidene Gewinne ermöglicht.

Fünftens wurde der Gesetzgebungsprozess mit großer Umsicht und Entschlossenheit sowie gezieltem Informationsmanagement betrieben. Erwartbaren Hindernissen wurde frühzeitig begegnet, wobei man für die umfassende Einbeziehung aller potentiell positiv berührten Interessen Sorge trug. Anlässlich der Kandidatenaufstellung zu Wahlen versuchte man auch erfolgreich, die Zusammensetzung des eigenen Lagers zu optimieren. Sechstens sind schließlich die besonderen Fähigkeiten des ,politischen Unternehmers' Lyndon B. Johnson zu nennen: seine *political skills* und ausgeprägten Kommunikationsfähigkeiten, seine große Kooperationsbereitschaft sowie eine kluge Personal- und Organisationspolitik bei der Zusammenstellung der für die einzelnen Projekte zuständigen Teams.

5.3 Die Reformen der Thatcher-Regierungen[159]

Obwohl im eigenen Land von einer breiten gesellschaftlichen, wenngleich disparaten Opposition bekämpft und vom europäischen Aus-

---

159 Diese Fallskizze beruht auf dem Beitrag von Christian Dunkel und Wenke Seemann zu dem am Institut für Sozialwissenschaften der Humboldt-Universität entstandenen Forschungsbericht „Reformen: machbar" (Projekt ,Politische Rationalitätsprobleme' 2003: Kapitel 2).

land mit Skepsis und Ablehnung bedacht, haben die in der Regierungszeit von Margaret Thatcher erfolgten Reformen das Bild Großbritanniens in einer Weise verändert, die schließlich auch die Gegner als insgesamt positiv ansehen. Die zwischen 1979 und 1990 bewirkten Veränderungen betreffen eine Vielzahl von Politikfeldern und Regulationsthemen. Mit einer ganzen Serie von Eingriffen entledigte sich der Staat traditioneller Aufgaben und Zuständigkeiten, die fortan der Privatwirtschaft überlassen wurden (etwa im Verkehrswesen) und betrieb die Einführung bzw. Ausweitung marktwirtschaftlicher Formen der Selbststeuerung (z.B. im Hochschulbereich).

Allerdings mag der Erkenntniswert des Fallbeispiels Großbritannien durch den Umstand gemindert scheinen, dass das infrage stehende politische System der Regierung weitgehende Handlungsfreiheit für die Durchführung ihrer Vorhaben lässt.[160] Dieser Einwand verweist auf die eingeschränkte Übertragbarkeit der spezifisch britischen Erfahrungen mit staatlichen Reformen. Was den Fall Großbritannien angeht, trägt er jedoch nicht allzu weit. Waren doch die Vorgängerregierungen mit ihren Bemühungen, die wirtschaftlichen Probleme des Landes zu lösen, grandios gescheitert. Offensichtlich unterschieden sich die Regierungen Margaret Thatchers auf noch zu klärende Weise auch dadurch von ihren Vorgängern, dass sie die institutionell gegebenen Möglichkeiten zielgerichtet zu nutzen verstanden. Die folgenden Bemerkungen beschränken sich auf zwei von der *Labour Party* und den Konservativen traditionell mit entgegengesetzten Zielen umkämpfte Politikfelder, auf denen einschneidende Veränderungen erzielt wurden: die Privatisierungspolitik und die Regulierung der industriellen Beziehungen.[161]

---

160 Das Westminster-Modell zeichnet sich durch eine vom Premierminister dominierte Zentralregierung aus, die aufgrund des Mehrheitswahlrechts keiner Koalitionsabsprachen bedarf und der Opposition wenig Chancen der Einflussnahme auf die Regierungspolitik gewährt. Beispielsweise ist der Premierminister befugt, den Termin von Neuwahlen nach politischer Opportunität zu variieren. Außerdem besteht im politischen System Großbritanniens ein gewisses Maß an Gewaltenverschränkung.

161 Zur vertiefenden Lektüre werden insbesondere empfohlen: Kastendiek/Kastendiek (1985), Kavanagh/Seldon (1989), Marsh (1990, 1991, 1995), Offe (1994), Reitan (1997), Riddell (1989), Sturm (1990) und Windolf (1983).

5.3.1 Die Privatisierungspolitik

Zur Misere Großbritanniens in den 1970er Jahren zählten (wie auch anderenorts) rückläufige Wachstumsraten des Sozialprodukts bei zunehmender Staatsverschuldung und einer relativ hohen Inflationsrate. Dass es der Regierung gelang, den Anteil der Nettokreditaufnahme am Bruttoinlandsprodukt von 4,8 % (1979) auf nur noch 0,9 % (1986) zu senken, ist v.a. dem forcierten Privatisierungskurs zuzuschreiben, mit dem sich der Staat aus der aktiven Beteiligung am Wirtschaftsprozess zurückzog. Zur Privatisierungspolitik zählte nicht nur die Veräußerung von staatlichen Industriebeteiligungen, sondern auch die Privatisierung von Betrieben der öffentlichen Versorgung und Infrastruktur, der Verkauf von kommunalen Sozialwohnungen (überwiegend an die Mieter), die Schaffung unabhängiger Regulierungsbehörden und die Förderung eines breit gestreuten privaten Kapitaleigentums.

Erwartungsgemäß stieß der Privatisierungskurs auf die heftige Ablehnung der Gewerkschaften und der mit ihnen verbundenen *Labour Party*. Da auch das Management der privatisierten Unternehmen den Eigentümerwechsel überwiegend ablehnte, blieben selbst Arbeitgeber- und Wirtschaftsverbände in skeptischer Distanz. Sogar im Lager der Regierungspartei wurde der Sinn des von Thatcher leidenschaftlich verfolgten Vorhabens bezweifelt. Im übrigen existierten 1979, zu Beginn der ersten Legislaturperiode, weder programmatische Aussagen zum Umfang des Projekts noch zu den im Einzelnen vorzunehmenden Schritten und Maßnahmen.

Dennoch verstand es die Regierungschefin, ihren Privatisierungsplan zu realisieren und die anfangs fehlende öffentliche Akzeptanz im Laufe des Reformprozesses zu generieren, so dass das Reformergebnis nahezu irreversibel wurde. Als wichtige Voraussetzungen des Steuerungserfolgs gelten eine konsequente Personalpolitik (insbesondere bei der Besetzung der Kabinettsposten und des Vorsitzes wichtiger Parlamentsausschüsse), effektives Fraktionsmanagement und ein relativ rigider Führungsstil, der als „wenig ausgeprägter Sinn für Kollegialität" (Wenke Seemann) charakterisiert wird. Die Premierministerin lehnte es ab, ihre Politik in zeitraubenden Kabinetts- und Parlamentsdebatten zu rechtfertigen, und beschränkte sich auf eine Klärung der Vorgehensweise im engsten Beraterkreis. Dem Kabinett kam keine Funktion als kollektives Entscheidungsorgan zu.[162] Während es der Regierung weitgehend gelang, die fraktionsinterne Disziplin aufrechtzuerhalten, kam die *Labour Party* ebenso wenig wie die Gewerkschaften über eine kategorische Fundamentalopposition, ausgedrückt in Renationalisierungsforderungen, hinaus. Auch die kritisch gestimmten Verbandsvertreter ermangelten einer pragmatischen Alternative zum Regierungsprogramm.

5.3.2 Die Reform der industriellen Beziehungen

Die gewerkschaftliche Interessenvertretung der britischen Arbeitnehmer war 1978 durch einen hohen Grad organisatorischer Fragmentierung (in über 460 Einzelgewerkschaften) geprägt und hatte ihre Basis im betrieblichen *Shop Steward*-System mit ausgesprochen schwachen Regulations- und Koordinationsfunktionen der Organisationsspitzen und des Dachverbandes TUC. Für die Austragung des industriellen Konflikts war den Gewerkschaften Ende des 19. Jahrhunderts ein rechtlicher Sonderstatus zugestanden worden, der sie von der straf- und zivilrechtlichen Haftung für Arbeitskampffolgen befreite. In der Folge war eine Fülle von betriebsspezifischen Regeln und Gewohnheiten entstanden, die den Unternehmensleitungen wenig Kalkulationssicherheit beim Einsatz der Arbeitskräfte gewährten. Vielmehr sahen sich die Unternehmen durch wiederkehrende Lohnkonflikte und eine Vielzahl von spontanen Streiks belastet.

Da die von der Labour-Regierung ungelöste ,Gewerkschaftsfrage' schon Thema des Wahlkampfs gewesen war, fand die Regierung 1979 eine relativ günstige Ausgangssituation vor. Man erwartete, dass sie in anstehenden Verhandlungen mit der Gewerkschaft eine starke Position beziehen würde. Es kam jedoch anders. Die Premierministerin lehnte es strikt ab, die Gewerkschaften als Partner ihrer Einkommens-, Sozial- und Wirtschaftspolitik zu betrachten und Verhandlungen mit ihnen aufzunehmen. In der Folgezeit wurden vielmehr Gesetze vorbereitet und verabschiedet, die den Handlungsspielraum der britischen Gewerkschaften nach dem Muster kontinentaler Regelungen neu definierten, d.h. empfindlich einschränkten. Im Zentrum der *Employment Acts* von 1980 und 1982 sowie des *Trade Union Act* von

---

162 Im politischen System Großbritanniens besitzt der Premierminister per se eine starke Stellung. Allerdings haben nicht alle Regierungschefs davon so effektiv Gebrauch gemacht wie Margaret Thatcher und (später) Tony Blair.

1984 stand die Einführung restriktiver Normen für Arbeitskämpfe.[163]
Der *Wages Act* von 1986 lockerte die Mindestlohnvorschriften; die
Employment Acts von 1988 und 1990 stärkten u.a. die Rechte der Gewerkschaftsmitglieder gegenüber der Gewerkschaftsführung wie auch
den Unternehmen. Als Konsequenz der Reform wird ein deutlicher
Rückgang der Arbeitskampfhäufigkeit und des gewerkschaftlichen
Organisationsgrades festgestellt. Die britische Wirtschaft konnte sich
im veränderten System der industriellen Beziehungen verhältnismäßig rasch erholen, was auch die im Vergleich zu Deutschland günstigeren Wachstums- und Beschäftigungsdaten belegen.

Anders als bei der Privatisierungspolitik zeigte sich die erste
Thatcher-Regierung auf die im Zuge der Gewerkschaftsreformen zu
erwartenden Konflikte gut vorbereitet. Ein von dritter Seite entwi-
ckeltes Strategiekonzept (der 1978 im *Economist* publizierte *Ridley-
Report*) half, die Konflikte in einer Weise zu organisieren, dass der
Regierung die Sympathie der von Arbeitskämpfen betroffenen Bevölkerung erhalten blieb. Während die parlamentarische Opposition
uneins blieb und „starke Auflösungserscheinungen" (Christian Dunkel) zeigte, verstand es die Regierungschefin, sich im Falkland-Krieg
und mittels vorgezogener Neuwahlen günstige *windows of opportunity*
für ihre Gesetzesvorhaben zu verschaffen. Der gewerkschaftliche
Widerstand blieb aufgrund seiner Zersplitterung und einer Tendenz
zur Selbstüberschätzung letztendlich wirkungslos. Die Bevölkerung
und große Teile der Gewerkschaftsmitglieder mochten dagegen die
Verrechtlichung der industriellen Beziehungen nicht kategorisch ab-
lehnen. Die zivilrechtlichen Konsequenzen ungesetzlicher, z.B. politisch motivierter Streiks taten ein übriges, um das ohnehin ge-
schwächte Widerstandspotenzial zu entmutigen.

5.3.3 Die Bedingungen der Möglichkeit

Die exzeptionelle Steuerungsfähigkeit der Thatcher-Regierung ergab
sich als Konsequenz einer entschlossenen und dezidiert autoritären
Führung unter den Bedingungen hochzentralisierter Entscheidungs-

---

163 Unter anderem wurden Solidaritäts- und Sympathiestreiks sowie politische Streiks
     verboten. Gesetzlich zugelassen sind nur noch Streiks, die bestimmten Bedingungen,
     insbesondere der Durchführung einer geheimen Urabstimmung unter den Mitgliedern,
     genügen.

kompetenzen und schwacher Oppositionskräfte inner- und außerhalb des Parlaments. Das umfangreiche Reformprogramm, zu dem auch Verwaltungs- und Gemeindefinanzreformen zählen, benötigte keinen gesellschaftlichen oder parteiübergreifenden Konsens als Startbedingung. Auch kann schwerlich von einem hinreichend präzisen Wählerauftrag an die Reformpolitiker gesprochen werden.

Die Durchsetzbarkeit der Reformen verdankt sich somit in erster Linie den individuellen Führungsqualitäten der Premierministerin, die sich v.a. in der effektiven Nutzung der gegebenen (aber stets aufs Neue zu mobilisierenden) parlamentarischen Mehrheit zeigten. Dabei gewann die zentrale Protagonistin des Reformprogramms mit jedem Teilerfolg an politischer Reputation, was ihr die Fortsetzung des eingeschlagenen Kurses erleichterte und eine insgesamt als positiv bewertete Erfolgsbilanz ermöglichte.

5.4 Die Transformation sozialistischer Staaten

Der Schwierigkeitsgrad der nach dem Zusammenbruch sozialistischer Regime in Angriff genommenen Reformen wurde sowohl von den Akteuren als auch von den Beobachtern als ungewöhnlich hoch eingeschätzt. Denn das Reformprojekt schien nicht nur mit dem Katalog von Standardproblemen der Gesellschaftssteuerung (vgl. Kapitel 4) – d.h. durch enge Grenzen von individueller Informationsverarbeitung und kollektiver Entscheidungsrationalität sowie den Mangel an einem instruktiven Konzept der Systemrationalität – belastet, sondern auch von einer Reihe spezifischer Hindernisse und Voraussetzungsdefizite. So sahen sich die neuen Regierungen vieler Länder nicht nur mit der Aufgabe konfrontiert, die Systemtransformation in nahezu allen gesellschaftlichen Teilsystemen fortzuführen, sondern waren nach der Auflösung des sowjetischen Imperiums auch mit der (Re-) Konstruktion der nationalstaatlichen Identität befasst.[164] Gleichzeitig tauchten eine Fülle von neuartigen Themen auf der politischen Agenda auf: u.a. der Umbau der sozialen Sicherungen, der Auf- bzw. Ausbau einer effektiven Umweltpolitik und das Verlangen nach Restitutions- und Lustrationspolitiken zur Wiedergutmachung früheren Unrechts.

---

164 Vgl. Elster et al. (1998: 17ff., 254ff.).

5.4.1 Die besonderen Reformrisiken

Die im engeren Sinne transformationsbedingte Aufgabenkomplexität manifestierte sich in fünf spezifischen Risiken.[165]

(1) An erster Stelle zu nennen ist das *Risiko der mangelnden Voraussetzungsadäquanz*. Es wurde in anfänglichen *Rechtsdefiziten* der Transformationsstaaten deutlich, die häufig einer ‚Schattenrechtsordnung' der privaten (nicht selten kriminellen) Selbsthilfe Raum ließen und die Ausbreitung von Klientelbeziehungen und Korruptionspraktiken ermöglichten. Folglich war ein *kulturelles Voraussetzungsdefizit* der neuen Institutionen zu konstatieren und es wurde die Abwesenheit einer lebendigen Bürgergesellschaft wie eines fruchtbaren Verhältnisses zwischen den Sphären des Privaten und des Öffentlichen beklagt. Da sich individuelle Werte und Orientierungen nur begrenzt und mit erheblicher Verzögerung den neuen Formalinstitutionen anzupassen vermochten, wurde die Fortgeltung ‚sozialistischer' oder sogar ‚leninistischer' Überzeugungen und der darauf basierenden Erwartungen beklagt.[166] Schließlich ist das generelle *Informations- und Wissensdefizit* der Transformationspolitik zu erwähnen, das zum einen dem Mangel an zuverlässigen Daten über die Transformationsgesellschaft geschuldet war und zum anderen dem Defizit an verlässlichen Kausaltheorien über alle Funktionsvoraussetzungen der modernen Gesellschaft.

(2) Der politisch inszenierte Institutionenwandel unterlag einem spezifischen *Dezisionismusrisiko*, von dem die Entstehungsgeschichte der etablierten Demokratien weitgehend frei war. Weil Institutionen nicht nur eine regulative, das soziale Verhalten sanktionierende, sondern auch eine axiologische, bestimmten Werthaltungen korrespondierende Funktion besitzen, kranken administrative Verfahren des Institutionenwandels am Problem der „Hyperrationalität" (Offe 1995). Da sie erkennbar das Resultat politischer Selektion sind, erscheinen sie leicht als willkürliche Konstruktionen. Der Kontingenzverdacht kann sowohl den funktionalen Geltungsanspruch als auch die Legitimität des Setzungsaktes untergraben. Das Risiko, dass die Bürger den Eindruck gewinnen, ‚das könnte man auch anders und besser regeln', wird durch die noch unzureichende Symbolgeltung

---

165 Vgl. u.a. Wiesenthal (2000b) und Beyer et al. (2001).
166 Zum sog. legacy-Problem vgl. außerdem Comisso (1997) und Geddes (1997).

der neuen Institutionen gesteigert. Folglich war nicht mit einer übergangslosen Ersetzung alter durch neue Institutionen zu rechnen, sondern – zumindest für eine längere Übergangsperiode – mit einem niedrigen Niveau der institutionell vermittelten Koordination, das die Effektivität der politischen Steuerung spürbar reduzieren würde.

(3) Es bestand ferner ein *Risiko der Mitteladäquanz* – als Folge des historischen Charakters der als Vorbild erkorenen Institutionen Westeuropas. Immerhin werden die hierzulande etablierten Institutionen einer Reihe von Effektivitäts- und Rationalitätsmängeln bezichtigt, weshalb sie nicht mehr als unumstrittene ‚Lösungen' für akute Probleme gelten. Das hat zum einen zur Konsequenz, dass durch Implementation formaler Kopien der Vorbildinstitutionen unerwünschte Resultate bewirkt werden, weil die funktional unverzichtbaren Charakteristika weder hinreichend bekannt noch beliebig übertragbar sind. Zum anderen könnte eine perfekte Duplizierung aller Institutionenparameter auch zur Übertragung der im Ursprungskontext beobachteten Funktionsmängel führen. Immerhin unterschieden sich die akuten Probleme der Transformationsländer beträchtlich von jenen, zu deren Bearbeitung vor 150, 100 oder 50 Jahren Rechtssysteme und Sozialinstitutionen ‚erfunden' wurden.

(4) Wie sich im Zuge der Übernahme kompletter Institutionensysteme herausstellte, bestand aufgrund der Knappheit an ‚sozialem Kapital' auch ein besonderes *Risiko der Ko-Innovation* neuer gesellschaftlicher Formen. Das belegen die im Ergebnis so ungleichen Organisationsprozesse im Parteiensystem und im Bereich der verbandlichen Interessenrepräsentation. Bei formal gleichen Startvoraussetzungen erweist sich das Parteiensystem dem Verbändesystem im Wettlauf um Organisationsressourcen und Einflusspositionen als weit überlegen (Wiesenthal 1996). Parteien profitieren von der hohen Aufmerksamkeit für Wahlen und ihrer *gatekeeper*-Funktion für öffentliche Ämter. Da Parlamentswahlen als Wettbewerb unter der Nullsummenregel stattfinden, bleibt der Mechanismus der parlamentarischen Repräsentation von Schwankungen der Beteiligungsbereitschaft unberührt. Unabhängig vom Niveau der Wahlbeteiligung sowie von der Zahl und dem Organisationsgrad der Parteien verbürgen Wahlen stets ein vollständig besetztes Parlament. Demgegenüber ist der Aufbau von Verbänden zur Vertretung von wirtschaftlichen oder beruflichen Interessen erheblich schwieriger. Da es an vergleichbaren

externen Anreizen fehlt, treten Kollektivgutprobleme auf, die nur unter Inkaufnahme von Zielverschiebungen (z.B. als Folge des Rückgriffs auf selektive Anreize) überwindbar sind. Weil das Verbändesystem weder von den *pulls* einer attraktiven Gelegenheitsstruktur noch von *pushes* selbstbewusster Partikularinteressen zu profitieren vermag, wirkt es schwach, fragmentiert und wenig repräsentativ. Es eignet sich darum weder zur Vertretung funktionaler Interessen im politischen System noch zur Übernahme regulativer Aufgaben i.S. der sektoralen Selbststeuerung.

(5) Als noch gravierender als die o.a. Risiken erschien das Problem der ‚dualen Transition'. Es macht die Abkehr vom Sozialismus zu einem konzeptionell und historisch einzigartigen Projekt. Der auch als „transitional incompatibility" (Armijo et al. 1995) bezeichnete Sachverhalt beruht auf der Interferenz ökonomischer und politischer Prozesse. Da die Demokratisierung zu einer enormen Ausweitung der Chancen politischer Partizipation und korrespondierender Gewinnerwartungen führte, stand zu befürchten, dass sich die Kostenträger der ökonomischen Reformen zusammenschließen, um sie benachteiligende Maßnahmen abzuwehren oder zu boykottieren. Je schmerzhafter die Reformkosten empfunden würden und je größer die Responsivität des neuen politischen Systems ausfiele, desto sicherer drohe eine Vertagung oder Unterlassung von unverzichtbaren Elementen des Reformprogramms. Gelänge es also nicht, die ökonomisch unwillkommenen Teile der Reform gegen das demokratische Veto abzuschirmen, so geriete die Reformpolitik in ein *Dilemma der Gleichzeitigkeit* (Elster 1990; Offe 1991).

Die der Hypothese eines (Transformations-) Dilemmas der Gleichzeitigkeit zugrunde liegenden Annahmen sind historisch evident. Während es in den konsolidierten Demokratien Westeuropas erst *nach* der Durchsetzung von Arbeitsmarkt und Lohnarbeiterstatus zur Universalisierung demokratischer Partizipationsrechte kam, unterstellt die Politische Ökonomie der Transformation, dass die ‚Vermarktlichung' der Wirtschaft und die ‚Proletarisierung' großer Teile der Bevölkerung als Ergebnis von demokratischen Mehrheitsentscheidungen zustande kämen. Das wurde für sehr unwahrscheinlich gehalten. Zum einen schien der ökonomische Erfolg der Transformation von der Überwindung bestimmter Ausgangsbedingungen abhängig, die mit den Privilegien ‚staatsnaher' sozialer Gruppen assoziiert waren. Zum anderen sei die Konsolidierung des demokratischen Systems, so wurde angenommen, an eine ,sozial tragbare' Verteilung von Kosten und Gewinnen der Wirtschaftsreform gebunden, was der Reformpolitik nicht nur entsprechende Legitimationspflichten auferlegt, sondern auch die vorausschauende Berücksichtigung der möglichen Reaktionen negativ betroffener Gruppen.

5.4.2 Erfolgsindikatoren

Um zu prüfen, ob und ggf. wie sich die oben umrissenen Risiken empirisch bemerkbar machten, werfen wir einen Blick auf die insgesamt recht positive Reformbilanz der Reformländer, in denen – auch unter dem Einfluss ausländischer Hilfs- und Beratungsangebote – unterschiedliche Reformstrategien eingeschlagen wurden. So hatten sich einige Regierungen zur nahezu gleichzeitigen Durchführung zentraler Reformschritte i.S. der sog. Schocktherapie entschieden, während andere ein eher gradualistisches Vorgehen praktizierten. Zwar meisterten die einzelnen Länder die Transformation der gesellschaftlichen Teilbereiche mit durchaus unterschiedlichem Erfolg, aber in einer Vielzahl von Fällen zeigen die Veränderungen in die von den Reformeliten angestrebte Richtung.

Für die Transformation des politischen Systems und den Aufbau einer demokratischen Ordnung zeichnete sich schon nach wenigen Jahren eine positive Bilanz ab. In der Mehrzahl der Fälle hatten sich Parteien und Parlamente zu den ,entscheidenden' Institutionen entwickelt. Nicht weniger bedeutsam, aber unauffälliger sind die Erfolge bei der Errichtung einer rechtsstaatlichen Ordnung mit unabhängigen Straf-, Zivil- und Verfassungsgerichten. Auch gelangen die Etablierung ökonomisch fungibler Eigentumsrechte sowie der Neu- und Umbau der öffentlichen Verwaltung.

Nach den jährlichen Ratings von *Freedom House*[167] zeigen zwölf europäische Reformländer 2004 ein Niveau der politischen und bürgerlichen Freiheitsrechte, das in etwa dem der konsolidierten Demokratien Westeuropas entspricht.[168] Auch ein asiatisches Land, die Mongolei, hat den europäischen Standard erreicht. Sieben der 13 europäischen Reformländer besitzen ihr heutiges hohes Niveau an

---

167 URL: http://www.freedomhouse.org.
168 Es handelt sich dabei um Bulgarien, Estland, Kroatien, Lettland, Litauen, Polen, Rumänien, Serbien und Montenegro, die Slowakei, Slowenien, Tschechien und Ungarn.

Freiheitsrechten nun schon seit mehr als einem Jahrzehnt. Von den übrigen europäischen Reformländern gelten jedoch sieben als nur „teilweise frei".[169] Eines, nämlich Belarus, wird ebenso wie sechs asiatische Reformländer als „unfrei" eingestuft.

Ein gleichfalls differenziertes Bild zeigen die Resultate der Wirtschaftstransformation. Sie umfasste die Herstellung und Stabilisierung wachstumsförderlicher Rahmenbedingungen (die sog. makroökonomische Stabilisierung), die Liberalisierung des (mikroökonomischen) Handlungsrahmens und die Restrukturierung der Unternehmen. Ihre Inangriffnahme hatte in allen Reformländern eine mehrjährige Krise zur Folge: Die industrielle Produktion ging abrupt zurück und das Bruttoinlandsprodukt sank um 20 bis 35 Prozent, bevor die Erholung einsetzte. Auch kam es zu einem teilweise drastischen Anstieg der Inflationsrate. Die statistisch erfassten Realeinkommen sanken um 30 bis 40 Prozent (Santarossa Dulgheru 2001). So wurde in der Transformationskrise die Gefahr akut, dass das Reformprogramm den populistischen Neigungen der um ihre Wiederwahl besorgten Politiker zum Opfer fällt. Und tatsächlich kam es nirgendwo zur geradlinigen und restlosen Realisierung des idealen Maßnahmenkatalogs.

In einigen Fällen, z.B. in Bulgarien und Russland, wurde die Stabilisierungspolitik vorzeitig abgebrochen, wodurch sich die Transformationskrise vertiefte und verlängerte. In anderen Ländern, wie etwa Belarus und der Ukraine, versandete die Wirtschaftstransformation bevor sie institutionelle Spuren hinterlassen konnte. Doch immerhin 19 Transformationswirtschaften hatten die Krise bereits 1996 überwunden; ihre Wirtschaft befand sich auf einem positiven Wachstumspfad (Fischer u.a. 1997). Die Produktion erholte sich dort besonders rasch, wo die Liberalisierung günstige Bedingungen für private Unternehmenstätigkeit hergestellt hatte, wie z.B. in Polen, Slowenien und Tschechien.

Aufschlussreich ist, wie sehr die *Reihenfolge* der Reformmaßnahmen den Transformationserfolg beeinflusste. Während ein Vorziehen der Preisliberalisierung und die Vertagung der Stabilisierungsmaßnahmen erhebliche Nachteile brachten (Beyer 2001), kam es v.a. dort zur raschen Erholung der Wirtschaft, wo das Stabilisierungspro-

---

169 Das sind Albanien, Armenien, Bosnien-Herzegowina, Mazedonien, Moldavien, Russland und die Ukraine.

gramm zusammen mit der Preisliberalisierung durchgeführt worden war. Als günstigste Kombination erwies sich die Reihenfolge ‚Stabilisierungsmaßnahmen vor Preisliberalisierung'.

Die Gründe, aus denen sich das *Timing* der einzelnen Maßnahmen als eine wichtige Determinante der wirtschaftlichen Erholung erwies, sind auch für den Ausweis von allgemeinen Erfolgsbedingungen der Reformsteuerung von Interesse.[170] Es zeigte sich nämlich, dass nicht die von Arbeitsplatz- und Einkommensverlusten betroffenen Arbeitnehmer als engagierte Gegner des Reformprogramms auftraten, sondern dass privilegierte *Insider*, zu denen auch die neuen Privateigentümer der ehemals staatlichen Unternehmen zählen, den Fortgang der Reformen zu blockieren versuchten. Anspruchsvolle Reformprojekte sind sowohl durch *vested interests* als auch durch die *rent seekers* unter den Reformgewinnern gefährdet, wenn private Eigentumsrechte schon vor der Sanierung *des* Staatshaushalts und vor Einführung der an internationalen Märkten geltenden Preisstruktur begründet wurden. Die Quintessenz dieser Beobachtung ist gleichzeitig ein Plädoyer für das Festhalten am anspruchsvollen Reformprogramm, denn „partielle Reformen bewirken Marktverzerrungen mit konzentrierten Gewinnen und breit verteilten Verlusten" (Hellman 1998: 205 [Übersetzung durch H.W.]).[171]

Nach dem Bertelsmann-Transformations-Index 2004[172] hatten die acht ex-sozialistischen EU-Länder den Übergang zur Marktwirtschaft im Jahre 2003 fast vollständig bewältigt; Bulgarien und Rumänien standen kurz vor dem Ziel; Russland und etliche andere hatten noch ein großes Stück Weg vor sich; Georgien und Moldawien befanden sich bestenfalls am Anfang.

5.4.3 Die Bedingungen der Möglichkeit

Weder das Risiko der ‚dualen Transition' noch die befürchtete Tendenz zur Pfadabhängigkeit der neuen Institutionen haben sich als gravierende Erfolgshindernisse entpuppt. Vielmehr stellten sich die Umstände, die in ein Dilemma der Gleichzeitigkeit hätten führen können, als politisch bearbeitbare Probleme heraus. So war die

---

170 Dazu Balcerowicz (1995), Rostowski (1998) und Beyer (2001).
171 Dieser Feststellung von Joel Hellman liegt eine vergleichende Analyse der Wirtschaftstransformation in 25 Ländern zugrunde.
172 URL: http://www.bertelsmann-transformation-index.de.

gleichzeitige Institutionalisierung von Demokratie und Marktwirtschaft nicht nur möglich (Geddes 1995), sondern – dank der den Reformern eröffneten Freiheitsgrade und Legitimationsoptionen – auch ausgesprochen vorteilhaft. Wie sich zeigte, besteht eine positive Korrelation zwischen Demokratisierung und Marktreformen auf der einen Seite und der Wachstumsrate des Bruttoinlandsprodukts auf der anderen (Åslund 2001).

Alles in allem zeigte sich, dass die Komplexitätslast des anspruchsvollen Projekts auf beiden Ebenen des politischen Gestaltens, der Ebene der *policies* und der Ebene der *politics*, mit einem per Saldo positiven Resultat bearbeitet wurde.[173] Die Akteure waren durchaus im Stande, die Risiken des Scheiterns zu antizipieren und durch die Wahl geeigneter *policies* zu meistern. So wechselten sie beispielsweise flexibel zwischen verschiedenen Optionen der Unternehmensprivatisierung, wenn Schwierigkeiten auftraten (Beyer/Wielgohs 2001), verstanden sich auf eine zeitliche Streckung des Beschäftigungsabbaus, förderten die Gründung von Klein- und mittelgroßen Unternehmen und schufen mittels Arbeitslosenversicherung, Frühpensionierung und aktiver Arbeitsmarktpolitik ein Sicherungsnetz für entlassene Arbeitnehmer (Wielgohs 2001). Mit innovativen *policies*, wie z.B. ,*vouchers*' und ,*citizens grants*' als Instrumenten der sog. Massenprivatisierung, wurden exakt jene Legitimationsklippen umschifft, die die Skeptiker als nahezu unüberwindlich erklärt hatten.

,Kluge' Policy-Entscheidungen lagen nicht nur der Auswahl, dem Timing und der Sequenzierung der Maßnahmen der Wirtschaftstransformation zugrunde (Beyer 2001), sondern betrafen auch die Gestaltung der Entscheidungs- und Partizipationsordnungen. So finden sich auf der *Politics*-Ebene kooperative Arrangements zwischen Regierung und (potentiellen) außerparlamentarischen Oppositionskräften, namentlich den Gewerkschaften, die auf den Aufbau einer breiten Unterstützerbasis zielten und halfen, aufkommende Konflikte im Bereich der Arbeits-, Einkommens- und Sozialpolitik zu entschärfen. Sie versahen das Reformprogramm mit einer Art vorbeugenden Flankenschutz.

Der Vollständigkeit halber ist zu erwähnen, dass die postsozialistischen Transformationen auch von einer Reihe besonders *günstiger* Umstände profitierten. So zeigten viele Bürger (noch) eine positive

---

173 Für eine ausführlichere Diskussion der Erfolgsfaktoren vgl. Wiesenthal (2000b).

Einstellung zu ‚starken' Regierungen bzw. einem ‚starken' Staat. Auch existierte eine ausgesprochen reformgünstige Struktur der Interessenrepräsentation mit konsensorientierten Reformeliten auf der einen Seite und schwachen Interessenverbänden auf der anderen. Förderlich war auch der Mythos eines quasi natürlichen Zusammenhangs von repräsentativer Demokratie und prosperierender Wirtschaft, der sich erst im Verlauf der Transformationskrise verflüchtigte. Diese und weitere Umstände konstituierten ein ‚Gelegenheitsfenster', das die Akteure rechtzeitig identifizierten und dann ebenso erfolgreich zu nutzen wussten wie die Protagonisten der frühen Sozialreformen.

So verweist der Fall der postsozialistischen Transformationen noch deutlicher als die übrigen Fälle auf das Ungenügen einer Steuerungstheorie, die im Bemühen um das Verstehen komplexer Systeme sich der Option beraubt, die Möglichkeiten eines reflexiven gesellschaftlichem Gestaltungshandelns in den Blick zu nehmen. Obwohl gelegentlich mit der Idee einer mehrwertigen Logik kokettierend bleibt doch das systemtheoretische Verständnis der modernen Gesellschaft an den binären Schematismus von ‚wahr oder falsch' i.S. von ‚real' und ‚irreal' gebunden. Es verfehlt geradezu systematisch jenen Raum des Möglichen, in dem die Akteure auf der Basis vagen Wissens und unter Verwendung metaphorischer Begriffe Tatsachen schaffen, die den begleitenden Absichten nicht notwendig zuwiderlaufen. Die Transformationsprozesse in Osteuropa haben noch deutlicher als andere Fälle „die Grenzen der Steuerungstheorie" ans Licht gebracht (von Beyme 1995).

5.5 Fazit

Die in diesem Kapitel berichteten Fälle anspruchsvoller Reformen führen die Einwände gegen einen emphatischen Steuerungsbegriff nicht *ad absurdum*. Doch widerlegen sie die defätistische These der Vergeblichkeit aller einschlägigen Anstrengungen. Sie zeigen, dass die absichtskonforme Einwirkung der Gesellschaft auf sich selbst im Prinzip möglich ist, jedoch nicht immer, nicht überall und gewiss nicht für alle denkbaren oder wünschbaren Ziele. Am Ende unserer Diskussion stoßen wir also auf einen Widerspruch: Es besteht in sozialtheoretischen, makrosoziologischen und politikwissenschaftlichen Denkzusammenhängen „(d)ie weitverbreitete Ansicht, dass staatliche Steuerung eine Illusion sei" (Prätorius 1999: 618), während „auf der empirischen Ebene die Erfolge von staatlicher Steuerung durchaus beachtlich erscheinen" (von Beyme 1991: 21).

Die Ursachen des logischen Widerspruchs liegen auf der Hand. Es ist die Komplexität der Gesellschaft wie auch der realen sozialen Prozesse, die die Kluft zwischen prägnanten Theorien und empirischen Optionen begründet. Auf der einen Seite helfen uns die auf wenige Variablen und typisierte Prämissen reduzierten Modelle, die komplexe Strukturiertheit unserer Welt annäherungsweise zu begreifen. Doch weil unsere Fähigkeiten zur Informationsaufnahme und -verarbeitung recht begrenzt sind, beziehen sich die theoretischen Aussagen auf grob vereinfachte, d.h. genau genommen *irreale* Sachverhalte, wie sie u.a. der Konstruktion des Unmöglichkeitstheorems (vgl. 4.1.4) zugrunde liegen.

Auf der anderen Seite operieren die Akteure, wie beispielsweise Politiker, Unternehmensleiter oder Stadtplaner, unter Bedingungen genuiner Unsicherheit in einem dynamischen und komplex bedingten Handlungsraum – mit mehr oder weniger gutem Gespür für die Variablen, von denen ihr Handlungserfolg abhängt. Sie vermeiden völlig intransparente Situationen, setzen angesichts diffuser Kausalitäten nicht alle Ressourcen auf eine Karte, sondern versuchen, die Bedingungen der Möglichkeit des Handlungserfolgs durch Abstimmung mit potentiell kooperierenden und kollidierenden ‚Partnern' zu verbessern.[174] Steuerbarkeit und Steuerungsfähigkeit sind also keine dichotomen Merkmale, die entweder gegeben oder abwesend sind, sondern manifestieren sich als graduelle Ausprägungen (Mayntz 1997: 209).

Ambitionierte Politiker sind sich der Kluft zwischen ihrem Wissen um viele ‚gute' *Policies* und dem anhaltenden Mangel an ‚passenden' Realisierungsvoraussetzungen durchaus bewusst. Eine Option des Umgangs mit der Differenz von Wunsch und Wirklichkeit ist es, nach ‚günstigen' Gelegenheiten Ausschau zu halten. Eine andere Option ist es, das Risiko des Handelns gegen das Risiko des Unterlassens abzuwägen. Denn wenn Akteure das Risiko des Scheiterns ihrer

---

174 Für ein entsprechendes Akteurkonzept, das den Begriff des Interesses nicht einem übereilten Rekurs auf Moral opfert, vgl. Weihrich (2002) und Weihrich/Dunkel (2003).

Bemühungen kalkulieren, wozu sie stets guten Grund haben, und sich zum Handlungsverzicht entschließen, gehen sie gleichwohl das alternative Risiko ein, dass ihr Handeln, selbst wenn die unmittelbare Absicht fehlschlüge, eine andere und (via weiterer Anschlussmöglichkeiten) womöglich ‚bessere' Welt ermöglicht haben könnte.[175]

Wenn sich also Politiker zum Handeln entschließen, bedeutet das nicht, dass sie sich aller Erfolgsbedingungen gewiss wären. Im besten Fall betrachten sie ihre Projekte als Experimente mit der sozialen Wirklichkeit.[176] Allerdings unterscheidet sich die Anlage ‚politischer' Experimente erheblich von den Versuchsbedingungen im naturwissenschaftlichen Labor. Von den dort angewendeten methodischen Regeln lässt sich so gut wie keine auf die Handlungswelt der Politik übertragen. Und insbesondere fehlt es hier an einer für den Erkenntniswert des Experiments entscheidenden Voraussetzung: den Theorien bzw. theoriegeleiteten Hypothesen, in deren Licht das Experimentergebnis interpretiert und zur Anwendung auf analoge Fälle generalisiert werden kann. Dem ‚politischen Experiment' mögen zwar viele Annahmen und Unterstellungen zugrunde liegen, doch lassen sie sich nicht in einer erkenntnisleitenden Theorie zusammenfassen.[177] Das ‚politische Experiment' ist deshalb kein Instrument zur Verbesserung des intersubjektiven Wirklichkeitsverständnisses, sondern ein Test auf Intuition und Phantasie des Akteurs.

Die einzig angemessene Reaktion auf die mangelhafte Planbarkeit politischer Interventions- bzw. Steuerungserfolge ist die Kenntnisnahme der faktischen Varietät ‚günstiger' Umstände. Diese erschließt sich insbesondere in empirischen Studien, die den Bedingungen gelungener Projekte bzw. prominenten Voraussetzungen gesellschaftlicher Reformfähigkeit gewidmet sind.[178] Unter dieser Perspektive ist der Versuch einer theoretischen, um Vollständigkeit und Konsistenz bemühten Dechiffrierung der empirischen Komplexität aufzugeben zugunsten des Blicks auf die Möglichkeiten des Akteurs,

---

175 Die Soziologie identifiziert deshalb ein (nicht dezisionistisch auflösbares) Risikoparadox. Vgl. hierzu Japp (2000: 39).

176 Zum Charakter von „policies as experiments" vgl. Ostrom (1999: 519).

177 Ebenso wenig konvergieren die diversen Beobachtungsbefunde zum Abbruch von vermeintlich stabilen – ‚pfadabhängigen' – Entwicklungen in einer Theorie des Pfadwechsels (Beyer 2005).

178 Einschlägige Beispiele finden sich u.a. in Scharpf/Schmidt (2000), Grande/Prätorius (2003) und Stykow/Beyer (2004a).

angesichts von Umweltunsicherheit und hoher Entscheidungskomplexität die Qualität seines „intuitiven Dezisionismus" (von Beyme
1995: 71) zu kontrollieren. Doch liefert auch dieser Blick nur wenig
Verallgemeinerbares.

5.5.1 Kontingente Rationalitätshindernisse

Es scheint sinnvoll, an dieser Stelle noch einmal auf das oben (vgl.
4.1.4) erwähnte Unmöglichkeitstheorem rationaler Politik zurückzu-
kommen und eine Bilanz der Erkenntnisse zu formulieren, die den
vier Fallberichten – in zugegebenermaßen erkenntnisoptimistischer
Perspektive – zu entnehmen sind. Dabei erweist sich wieder die Unterscheidung von drei Ebenen der soziologischen Analyse als fruchtbar. Im Einzelnen lassen sich folgende Differenzen zwischen den
Prämissen des Theorems und den empirischen Befunden ausmachen.

(1) Die auf der *Mikroebene* vermuteten Grenzen der individuellen
Informations- und Entscheidungsrationalität (Stichwort *bounded rationality*) stellen sich durchweg als weniger gravierend, d.h. als prinzipiell
überwindbar heraus. Wenngleich es erwartungsgemäß an Belegen für
‚vollständig' rationales Handeln mangelt, sind die Akteure doch im
Stande, eine Skala von teils mehr, teils weniger problemadäquaten
und potentiell zielführenden Alternativen zu identifizieren. Von einer
unüberwindlichen Komplexitätsfalle für anspruchsvolle Gestaltungs-
projekte kann deshalb nicht die Rede sein.

Die Initiatoren und Promotoren der erfolgreichen Reformprojekte widerstanden der Versuchung, eine auf erwünschte Endzustän-
de zielende Strategie zu formulieren. Statt dessen hielten sie den Innovationsgrad ihrer Projekte in Einklang mit den gegebenen Realisie-
rungsbedingungen, sei es durch eine bescheidene Dimensionierung
von Geltungsbereich und Finanzvolumen, sei es durch spezielle Vorkehrungen des Risikoschutzes zugunsten ‚empfindlicher' Gruppen.
Auch wenn der Zuschnitt konkreter Maßnahmen einer vorsichtigen
Kalkulation dessen folgte, „what the public would stomach rather
than what it demanded" (Heclo 1974: 292), zeichnen sich erfolgreiche Projekte durch einen hohen Grad von Anschlussfähigkeit aus.
Sie knüpften an eine aktuelle, zustimmungsfähige Problemdeutung
und ein ihr entsprechendes Bearbeitungskonzept an, zu dessen her-
vorstechenden Eigenschaften zählt, dass es den für die Zukunft erwarteten Problemdimensionen entsprach. Kontinuität und Entwick-

lungspotenzial der Innovation ergaben sich sowohl aus ihrer legalen Institutionalisierung als auch der (späteren) Einschätzung, dass die Gesellschaft ein (größeres) Problem hätte, würde sie der in der Vergangenheit vorgenommenen Innovation ermangeln. So wurden aus innovativen *Policies* Initialzündungen mit Sperrklinkeneffekt.

Die Gestaltungsidee bzw. das Ergebnis des vorangegangenen *frame shift* musste in der Regel einer heterogenen Befürworterkoalition als angemessen erscheinen. Das war am ehesten der Fall, wenn sie gleichermaßen dem Problemverständnis der Experten als auch den in gesellschaftlichen Diskursen artikulierten Erwartungen genügte, also ,responsiv' wirkte. Wo es sich nicht um das Projekt einer pluralen Koalition, sondern eines tendenziell unitarischen Akteurs, wie der britischen Zentralregierung, handelte, spielte die Responsivität der Idee keine große Rolle. Stattdessen musste sich der Akteur die zur Irreversibilität der Reformen notwendige Zustimmung im Reformprozess erwerben.[179]

Ein weiterer Aspekt des individuell rationalen Umgangs mit Rationalitätshindernissen zeigt sich in der Fähigkeit der Reformer, *windows of opportunity* zu entdecken und zu nutzen. In selteneren Fällen, wie der Reformsteuerung durch die Johnson-Administration, gelang es sogar, Gelegenheitsfenster zu schaffen.[180] Zu fruchtbaren punktuellen Kopplungen zwischen dem Reformkonzept und den aktuellen Themen anderer Politikbereiche (i.S. von Paketlösungen) kam es jedoch nur, wenn auf Vorratsentscheidungen über das Profil der angestrebten Reform zurückgegriffen werden konnte oder bereits hinreichend präzisierte und thematisierte ,Schubladenkonzepte' existierten. Die Vorbereitung auf *policy windows* im Überschneidungsbereich von konkurrierenden Themen und Präferenzen war regelmäßig eine individuell zuschreibbare Leistung der politischen Unternehmer (vgl. Zahariadis 1999), was die Rolle individueller Akteure als Verhandler, Bündniskonstrukteure, Öffentlichkeitsarbeiter und – ganz allgemein – maximal komplexe Prämissensysteme unterstreicht (vgl. Grande 2000).

---

179 Das gelang der konservativen Regierung unter Margaret Thatcher u.a. im Zuge einer erwerberfreundlichen Privatisierung des öffentlichen Wohnungswesens sowie durch die günstige Entwicklung der Wirtschaftsdaten.

180 Z.B. durch Einflussnahme auf die Zusammensetzung von Kandidatenlisten für bevorstehende Parlamentswahlen bzw. Reform der Geschäftsordnung von Parlamentsausschüssen.

(2) Was die auf der *Mesoebene* vermuteten Ressourcen-, Identitäts-
und Strategieprobleme kollektiver Akteure sowie das Rationalitätsde-
fizit kollektiver Entscheidungen angeht, fällt der Beobachtungsbe-
fund wenig überraschend aus. Die im Unmöglichkeitstheorem unterstellten Hindernisse waren in nahezu allen Fällen präsent, wenngleich
in unterschiedlichem Maße wirksam. Im Fall der historischen Sozial-
staatsinnovationen bedurfte es der zeitraubenden Errichtung mehr-
heitsfähiger Befürworterkoalitionen, um vielfältigen organisierten
Widerspruch zu überwinden. Doch gelang es in allen betrachteten
Fällen, eine handlungsfähige Befürworterkoalition ins Leben zu rufen, die in Bezug auf ihre Ziele ausreichend homogen und hinsichtlich ihrer Repräsentativität für eine zustimmungsbereite Parlaments-
mehrheit genügend heterogen war. Für die Integration und die Kontinuität der Koalition zeichneten regelmäßig engagierte Experten,
Beamte der Ministerialbürokratie oder Fachpolitiker verantwortlich.[181]
   Zwei der vier exemplarischen Fälle weichen von diesem Muster
ab. Die britischen Reformen profitierten von der teils systembeding-
ten, teils der Person zugeschriebenen Durchsetzungskraft der Premierministerin. Der zentralen Reformsteuerung vermochten weder
die institutionellen noch die gesellschaftlichen Vetoakteure zu widerstehen. Auch in den mitteleuropäischen Transformationsländern
stellte sich die Mesoebenen-Problematik nur in schwacher Form. Das
relativ geringe Gewicht der organisierten Partikularinteressen (i.S.
von *rent seekers*) wird der besonderen institutionellen Verfasstheit sozialistischer Gesellschaften und speziell ihrer ‚Unterorganisation' zum
Zeitpunkt des Untergangs zugeschrieben. Die Frühstarter unter den
Reformern fanden insofern ein weit geöffnetes Gelegenheitsfenster
vor.
   Probleme traten jedoch auf, wenn sich die Verteilungswirkung
einer angestrebten Reform als inkongruent mit der Struktur der organisierten Interessen und der Repräsentationsstruktur der Entscheidungsgremien herausstellte. Das war z.B. bei den frühen Sozialreformen in Dänemark und Schweden der Fall, wo Bauern- und Unternehmerverbände im Bündnis mit den ihnen nahestehenden Partei-
en erhebliche Modifikationen am Reformkonzept durchsetzen konn-

---

181 Eine Ausnahme bildet die advocacy coalition der frühen deutschen Sozialreformen, die
     sich nur aus Vertretern der Regierung und der Ministerialbürokratie zusammensetzte.

ten. In diesen Fällen beschränkte sich die „Logik der Angemessenheit" (March/Olsen 1989), der jedes Reformprojekt zu genügen hat, zunächst nur auf das Reformverständnis einer als Initiator wirkenden Organisation, Partei oder exklusiven Befürworterkoalition. Um die Zustimmung einer entscheidungsfähigen Mehrheit zu erlangen, bedurfte es der Anpassung an einen erweiterten Referenzrahmen. Damit ging regelmäßig die Ausdehnung des Kreises der Begünstigten zusammen.[182]

Die Mesoebenen-Problematik, die in allen Fällen als das gravierendste Rationalitätshindernis erscheint, ließ sich i.d.R. auf zwei Wegen bearbeiten. Entweder vermochten es die Reformer, das Eigeninteresse von im Wettbewerb stehenden Parteien zu wecken und die sachlich-problembezogenen durch parteipolitische Interessen zu ergänzen. So entstand (wie etwa in den USA der 1960er Jahre) ein tendenziell selbstverstärkender Motivmix, in dem das Reformprojekt zu einem Instrument des Wettbewerbs um Wähler wurde. Oder es war den Reformern möglich, ein Koppelgeschäft über die Grenzen des *Policy*-Subsystems hinweg zu organisieren. Die Sozialreformen in Dänemark, Deutschland und Schweden wurden letztendlich aufgrund expliziter *deals* mit den Interessenten an speziellen Finanz- oder Zollpolitiken verabschiedet. Beide Fälle machen deutlich, dass von der Strategiefähigkeit politischer Akteure nur dann gesprochen werden kann, wenn sie ihre Strategie der gesellschaftlichen Einflussnahme im Einklang mit ihren Selbstbehauptungsstrategien zu praktizieren verstehen. Diese Fähigkeit ist häufiger in thematisch spezialisierten Organisationen (z.B. NGOs) als in thematisch inklusiven Parteien oder Koalitionsregierungen anzutreffen.

(3) Auf der *Makroebene* erwies sich die Kompatibilität der Reformprojekte mit dem Kontext der bestehenden Institutionen und Koordinationsweisen – entgegen allen skeptischen Prognosen – als relativ unproblematisch. In keinem Fall bedurften die Akteure eines theoretisch informierten Konzepts der Systemrationalität. Mit Ausnahme der postsozialistischen Transformationen blieben ihre Projekte auf ein oder zwei Teilsysteme der Gesellschaft begrenzt, die über

---

182 Neben dem erwähnten frame shift sind konzentrierte Begünstigungseffekte (bei breit verteilten Nachteilen) als typische Merkmale erfolgreicher Reformpolitik zu betrachten. Ihre Abwesenheit bei den Sozialstaatsreformen der rot-grünen Bundesregierung im Jahre 2004 dürfte einen Teil der Akzeptanzschwierigkeiten dieses Vorhabens erklären.

je eigene Adaptionspotenziale verfügten. Die Transformationsprojekte stellen insofern eine Ausnahme dar, als die Akteure sich an dem Referenzmodell funktionierender Demokratien und den allgemeinen Funktionsvoraussetzungen einer Marktwirtschaft orientierten. Die den frühen Sozialreformen, den britischen Reformen und der *Great Society* zugrunde liegenden Problemdeutungen und Maßnahmenkonzepte bezogen sich überwiegend auf wenige Politikfelder, auch wenn der zu Beginn der Politikentwicklung stattgefundene *frame shift* mit einer Erweiterung des Problemhorizonts einherging.

Allerdings finden sich in den skizzierten Fallgeschichten unübersehbare Hinweise auf Diskurse, in denen es tatsächlich um die Frage nach einem zutreffenden Konzept der Gesamtsystemrationalität ging. Doch die von den Akteuren ausgefochtenen Weltbildkontroversen über die ‚richtige' Gesamtsystemrationalität waren weder für die Konzeptualisierung noch die Implementierung der Reformen bedeutsam. Gewiss entstammten die Orientierungen der Akteure unterschiedlichen Weltbildern. Und die Reformbefürworter vermochten regelmäßig, auf Widersprüche im Set der geltenden Werte und Normen hinzuweisen, die ihr Konzept zu heilen versprach. Dem wurde ebenso regelmäßig mit dem Argument widersprochen, dass erst durch das Reformkonzept Probleme der Vereinbarkeit im Institutionenset entstünden. Im Nachhinein ist jedoch beiden Seiten eine Überschätzung der ‚Systemfrage' zu bescheinigen. Diese hatte lediglich in den postsozialistischen Transformationen eine gewisse Relevanz, wo sie allerdings durch das Beispiel der westlichen Institutionensysteme bereits auf zweifelsfreie Weise beantwortet war.

In den übrigen Fällen besaßen die Kontroversen über ‚Systemfragen' weitaus weniger Referenzen in empirischen Sachverhalten bzw. materialen Problemen als in wertgestützten Weltbildern. Es zeigte sich, dass die Sachverhalte der Handlungswelt keineswegs denselben oder auch nur ebenso hohen Konsistenzanforderungen unterliegen wie die zum Zwecke der Sinnstiftung mittels deduktiver Logik konstruierten Weltbilder. Was in letzteren als widersprüchlich erscheint, mag in der Realität relativ unproblematisch zusammengehen. Folglich besteht auch kein Anlass, das Selbstwissen der Gesellschaft von ihren Basisinstitutionen für notwendig unzureichend zu halten. Es war hinreichend instruktiv, wenn klare empirische Referenzen bestanden. Im übrigen fungierten die *Essentials* der Demokratie, insbesondere Freiheitsgarantien, Bürgerrechte und differenzierte Repräsentationsmedien, als effektive Korrekturpotenziale. Damit ist auch die mit dem Unmöglichkeitstheorem assoziierte Annahme als obsolet anzusehen, wonach das Selbstwissen der Gesellschaft von ihren politischen und ökonomischen Basisinstitutionen stets unzureichend sei.

5.5.2 Intransparente Erfolgsbedingungen

Wie die vier skizzierten Beispiele für erfolgreiche Strukturreformen unter Bedingungen der Wettbewerbsdemokratie belegen, gehören anspruchsvolle Reformprojekte nicht durchweg in den Bereich der Phantasie. Die Diskrepanz zwischen dem Katalog skeptisch stimmender Theoriestücke einerseits und empirischen Beobachtungen andererseits verdient es deshalb, sorgfältig sondiert zu werden. Offensichtlich addieren sich die als einzelne stringent formulierten Theoreme über spezifische Rationalitätsgrenzen nicht zu einer Allaussage, der zufolge es den Akteuren unmöglich sei, auf Rationalitätsprobleme rational zu reagieren.

Wie die Diskussion der grundsätzlichen Steuerungszweifel (im Kapitel 2) gelehrt hat, ist es so gut wie unmöglich, eine Theorie zu konstruieren, welche der Komplexität der gesellschaftlichen Verhältnisse so weit gerecht würde, dass sich die raren Optionen einer intentionsadäquaten Steuerung spezifizieren ließen. Wenn eine derartige Theorie möglich wäre, würde sie eine solche Fülle von Variablen und Variablenzusammenhängen aufweisen, dass sie sich jedem Versuch des intuitiven Nachvollzugs entzöge. Derart komplexe Aussagensysteme werden in den Sozialwissenschaften weder nachgefragt noch angeboten.

Dass Steuerung nicht prinzipiell unmöglich ist, sondern unter Umständen gelingen mag, die sich *ex post* zumindest annäherungsweise spezifizieren lassen, darf aber nicht dahingehend interpretiert werden, dass das Wissen der Akteure den einschlägigen Theorien überlegen wäre. Die Wissenslücke existiert auf beiden Seiten. Sie zu schließen, dürfte kaum möglich sein. Aber es scheint möglich, sie durch Angabe von potentiellen ‚Erfolgsbedingungen ohne Erfolgsgewissheit' einzugrenzen. Hinreichend präzise Erfolgsgeschichten bieten immerhin wertvolle Informationen, aus denen sich eine Skala kumulativer Wahrscheinlichkeiten herstellen lässt. Es scheint durchaus möglich anzugeben, welche Faktoren unter welchen Bedingungen den angestrebten Erfolg mehr oder weniger wahrscheinlich machen. Damit ließe sich immerhin die Menge der zu erfüllenden, aber intransparenten Erfolgsbedingungen – bzw. der notwendigen Portion ‚Glück' – verringern. Aber auch in dieser Perspektive besteht ausreichend Grund, aller Planungs- und Strategieeuphorie zu entsagen. Statt dessen gilt es, bei der Betrachtung der sozialen Wirklichkeit das enge Gehäuse der zweiwertigen Logik von ‚wahr/unwahr'-Feststellungen zu verlassen und dem dritten Wert ‚möglich' die ihm gebührende Aufmerksamkeit zu schenken.[183]

Es gibt also nach wie vor guten Grund, den Rat von Carl Joachim Friedrich (1963: 381) zu befolgen, mit dem Begriff des ‚politisch Unmöglichen' sehr vorsichtig umzugehen. „Das Unwahrscheinliche ist eben nicht ‚unmöglich'" (Beyer/Stykow 2004b: 34). Die Neigung, das gesellschaftliche Selbstgestaltungspotenzial aus prinzipiellem Zweifel am Fortschrittsmythos oder schlecht informierter akademischer Redlichkeit zu unterschätzen, ist keine Tugend. Sie bewirkt eine Selbsteinschüchterung, die sich im Modus der *self-fulfilling prophecy* zu bestätigen vermag.

Dennoch wäre es leichtfertig, allen mutigen Ideen oder gar Großprojekten der Gesellschaftsreform Blankokredit zu gewähren. Nicht alles, was nötig erscheint, ist möglich; und nicht alles, was möglich ist, ist wünschenswert und verdient, realisiert zu werden. Inkongruenzen im Verhältnis von Reformbedarfsdiagnosen, problemadäquaten Reformprogrammen und mehrheitsfähigen Reformkoalitionen werden das politische Handlungsfeld auch weiterhin bestimmen. Doch sollten sie die Wahrnehmungen der Akteure nicht derart trüben, dass alle günstigen Gelegenheiten ungenutzt verstreichen.

Welche Schlüsse lassen sich aus der Erkenntnis der prinzipiellen gegebenen, aber gleichzeitig intransparent voraussetzungsvollen Möglichkeit anspruchsvoller Projekte der Gesellschaftssteuerung ziehen? Die Frage nach positiven Möglichkeitsbedingungen bzw. den Koordinaten etwaiger Möglichkeitsräume lässt sich nicht auf die gleiche Weise beantworten wie die Frage nach den Geltungsgrenzen des Unmöglichkeitstheorems. Wollte man versuchen, alle potentiell not-

---

183 Dieser Übergang zu einer modalen Logik wurde bereits in der Computerwissenschaft, der Computerlinguistik und Teilen der Wirtschaftswissenschaft vollzogen. Vgl. u.a. Blackburn et al. (2002). Für ein ausführlicheres Plädoyer zugunsten einer Soziologie der Möglichkeit vgl. Wiesenthal (2003a).

wendigen Bedingungen aufzulisten, so würde man denselben Fehler der rhetorischen Überdetermination eines Sachverhalts begehen wie der notorische Steuerungsdefätismus. Die Menge der zur Definition eines konkreten Gelegenheitsfensters zu sondierenden Variablen dürfte im Bereich drei- oder vierstelliger Zahlen liegen. Welche davon tatsächlich relevant sind, lässt sich selbst *ex post* nur tentativ ermitteln.

Empirische Möglichkeitsräume sind durch die Kontinuität systemischer Variablen und die Anschlussselektivität einzelner Prozesssequenzen konstituiert und gleichzeitig restringiert. Doch die Art und Weise ihrer Nutzung, etwa zur nachhaltigen Lancierung einer *policy*förderlichen Idee, ist dadurch keineswegs vorbestimmt. Möglichkeitsräume des strategischen Handelns sind stets auch ein Feld von Optionen der Selbstbehauptung politischer Akteure, die Machtchancen sowie Reputations- und Autonomiegewinne anstreben, wozu ihnen Projekte der Politikentwicklung bloß als Vehikel dienen mögen.

Angesichts der zusätzlich durch selbstbezügliche Intentionen gesteigerten Komplexität des realen Politikprozesses würden alle praktischen Ratschläge nur trivial wirken.[184] Denn die empirischen Anstrengungen der gesellschaftlichen Selbstgestaltung sind nicht nur den komplexitätsbedingten Risiken des Scheiterns ausgesetzt, sondern auch von den partikularistischen Motiven selbstinteressierter Akteure geprägt. Letztere mögen in einem Fall die Erfolgsaussichten des Vorhabens entscheidend verbessern, in anderen Fällen aber der Realisierung im Wege stehen. In jedem Fall behalten die Gestaltungsbemühungen der Akteure den Charakter eines Experiments – im Sinne von Elinor Ostrom (1999: 519) – mit zwangsläufig unsicherem Ausgang.

---

184 In einem anderen Zusammenhang ließ sich der Autor zur Formulierung einiger praktischer Konsequenzen verleiten. Vgl. Wiesenthal (2002).

Literaturverzeichnis

Abelshauser, Werner, 1994: Wirtschaftliche Wechsellagen, Wirtschaftsordnung und Staat: Die deutschen Erfahrungen. In: Grimm, Dieter (Hg.): Staatsaufgaben. Baden-Baden: Nomos, 147-197.

Adamaschek, Bernd; Pröhl, Marga (Hg.), 2003: Regionen erfolgreich steuern. Regional Governance – von der kommunalen zur regionalen Strategie. Gütersloh: Verlag Bertelsmann Stiftung.

Akerlof, George A., 1970: The Market for Lemons": Qualitative Uncertainty and the Market Mechanism. Quarterly Journal of Economics, 84 (3), 488-500.

Alchian, Armen A.; Demsetz, Harold, 1973: The Property Rights Paradigm. Journal of Economic History, 33, 16-27.

Aldrich, Howard; Mindlin, Sergio, 1978: Uncertainty and Dependence: Two Perspectives on Environment. In: Karpik, Lucien (Hg.): Organization and Environment: Theory, Issues and Reality. Beverly Hills: Sage, 149-170.

Anand, Paul, 1995: Foundations of Rational Choice Under Risk. Oxford: Clarendon.

Argyris, Chris, 1976: Single-Loop and Double-Loop Models in Research on Decision Making. Administrative Science Quarterly, 21, 363-375.

Argyris, Chris; Schön, Donald A., 1978: Organizational Learning. A Theory of Action Perspective. Reading, MA: Addison-Wesley.

Arlt, Hans-Jürgen; Nehls, Sabine (Hg.), 1999: Bündnis für Arbeit. Konstruktion, Kritik, Karriere. Opladen/Wiesbaden: Westdeutscher Verlag.

Armijo, Leslie Elliott; Biersteker, Thomas J.; Lowenthal, Abraham F., 1995: The Problems of Simultaneous Transitions. In: Diamond, Larry; Plattner, Marc F. (Hg.): Economic Reform and Democracy, Baltimore, 226-240.

Arrow, Kenneth J., 1963: Social Choice and Individual Values. New Haven: Yale University Press.

Arrow, Kenneth J., 1987: Rationality of Self and Others in an Economic System. In: Hogarth, Robin M.; Reder, Melvin W. (Hg.): Rational Choice. The Contrast Between Economics and Psychology. Chicago: University of Chicago Press, 201-215.

Ashford, Douglas E., 1986: The Emergence of the Welfare States. Oxford: Basil Blackwell.

Åslund, Anders, 2001: The Advantages of Radical Reform. Journal of Democracy, 12 (4), 42-48.

Axelrod, Robert, 1991: Die Evolution der Kooperation. München: Oldenbourg.

Bachrach, Peter; Baratz, Morton S., 1962: Two Faces of Power. American Political Science Review, 56, 947-952.

Bachrach, Peter; Baratz, Morton S., 1977: Macht und Armut. Eine theoretisch-empirische Untersuchung. Frankfurt a.M.: Suhrkamp.

Baecker, Dirk, 1988: Information und Risiko in der Marktwirtschaft. Frankfurt a.M.: Suhrkamp.

Baker, Wayne E.; Faulkner, Robert R.; Fisher, Gene A., 1998: Hazards of the Market: The Continuity and Dissolution of Interorganizational Market Relationships. American Sociological Review, 63, 147-177.

Balcerowicz, Leszek, 1995: Understanding Postcommunist Transitions. In: Diamond, Larry; Plattner, Marc F. (Hg.): Economic Reform and Democracy. Baltimore: Johns Hopkins University Press, 86-100.

Bandelow, Nils C., 1999: Lernende Politik. Advocacy-Koalitionen und politischer Wandel am Beispiel der Gentechnologiepolitik. Berlin: edition sigma.

Barnard, Chester I., 1946: The Functions of the Executive. Cambridge, MA: Harvard University Press.

Bates, Robert H., 1988: Contra Contractarianism: Some Reflections on the New Institutionalism. Politics & Society, 16, 387-401.

Bell, Cliff R. (Hg.), 1979: Uncertain Outcomes. Lancaster: MTP Press.

Ben-Porath, Yoram, 1980: The F-Connection: Families, Friends, and Firms and the Organization of Exchange. Population and Development Review, 6, 1-30.

Benz, Arthur (Hg.), 2004: Governance – Regieren in komplexen Regelsystemen. Eine Einführung. Wiesbaden: VS Verlag.

Benz, Wolfgang, 2000: Geschichte des Dritten Reiches. Bonn: Bundeszentrale für politische Bildung.

Berger, Peter L.; Luckmann, Thomas, 1970: Die gesellschaftliche Konstruktion der Wirklichkeit. Eine Theorie der Wissenssoziologie. Frankfurt/Main: Fischer.

Beyer, Jürgen, 2001: Jenseits von Gradualismus und Schocktherapie – Die Sequenzierung der Reformen als Erfolgsfaktor. In: Wiesenthal, Helmut (Hg.): Gelegenheit und Entscheidung. Policies und Politics erfolgreicher Transformationssteuerung. Wiesbaden: Westdeutscher Verlag, 169-190.

Beyer, Jürgen, 2005: Pfadabhängigkeit ist nicht gleich Pfadabhängigkeit! Wider den impliziten Konservatismus eines gängigen Konzepts. Zeitschrift für Soziologie, 34 (1), 5-21.

Beyer, Jürgen; Wielgohs, Jan, 2001: Postsozialistische Unternehmensprivatisierung und die Anwendungsgrenzen für Pfadabhängigkeitstheorien. In: Dittrich, Eckhard (Hg.): Wandel, Wende, Wiederkehr. Transformation as Epochal Change in Central and Eastern Europe. Würzburg: Ergon Verlag, 79-107.

Beyer, Jürgen; Wielgohs, Jan; Wiesenthal, Helmut (Hg.), 2001: Successful Transitions. Political Factors of Socio-Economic Progress in Postsocialist Countries. Baden-Baden: Nomos.

Beyth-Marom, Ruth; Dekel, Shlomith, 1985: An Elementary Approach to Thinking Under Uncertainty. Hillsdale, NJ.: Erlbaum.

Blackburn, Patrick; de Rijke, Maarten; Venema, Yde, 2002: Modal Logic. Cambridge: Cambridge University Press.

Blumstein, Philip; Kollock, Peter, 1988: Personal Relationships. Annual Review of Sociology, 14, 467-490.

Bonatti, Luigi, 1984: Uncertainty. Studies in Philosophy, Economics and Socio-Political Theory. Amsterdam: Grüner.

Bornet, Vaughn Davis, 1990: Reappraising the Presidency of Lyndon B. Johnson. Presidential Studies Quarterly, 20 (3), 591-602.

Bovens, Mark, 1998: The Quest for Responsibility. Accountability and Citizenship in Complex Organisations. Cambridge: Cambridge University Press.

Bowen, Barbara C., 1972: The Age of Bluff. Paradox and Ambiguity in Rabelais and Montaigne. Urbana: University of Illinois Press.

Boyer, Robert, 2005: How and Why Capitalisms Differ. MPIfG Discussion Paper 05/4. Köln: Max-Planck-Institut für Gesellschaftsforschung.

Bozeman, Barry, 1987: All Organizations Are Public. Bridging Public and Private Organizational Theories. San Francisco: Jossey-Bass.

Bradach, Jeffrey L.; Eccles, Robert G., 1989: Price, Authority, and Trust: From Ideal Types to Plural Forms. Annual Review of Sociology, 15, 97-118.

Brand, Karl-Werner; Büsser, Detlef; Rucht, Dieter, 1986: Aufbruch in eine andere Gesellschaft. Neue soziale Bewegungen in der Bundesrepublik. Frankfurt/New York: Campus.

Braun, Dietmar, 2001: Diskurse zur staatlichen Steuerung. Übersicht und Bilanz. In: Burth, Hans-Peter; Görlitz, Axel (Hg.): Politische Steuerung in Theorie und Praxis. Baden-Baden: Nomos, 101-131.

Brie, Michael, 1996: Staatssozialistische Länder Europas im Vergleich: Alternative Herrschaftsstrategien und divergente Typen. In: Wiesenthal, Helmut (Hg.): Einheit als Privileg. Vergleichende Perspektiven auf die Transformation Ostdeutschlands. Frankfurt/New York: Campus, 39-104.

Brown-Collier, Elba K., 1998: Johnson's Great Society: Its Legacy in the 1980s. Review of Social Economy, 56 (3), 259-276.

Burt, Ronald S., 1987: Social Contagion and Innovation: Cohesion versus Structural Equivalence. American Journal of Sociology, 92, 1287-1335.

Burth, Hans-Peter, 1999: Steuerung unter der Bedingung struktureller Kopplung. Ein Theoriemodell soziopolitischer Steuerung. Opladen/Wiesbaden. Westdeutscher Verlag.

Burth, Hans-Peter; Görlitz, Axel (Hg.), 2001: Politische Steuerung in Theorie und Praxis. Baden-Baden: Nomos.

Buß, Eugen; Schöps, Martina, 1979: Die gesellschaftliche Entdifferenzierung. Zeitschrift für Soziologie, 8 (4), 315-329.

Carmines, Edward G.; Stimson, James A., 1993: On the Evolution of Political Issues. In: Riker, William H. (Hg.): Agenda Formation. Ann Arbor, MI: University of Michigan Press, 151-168.

Child, John, 1972: Organizational Structure, Environment and Performance: The Role of Strategic Choice. Sociology, 6, 1-22.

Christensen, I.P., 1979: Distributional and Non-distributional Uncertainty. In: Bell, Cliff R. (Hg.): Uncertain Outcomes. Lancaster: MTP Press, 49-59.

Cioffi-Revilla, Claudio, 1998: Politics and Uncertainty. Theory, Models and Applications. Cambridge: Cambridge University Press.

Coase, Ronald H., 1937: The Nature of the Firm. Economica IV, 386-405.

Cohen, John, 1964: Behaviour in Uncertainty and Its Social Implications. London: Allen & Unwin.

Cohen, Joshua; Rogers, Joel, 1994: Solidarity, Democracy, Association. In: Streeck, Wolfgang (Hg.): Staat und Verbände. PVS-Sonderheft 25. Opladen: Westdeutscher Verlag, 136-159.

Cohen, Michael D.; March, James G.; Olsen, Johan P., 1972: A Garbage Can Model of Organizational Choice. Administrative Science Quarterly, 17, 1-25.

Colletis, Gabriel; Pecqueur, Bernard, 1994: Die französische Diskussion über die Industriedistrikte – Über die Bildung von „Territorien" im Postfordismus. In: Krumbein, Wolfgang (Hg.): Ökonomische und politische Netzwerke in der Region. Münster: LIT-Verlag, 4-22.

Comisso, Ellen, 1997: Legacies of the Past or New Institutions. In: Crawford, Beverly; Lijphart, Arend (Hg.): Liberalization and Leninist Legacies. Berkeley, CA: University of California Press, 184-227.

Crenson, Matthew A., 1971: The Un-Politics of Air Pollution. A Study of Non-Decision Making in the Cities. Baltimore: Johns Hopkins University Press.

Crozier, Michel J.; Huntington, Samuel P.; Watanuki, Joji, 1975: The Crisis of Democracy. Report on the Governability of Democracies to the Trilateral Commission. New York: New York University Press.

Cyert, Richard M.; March, James G., 1963: A Behavioral Theory of the Firm. Englewood Cliffs, NJ: Prentice-Hall.

Czada, Roland, 1999: Reformloser Wandel. Stabilität und Anpassung im politischen Akteursystem der Bundesrepublik. In: Ellwein, Thomas; Holtmann, Everhard (Hg.): 50 Jahre Bundesrepublik Deutschland. PVS Sonderheft 30. Opladen/Wiesbaden: Westdeutscher Verlag, 397-412.

Czada, Roland, 2000: Konkordanz, Korporatismus und Politikverflechtung: Dimensionen der Verhandlungsdemokratie. In: Holtmann, Everhard; Voelzkow, Helmut (Hg.): Zwischen Wettbewerbs- und Verhandlungsdemokratie. Analysen zum Regierungssystem der Bundesrepublik Deutschland. Wiesbaden: Westdeutscher Verlag, 23-39.

Czada, Roland; Lütz, Susanne; Mette, Stefan, 2003: Regulative Politik. Zähmungen von Markt und Technik. Opladen: Leske + Budrich.

Dawes, Robyn M., 1988: Rational Choice in An Uncertain World. Fort Worth: Harcourt Brace College Publishers.

Deeg, Jürgen; Weibler, Jürgen, 2005: Politische Steuerungsfähigkeit von Parteien. In: Schmid, Josef; Zolleis, Udo (Hg.): Zwischen Anarchie und Strategie. Der Erfolg von Parteiorganisationen. Wiesbaden: VS Verlag, 22-42.

Dietz, Hella, 2004: Unbeabsichtigte Folgen – Hauptbegriff der Soziologie oder verzichtbares Konzept? Zeitschrift für Soziologie, 33 (1), 48-61.

DiMaggio, Paul, J.; Powell, Walter W., 1991: The Iron Cage Revisited: Institutional Isomorphism and Collective Rationality in Organization Fields. In: Powell, Walter W.; DiMaggio, Paul J. (Hg.): The New Institutionalism in Organizational Analysis. Chicago: The University of Chicago Press, 63-82.

Divine, Robert A. (Hg.), 1987: The Johnson Years. Vol. 1: Foreign Policy, the Great Society, and the White House. Lawrence, KS: University Press of Kansas.

Dodgson, Mark, 1993: Organizational Learning: A Review of Some Literatures. Organization Studies, 14 (3), 375-394.

Döhler, Marian; Manow, Philip, 1995: Staatliche Reformpolitik und die Rolle der Verbände im Gesundheitssektor. In: Mayntz, Renate; Scharpf, Fritz W. (Hg.): Gesellschaftliche Selbstregelung und politische Steuerung. Frankfurt/New York: Campus, 140-168.

Döhler, Marian; Manow, Philip, 1997: Strukturbildung von Politikfeldern. Das Beispiel bundesdeutscher Gesundheitspolitik seit den fünfziger Jahren. Opladen: Leske + Budrich.

Dörner, Dietrich, 1991: Die Logik des Mißlingens. Strategisches Denken in komplexen Situationen. Reinbek bei Hamburg: Rowohlt.

Duncan, Robert B., 1972: Characteristics of Organizational Environments and Perceived Environmental Uncertainty. Administrative Science Quarterly, 17, 313-327.

Dunn, John, 1999: Situating Democratic Political Accountability. In: Przeworski, Adam; Stokes, Susan C.; Manin, Bernard (Hg.): Democracy, Accountability, and Representation. Cambridge: Cambridge University Press, 327-345.

Elster, Jon, 1979: Ulysses and the Sirens. Studies in Rationality and Irrationality. Cambridge: Cambridge University Press.

Elster, Jon (Hg.), 1986: The Multiple Self. Cambridge: Cambridge University Press.

Elster, Jon, 1987a: Subversion der Rationalität. Frankfurt/New York: Campus.

Elster, Jon, 1987b: The Possibility of Rational Politics. Archives Européennes de Sociologie, 28 (1), 67-103.

Elster, Jon, 1990: The Necessity and Impossibility of Simultaneous Economic and Political Reform. In: Ploszajski, Piotr (Hg.): Philosophy of Social Choice. Warsaw: IFiS Publishers, 309-316.

Elster, Jon, 1993: Local Justice. How Institutions Allocate Scarce Goods and Necessary Burdens. New York: Russell Sage Foundation.

Elster, Jon; Offe, Claus; Preuss, Ulrich K., 1998: Institutional Design in Post-Communist Societies. Rebuilding the Ship at Sea. Cambridge: Cambridge University Press.

Empson, William, 1973: Seven Types of Ambiguity. London: Chatto and Windus.

Ertman, Thomas, 1997: The Birth of the Leviathan. Building States and Regimes in Medieval and Early Modern Europe. Cambridge: Cambridge University Press.

Esping-Andersen, Gøsta, 1990: The Three Worlds of Welfare Capitalism. London: Polity Press.

Esser, Hartmut, 1989: Verfällt die „soziologische Methode"? Soziale Welt, 40, 57-75.

Esser, Hartmut, 1993: Soziologie. Allgemeine Grundlagen. Frankfurt/New York: Campus.

Ferguson, Niall (Hg.), 1999: Virtual History. Alternatives and Counterfactuals. New York: Basic Books.

Festinger, Leon, 1962: A Theory of Cognitive Dissonance. Stanford, CA: Stanford University Press.

Fischer, Stanley; Sahay, Ratna; Végh, Carlos A., 1997: From Transition to Market: Evidence and Growth Prospects. In: Zecchini, Salvatore (Hg.): Lessons from the Economic Transition. Dordrecht: Kluwer Academic Publishers, 79-101.

Fligstein, Neil, 2002: The Architecture of Markets. An Economic Sociology of Twenty-First-Century Capitalist Societies. Princeton, NJ: Princeton University Press.

Frances, Jennifer; Levacic, Rosalind; Mitchell, Jeremy; Thompson, Grahame, 1991: Introduction. In: Thompson, Grahame; Frances, Jennifer; Levacic, Rosalind; Mitchell, Jeremy (Hg.): Markets, Hierarchies and Networks. The Coordination of Social Life. London: Sage, 1-19.

Freeman, C., 1987: Innovation. In: Eatwell, John; Milgate, Murray; Newman, Peter (Hg.): The New Palgrave. A Dictionary of Economics. Vol. 1-4. London: Macmillan Press, Vol. 2, 858-860.

Friedrich, Carl Joachim, 1963: Man and His Government. An Empirical Theory of Politics. New York: McGraw-Hill.

Fürst, Dietrich, 1987: Die Neubelebung der Staatsdiskussion: Veränderte Anforderungen an Regierung und Verwaltung in westlichen Industriegesellschaften. In: Ellwein, Thomas; Hesse, Joachim Jens; Mayntz, Renate; Scharpf, Fritz W. (Hg.): Jahrbuch zur Staats- und Verwaltungswissenschaft. Band 1. Baden-Baden: Nomos, 261-284.

Furstenberg, George M. von, 1995: Overstaffing as an Endgame and Prelude to the Employment Collapse in Eastern Germany? Communist Economies and Economic Transformation, 7 (3), 299-318.

Galbraith, John K., 1977: The Age of Uncertainty. London: BBC.

Galtung, Johan, 1975: Strukturelle Gewalt. Beiträge zur Friedens- und Konfliktforschung. Hamburg: Rowohlt.

Galtung, Johan, 1979: The Theory of Conflict and the Concept of Probability. In: Bell, Cliff R. (Hg.): Uncertain Outcomes. Lancaster: MTP Press, 185-197.

Gebhardt, Thomas, 1998: Arbeit gegen Armut. Die Reform der Sozialhilfe in den USA. Opladen/Wiesbaden: Westdeutscher Verlag.

Geddes, Barbara, 1995: A Comparative Perspective on The Leninist Legacy in Eastern Europe. Comparative Political Studies, 28, 239-274.

Geddes, Barbara, 1997: A Comparative Perspective on the Leninist Legacy in Eastern Europe. In: Crawford, Beverly; Lijphart, Arend (Hg.): Liberalization and Leninist Legacies. Berkeley, CA: University of California Press, 142-183.

Gehlen, Arnold, 1964: Urmensch und Spätkultur. Philosophische Ergebnisse und Aussagen. Frankfurt/M.: Athenäum.

Geser, Hans, 1986: Elemente zu einer soziologischen Theorie des Unterlassens. Kölner Zeitschrift für Soziologie und Sozialpsychologie, 38 (4), 643-669.

Goffman, Erving, 1969: Strategic Interaction. Philadelphia: University of Pennsylvania Press.

Göhler, Gerhard, 1987: Institutionenlehre und Institutionentheorie in der deutschen Politikwissenschaft nach 1945. In: ders. (Hg.): Grundfragen der Theorie politischer Institutionen. Opladen: Westdeutscher Verlag, 15-47.

Görlitz, Axel; Burth, Hans-Peter, 1998: Politische Steuerung. Ein Studienbuch. Opladen: Leske & Budrich.

Gosewinkel, Dieter; Rucht, Dieter; van den Daele, Wolfgang; Kocka, Jürgen (Hg.): Zivilgesellschaft – national und transnational. WZB Jahrbuch 2003. Berlin: edition sigma.

Gotsch, Wilfried, 1987: Soziologische Steuerungstheorie. In: Glagow, Manfred; Willke, Helmut (Hg.): Dezentrale Gesellschaftssteuerung. Probleme der Integration polyzentrischer Gesellschaft. Pfaffenweiler: Centaurus, 27-44.

Grabher, Gernot, 1993: The Weakness of Strong Ties: The Lock-in of Regional Development in the Ruhr Area. In: Grabher, Gernot (Hg.), The Embedded Firm. On the Socioeconomics of Industrial Networks. London: Routledge, 255-277.

Graham, Hugh Davis, 1992: The Civil Rights Era. Race and Gender in American Politics 1960-1972. New York: Oxford University Press.

Graham, Jill W., 1986: Principled Organizational Dissent: A Theoretical Essay. Research in Organizational Behavior, 8, 1-52.

Grande, Edgar, 2000: Charisma und Komplexität: Verhandlungsdemokratie, Mediendemokratie und der Funktionswandel politischer Eliten. In: Werle, Raymund; Schimank, Uwe (Hg.): Gesellschaftliche Komplexität und kollektive Handlungsfähigkeit. Frankfurt/New York: Campus, 297-319.

Grande, Edgar; Prätorius, Rainer (Hg.), 2003: Politische Steuerung und neue Staatlichkeit. Staatslehre und politische Verwaltung. Baden-Baden: Nomos.

Granovetter, Mark, 1985: Economic Action and Social Structure: The Problem of Embeddedness. American Journal of Sociology, 91 (3), 481-510.

Grimm, Dieter, 1994: Der Wandel der Staatsaufgaben und die Zukunft der Verfassung. In: Grimm, Dieter (Hg.): Staatsaufgaben. Baden-Baden: Nomos, 613-646.

Grofman, Bernard (Hg.), 2000: Legacies of the 1964 Civil Rights Act. Charlottesville, VA: University Press of Virginia.

Groom, A.J.R., 1991: No Compromise: Problem-solving in A Theoretical Perpective. International Social Science Journal, 43 (1), 77-86.

Gross Stein, Janice (Hg.), 1989: Getting to the Table. The Processes of International Prenegotiation. Baltimore: Johns Hopkins University Press.

Gross Stein, Janice, 1992: International Co-operation and Loss Avoidance: Framing the Problem. International Journal, 47 (2), 202-234.

Grundmann, Reiner, 2000: Technische Problemlösung, Verhandeln und umfassende Problemlösung. In: Werle, Raymund; Schimank, Uwe (Hg.), Gesellschaftliche Komplexität und kollektive Handlungsfähigkeit. Frankfurt/New York: Campus, 154-182.

Guggenberger, Bernd, 1980: Bürgerinitiativen in der Parteiendemokratie. Von der Ökologiebewegung zur Umweltpartei. Stuttgart: Kohlhammer.

Haas, Peter M., 1990: Obtaining International Environmental Protection through Epistemic Consensus. Millenium, 19 (3), 347-364.

Haas, Peter M., 1992: Introduction: Epistemic Communities and International Policy Coordination. International Organization, 46 (1), 1-35.

Habermas, Jürgen, 1971: Theorie der Gesellschaft oder Sozialtechnologie – Eine Auseinandersetzung mit Niklas Luhmann. In: Habermas, Jürgen; Luhmann, Niklas (Hg.): Theorie der Gesellschaft oder Sozialtechnologie – Was leistet die Systemforschung? Frankfurt a.M.: Suhrkamp, 142-290.

Habermas, Jürgen; Luhmann, Niklas, 1971: Theorie der Gesellschaft oder Sozialtechnologie – Was leistet die Systemforschung? Frankfurt a.M.: Suhrkamp.

Hall, Peter A.; Soskice, David, 2001: Varieties of Capitalism. Institutional Foundations of Comparative Advantage. Cambridge: Cambridge University Press.

Hannan, Michael T.; Freeman, John, 1989: Organizational Ecology. Cambridge, MA: Harvard University Press.

Hartwich, Hans-Hermann (Hg.), 1989: Macht und Ohnmacht politischer Institutionen. 17. Wissenschaftlicher Kongreß der DVPW 12.-16. September 1988. Opladen: Westdeutscher Verlag.

Hasse, Raimund; Krücken, Georg, 2005: Neo-Institutionalismus. Mit einem Vorwort von John Meyer. Bielefeld: transcript Verlag.

Hayek, Friedrich A. von, 1969a: Der Wettbewerb als Entdeckungsverfahren. In: ders.: Freiburger Studien. Gesammelte Aufsätze. Tübingen: Mohr, 249-265.

Hayek, Friedrich A. von, 1969b: Die Ergebnisse menschlichen Handelns, aber nicht menschlichen Entwurfs. In: ders.: Freiburger Studien. Gesammelte Aufsätze. Tübingen: Mohr, 97-107.

Heclo, Hugh, 1974: Modern Social Politics in Britain and Sweden. From Relief to Income Maintenance. New Haven: Yale University Press.

Heinemann, Klaus, 1976: Elemente einer Soziologie des Marktes. Kölner Zeitschrift für Soziologie und Sozialpsychologie, 28 (1), 48-69.

Heiner, Ronald A., 1983: The Origin of Predictable Behavior. American Economic Review, 73, 560-595.

Heinze, Rolf G.; Schmid, Josef, 1994: Mesokorporatistische Strategien im Vergleich: Industrieller Strukturwandel und die Kontingenz politischer Steuerung in drei Bundesländern. In: Streeck, Wolfgang (Hg.): Staat und Verbände. PVS-Sonderheft 25. Opladen: Westdeutscher Verlag, 65-99.

Hellman, Joel S., 1998: Winners Take All: The Politics of Partial Reform in Postcommunist Transitions. World Politics, 50: 203-234.

Hellmer, Friedhelm; Friese, Christian; Kollros, Heike; Krumbein, Wolfgang, 1999: Mythos Netzwerke. Regionale Innovationsprozesse zwischen Kontinuität und Wandel. Berlin: edition sigma.

Hennis, Wilhelm; Graf Kielmansegg, Peter; Matz, Ulrich (Hg.), 1977: Regierbarkeit. Studien zu ihrer Problematisierung. Stuttgart: Klett-Cotta.

Heraud, Brian, 1981: Training for Uncertainty. A Sociological Approach to Social Work Education. London: Routledge.

Hey, John D.; Lambert, Peter L. (Hg.), 1987: Surveys in the Economics of Uncertainty. Oxford: Blackwell.

Hirshleifer, J.; Riley, John G., 1979: The Analytics of Uncertainty and Information. An Expository Survey. Journal of Economic Literature XVII, 1375-1421.

Hoffmann-Riem, Wolfgang, 2001: Modernisierung von Recht und Justiz – Eine Herausforderung des Gewährleistungsstaates. Frankfurt a.M.: Suhrkamp.

Hollingsworth, J. Rogers; Boyer, Robert, 1997: Coordination of Economic Actors and Social Systems of Production. In: Hollingsworth, J. Rogers; Boyer, Robert (Hg.): Contemporary Capitalism. The Embeddedness of Institutions. Cambridge: Cambridge University Press, 1-47.

Hörning, Karl-H., 1989: Von ordentlichen Soziologen und unordentlicher Realität. Soziale Welt, 40, 76-85.

Howell, Chris, 2003: Varieties of Capitalism. And Then There Was One? Comparative Politics, 36 (1), 103-124.

Hurrelmann, Achim, 2001: Politikfelder und Profilierung (Kap. 10). In: Raschke, Joachim: Die Zukunft der Grünen – „So kann man nicht regieren". Frankfurt/New York: Campus, 143-265.

Inglehart, Ronald, 1989: Kultureller Umbruch. Wertwandel in der westlichen Welt. Frankfurt/New York: Campus.

Jäger, Wieland, 2002: Selbstorganisation als Begriff und Idee, Theorie und Programm. In: Jonas, Michael; Nover, Sabine; Schumm-Garling, Ursula (Hg.): Brennpunkt Arbeit. Initiativen für eine Zukunft der Arbeit. Münster: Westfälisches Dampfboot, 107-121.

Janis, Irving L., 1972: Victims of Groupthink. A Psychological Study of Foreign Policy Decisions and Fiascoes. Boston: Mifflin.

Jansen, Dorothea, 1997: Mediationsverfahren in der Umweltpolitik. Politische Vierteljahresschrift, 38 (2), 274-297.

Jansen, Dorothea, 2000: Gesellschaftliche Selbstorganisation durch Technikdiskurse? In: Werle, Raymund; Schimank, Uwe (Hg.): Gesellschaftliche Komplexität und kollektive Handlungsfähigkeit. Frankfurt/New York: Campus, 183-207.

Jansen, Dorothea; Schubert, Klaus (Hg.), 1995: Netzwerke und Politikproduktion. Konzepte, Methoden, Perspektiven. Marburg: Schüren.

Japp, Klaus Peter, 2000: Risiko. Bielefeld: transcript Verlag.

Jarren, Otfried, 1988: Politik und Medien im Wandel: Autonomie, Interdependenz oder Symbiose? Anmerkungen zur Theoriedebatte in der politischen Kommunikation. Publizistik, 33 (4), 619-632.

Jervis, Robert, 1988: Realism, Game Theory, and Cooperation. World Politics, 40, 317-349.

Jesse, Eckhard, 1999: Streitbare Demokratie und politischer Extremismus von 1949 bis 1999. In: Ellwein, Thomas; Holtmann, Everhard (Hg.): 50 Jahre Bundesrepublik Deutschland. PVS Sonderheft 30. Opladen/Wiesbaden: Westdeutscher Verlag, 583-597.

Jochimsen, Reimut, 1995: Technologiepolitik für die 90er Jahre: Konzeption und Umsetzung am Beispiel Nordrhein-Westfalens. In: Bentele, Karlheinz; Reissert, Bernd; Schettkat, Ronald (Hg.): Die Reformfähigkeit von Industriegesellschaften. Frankfurt/New York: Campus, 199-221.

Jos, Philip H., 1988: Moral Autonomy and the Modern Organization. Polity, 21, 321-343.

Jos, Philip H.; Tompkins, Mark E.; Hays, Steven W., 1989: In Praise of Difficult People: A Portrait of the Committed Whistleblower. Public Administration Review, 49 (6), 552-561.

Kahneman, Daniel; Tversky, Amos, 1979: Prospect Theory: An Analysis of Decision under Risk. Econometrica, 47, 263-291.

Kahneman, Daniel; Slovic, Paul; Tversky, Amon, 1982: Judgement Under Uncertainty: Heuristics and Biases. Cambridge: Cambridge University Press.

Kanal, Laveen N.; John F. Lemmer (Hg.), 1986: Uncertainty in Artificial Intelligence. Amsterdam: North-Holland.

Kasemir, Bernd; Schibli, Daniela; Stoll, Susanne; Jaeger, Carlo C., 2000: Involving the Public in Climate and Energy Decisions. Environment, 42 (3), 32-42.

Kastendiek, Hans; Kastendiek, Hella, 1985: Konservative Wende und industrielle Beziehungen in Großbritannien und in der Bundesrepublik. Politische Vierteljahresschrift, 26 (4), 381-399.

Kavanagh, Dennis; Seldon, Anthony (Hg.), 1989: The Thatcher Effect. Oxford: Oxford University Press.

Keane, John, 1988: Democracy and Civil Society. London: Verso.

Kearns, Doris, 1976: Lyndon Johnson's Political Personality. Political Science Quarterly, 91 (3), 385-409.

King, Edmund J. (Hg.), 1979: Education for Uncertainty. Beverly Hills: Sage.

Kirchgässner, Gebhard, 1997: Auf der Suche nach dem Gespenst des Ökonomismus. Analyse & Kritik, 19 (2), 127-152.

Kirsch, Guy, 1997: Neue Politische Ökonomie. Düsseldorf: Werner Verlag.

Kitschelt, Herbert, 1985: Materiale Politisierung der Produktion. Gesellschaftliche Herausforderung und institutionelle Innovationen in fortgeschrittenen kapitalistischen Demokratien. Zeitschrift für Soziologie, 14 (3), 188-208.

Kitschelt, Herbert, 1994: Technologiepolitik als Lernprozeß. In: Grimm, Dieter (Hg.): Staatsaufgaben. Baden-Baden: Nomos, 391-425.

Klein, Stefan, 2004: Alles Zufall. Die Kraft, die unser Leben bestimmt. Reinbek: Rowohlt.

Knight, Frank H., 1921: Risk, Uncertainty and Profit. Reprint. Chicago: University of Chicago Press.

Knoke, David, 1990: Political Networks. The Structural Perspective. Cambridge: Cambridge University Press.

Köhler, Peter A.; Zacher, Hans F. (Hg.), 1981: Ein Jahrhundert Sozialversicherung in der Bundesrepublik, Deutschland, Frankreich, Großbritannien, Österreich und der Schweiz. Berlin: Duncker & Humblot.

Kopp-Malek, Tanja, 2004: Über das Lernen in und von Organisationen. In: Florian, Michael; Hillebrandt, Frank (Hg.): Adaption und Lernen von und in Organisationen. Beiträge aus der Sozionik. Wiesbaden: VS Verlag, 23-40.

Krausz, Ernest, 2004: The Elements of Rationality and Chance in the Choice of Human Action. Journal for the Theory of Social Behaviour, 34 (4), 353-374.

Krelle, Wilhelm, 1957: Unsicherheit und Risiko in der Preisbildung. Zeitschrift für die gesamte Staatswissenschaft 113, 632-677.

Kuhnle, Stein, 1978: The Beginnings of the Nordic Welfare States: Similarities and Differences. Acta Sociologica, Supplement, 9-35.

Küppers, Günter, 1996: Selbstorganisation: Selektion durch Schließung. In: Küppers, Günter (Hg.): Chaos und Ordnung. Formen der Selbstorganisation in Natur und Gesellschaft. Stuttgart: Philipp Reclam, 122-148.

Kydland, Finn E.; Prescott, Edward C., 1977: Rules Rather than Discretion: The Inconsistency of Optimal Plans. Journal of Political Economy, 85 (3), 473-491.

Ladeur, Karl-Heinz, 1987: Jenseits von Regulierung und Ökonomisierung der Umwelt. Zeitschrift für Umweltpolitik und Umweltrecht, 10 (1), 1-22.

Laffont, Jean-Jacques, 1980: Essays in the Economics of Uncertainty. Cambridge, MA: Harvard University Press.

Lahusen, Christian, 2003: Kooperative Politik und die Entstaatlichung politischer Steuerung. In: Allmendinger, Jutta (Hg.): Entstaatlichung und soziale Sicherheit. Verhandlungen des 31. Kongresses der Deutschen Gesellschaft für Soziologie, Teil 2. Opladen: Leske + Budrich, 993-1009.

Lange, Stefan, 2002: Die politische Utopie der Gesellschaftssteuerung. In: Hellmann, Kai-Uwe; Schmalz-Bruns, Rainer (Hg.): Theorie der Politik. Niklas Luhmanns politische Soziologie. Frankfurt a.M.: Suhrkamp, 171-193.

Lange, Stefan; Braun, Dietmar (Hg.), 2000: Politische Steuerung zwischen System und Akteur. Opladen: Leske + Budrich.

La Porte, Todd R., 1975a: Complexity: and Uncertainty: Challenge to Action. In: La Porte, Todd R. (Hg.): Organized Social Complexity. Challenge to Politics and Policy. Princeton, NJ: Princeton University Press, 332-356.

La Porte, Todd R., 1975b: Organized Social Complexity: Explication of a Concept. In: La Porte, Todd R. (Hg.): Organized Social Complexity. Challenge to Politics and Policy. Princeton, NJ: Princeton University Press, 3-39.

Lau, Christoph, 1975: Theorien gesellschaftlicher Planung. Eine Einführung. Stuttgart: Kohlhammer.

Lawrence, Paul R.; Lorsch, Jay W., 1967: Organization and Environment. Cambridge, MA: Harvard University Press.

Lerner, Allen, 1980: Orientation to Ambiguity. In: Fiddle, Seymour (Hg.): Uncertainty. Behavioral and Social Dimensions. New York: Prager, 43-58.

Levy, Jack S., 1992: An Introduction to Prospect Theory. Political Psychology, 13 (2), 171-186.

Lindblom, Charles E., 1959: The Science of Muddling Through. Public Administration Review, 19, 79-88.

Lindblom, Charles L., 1979: Still Muddling, not yet Through. Public Administration Review, 39, 517-526.

Lipsey, Richard G.; Lancaster, Kelvin, 1956/57: The General Theory of Second Best. Review of Economic Studies, 24, 11-32.

Luhmann, Niklas, 1964: Funktionen und Folgen formaler Organisation. Berlin: Duncker und Humblot.

Luhmann, Niklas, 1971a: Zweck - Herrschaft - System. Grundbegriffe und Prämissen Max Webers. In: Mayntz, Renate (Hg.): Bürokratische Organisation. Köln: Kiepenheuer & Witsch, 36-55.

Luhmann, Niklas, 1971b: Politische Planung. Aufsätze zur Soziologie von Politik und Verwaltung. Opladen: Westdeutscher Verlag.

Luhmann, Niklas, 1972: Einfache Sozialsysteme. Zeitschrift für Soziologie, 1, 51-65.

Luhmann, Niklas, 1973a: Vertrauen. Ein Mechanismus der Reduktion sozialer Komplexität. Stuttgart.

Luhmann, Niklas, 1973b: Zweckbegriff und Systemrationalität. Über die Funktion von Zwecken in sozialen Systemen. Frankfurt a.M.: Suhrkamp.

Luhmann, Niklas, 1975a: Macht. Stuttgart: Enke.

Luhmann, Niklas, 1975b: Legitimation durch Verfahren. Darmstadt: Luchterhand.

Luhmann, Niklas, 1981: Politische Theorie im Wohlfahrtsstaat. Wien: Olzog.

Luhmann, Niklas, 1984: Soziale Systeme. Grundriß einer allgemeinen Theorie. Frankfurt a.M.: Suhrkamp.

Luhmann, Niklas, 1986: Ökologische Kommunikation. Kann die moderne Gesellschaft sich auf ökologische Gefährdungen einstellen? Opladen: Westdeutscher Verlag.

Luhmann, Niklas, 1988a: Die Wirtschaft der Gesellschaft. Frankfurt a.M.: Suhrkamp.

Luhmann, Niklas, 1988b: Organisation. In: Küpper, Willi; Ortmann, Günther (Hg.): Mikropolitik. Opladen: Westdeutscher Verlag, 165-185.

Luhmann, Niklas, 1989: Politische Steuerung: Ein Diskussionsbeitrag. Politische Vierteljahresschrift, 30 (1), 4-9.

Luhmann, Niklas, 1997: Die Gesellschaft der Gesellschaft. Erster und Zweiter Teilband. Frankfurt a.M.: Suhrkamp.

Luhmann, Niklas, 2000a: Die Politik der Gesellschaft. Frankfurt a.M.: Suhrkamp.

Luhmann, Niklas, 2000b: Organisation und Entscheidung. Wiesbaden: Westdeutscher Verlag.

Lui, Tai-lok, 1998: Trust and Chinese Business Behaviour. Competition & Change, 3, 335-357.

Lukes, Steven, 1974: Power. A Radical View. London: Macmillan.

Luthardt, Wolfgang, 1994: Direkte Demokratie. Ein Vergleich in Westeuropa. Baden-Baden: Nomos.

Machnig, Matthias (Hg.), 2002a: Politik – Medien – Wähler. Wahlkampf im Medienzeitalter. Opladen: Leske + Budrich.

Machnig, Matthias, 2002b: Politische Kommunikation in der Mediengesellschaft. In: Machnig, Matthias (Hg.): Politik – Medien – Wähler. Wahlkampf im Medienzeitalter. Opladen: Leske + Budrich, 145-163.

Machura, Stefan, 1993: Niklas Luhmanns „Legitimation durch Verfahren" im Spiegel der Kritik. Zeitschrift für Rechtssoziologie, 14 (1), 97-114.

Maier, Hans (Hg.), 2003: Totalitarismus und Politische Religionen. Konzepte des Diktaturvergleichs. Band III: Deutungsgeschichte und Theorie. Paderborn: Verlag Ferdinand Schöningh.

Majone, Giandomenico, 1994: Controlling Regulatory Bureaucracies. Lessons from the American Experience. In: Derlien, Hans-Ulrich; Gerhardt, Uta; Scharpf, Fritz W. (Hg.): Systemrationalität und Partialinteresse. Baden-Baden: Nomos, 291-314.

March, James G., 1978: Bounded Rationality, Ambiguity, and the Engineering of Choice. Bell Journal of Economics, 9, 587-608.

March, James G., 1988: Decisions and Organizations. Oxford: Basil Blackwell.

March, James G.; Olsen, Johan P., 1975: The Uncertainty of the Past: Organizational Learning under Ambiguity. European Journal of Political Research 3, 147-171.

March, James G.; Olsen, Johan P., 1989: Rediscovering Institutions. The Organizational Basis of Politics. New York: Free Press.

March, James G.; Olsen, Johan P., 1995: Democratic Governance. New York: Free Press.

March, James G.; Simon, Herbert A., 1976: Organisation und Individuum. Wiesbaden: Gabler.

Marin, Bernd; Mayntz, Renate (Hg.), 1991: Policy Networks. Empirical Evidence and Theoretical Considerations. Frankfurt/New York: Campus.

Marmor, Theodore R. 1973: The Politics of Medicare. New York: Aldine De Gruyter.

Marsh, David, 1990: Public Opinion, Trade Unions and Mrs Thatcher. British Journal of Industrial Relations, 28 (1), 57-65.

Marsh, David, 1991: Privatization under Mrs. Thatcher: A Review of the Literature. Public Administration, 69 (4), 459-480.

Marsh, David, 1995: Explaining Change in British Politics: Explaining „Thatcherite" Policies: Beyond Uni-dimensional Explanation. Political Studies, 43 (4), 595-613.

Mayntz, Renate (Hg.), 1980: Implementation politischer Programme. Empirische Forschungsberichte. Königstein/Ts.: Athenäum.

Mayntz, Renate, 1987: Politische Steuerung und gesellschaftliche Steuerungsprobleme. Anmerkungen zu einem theoretischen Paradigma. In: Ellwein, Thomas; Hesse, Joachim Jens; Mayntz, Renate; Scharpf, Fritz W. (Hg.): Jahrbuch zur Staats- und Verwaltungswissenschaft, Band 1. Baden-Baden: Nomos, 89-110.

Mayntz, Renate, 1993: Policy-Netzwerke und die Logik von Verhandlungssystemen. In: Héritier, Adrienne (Hg.): Policy-Analyse: Kritik und Neuorientierung. PVS Sonderheft 24. Opladen: Westdeutscher Verlag, 39-56.

Mayntz, Renate, 1997: Politische Steuerbarkeit und Reformblockaden (1990). In: Mayntz, Renate (Hg.): Soziale Dynamik und politische Steuerung. Theoretische und methodologische Überlegungen. Frankfurt/New York: Campus, 209-238.

Mayntz, Renate, 2004: Governance im modernen Staat. In: Benz, Arthur (Hg.): Governance – Regieren in komplexen Regelsystemen. Eine Einführung. Wiesbaden: VS Verlag, 65-76.

Mayntz, Renate; Scharpf, Fritz W., 1995a: Der Ansatz des akteurorientierten Institutionalismus. In: Mayntz, Renate; Scharpf, Fritz W. (Hg.), Gesellschaftliche Selbstregelung und politische Steuerung. Frankfurt/New York: Campus, 39-72.

Mayntz, Renate; Scharpf, Fritz W., 1995b: Steuerung und Selbstorganisation in staatsnahen Sektoren. In: Mayntz, Renate; Scharpf, Fritz W. (Hg.): Gesellschaftliche Selbstregelung und politische Steuerung. Frankfurt/ New York: Campus, 9-38.

Mayntz, Renate; Scharpf, Fritz W., 2005: Politische Steuerung – Heute? Zeitschrift für Soziologie, 34 (3), 236-243.

Mayntz, Renate; Schneider, Volker, 1995: Die Entwicklung technischer Infrastruktursysteme zwischen Steuerung und Selbstorganisation. In: Mayntz, Renate; Scharpf, Fritz W.

(Hg.): Gesellschaftliche Selbstregelung und politische Steuerung. Frankfurt/New York: Campus, 73-100.

McCalla, Robert B., 1992: Uncertain Perceptions. U.S. Cold War Crisis Decision Making. Ann Arbor, MI: University of Michigan Press.

Merkel, Wolfgang, 2000: Systemwechsel 5. Zivilgesellschaft und Transformation. Opladen: Leske + Budrich.

Michels, Robert, 1989: Zur Soziologie des Parteiwesens in der modernen Demokratie. Untersuchungen über die oligarchischen Tendenzen des Gruppenlebens. Stuttgart: Kröner (4. Aufl.).

Milner, Helen, 1992: International Theories of Cooperation among Nations: Strengths and Weaknesses. World Politics 44, 466-496.

Milner, Murray jr., 1978: Alternative Forms of Coordination. Combining Theoretical and Policy Analysis. International Journal of Comparative Sociology, 19, 24-46.

Mingers, John, 2004: Can Social Systems be Autopoietic? Bhaskar's and Gidden's Social Theories. Journal for the Theory of Social Behaviour, 34 (4), 403-427.

Montagna, Paul, 1980: Uncertainty as a Scientific Concept and Its Application to the Study of Occupations and Organizations. In: Fiddle, Seymour (Hg.): Uncertainty. Behavioral and Social Dimensions. New York: Prager, 9-42.

Morgan, M. Granger; Henrion, Max, 1992: Uncertainty. A Guide to Dealing with Uncertainty in Qantitative Risk and Policy Analysis. Cambridge: Cambridge University Press.

Mueller, Dennis C., 1989: Public Choice II. A Revised Edition of Public Choice. Cambridge: Cambridge University Press.

Narr, Wolf-Dieter; Runze, Dieter H., 1974: Zur Kritik der politischen Soziologie. In: Maciejewski, Franz (Hg.): Theorie der Gesellschaft oder Sozialtechnologie. Theorie-Diskussion Supplement 2. Frankfurt a.M.: Suhrkamp, 7-91.

Near, Janet P.; Baucus, Melissa S.; Miceli, Marcia P., 1993: The Relationship between Values and Practice: Organizational Climates for Wrongdoing. Administration and Society, 25 (2), 204-226.

Neidhardt, Friedhelm, 1988: Selbststeuerung in der Forschungsförderung. Das Gutachterwesen der DFG. Opladen: Westdeutscher Verlag.

Neidhardt, Friedhelm, 1994: Die Rolle des Publikums: Anmerkungen zur Soziologie politischer Öffentlichkeit. In: Derlien, Hans-Ulrich; Gerhardt, Uta; Scharpf, Fritz W. (Hg.): Systemrationalität und Partialinteresse. Baden-Baden: Nomos, 315-328.

Niskanen, William A., 1971: Bureaucracy and Representative Government. Chicago: Aldine Publishing Company.

Norris, Pippa, 1995: May's Law of Curvilinear Disparity Revisited: Leaders, Officers, Members and Voters in British Political Parties. Party Politics, 1 (1), 29-47.

North, Douglass C., 1992: Institutionen, institutioneller Wandel und Wirtschaftsleistung. Tübingen: Mohr.

Offe, Claus, 1979: „Unregierbarkeit". Zur Renaissance konservativer Krisentheorien. In: Habermas, Jürgen (Hg.): Stichworte zur „Geistigen Situation der Zeit", 1. Bd.. Frankfurt a.M.: Suhrkamp, 294-318.

Offe, Claus, 1981: The Attribution of Public Status to Interest Groups: Observations on the West German Case. In: Berger, Suzanne (Hg.): Organizing Interests in Western Europe. Cambridge: Cambridge University Press, 123-158.

Offe, Claus, 1986: Die Utopie der Null-Option. Modernität und Modernisierung als politische Gütekriterien. In: Berger, Johannes (Hg.): Die Moderne. Kontinuitäten und Zäsuren. Göttingen: Schwartz, 97-117.

Offe, Claus, 1991: Das Dilemma der Gleichzeitigkeit. Merkur 45: 279-292.

Offe, Claus, 1994: Die Aufgabe von staatlichen Aufgaben. „Thatcherismus" und die populistische Kritik der Staatstätigkeit. In: Grimm, Dieter (Hg.): Staatsaufgaben. Baden-Baden: Nomos, 317-352.

Offe, Claus, 1995: Designing Institutions for East European Transitions. In: Hausner, Jerzy; Jessop, Bob; Nielsen, Klaus (Hg.): Strategic Choice and Path-Dependency in Post-Socialism. Brookfield: Edward Elgar, 47-65.

Offe, Claus, 2000: Civil Society and Social Order: Demarcating and Combining Market, State and Community. Archives Européennes de Sociologie, 41, 71-94.

Offe, Claus; Wiesenthal, Helmut, 1980: Two Logics of Collective Action: Theoretical Notes on Social Class and Organizational Form. Political Power and Social Theory, 1, 67-115.

Olson, Mancur jr., 1968: Die Logik des kollektiven Handelns. Kollektivgüter und die Theorie der Gruppen. Tübingen: Mohr.

Olsson, Sven E., 1990: Social Policy and Welfare State in Sweden. Lund: Arkiv förlag.

Ortman, Günther; Sydow, Jörg, 1999: Grenzmanagement in Unternehmensnetzwerken: Theoretische Zugänge. Die Betriebswirtschaft (DBW), 205-220.

Ostrom, Elinor, 1999: Coping with Tragedies of the Commons. Annual Review of Political Science, 2, 493-535.

Ouchi, William G., 1980: Markets, Bureaucracies, and Clans. Administrative Science Quarterly, 25, 129-141.

Pankoke, Eckart; Nokielski, Hans; Beine, Theodor, 1975: Neue Formen gesellschaftlicher Selbststeuerung in der Bundesrepublik Deutschland. Göttingen: Otto Schwartz.

Parfit, Derek, 1985: Reasons and Persons. Oxford: Oxford University Press.

Pennings, Johannes M., 1981: Strategically Interdependent Organizations. In: Nystrom, Paul C.; Starbuck, William H. (Hg.): Handbook of Organizational Design, vol. 1. Oxford: Oxford University Press, 433-455.

Perrow, Charles, 1986: Complex Organizations. A Critical Essay. 3rd edition. New York: Random House.

Perrow, Charles, 1989: Eine Gesellschaft von Organisationen. Journal für Sozialforschung, 29 (1), 3-20.

Peters, Tom, 1989: Thriving on Chaos. Handbook for a Management Revolution. London: Pan Books.

Petersen, Jørn Henrik, 1990: The Danish 1891 Act on Old Age Relief: A Response to Agrarian Demand and Pressure. Journal of Social Policy, 19 (1), 69-91.

Pizzorno, Alessandro, 1986: Some Other Kinds of Otherness: A Critique of „Rational Choice" Theories. In: Foxley, Alejandro; McPherson, Michael S.; O'Donnel, Guillermo (Hg.): Development, Democracy, and the Art of Trespassing. Notre Dame, Ind.: University of Notre Dame Press, 355-373.

Popper, Karl R., 1974: Das Elend des Historizismus. Tübingen: Mohr.

Porter, Michael E., 1990: The Competitive Advantage of Nations. New York: The Free Press.

Powell, Walter W., 1990: Neither Market Nor Hierarchy: Network Forms of Organization. In: Staw, Barry M./Cummings, L. L. (Hg.): Research in Organizational Behavior. Greenwich, CT: JAI Press, 295-336.

Powell, Walter W., 1996: Weder Markt noch Hierarchie: Netzwerkartige Organisationsformen. In: Kenis, Patrick; Schneider, Volker (Hg.): Organisation und Netzwerk: Institutionelle Steuerung in Wirtschaft und Politik. Frankfurt/ New York: Campus, 213-271.

Prätorius, Rainer, 1999: Der Staat und die Strukturkrise – Staatsüberforderung und Steuerungsschwächen. In: Ellwein, Thomas; Holtmann, Everhard (Hg.): 50 Jahre Bundesrepublik Deutschland. PVS Sonderheft 30. Opladen/Wiesbaden: Westdeutscher Verlag, 617-631.

Pressman, Jeffrey L.; Wildavsky, Aaron, 1973: Implementation. How Great Expectations in Washington Are Dashed in Oakland. Berkeley, CA: University of California Press.

Preuß, Ulrich K., 1969: Zum staatsrechtlichen Begriff des Öffentlichen. Stuttgart: Klett.

Projekt „Politische Rationalitätsprobleme", 2003: Reformen: machbar. Politikwissenschaftliche Analysen gelungener holistischer Reformen. Mimeo, Institut für Sozialwissenschaften. Humboldt-Universität zu Berlin (URL: http://www.hwiesenthal.de/downloads/reformen_machbar.pdf).

Przeworski, Adam, 1991: Democracy and the Market. Political and Economic Reform in Eastern Europe and Latin America. Cambridge: Cambridge University Press.

Przeworski, Adam; Alvarez, Michael E.; Cheibub, José Antonio; Limongi, Fernando, 2000: Democracy and Development. Political Institutions and Well-Being in the World, 1950-1990. Cambridge: Cambridge University Press.

Putnam, Robert D., 1993: Making Democracy Work. Civic Traditions in Modern Italy. Princeton, NJ: Princeton University Press.

Reidegeld, Eckart, 1996: Staatliche Sozialpolitik in Deutschland. Opladen: Westdeutscher Verlag.

Reitan, Earl A., 1997: Tory Radicalism. Lanham: Rowman & Littlefield.

Richter, Rudolf; Furubotn, Eirik G., 1999: Neue Institutionenökonomik. Eine Einführung und kritische Würdigung. Tübingen: Mohr.

Riddell, Peter, 1989: The Thatcher Decade: How Britain Changed during the 1980s. Oxford: Basil Blackwell.

Riddlesperger, James W.; Jackson, Donald W. (Hg.), 1995: Presidential Leadership and Civil Rights Policy. Westport, CT: Greenwood Press.

Riker, William H. (Hg.), 1993: Agenda Formation. Ann Arbor, MI: University of Michigan Press.

Rimmon, Shlomith, 1977: The Concept of Ambiguity – the Example of James. Chicago: University of Chicago Press.

Ritter, Gerhard A., 1983: Sozialversicherung in Deutschland und England. München: Beck.

Rodrik, Dani; Zeckhauser, Richard, 1988: The Dilemma of Government Responsiveness. Journal of Policy Analysis and Management, 7 (4), 601-620.

Ronge, Volker, 1980: Am Staat vorbei. Politik der Selbstregulierung von Kapital und Arbeit. Frankfurt/New York: Campus.

Ronge, Volker; Schmieg, Günther, 1973: Restriktionen politischer Planung. Frankfurt/M.: Athenäum.

Rose, Richard, 1991: What is Lesson-Drawing? Journal of Public Policy, 11 (1), 3-30.

Rosewitz, Bernd; Webber, Douglas, 1990: Reformversuche und Reformblockaden im deutschen Gesundheitswesen. Frankfurt/New York: Campus.

Rostowski, Jacek, 1998: Macroeconomic Instability in Post-Communist Countries. Oxford: Oxford University Press.

Roth, Roland; Rucht, Dieter (Hg.), 1987: Neue soziale Bewegungen in der Bundesrepublik Deutschland. Frankfurt/New York: Campus.

Rucht, Dieter, 1993: Parteien, Verbände und Bewegungen als Systeme politischer Interessenvermittlung. In: Niedermayer, Oskar; Stöss, Richard (Hg.): Stand und Perspektiven der Parteienforschung in Deutschland. Opladen: Westdeutscher Verlag, 251-275.

Rucht, Dieter, 1998: Komplexe Phänomene – komplexe Erklärungen. Die politischen Gelegenheitsstrukturen der neuen sozialen Bewegungen in der Bundesrepublik. In: Hellmann, Kai-Uwe; Koopmans, Ruud (Hg.): Paradigmen der Bewegungsforschung. Opladen/Wiesbaden: Westdeutscher Verlag, 109-130.

Rueschemeyer, Dietrich, 1998: The Self-Organization of Society and Democratic Rule: Specifying the Relationship. In: Rueschemeyer, Dietrich; Rueschemeyer, Marilyn; Wittrock, Björn (Hg.): Participation and Democracy. East and West. Comparisons and Interpretations. Armonk, NY: M.E. Sharpe, 9-25.

Saage, Richard, 1999: Innenansichten Utopias. Wirkungen, Entwürfe und Chancen des utopischen Denkens. Berlin: Duncker & Humblot.

Sabatier, Paul A., 1987: Knowledge, Policy-Oriented Learning, and Policy Change. An Advocacy Coalition Framework. Knowledge: Creation, Diffusion, Utilization, 8, 649-692.

Sabatier, Paul A., 1993: Advocacy-Koalitionen, Policy-Wandel und Policy-Lernen: Eine Alternative zur Phasenheuristik. In: Héritier, Adrienne (Hg.): Policy-Analyse: Kritik und Neuorientierung. PVS Sonderheft 24. Opladen: Westdeutscher Verlag, 116-148.

Sabatier, Paul A. (Hg.), 1999: Theories of the Policy Process. Boulder, CO: Westview Press.

Sabatier, Paul A.; Jenkins-Smith, Hank C., 1999: The Advocacy Coalition Framework: An Assessment. In: Sabatier, Paul A. (Hg.): Theories of the Policy Process. Boulder, CO: Westview Press, 117-166.

Sainsbury, Diane, 1991: Analysing Welfare State Variations: The Merits and Limitations of Models Based on the Residual-Institutional Distinction. Scandinavian Political Studies, 14 (1), 1-30.

Santarossa Dulgheru, Luoana, 2001: Macroeconomic Stabilization Performance and Its Relation to Structural Change, Institutional and Policy Design. In: Beyer, Jürgen; Wielgohs, Jan; Wiesenthal, Helmut (Hg.): Successful Transitions. Political Factors of Socio-Economic Progress in Postsocialist Countries. Baden-Baden: Nomos, 64-94.

Sarcinelli, Ulrich, 1998: Parteien und Politikvermittlung: Von der Parteien- zur Mediendemokratie? In: Sarcinelli, Ulrich (Hg.): Politikvermittlung und Demokratie in der Mediengesellschaft. Beiträge zur politischen Kommunikationskultur. Opladen/Wiesbaden: Westdeutscher Verlag, 273-296.

Schamp, Eike W., 2001: Vernetzte Produktion. Industriegeographien aus institutioneller Perspektive. Darmstadt: Wissenschaftliche Buchgesellschaft.

Scharpf, Fritz W., 1972: Komplexität als Schranke der politischen Planung. Politische Vierteljahresschrift, 13, Sonderheft 4, 168-192.

Scharpf, Fritz W., 1987a: Sozialdemokratische Krisenpolitik in Europa. Frankfurt/ New York: Campus.

Scharpf, Fritz W., 1987b: Grenzen der institutionellen Reform. In: Ellwein, Thomas; Hesse, Joachim Jens; Mayntz, Renate; Scharpf, Fritz W. (Hg.): Jahrbuch zur Staats- und Verwaltungswissenschaft. Band 1. Baden-Baden: Nomos, 111-151.

Scharpf, Fritz W., 1988: Verhandlungssysteme, Verteilungskonflikte und Pathologien der politischen Steuerung. In: Schmidt, Manfred G. (Hg.): Staatstätigkeit. Opladen: Westdeutscher Verlag, 61-87.

Scharpf, Fritz W., 1989: Politische Steuerung und Politische Institutionen. Politische Vierteljahresschrift, 30 (1), 10-21.

Scharpf, Fritz W., 1992: Koordination durch Verhandlungssysteme: Analytische Konzepte und institutionelle Lösungen. In: Benz, Arthur; Scharpf, Fritz W.; Zintl, Reinhard (Hg.): Horizontale Politikverflechtung. Zur Theorie von Verhandlungssystemen. Frankfurt/New York: Campus, 51-96.

Scharpf, Fritz W., 1994: Politiknetzwerke als Steuerungssubjekte. In: Derlien, Hans-Ulrich; Gerhard, Uta; Scharpf, Fritz W. (Hg.): Systemrationalität und Partialinteressen. Baden-Baden: Nomos, 381-407.

Scharpf, Fritz W., 1999: Regieren in Europa. Effektiv und demokratisch? Frankfurt/New York: Campus.

Scharpf, Fritz W., 2000: Interaktionsformen. Akteurzentrierter Institutionalismus in der Politikforschung. Stuttgart: Leske + Budrich.

Scharpf, Fritz W.; Schmidt, Vivien A. (Hg.), 2000: Welfare and Work in the Open Economy. 2 volumes. Oxford: Oxford University Press.

Schelling, Thomas C., 1978: Egonomics, or the Art of Self-Management. American Economic Review, Papers and Proceedings of the Nineteenth Annual Meeting of the AEA, 68 (2), 290-294.

Schelling, Thomas C., 1984: Self-Command in Practice, in Policy, and in a Theory of Rational Choice. American Economic Review 74. AEA Papers and Proceedings (2), 1-11.

Schimank, Uwe, 1987: Evolution, Selbstreferenz und Steuerung komplexer Systeme. In: Glagow, Manfred; Willke, Helmut (Hg.): Dezentrale Gesellschaftssteuerung. Probleme der Integration polyzentrischer Gesellschaft. Pfaffenweiler: Centaurus, 45-64.

Schimank, Uwe, 1988: Gesellschaftliche Teilsysteme als Akteurfiktionen. Kölner Zeitschrift für Soziologie und Sozialpsychologie, 40, 619-639.

Schimank, Uwe, 1994: Autonomie und Steuerung wissenschaftlicher Forschung. Ein gesellschaftlich funktionaler Antagonismus. In: Derlien, Hans-Ulrich; Gerhardt, Uta; Scharpf, Fritz W. (Hg.): Systemrationalität und Partialinteresse. Baden-Baden: Nomos, 409-432.

Schimank, Uwe, 1995: Politische Steuerung und Selbstregulation des Systems organisierter Forschung. In: Mayntz, Renate; Scharpf, Fritz W. (Hg.): Gesellschaftliche Selbstregelung und politische Steuerung. Frankfurt/New York: Campus, 101-139.

Schimank, Uwe, 2000: Handeln und Strukturen. Einführung in die akteurtheoretische Soziologie. Weinheim: Juventa.

Schimank, Uwe; Lange, Stefan, 2001: Gesellschaftsbilder als Leitbilder politischer Steuerung. In: Burth, Hans-Peter; Görlitz, Axel (Hg.): Politische Steuerung in Theorie und Praxis. Baden-Baden: Nomos, 221-245.

Schlicht, Ekkehard, 1984: Cognitive Dissonance in Economics. In: Todt, Horst (Hg.): Normengeleitetes Verhalten in den Sozialwissenschaften. Berlin: Duncker & Humblot, 61-81.

Schmid, Josef, 2002: Wohlfahrtsstaaten im Vergleich. Soziale Sicherung in Europa: Organisation, Finanzierung, Leistungen und Probleme. Opladen: Leske + Budrich.

Schmid, Josef; Zolleis, Udo (Hg.), 2005: Zwischen Anarchie und Strategie. Der Erfolg von Parteiorganisationen. Wiesbaden: VS Verlag.

Schmidt, Manfred G., 1999: Die Herausforderungen demokratischer Politik: Zum Leistungsprofil von Demokratien in vergleichender Perspektive. In: Greven, Michael Th.; Schmalz-Bruns, Rainer (Hg.): Politische Theorie – heute. Ansätze und Perspektiven. Baden-Baden: Nomos, 275-292.

Schmidt, Volker H., 1992: Lokale Gerechtigkeit – Perspektiven soziologischer Gerechtigkeitsanalyse. Zeitschrift für Soziologie, 21 (1), 3-15.

Schmitter, Philippe C., 1994: Interests, Associations and Intermediation in a Reformed Post-Liberal Democracy. In: Streeck, Wolfgang (Hg.): Staat und Verbände. PVS-Sonderheft 25. Opladen: Westdeutscher Verlag, 160-171.

Schneider, Volker, 1989: Technikentwicklung zwischen Politik und Markt: Der Fall Bildschirmtext. Frankfurt/New York: Campus.

Schuppert, Gunnar Folke (Hg.), 2005: Der Gewährleistungsstaat. Ein Leitbild auf dem Prüfstand. Baden-Baden: Nomos.

Scott, W. Richard, 1986: Grundlagen der Organisationstheorie. Frankfurt/New York: Campus.

Shackle, George Lennox S., 1968: Uncertainty in Economics and Other Reflections. Cambridge: Cambridge University Press.

Shonfield, Andrew, 1969: Modern Capitalism. The Changing Balance of Public and Private Power. London: Oxford University Press.

Simon, Herbert A., 1957a: A Behavioral Model of Rational Choice. In: Herbert A. Simon: Models of Man. Social and Rational. New York: Wiley, 241-260.

Simon, Herbert A., 1957b: Models of Man. Social and Rational. New York: John Wiley & Sons.

Simon, Herbert A., 1964: On the Concept of Organizational Goal. Administrative Science Quarterly, 9, 1-22.

Simon, Herbert A., 1969a: The Sciences of the Artificial. Cambridge, MA: MIT Press.

Simon, Herbert A., 1969b: The Architecture of Complexity. In: ders.: The Sciences of the Artificial. Cambridge, MA: MIT Press, 192-229.

Simon, Herbert A., 1976: Administrative Behavior. A Study of Decision-Making Processes in Administrative Organization. New York: Free Press.

Simon, Herbert A., 1978: Rationality as Process and as Product of Thought. American Economic Review, 68 (2), 1-16.

Simon, Herbert A., 1982: Models of Bounded Rationality. 2 volumes. Cambridge, MA: MIT Press.

Simon, Herbert A., 1983: Reason in Human Affairs. Stanford: Stanford University Press.

Simon, Herbert A., 1991: Organizations and Markets. Journal of Economic Perspectives, 5 (2), 25-44.

Simon, Herbert A., 1996: Models of My Life. Cambridge, MA: MIT Press.

Skidmore, Max J., 1970: Medicare and the American Rhetoric of Reconciliation. Tuscaloosa, AL: University of Alabama Press.

Skocpol, Theda, 1995: Social Policy in the United States. Future Possibilities in Historical Perspective. Princeton, NJ: Princeton University Press.

Smith, Nancy Kegan, 1985: Presidential Task Force Operation during the Johnson Administration. Presidential Studies Quarterly, 15 (2), 320-329.

Soroka, Stuart N.; Lim, Elvin T., 2003: Issue Definition and the Opinion-Policy Link: Public Preferences and Health Care Spending in the US and UK. British Journal of Politics and International Relations, 5 (4), 576-593.

Staehle, Wolfgang H., 1999: Management. Eine verhaltenswissenschaftliche Perspektive. 8. Aufl., überarb. v. Peter Conrad u. Jörg Sydow. München: Vahlen.

Stokes, Susan C., 1999: What Do Policy Switches Tell Us About Democracy? In: Przeworski, Adam; Stokes, Susan C.; Manin, Bernard (Hg.): Democracy, Accountability, and Representation. Cambridge: Cambridge University Press, 98-130.

Streeck, Wolfgang, 1994: Staat und Verbände: Neue Fragen. Neue Antworten? In: ders. (Hg.): Staat und Verbände. PVS-Sonderheft 25. Opladen: Westdeutscher Verlag, 7-34.

Streeck, Wolfgang; Schmitter, Philippe C., 1985: Gemeinschaft, Markt und Staat – und die Verbände? Der mögliche Beitrag von Interessenregierungen zur sozialen Ordnung. Journal für Sozialforschung, 25, 133-158. (Auch in: Kenis, Patrick; Schneider, Volker (Hg.), 1996: Organisation und Netzwerk. Frankfurt/New York: Campus.)

Strübel, Michael, 1999: Demokratisierung und Europäisierung. Effizienz und Effektivität der europäischen Umwelt-, Energie- und Klimapolitik. In: Merkel, Wolfgang; Busch, Andreas (Hg.): Demokratie in Ost und West. Frankfurt a.M.: Suhrkamp, 653-671.

Sturm, Roland (Hg.), 1990: Thatcherismus. Eine Bilanz nach zehn Jahren. Bochum: Brockmeyer.

Sturm, Roland, 2001: Steuerungsansätze in der Wirtschaftspolitik. Von der Ordnungspolitik zum regulatorischen Staat. In: Burth, Hans-Peter; Görlitz, Axel (Hg.): Politische Steuerung in Theorie und Praxis. Baden-Baden: Nomos, 417-431.

Stykow, Petra; Beyer, Jürgen (Hg.), 2004a: Gesellschaft mit beschränkter Hoffnung. Reformfähigkeit und die Möglichkeit rationaler Politik. Wiesbaden: VS Verlag.

Stykow, Petra; Beyer, Jürgen, 2004b: Steuerung gesellschaftlichen Wandels: Utopie oder Möglichkeit? In: Stykow, Petra; Beyer, Jürgen (Hg.): Gesellschaft mit beschränkter Hoffnung. Reformfähigkeit und die Möglichkeit rationaler Politik. Wiesbaden: VS Verlag, 9-39.

Swedberg, Richard, 1994: Markets as Social Structures. In: Smelser, Neil J.; Swedberg, Richard (Hg.): The Handbook of Economic Sociology. Princeton, NJ: Princeton University Press, 255-282.

Sydow, Jörg, 1992: Strategische Netzwerke. Evolution und Organisation. Wiesbaden: Gabler.

Sydow, Jörg; van Well, Bennet, 1996: Wissensintensiv durch Netzwerkorganisationen. In: Schreyögg, Georg; Conrad, Peter (Hg.): Managementforschung 6. Berlin: de Gruyter, 192-234.

Taylor, Michael, 1987: The Possibility of Cooperation. Cambridge, MA: Cambridge University Press.

Tenbruck, Friedrich H., 1972: Zur Kritik der planenden Vernunft. Freiburg: Alber.

Tetlock, Philip E.; Belkin, Aaron (Hg.), 1996: Counterfactual Thought Experiments in World Politics. Logical, Methodological, and Psychological Perspectives. Princeton, NJ: Princeton University Press.

Thoits, Peggy A., 1989: The Sociology of Emotions. Annual Review of Sociology, 15, 317-342.

Tietzel, Manfred, 1985: Wirtschaftstheorie und Unwissenheit. Tübingen: Mohr.

Tils, Ralf, 2005: Politische Strategieanalyse. Konzeptionelle Grundlagen und Anwendung in der Umwelt- und Nachhaltigkeitspolitik. Wiesbaden: VS Verlag.

Tönnies, Ferdinand, 1991: Gemeinschaft und Gesellschaft. Grundbegriffe der reinen Soziologie. Neudruck der 8. Aufl. von 1935. Darmstadt: Wissenschaftliche Buchgesellschaft.

Touraine, Alain, 1976: Was nützt die Soziologie? Frankfurt a.M.: Suhrkamp.

Traxler, Franz; Vobruba, Georg, 1987: Selbststeuerung als funktionales Äquivalent zum Recht? Zeitschrift für Soziologie, 16 (1), 3-15.

Tsebelis, George, 1989: The Abuse of Probability in Political Analysis: The Robinson Crusoe Fallacy. American Political Science Review, 83, 77-91.

Tversky, Amos; Kahneman, Daniel, 1981: The Framing of Decisions and the Psychology of Choice. Science 211, 453-458.

Ulrich, Günter, 1994: Politische Steuerung. Staatliche Intervention aus systemtheoretischer Sicht. Opladen: Leske + Budrich.

Vanberg, Viktor, 1987: Markt, Organisation und Reziprozität. In: Heinemann, Klaus (Hg.), Soziologie wirtschaftlichen Handelns. KZfSS-Sonderheft 28. Opladen: Westdeutscher Verlag, 263-279.

van Matt, Peter, 2006: Die Intrige. Theorie und Praxis der Hinterlist. München: Hanser.

van Waarden, Frans, 1992: Dimensions and Types of Policy Networks. European Journal of Political Research, 21 (1-2), 29-52.

Voelzkow, Helmut; Hilbert, Josef; Heinze, Rolf G., 1987: „Regierung durch Verbände" – am Beispiel der umweltschutzbezogenen Techniksteuerung. Politische Vierteljahresschrift, 28 (1), 80-100.

von Alemann, Ulrich, 1992: Parteien und Gesellschaft in der Bundesrepublik. Rekrutierung, Konkurrenz und Responsivität. In: Mintzel, Alf; Oberreutter, Heinrich (Hg.): Parteien in der Bundesrepublik Deutschland. Opladen: Leske und Budrich, 89-130.

von Beyme, Klaus, 1984: Unregierbarkeit in westlichen Demokratien. Leviathan, 12 (1), 39-49.

von Beyme, Klaus, 1991: Ein Paradigmawechsel aus dem Geist der Naturwissenschaften: Die Theorien der Selbststeuerung von Systemen (Autopoiesis). Journal für Sozialforschung, 31 (1), 3-24.

von Beyme, Klaus, 1995: Die Grenzen der Steuerungstheorie. Transformationsprozesse in Osteuropa. In: Rudolph, Hedwig (Hg.): Geplanter Wandel, ungeplante Wirkungen. Handlungslogiken und -ressourcen im Prozeß der Transformation. Berlin: Edition Sigma, 62-78.

von Beyme, Klaus, 1997: Der Gesetzgeber. Der Bundestag als Entscheidungszentrum. Opladen: Westdeutscher Verlag.

Voss, Thomas, 1985: Rationale Akteure und soziale Institutionen. Beitrag zu einer endogenen Theorie des sozialen Tauschs. München: Oldenbourg.

Wagner, Adolph, 1893: Grundlegung der Politischen Ökonomie, Teil I. Grundlagen der Volkswirtschaft. Leipzig: Winter.

Wagner, Gerhard, 1994: Am Ende der systemtheoretischen Soziologie. Niklas Luhmann und die Dialektik. Zeitschrift für Soziologie, 23 (4), 275-291.

Wagner, Gerhard, 1996: Differenzierung als absoluter Begriff. Zur Revision einer soziologischen Kategorie. Zeitschrift für Soziologie, 25 (2), 89-105.

Wassermann, Felix, 2002: Steuerung ohne Steuermann? Probleme politischer Steuerung aus systemtheoretischer Sicht. Seminararbeit. Institut für Sozialwissenschaften, Humboldt-Universität zu Berlin.

Weber, Max, 1972: Wirtschaft und Gesellschaft. Grundriss der verstehenden Soziologie. Tübingen: Mohr (5. rev. Aufl.).

Wegner, Gerhard, 1996: Zur Pathologie wirtschaftspolitischer Lenkung. Eine neue Betrachtungsweise. In: Priddat, Birger P.; Wegner, Gerhard (Hg.): Zwischen Evolution und Institution. Neue Ansätze in der ökonomischen Theorie. Marburg: Metropolis, 367-402.

Weick, Karl E., 1979: Cognitive Processes in Organizations. Research in Organizational Behavior, 1, 41-74.

Weick, Karl E., 1985: Der Prozeß des Organisierens. Frankfurt a.M.: Suhrkamp.

Weick, Karl E., 1991: The Nontraditional Quality of Organizational Learning. Organization Science, 2 (1), 116-124.

Weihrich, Margit, 2002: Die Rationalität von Gefühlen, Routinen und Moral. Berliner Journal für Soziologie, 12 (2), 189-209.

Weihrich, Margit; Dunkel, Wolfgang, 2003: Abstimmungsprobleme in Dienstleistungsbeziehungen. Ein handlungstheoretischer Zugang. Kölner Zeitschrift für Soziologie und Sozialpsychologie, 55 (4), 758-781.

Weitbrecht, Hansjoerg, 1969: Effektivität und Legitimität der Tarifautonomie. Berlin: Duncker und Humblot.

Westin, Alan F. (Hg.), 1981: Whistleblowing! Loyalty and Dissent in the Corporation. New York: McGraw-Hill.

White, Harrison C., 1981: Where Do Markets Come from. American Journal of Sociology, 87, 517-547.

White, Harrison C., 1992: Identity and Control. A Structural Theory of Social Action. Princeton, NJ: Princeton University Press.

Widmaier, Hans Peter, 1974: Politische Ökonomie des Wohlfahrtsstaates. In: ders. (Hg.): Politische Ökonomie des Wohlfahrtsstaates. Frankfurt/M.: Athenäum Fischer, 9-29.

Wielgohs, Jan, 2001: Varianten erfolgreicher Privatisierungspolitik. In: Wiesenthal, Helmut (Hg.): Gelegenheit und Entscheidung. Policies und Politics erfolgreicher Transformationssteuerung. Wiesbaden: Westdeutscher Verlag, 93-108.

Wiesendahl, Elmar, 1998: Parteien in Perspektive. Theoretische Ansichten der Organisationswirklichkeit politischer Parteien. Opladen/Wiesbaden: Westdeutscher Verlag.

Wiesendahl, Elmar, 2002: Die Strategie(un)fähigkeit politischer Parteien. In: Nullmeier, Frank; Saretzki, Thomas (Hg.): Jenseits des Regierungsalltags. Strategiefähigkeit politischer Parteien. Frankfurt/New York: Campus, 187-206.

Wiesenthal, Helmut, 1981: Die Konzertierte Aktion im Gesundheitswesen. Ein Beispiel für Theorie und Politik des modernen Korporatismus. Frankfurt/ New York: Campus.

Wiesenthal, Helmut, 1987: Rational Choice. Ein Überblick über Grundlinien, Theoriefelder und neuere Themenakquisition eines sozialwissenschaftlichen Paradigmas. Zeitschrift für Soziologie, 16 (6), 434-449.

Wiesenthal, Helmut, 1990a: Unsicherheit und Multiple-Self-Identität. Eine Spekulation über die Voraussetzungen strategischen Handelns. Discussion Paper 90/2. Köln: Max-Planck-Institut für Gesellschaftsforschung. (URL: http:// www.hwiesenthal.de/publik/ akteurtheorie.pdf)

Wiesenthal, Helmut, 1990b: Ist Sozialverträglichkeit gleich Betroffenenpartizipation? Soziale Welt, 41 (1), 28-46.

Wiesenthal, Helmut, 1993: Akteurkompetenz im Organisationsdilemma. Grundprobleme strategisch ambitionierter Mitgliederverbände und zwei Techniken ihrer Überwindung. Berliner Journal für Soziologie, 3 (1), 3-18.

Wiesenthal, Helmut, 1995: Konventionelles und unkonventionelles Organisationslernen: Literaturreport und Ergänzungsvorschlag. Zeitschrift für Soziologie, 24 (2), 137-155.

Wiesenthal, Helmut, 1996: Organized Interests in Contemporary East Central Europe. In: Ágh, Attila; Ilonszki, Gabriella (Hg.): Parliaments and Organized Interests. Budapest: Hungarian Center for Democracy Studies, 40–58.

Wiesenthal, Helmut, 1997a: Methodologischer Individualismus als Akteurtheorie. In: Benz, Arthur; Seibel, Wolfgang (Hg.): Theorieentwicklung in der Politikwissenschaft – eine Zwischenbilanz. Baden-Baden: Nomos, 75-99.

Wiesenthal, Helmut, 1997b: Adaption und Innovation. Neun Thesen zum Verhältnis von Unternehmen und Gesellschaft. In: Birke, Martin; Burschel, Carlo; Schwarz, Michael (Hg.): Handbuch Umweltschutz und Organisation. Ökologisierung, Organisationswandel, Mikropolitik. München: Oldenbourg, 163-186.

Wiesenthal, Helmut, 1999: Die Transformation der DDR. Verfahren und Resultate. Gütersloh: Verlag Bertelsmann Stiftung.

Wiesenthal, Helmut, 2000a: Markt, Organisation und Gemeinschaft als „zweitbeste" Verfahren sozialer Koordination. In: Werle, Raymund; Schimank, Uwe (Hg.), Gesellschaftliche Komplexität und kollektive Handlungsfähigkeit. Frankfurt/New York: Campus, 44-73.

Wiesenthal, Helmut, 2000b: Die politische Organisation des Unwahrscheinlichen. Sozialtheoretische Lehren der Transition vom Sozialismus. In: Hinrichs, Karl; Kitschelt, Herbert; Wiesenthal, Helmut (Hg.): Kontingenz und Krise. Institutionenpolitik in kapitalistischen und postsozialistischen Gesellschaften. Frankfurt/New York: Campus, 189-217.

Wiesenthal, Helmut, 2001: Simon, Herbert A.: Models of Man. Social and Rational. New York 1957. In: Papcke, Sven; Oesterdiekhoff, Georg W. (Hg.): Schlüsselwerke der Soziologie. Wiesbaden: Westdeutscher Verlag, 451-454.

Wiesenthal, Helmut, 2002: Reformakteure in der Konjunkturfalle – Zur gegenläufigen Entwicklung von theoretischem „Wissen" und praktischem Wollen. In: Nullmeier, Frank; Saretzki, Thomas (Hg.): Jenseits des Regierungsalltags. Strategiefähigkeit politischer Parteien. Frankfurt/New York: Campus, 57-83.

Wiesenthal, Helmut, 2003a: Soziologie als Optionenheuristik? In: Allmendinger, Jutta (Hg.): Entstaatlichung und soziale Sicherheit. Verhandlungen des 31. Kongresses der Deutschen Gesellschaft für Soziologie, Teil 1. Opladen: Leske + Budrich, 94-109.

Wiesenthal, Helmut, 2003b: German Unification and „Model Germany": An Adventure of Institutional Conservatism. West European Politics, 26 (4), 37-58.

Wiesenthal, Helmut, 2003c: Beyond Incrementalism: Sozialpolitische Basisinnovationen im Lichte der politiktheoretischen Skepsis. In: Mayntz, Renate; Streeck, Wolfgang (Hg.): Die Reformierbarkeit der Demokratie. Innovationen und Blockaden. Frankfurt/New York: Campus, 31-70.

Wiesenthal, Helmut; Clasen, Ralf, 2003: Gewerkschaften in Politik und Gesellschaft: Von der Gestaltungsmacht zum Traditionswächter? In: Schroeder, Wolfgang; Weßels, Bernhard (Hg.): Die Gewerkschaften in Politik und Gesellschaft der Bundesrepublik Deutschland. Wiesbaden: Westdeutscher Verlag, 244-270.

Williamson, Oliver E., 1975: Markets and Hierarchies. Analysis and Antitrust Implications. New York: Free Press.

Williamson, Oliver E., 1994: Visible and Invisible Governance. American Economic Review, 84, 323-326.

Willke, Helmut, 1987: Systemtheorie. Eine Einführung in die Grundprobleme. Stuttgart: Gustav Fischer.

Willke, Helmut, 1995: Systemtheorie III. Steuerungstheorie. Grundzüge einer Theorie der Steuerung komplexer Sozialsysteme. Stuttgart: Gustav Fischer.

Willke, Helmut, 1996: Systemtheorie II: Interventionstheorie. Grundzüge einer Theorie der Interventionen komplexe Systeme. Stuttgart: Lucius & Lucius.

Willke, Helmut, 1997: Supervision des Staates. Frankfurt a.M.: Suhrkamp.

Windolf, Paul (Hg.), 1983: Gewerkschaften in Großbritannien. Frankfurt/New York: Campus.

Yarmolinsky, Adam, 1969: Ideas into Programs. In: Cronin, Thomas E.; Greenberg, Sanford D. (Hg.): The Presidential Advisory System. New York: Harper & Row, 93-100.

Zahariadis, Nikolaos, 1999: Ambiguity, Time, and Multiple Streams. In: Sabatier, Paul A. (Hg.): Theories of the Policy Process. Boulder, CO: Westview Press, 73-93.

Zald, Mayer N.; Berger, Michael A., 1978: Social Movements in Organizations: Coup d'Etat, Insurgency, and Mass Movements. American Journal of Sociology, 83 (4), 823-861.

Zartman, I. William, 1989: Prenegotiation: Phases and Functions. International Journal, 44 (2), 237-253.

Neu im Programm Soziologie

Rolf Becker /
Wolfgang Lauterbach (Hrsg.)
Bildung als Privileg?
Erklärungen und Befunde zu den
Ursachen der Bildungsungleichheit
2004. 451 S. Br. EUR 39,90
ISBN 3-531-14259-3

Manuel Castells
Die Internet-Galaxie
Internet, Wirtschaft und Gesellschaft
2005. 297 S. Br. EUR 24,90
ISBN 3-8100-3593-9

Jürgen Gerhards
**Kulturelle Unterschiede in der
Europäischen Union**
Ein Vergleich zwischen Mitgliedsländern,
Beitrittskandidaten und der Türkei
Unter Mitarbeit von Michael Hölscher
2005. 316 S. Br. EUR 27,90
ISBN 3-531-14321-2

Ronald Hitzler / Thomas Bucher /
Arne Niederbacher
Leben in Szenen
Formen jugendlicher
Vergemeinschaftung heute
2. Aufl. 2005. 239 S. Erlebniswelten.
Br. EUR 20,90
ISBN 3-531-14512-6

Aldo Legnaro / Almut Birenheide
Stätten der späten Moderne
Reiseführer durch Bahnhöfe, shopping
malls, Disneyland Paris
2005. 304 S. Erlebniswelten.
Br. EUR 36,90
ISBN 3-8100-3725-7

Michaela Pfadenhauer (Hrsg.)
Professionelles Handeln
2005. 266 S. Br. EUR 27,90
ISBN 3-531-14511-8

Georg Vobruba
Die Dynamik Europas
2005. 147 S. Br. EUR 17,90
ISBN 3-531-14393-X

Andreas Wimmer
Kultur als Prozess
Zur Dynamik des Aushandelns
von Bedeutungen
2005. 225 S. mit 1 Abb. und 4 Tab.
Geb. EUR 24,90
ISBN 3-531-14460-X

Erhältlich im Buchhandel oder beim Verlag.
Änderungen vorbehalten. Stand: Januar 2005.   **www.vs-verlag.de**

VS VERLAG FÜR SOZIALWISSENSCHAFTEN

Abraham-Lincoln-Straße 46
65189 Wiesbaden
Tel. 0611.7878-722
Fax 0611.7878-400

Lehrbücher

Heinz Abels

Einführung in die Soziologie

Band 1: Der Blick auf die Gesellschaft
2., überarb. und erw. Aufl. 2004. 436 S.
Hagener Studientexte zur Soziologie.
Br. EUR 19,90
ISBN 3-531-33610-X

Band 2: Die Individuen in ihrer Gesellschaft
2., überarb. und erw. Aufl. 2004. 463 S.
Hagener Studientexte zur Soziologie.
Br. EUR 19,90
ISBN 3-531-33611-8

Martin Abraham / Günter Büschges

Einführung in die Organisationssoziologie
3. Aufl. 2004. 303 S. Studienskripten zur
Soziologie. Br. EUR 19,90
ISBN 3-531-43730-5

Eva Barlösius

Kämpfe um soziale Ungleichheit
Machttheoretische Perspektiven
2004. 255 S. Hagener Studientexte
zur Soziologie. Br. EUR 19,90
ISBN 3-531-14311-5

Nicole Burzan

Soziale Ungleichheit
Eine Einführung in die zentralen Theorien
2. Aufl. 2005. 209 S. mit 25 Abb. Hagener
Studientexte zur Soziologie. Br. EUR 17,90
ISBN 3-531-34145-6

Bernhard Gill

Schule in der Wissensgesellschaft
Ein soziologisches Studienbuch
für Lehrerinnen und Lehrer
2005. 311 S. mit 32 Abb. Br. EUR 19,90
ISBN 3-531-13867-7

Paul B. Hill / Johannes Kopp

Familiensoziologie
Grundlagen und theoretische Perspektiven
3., überarb. Aufl. 2004. 358 S. mit 8 Abb.
Studienskripten zur Soziologie.
Br. EUR 26,90
ISBN 3-531-43734-8

Michael Jäckel

Einführung in die Konsumsoziologie
Fragestellungen – Kontroversen –
Beispieltexte
2004. 292 S. Br. EUR 24,90
ISBN 3-531-14012-4

Wieland Jäger / Uwe Schimank (Hrsg.)

Organisationsgesellschaft
Facetten und Perspektiven
2005. 591 S. Hagener Studientexte
zur Soziologie. Br. EUR 26,90
ISBN 3-531-14336-0

Erhältlich im Buchhandel oder beim Verlag.
Änderungen vorbehalten. Stand: Juli 2005.

www.vs-verlag.de

VS VERLAG FÜR SOZIALWISSENSCHAFTEN

Abraham-Lincoln-Straße 46
65189 Wiesbaden
Tel. 0611.7878-722
Fax 0611.7878-400